TAGE D
I

# TAGE DANIELSSONS PAKET

BOK *1963*

SAGOR FÖR BARN ÖVER 18 ÅR *1964*

POSTILLA *1965*

GRALLIMMATIK *1966*

SAMLADE DIKTER 1967–1967

TYPER *1970*

*Wahlström & Widstrand*

Omslag och teckningar av Per Åhlin
Tryckt hos Nørhaven A/S, Danmark 1998
ISBN 91-46-17308-0

# Sonett

*tillägnad mitt 100-åriga bokförlag i lyrisk högstämdhet inför dess beslut att utsända denna bokserie i repris.*

En fråga varpå ingen svaret vet:
Hur gör man för att gå till eftervärlden?
Sår vallmofrön av ord på diktens gärden?
Blir vis och sprider läror i Tibet?

Själv går jag dit i form av ett paket.
Jag lämnar bunten – snillet, bjäfset, flärden –
på posten, som till adressaten bär den
i sinom tid. Det tar en evighet.

Med varsam hand slår Per Åhlin ett snöre
kring konstnärssjälen, den fragile, sköre.
Där ligger sextitalets skrivarflit.

Märkt med kulturens porto (50 öre)
går mitt paket till eftervärlden före.
För själv vill man ju ändå inte dit.

*Författaren*

# TAGE DANIELSSONS

# 19 BOK 63

# Dedikation

*Till*

. . . . . . . . . . . . . . . . . . . . . . . . . . . . . . . . . . . . . . . . . . . . . . . . . . . . . . . . .

*som genom att äga denna bok gjort författaren glad*

# Förord

Vi lever i TV-åldern. Den gamla kulturen, som man tillägnade sig genom att läsa böcker, håller på att trängas undan av en ny kultur, som man blir delaktig av genom att titta på TV, och i viss mån genom att höra på melodiradion. Denna nya kultur skiljer sig i vissa avseenden avsevärt från den gamla bokliga bildningen: Nordisk Familjebok, denna våra fäders yttersta utpost mot analfabetism och barbari, låter sig endast med svårighet, och i så fall enbart beträffande omfånget, jämföras med Gösta Knutsson; klassiska litteraturarter som Runebergs hexameter med sina homeriska epitet ("den brunskäggyvige Ontrus") kan inte längre hålla Putte Kocks klatschigare artikellösa ädelsvenska ("alltid lika danskdödande Bajdoff") stången; Martin Luthers kraftfulla "Hvad är det," har fått stryka på foten för modernare trosartiklar, inledda med Carl-Gunnar Hammarlunds mera gamängaktiga "Hejsan hejsan hör ni ni ni!"; kultureliten i universitetsstäderna flyttar inte längre fram det mänskliga vetandets råmärken genom lärda avhandlingar utan samlas inför TV-kamerorna på Akademiska föreningen och besvarar frågor om varför man blir snorig när man är förkyld och dylikt. I viss mån kan dessa strukturförändringar naturligtvis sägas föra mänskligheten baklänges, men å andra sidan erbjuder TV-kulturen en del markanta framsteg i jämförelse med bokens kultur – man slipper till exempel vända blad, för att inte tala om att sprätta upp.

Men – nog vore det synd om boken såsom människans trogne vän och ledsagare på livets farofyllda motorväg alldeles skulle försvinna ur bilden. Risken att detta skall inträffa synes emellertid nu vara överhängande – enligt en amerikansk undersökning, utförd av WHUFFTIPQB, är genomsnittsamerikanens kunskaper om böcker i ständigt dalande. Ett exempel. Man utförde Whoppenheimers test på 300 000 amerikanska medborgare; detta test innebär som bekant att man sätter en bok i handen på vederbörande medborgare och frågar honom eller henne vad han eller hon tror att denna sak ska användas till.

Whoppenheimers test utföll i detta fall på följande sätt:

35 % trodde att boken innehöll chokladpraliner (och reagerade negativt när de fann att den inte gjorde det);
23 % försökte slå i spik med den;
19 % förmodade att det var ett nytt avmagringsmedel att lösa i vatten och intaga 3 gånger om dagen;
12 % tog den för ett reklamtrick (om man samlade in tolv likadana skulle man få ett paket cornflakes gratis);
11 % slutligen svarade att det var en bok; flertalet av dessa visste dock ej hur den skulle öppnas, och de sammanlagt 17 personer som verkligen kunde läsa den tyckte den var dålig.

Inför sådana siffror från USA frågar man sig om vi inte också i vårt land är på väg in i ett nytt kulturskede. Vågar man ens längre lita på att gemene man kan stava till schäligen enkla ord, än mindre tillgodogöra sig en hel bok, med allt vad den innebär av meningar och sidor?

Det är i syfte att motverka denna för vår västerländska civilisation föga önskvärda utveckling som föreliggande bok kommit till. Den vill vara en vägvisare in i bokens värld för människor vilkas bokliga bildning genom Bröderna Cartwrights, Lennart Hylands och Det ska vi firas inflytande förblivit ett oskrivet blad. Ni kommer här att finna lättfattliga exempel på olika litteraturarter som brukar förekomma i böcker och andra former av skrivna ord; härigenom hoppas författaren kunna väcka det slumrande intresset för den fyrkantiga pappersbunt med pärmar på som under de senaste tio åren legat under det kortaste benet på ert TV-bord.

Låt oss alltså spotta litteraturen i ansiktet och bli du med den!

Och, käre TV-tittare, skulle du finna att du inte längre behärskar den underbara läskonst som du tillägnade dig i folkskolans spännande läseböcker om Nils Dackes och konung Adolf Fredriks bravader, så förtvivla icke! Öva dig först så smått på de texter som då och då flimrar förbi i TV-rutan, stava dem högt tillsammans i familjekretsen (B-i säger Bi, a säger a, l-i-t-t säger litt säger Bialitt, etc), så skall du finna att du så småningom kan återerövra världslitteraturens underbara rike, steg för steg. Kan du stava till Bæhrendtz kan du också läsa!

Din gemensamme vän
Förf.

P.S. För att inte skrämma folk som är ovana vid att läsa har jag gjort varje avsnitt i boken så kort att det utan svårighet kan hinnas med under någon av de pauser på ett par tre minuter som ofta uppstår mellan två TV-program. Till yttermera visso inleder jag alldeles strax med en litteraturart som även den illitterataste någon gång måste ha kommit i kontakt med genom någon av de veckotidningar med vilkas nettovinst man lär subventionera alster av högre litterär halt. Subventionen torde insättas på mitt postgirokonto 68 81 55.

# Följetong

RESUMÉ:

*Kontorsflickan Eva-Britta Brälling, som kommer från ett frireligiöst hem, träffar på midsommaraftonen i Folkets Park i sin norrländska hemstad den amerikanske miljonärssonen Jeremy Kensing, som är på turistresa med dollartåget till midnattssolen. De blir kära i varandra, och trots sina föräldrars protester följer Eva-Britta med Jeremy på den fortsatta resan norrut. I restaurangvagnen dricker de champagne, och Jeremy blir meddelsam och berättar att han egentligen flytt från USA för att han där en gång, mot sin vilja, gjort sig skyldig till narkotikahandel. Eva-Britta får honom att förstå att detta var orätt, och färden fortsätter. De tillbringar några underbara nätter i midnattssolens regioner och blir friska och brunbrända. Jeremy får emellertid lunginflammation, och under hans vistelse på en sjukstuga i ödemarken lär Eva-Britta känna överläkaren dr Bengt Frideman, vars hustru för en tid sedan avlidit. Eva-Britta märker att doktorn i sitt inre genomgår en kris och får honom att tala ut och lätta sitt hjärta inför henne. Han bryter samman och berättar att han, utan att egentligen vilja det, har mördat sin fru med cyankalium som han hällt i hennes grogg (hon var starkt alkoholiserad och ville egentligen själv helst dö). Eva-Brittas moderskänslor vaknar, och hon känner för doktorn på ett lika starkt sätt som för Jeremy Kensing, ehuru annorlunda och liksom mera moget. Hennes känslor för Jeremy utsätts strax därpå för en ny prövning, när det visar sig att Jeremy under sin sjukhusvistelse tubbar en översköterska, syster Marian, att smuggla till honom ett kvantum morfin, som han genast avyttrar till sin sänggranne på avdelningen och därmed återfaller i den synd (narkotikahandel) som han tidigare inför Eva-Britta uppgett sig djupt ångra. Eva-Britta beger sig ensam upp i fjällen för att reda ut sina känslor. Bör hon ge efter för sin böjelse för Jeremy, eller är det doktor Frideman som hon, trots hans tidigare äktenskapliga misslyckande, bör ge sig åt? Hennes funderingar får ett brått slut då hon plötsligt överraskas av en av de vid denna årstid sällsynta snöstormar som i dessa trakter anses livsfarliga även för en van fjällvandrare. Eva-Britta kämpar tappert mot stormen men lyckas inte övervinna den utan segnar så småningom ned. Hennes liv skulle ha mist sin mening och tagit slut om inte en same, Karsten Bengtsson, just råkat passera på jakt efter nya betesmarker för sin hjord. Han räddar henne ur dödens käftar, och nu erfar hon något alldeles annorlunda: hela hennes varelse uppfylles av en lidelsefull åtrå för Karsten Bengtsson, och hon inser att vad hon tidigare känt för Jeremy och dr Frideman endast varit övergående förälskelser. Hon berättar uppriktigt för Jeremy och dr Frideman att hennes liv nu fått ett innehåll som det inte tidigare haft. Dr Frideman blir nedbruten men lovar henne att hennes minne skall leva i hans hjärta under hans hårda slit för samebefolkningens, och även ditresande turisters, hälsa och välbefinnande. Jerēmy å sin sida har inte dr Fridemans sega uthållighet utan tar vid nyheten om Eva-Brittas sinnesförändring, som han uppfattar som ett svek, sitt liv. Eva-Britta blir en tid deprimerad men föres av den osjälviske dr Frideman tillbaka till hälsan och kärleken – den kärlek som dr Frideman vet att han aldrig själv skall få uppleva. Luttrad och en erfarenhet rikare går Eva-Britta upp mot fjällen och midnattssolen hållande i Karsten Bengtssons trygga samehand. De två lever sedan i ett rus, en kort tid av lycka, tills de upptäcker att de är syskon (Karsten rymde vid unga år hemifrån). De kommer överens om att dö tillsammans, och Karsten kastar sig mot sitt vargspjut, men Eva-Britta tvekar i det avgörande ögonblicket och far i stället hem till sin kontorsanställning, ännu en erfarenhet rikare. Väl hemma finner hon slutligen lyckan där hon minst av allt hade anat att den fanns: hos en dragspelare i Frälsningsarmén vid namn John-Edvin Nylén.*

Detta är en resumé. I fullständigt skick tar berättelsen ett och ett halvt år att läsa i *”Nya Damernas Värld med Idun och Vecko-Journalen med Aktuellt utan Folket i Bild med Levande Livet med BLM”*.

# Memoarer

*Det stora problemet med memoarskrivning är att memoarerna i allmänhet inte skrivs förrän författaren nått den ålder då minnet börjat avtaga. Dessutom ser han sig gärna själv i ett förklarat ljus, gammal och gaggig som han är. Man bör därför inte tro dessa aktstycken utan kasta bort dem utan att ha läst dem.*

## Tågklareraren och framstegskämpen Q. S. Eks memoarer

Mitt första verkligt intensiva minne hänför sig till storstrejken 1908. Min far, som var glad och vänlig och metallarbetare, var då hemma en längre tid, och vi lärde känna varandra mera grundligt och hade riktigt lattjo. Småningom återupptogs ju emellertid arbetet när Hjalmar Brant tyckte det var lagom strejkat, och då var det slut på den angenäma samvaron i hemmet. Plikterna kallade far att återigen svarva.

Så kom första världskriget 1916. Far gick då med i bondetåget (han var inte bonde, men han sympatigick). Av någon anledning som jag har glömt, jag tror hon hette Anna Svensson, blev far sedan kvar i Stockholm. När jag blev myndig skickade mor upp mig till Kungl. Huvudstaden för att hämta far. Han hade då blivit så tjock att jag knappt kände igen honom. Han hade lyckats svinga sig uppåt på samhällsstegen och bli gulasch.

Jag tyckte det var riktigt otrevligt att far blivit så tjock och övergick därför till en radikal falang som inte gillade krigsprofitörer. Även i andra avseenden blev jag radikal under inflytande av rabulisten och barrikadkämpen C. G. Ekman. Jag kom att ogilla det mesta här i livet, särskilt gin och spårvägen, minns jag. Jag kämpade efter min ringa förmåga för att söka få till stånd en förändring av något slag, jag minns inte riktigt vilken, men jag tror det var fråga om någon sorts förändring till det bättre som vi trodde på på den tiden.

Nåväl, när Ivan Kreuger-kraschen kom blev jag utfattig. I enlighet med min radikala åskådning hade jag samlat radikalt mycket pengar och köpt tändsticksaktier. För att få pengar till livets nödtorft tvingades jag nu att ta jobb i Bramstorps regering, där jag satt som minister för ett eller annat under den ödesdigra tid då Artur Hitler tog makten i Tyskland.

Jag kommer nu oundvikligen in på mina personliga egenskaper. Min blygsamhet förbjuder mig egentligen att uppehålla mig vid dessa, men å andra sidan kräver ju historien av en memoarförfattare att intet förtigs. Jag minns också mycket klarare dessa mina egna stora insatser från senare år; min ungdom skäms jag egentligen för och förtränger den gärna.

I ett brev 1938 rådde jag Hitler att inte göra någonting överilat utan tänka en gång till. Han lydde mitt råd och väntade till året därpå, och då kunde jag inte göra någonting åt saken på grund av en häftig snuva som jag ådragit mig på Svenska Flaggans Dag. 1945 skrev jag åter till honom och påminde honom om det råd jag givit honom samt delgav honom en lätt, ehuru skämtsamt formulerad, reprimand för att han inte gjort som jag sagt. Detta brev kom tillbaka oöppnat!

Min syn på Hitler har, vill jag särskilt framhålla, inte ändrats en tum sedan 1945: han var inte bra.

Mitt kärleksliv har varit rikt. Jag övervägde ett tag att förlova mig med Greta Garbo men ändrade mig efter att ha sett filmen Kameliadamen, där hon ju gjorde en slät figur. Hon kunde tydligen aldrig komma över detta mitt beslut utan drog sig tillbaka från offentligheten för att i lugn och ro kunna hålla mitt minne i helgd.

Helst går dock mina tankar tillbaka till den första gången jag älskades. Som nybliven student (primus) upptäckte jag att Hennes Majestät Drottningen älskade mig i hemlighet och kastade längtansfulla blickar på mig från sitt fönster i slottet. Det blev dock intet av det hela; min hederskänsla förbjöd mig att inlåta mig på något sådant. I stället rådde jag henne per brev att inte tveka i valet mellan kärleken till mig och plikterna mot sin make och sitt fosterland. Hon valde plikterna. Skam den som tänker illa därom!

Jag blev så småningom mycket god vän med den unge Dag Hammarskjöld, som i mig, enligt vad jag förstått, såg ett hållfast men samtidigt utomordentligt känsligt temperament. Jag träffade honom på flera cocktail-parties och var säkert hans allra bästa vän.

Folk frågar mig ibland om jag är rädd för döden. Inte! En sådan människa som jag går inte bort så där utan vidare. Naturen har inte råd med ett dylikt slöseri; mänskligheten behöver något att beundra.

Nej, döden skrämmer mig inte. I ålderdomens klara luft har jag tvärtom börjat leva liksom från början igen. Om eftermiddagen rullar jag mitt rullband genom vardagsrummet eller spelar fia med min sköterska, och varje födelsedag får jag ett Lego-spel eller en hink och spade från mina forna kamrater i regeringen. Säger någon att jag är gammal så svarar jag med ungdomens trotsiga fältrop: bla bla bla!

# Saga

Lille Fabian satt och såg på TV. Han tittade inte så länge, för han var knappt tre år, så han hade även andra intressen. Efter några minuter gick han därför fram till TV-apparaten och tog tag i Putte Kock, som satt i rutan, och drog fram honom på golvet. För en tvååring är detta inte alls svårt – alla ni andra tvååringar som läser den här sagan kan göra likadant om ni inte har nåt annat för er.

Fabian satte ner Putte Kock på soffbordet i vardagsrummet. Putte Kock var ett par decimeter lång, för han hade varit i närbild i rutan, och då är man ungefär så lång. Han såg arg ut och sa:

– Sätt genast in mej i TV:n igen, så jag kan tala om hur det går för Wolverhampton mot Sheffield United på söndag!

– Bla bla bla, sa lille Fabian och knuffade till Putte Kock så han ramlade ner på golvet. Bla bla bla.

Sen gick Fabian fram till TV:n igen och drog med milt våld ut Ria Wägner på golvet. Hon hade just börjat prata om hur fint det är i livet att det finns makaroner. Hon sprattlade duktigt i Fabians stadiga näve, men Fabian brydde sej inte om vad Ria Wägner sa, för han förstod inte bättre. Han satte ner henne bredvid Putte Kock på mattan. Så pekade han på Putte Kock och sa: ”Pappa!” och så pekade han på Ria Wägner och sa: ”Mamma!” och så klämde han ihop Putte och Ria mot varandra i en riktig kram, en sån som en mamma och pappa ska ge varandra.

Fabian såg sig sedan om för att försöka hitta ett barn åt pappa Putte och mamma Ria. Han valde Nils Erik Bæhrendtz, som satt långt borta i bilden och intervjuade en författare vid en vattenkonst. Nils Erik Bæhrendtz var därför betydligt mindre än Putte och Ria, knappt en tvärhand hög, och passade fint till barn. Fabian drog fram honom ur apparaten och klappade honom tillgivet på den lilla kinden.

Fabian hade nu en hel familj som han satte ner vid en liten pall han har. Sen sa han i befallande ton:

– Leka.

Putte, Ria och Nils Erik såg generade på varandra och försökte försiktigt smyga tillbaks in i TV-rutan.

Då rann sinnet på Fabian. Han gav dem alla tre ett ordentligt kok stryk, satte dem vid pallen igen och sa:

– Leka. Äta.

Så lade han fram en leksaksmiddag på pallen, tre sega råttor som han haft i fickan sen i söndags. Han upprepade hotfullt:

– Äta. Leka. Mat. Prata.

Pappa Putte inledde en tveksam middagskonversation:

– Hur tror du det går för AIK på söndag...?

Ria försökte på sitt sätt:

– Vintergröna krukväxter gör en väldigt tacksam och generös mot människorna, tycker inte ni det också?

– Pang! Pang! kom det från Nils Erik, som motvilligt spelade sin roll som barn i familjen. Pang, pang! Han höll fram pekfingrarna som revolverpipor.

Detta pangande roade Fabian oerhört.

– Mera! Mera! ropade han befallande till Nils Erik.

TV-chefen pangade på och tycktes så småningom glömma det löjliga i situationen. Han knallade av hjärtans lust.

Efter en stund bestämde sig Fabian för att pappa Putte och mamma Ria nu hade dött av kulorna och stoppade in dem i TV-rutan igen. Där överlevde de sig själva och fortsatte att prata med en lättad suck.

Men Nils Erik Bæhrendtz kom inte undan så lätt. Fabian hade funnit behag i hans leklynne och tyckte mycket om honom. Han tog honom i armen och drog honom efter sej på golvet upp i barnkammaren, kastade ut sin vanliga sovnalle och somnade i stället snällt och lugnt med Nils Erik på armen.

Detta är förklaringen till att Nils Erik Bæhrendtz inte synts till i TV på sistone. Men vad tittarna går miste om betyder väl intet mot Fabians lycka. Att vara älskad av ett litet barn kan vara mera värt än miljoners miljoner tiotusenkronorsfrågor.

# Filmmanuskript

*Vi har med vederbörligt tillstånd fotostatkopierat ett par sidor ur manuskriptet till en svensk film, vilken som helst. Ändringarna och strykningarna är utförda av censorn i Statens Biografbyrå.*

Hans och Karin kommer hand i
hand den kvällsmörka gatan fram.
De stannar framför hennes port.
Hon öppnar med sin nyckel, de
går in. Innanför porten kysser
han henne ~~passionerat~~. på pannan.

HANS:
Får jag följa med upp?
KARIN:
Ja ~~älskling~~ Hans - men gå tyst!
Mamma och pappa har några
vänner hemma.

De går in i hissen ~~tätt~~
tryckta mot varann.
Uppe vid lägenhetsdörren.
När Karin öppnar hörs ett
öronbedövande sorl av våldsam
fest. Karin trycker lätt sina
~~läppar~~ fingrar mot Hans' och viskar.

KARIN:

Vi smyger oss tyst in i mitt rum...

När ungdomarna passerar dörren in till festen ser man Karins pappa slåss brutalt med Karins mamma. En gäst vill försvara henne men får en stöt i magen av pappan. Mamman drar upp en förskärarkniv ur kökslådan och sticker den i gästens rygg. Han faller rosslande till golvet. Festen fortsätter.

Bra! På dom bara! Kul!

I Karins rum. Hans och Karin ~~lägger~~ sätter sig i ~~sängen~~ var sin stol.

HANS:

Jag ~~älskar~~ högaktar dig. Bli ~~min~~ trevlig i kväll!

KARIN:

Jag vill ingenting ~~heller~~.

Han tar varligt av hennes ~~BH~~ kappa.

KARIN:

Var försiktig, ~~käraste~~ Hans! Jag har aldrig ~~legat~~ setat med någon förut.

HANS:

Det är ~~int~~
blomma.
~~flicka~~.

Hennes sista klädesplagg
faller inte alls ner på golvet.

HANS:

Så underbart vacker du är ~~n~~vaken!

KARIN:

Livet är bäst när man är tre eller flera! ~~två~~!

Bilden tonar över i
svallande vågor med trevliga segelbåtar.

Granskat av Statens Biografbyrå.
(Ej för barn under elva år!)
Obs! Om det är färgfilm får vi se till
vid inspelningen att det inte kommer
med något sensuellt (-upphetsad
rodnad el. dyl!)

8 febr. 63
[illegible]

P.S. Det är väl för höge farao
inte Ingmar Bergman som
har skrivit det här? I så
fall törs vi inte ändra på
någonting!

# Kåseri

Mats, Georg och Monica var ute och lekte, medan Jan, Lars, Per-Gunnar, Jesper, Annika, Miriam och Knut-Magnus satt och läste läxor.

Då sa moster Jenny från Skara: ”Jag kan just undra var Mats och Georg och Monica håller hus.”

”Å”, sa morfar, ”de har ju sina rullband. Rullband har ju blivit moderna igen. Annars leker ju ungdomarna bara med skjutvapen nuförtiden.”

”Och vad är det för fel på det?” sa farfar, som var överste. ”Dom ska väl lära sej att försvara sej, för höge farao.”

”Jag tycker det är otäckt när det smäller”, sa kusin Agda, som aldrig blev gift. ”Minns du när du höll på att skrämma livet ur mej med en knallpulverpistol, Joakim?”

Syssling Joakim log vid tanken. ”Det var andra tider det.”

Morbror Magnus sade något elakt om trafikljusen vid Valhallavägen till morfar, som varit polis. Morfar blev röd i ansiktet, och hans dotter i andra giftet, Charlotte, kom genast fram med luktsaltet.

Charlottes make, ingenjör Rütting, kliade sig bakom örat. Hans moster Sofi såg som vanligt surmulen ut och klagade över sin portvinstå. Hennes nevö Gösta hade fyra rätt på V 5. Hans svägerska Jeanette satt och stickade en tröja åt sin morfar Kalle Ström, som satt i soffan och spelade priffe med sina tre bröder. ”Priffe är skojigt”, sa den yngste brodern Jeremias och klappade skämtsamt sin tredje hustru Anna där bak. Annas tretton kusiner sade något lustigt sinsemellan.

Och i ett hörn satt far i huset och skrev frenetiskt opp allt vad de sa och gjorde för att få pengar att försörja detta myller av småtrevliga släktingar.

# Tankar

*Sammanträngda tankar av smått struntlitterär natur kallas aforismer, men det är väl för svårt för er, så vi kallar det för tankar, för enkelhetens skull.*

Jag tänker, alltså gör jag mig till.

*

Om Gud hade funnits så hade han väl inte varit så dum att han skapat hedningar.

*

Enligt hälsovårdsnämndens beslut äga hundar icke tillträde till livsmedelsbutiker. Äro då vi människor så garanterat osnuskiga att vi själva böra släppas in? Nej! För övrigt är hälsovårdsnämndens beslut meningslöst, eftersom butikerna ändå vimla av insmugglade hundar, förklädda till korvar.

*

Det är tur att inte kyrkorna lyder under postverket, för då finge de ju inte ha öppet på söndagarna.

*

Om flickor vore blommor, det vore bra konstigt. Vilket fniss och flams det skulle bli i rabatterna!

*

”Titta nu regnar det igen, det var väl trist!” säger man kanske om morgonen när man drar upp rullgardinen och ser att det regnar. Då talar man obetänksamt. Regnet har många nackdelar, det är sant: det är vått, det skymmer mestadels bort solen, och det trummar mot taket på ett för många irriterande sätt. Men å andra sidan får man inte glömma att de små dropparna från skyn ger oss mjöl och potatis, och indirekt också mjölk och ost: regnet får gräset att växa, och korna äter gräset och ger oss mjölk till belöning. Utan regn stode vi där, visserligen torra och välpressade, men också hungriga och törstiga. Låt oss alltså med tacksamhet nedblötas av dessa nyttiga spön i backen som vill bli du med oss!

*

Man kan fråga sig varför fransmännen talar i näsan i så stor utsträckning. Men något svar lär man inte få.

*

"Sverige är vackert på vintern", hör man ofta. Hur vet man det? På vintern är ju Sverige täckt av snö.

*

Flugor är ganska lika varandra, enligt mitt sätt att se. När jag får syn på en fluga på gardinen vet jag inte om det är en jag har sett förut eller om det kanske är en helt ny flugbekantskap. Jag kan helt enkelt inte skilja den ena flugan från den andra. Men ofta tänker man inte på att det kan vara på samma sätt med flugan. Kanske ser jag i hennes ögon ut som vilken annan människa som helst? Kanske kan hon inte ens se skillnad på mig och min hustru? Sådant är kanske livet. Det vore ju inte mer än rätt. När jag betraktar flugan säger jag ju inte: "Titta, där sitter Kalle Nilsson!" eller "Nej, men se är det inte Majken Larsson!" – Och då finns det ju ingen anledning att flugan skulle säga det heller.

*

"Bara Gud kan göra ett träd", sjunger man, men då har man väl inte tänkt på stadsträdgårdsmästare Holger Blom?

*

Ingenting retar en svensk så som ett TV-program. Om det blev krig och folket skulle ut och ha ihjäl fienden, så vet jag ett sätt att få försvaret riktigt folkilsket. Visa det ett program av Beppe Wolgers! Sedan skulle befolkningen gå man ur huse med köttyxor i händerna och slita sönder fienden som blodtörstiga vargar, under Jurgen Schildts eggande ylanden.

*

Moralistiskt påstående: Den som sover syndar icke. Men detta är ju lika sant: Den som syndar sover icke. Hur gör man?

# Handledning

## *för arkitekter som bygger hus där folk mördas*

*Mig veterligt finns ingen kurs för arkitekter i hur man konstruerar de egendomliga rum och byggnader som utgör händelsernas centrum i de flesta detektivromaner. Låt oss fylla detta hål i arkitektonikens tempel!*

### *Rummet*

Vi börjar med själva kärnan: det rum där liket påträffas. Det bör vara konstruerat så att minst åtta av de misstänkta kan ha haft insyn däri vid tiden för mordet. Det bör alltså ha fönster åt alla håll, även i innerväggarna, och dessutom en eller annan tittglugg i taket som detektiven i näst sista kapitlet kan upptäcka att Mrs Rose Cunningham kan ha kikat på liket igenom.

Bakom den öppna spisen byggs en hemlig gång av treetex, 0,75 meter bred och 2 meter hög. Själva spisen byggs på tappar, så att den genom en elektrisk anordning i bokhyllan (bakom Fieldings ”Tom Jones”, band 2) kan fås att svänga ut i rummet och blotta gången. Spisen bör vara exakt så stor att man kan räkna med möjligheten att liket begått självmord genom att trycka på den hemliga knappen, varvid det skall kunna ha träffats i huvudet av själva spisen.

Inredningen i rummet bör företrädesvis bestå av trubbiga föremål: statyetter utan skarpa kanter, brevpressar o.dyl. Även själva möblerna bör vara trubbigt utformade, så att t.ex. unge Master Roberth Pruth, som är kraftigt byggd, skall kunna tänkas ha lyft det trubbiga skrivbordet och därmed tagit liket av daga.

I rummet måste också finnas några lämpliga *motiv:* en tavla stulen från Louvren, ett sönderrivet testamente där likets hustru görs arvlös, ett undangömt narkotikaskåp, en inbyggd älskarinna till liket etc.

Armaturen bör kunna falla ned genom att Mrs Rose Cunningham stampar i golvet i våningen ovanför.

I den äkta mattan bör Rev. Walter Ramsbottoms fotspår kunna synas. Det är också bra om mattan suger åt sig blod ordentligt, så att en bit av den kan sändas till kriminaltekniska expertisen. Även bör en större penningsumma vid behov kunna sys in i en hemlig ficka i mattan.

För övrigt kan rummet se ljust och glatt ut. Tapeterna väljas i sådant material att kulhål i dem får distinkta kanter. Härigenom bereds detektiven möjlighet att avgöra vapnets kaliber.

Gifter av olika slag skall omärkligt kunna förvaras bakom värmeelementen.

## *Huset*

Själva huset bör ha minst två våningar och en rymlig källare, där övriga lik kan ha undanstoppats.

Ytterväggarna byggs i material med ljudisoleringskoefficient mellan 0,2 och 0,3 så att ett pistolskott i mordrummet *eventuellt* kan höras utifrån av brevbäraren James Brown. Det skall å andra sidan inte kunna höras tydligare än att Mr Brown mycket väl kan ta ljudet för en s.k. back-fire från en passerande bil.

Ett franskt fönster skall från trädgården leda in i biblioteket. En ruta nära låset skall vara krossad, så att en okänd man kan tänkas ha tagit sig in den vägen, tills det uppdagas att det är sonen i huset, lille Arthur, som haft sönder rutan under bollspel.

Det är ju nämligen självklart att ingen kan få ha kommit in utifrån och haft ihjäl liket. Huset måste därför vara så att säga hermetiskt tillslutet: butlern måste ha en stol innanför porten där han kan sitta dygnet runt, så att han med bestämdhet vet att ingen annan än någon av husets innevånare kan ha passerat in eller ut; det måste vara omöjligt att ta sig ner genom skorstenen, även för en sotare, som ju kan ha en svart själ fylld av dolda motiv att mörda liket; alla fönster måste vara tillbommade så att de endast kan ha öppnats inifrån, t.ex. av familjens playboy, Reginald, som skall kunna ha släppt in den lättfotade Miss Annabelle i nattens mörker för att bedriva otukt med henne medan mordet pågick. Det kan han ha som alibi, ju.

Husets yttre bör vara en smula olycksbådande. Svart tegel är inte dumt.

## *Trädgården*

Huset måste omges av en trädgård som det skall ha regnat på, så att eventuella hemliga kringvandrare i myllan skall kunna få smutsiga skor, som sedan skall kunna stoppas in i ett i trädgården befintligt redskapsskjul. Däri skall också finnas spadar, spett och yxor som skall kunna ha blivit blodiga, ehuru det sedermera skall kunna upptäckas att blodet härrör från trädgårdsmästaren Mr Maudling, som har lätt att få näsblod under trädgårdsarbete *(false clue)*.

Vidare skall det finnas ett växthus med giftiga växter, såsom bolmört, gullregn och potatisblommor, som liket skall kunna tänkas ha ätit i syfte att självt ta livet av sig. Denna teori skall dock kunna avskrivas i tredje kapitlet, varför dessa plantor måste kunna bevisas vara fullständigt orörda. Denna effekt uppnår arkitekten exempelvis genom att ej göra någon dörr in till växthuset.

Trädgården skall vidare innehålla färska spår efter grävning, så att man kan misstänka att den spårlöst försvunna Lady Pamela ligger nedgrävd där, tills detektiven upptäcker att hon i själva verket sitter i lusthuset, som också skall finnas, och kurtiseras av Rev. Walter Ramsbottom. Båda har då mycket riktigt leriga skor och kan inte ha mördat liket, eftersom mördaren småningom skall kunna bevisas inte ha haft leriga skor.

Några skumma figurer bör också från början planteras in bakom buskarna. De skall kunna avskrivas från listan på misstänkta en efter en. Skumma figurer är aldrig mördare i detektivromaner, men de måste vara med i alla fall. Gör några bänkar åt dem att sitta på, gärna nymålade, så att de kan bevisas ha suttit där vid tiden för mordet. Välj sådan färg att man kan avgöra tiden för sittning genom att analysera färgens fuktighetsgrad!

Slutligen är det bra att ha ett päronträd som är så pass högt att den päronpallande tjuvpojken Tommy Shinkler skall kunna ha varit vittne till någonting viktigt som skall kunna ha hänt i mordrummet.

## *Lämplighetstest för mordbyggnad*

Det finns naturligtvis ett otal variationer på mordhus. Vad som ovan skisserats är endast några spridda råd och vinkar om de väsentligaste elementen i en dylik byggnad.

Skulle någon mordhusarkitekt vara tveksam om huruvida hans ritningar är vattentäta ur detektivromansynpunkt, kan han testa sitt hus på följande sätt. Om huset innehåller alla de särskilda dispositioner som fordras för att täcka varje moment i nedanstående romanslut, är huset garanterat lämpligt. Annars blir det till att rita om.

Testa er själv!

## MORD I RÄTTAN TID. *Sista kapitlet*

Horatius Apples genomträngande detektivblick borrade sig in i de misstänkta som han sammankallat i *the drawing-room.*

”Jag har bett er komma hit”, sade Horatius Apple, ”för att berätta för er hur mordet gick till”.

Visste han?

”Jaja, jag vet”, sade han. ”Mina små grå celler. Ni, Mrs Cunningham, satt några timmar före kl. 11.50, då mordet ägde rum, på vinden och spelade harpa. Ni gick sedan ner genom den dolda luckan till skräpkammaren utanför köket och drack ett glas portvin där. Därefter gick ni åter upp, men tog nu vindeltrappan. I den mörka korridoren mellan det ständigt låsta mystiska rummet och hallen med vapensamlingen stötte ni ihop med en okänd man. Ni svimmade och befann er, när ni vaknade, i den låsta garderoben där vi senare fann kyrksilvret. Ni kan alltså inte ha begått mordet.”

Mrs Cunningham drog en suck av lättnad. Då var det alltså inte hon!

Horatius Apple fortsatte. ”Ni, Rev. Walter Ramsbottom, är ju prästman och kan alltså inte ha begått mordet. Ni, brevbärare James Brown, bar ut en del hotelsebrev från en okänd utpressare och blev till en början misstänkt därför att ni lade breven i den hemliga brevlåda som finns inbyggd bland de sju brandstegarna på baksidan av huset. Hur kunde ni känna till denna brevlåda? Nå, det löste sig. Ni hade helt enkelt ett sjätte sinne. OK! Ni går fri.”

Horatius Apples röst fick nu en olycksbådande klang.

”Men med er, Lady Pamela, förhåller det sig annorlunda.”

Församlingen drog efter andan.

”Ni hade ett starkt alibi ni, men låt oss nu lite närmare granska era förehavanden. Ni satt vid tiden för mordet i lusthuset i trädgården och samtalade – hm – med Rev. Ramsbottom. Men samtalade ni egentligen, Lady Pamela? Var det inte snarare så att det bara var kyrkoherden som pratade? Satt ni inte där bara, stum och fjär – *in fact,* var det inte så att ni *inte alls satt där,* Lady Pamela? Jo! Ni hade låtit tillverka en vaxdocka som var så lik er att kyrkoherden, som ju inte är van vid fruntimmer, inte anade det minsta oråd. Skickligt, Lady Pamela, men inte tillräckligt skickligt för Horatius Apple!

Nå, vad gjorde ni? Ni smög i skymningen ut med vaxdockan genom den hemliga dörren i källaren, tog vägen genom den underjordiska gången som mynnar ut i en hemlig lucka i lusthusets golv, placerade vaxdockan där, lerade ner dockans skor, begav er sedan genom den andra underjordiska gången till redskapsskjulet, telefonerade därifrån till liket, angav att ni var utpressaren och uppmanade liket att ha pengarna redo kl. 11.50, tog en av de skarpslipade spadarna i skjulet, begav er genom den hemliga hissen från pannrummet till den mörka garderoben i övervåningen där Mrs Cunningham redan låg avsvimmad, öppnade det dolda vindsfönstret i garderoben, steg ut på taket, förpassade er medelst den där befintliga hemliga linbanan ner till växthuset, tryckte på knappen som utlöser växthusmaskineriet så att ena väggen glider åt sidan, gick in, samlade ur de giftiga frukterna ihop så mycket giftig saft att en elefant skulle kunna dö därav, provade *in fact* detta på den där befintliga testelefanten som ni beställt från Afrika, varvid den segnade ned och dog, grävde med spaden ett hål i växthusets golv och förpassade elefanten ned genom den hemliga falluckan under jordgolvet, plattade till marken med spaden, begav er tillbaka med linbanan till garderoben, gick in till vapensamlingen, rörde det bengaliska svärdet motsols så att älghuvudet svängde åt sidan och blottade den hemliga gången in till likets rum, gick genom gången och förbi fotocellen som fick den öppna spisen i mordrummet att svänga ut, hällde giftet i likets sherry, som det emellertid inte ville dricka, gick då och hämtade den gömda dammsugaren bakom Rafael-tavlan, tog fram den i dammsugaren dolda kulsprutan, siktade, sköt, missade, lade tillbaka sprutan i dammsugaren och dammsugaren bakom tavlan, hakade i stället av den trubbiga dörren, slog liket i huvudet med dörren så att det dog, satte tillbaka dörren, lade er på den hemliga rektangeln på golvet, spratt till så att mekanismen utlöstes så att ni föll ner genom luckan i er egen säng i våningen under och somnade. Ni är en djävul i människohamn, Lady

Pamela! Varför gjorde ni det, varför?

Lady Pamela snyftade uppgivet.

”Han tvingade mig att bo i detta hus! Förstår ni vad det betyder? Jag höll på att bli galen!” Hon log genom tårarna. ”Ni anar inte hur underbart det ska bli att få tillbringa resten av livet i ett bastant rum med fönstergaller som inte svänger åt sidan när man petar på en av sängstolparna!”

Horatius Apple blev rörd men behärskade sig. Hans uppgift var att få fram sanningen, inte att skipa rättvisa. Det var samhällets sak.

# Schlagertext

*För att en schlagertext skall komma med i Eurovisionens schlagertävling fordras att den ej är publicerad före 1 febr. 1966. Därför publiceras denna text redan här, så att ingen risk föreligger att Sverige genom mitt förvållande åter göres till ett åtlöje över hela Europa.*

1.
Min fästman for till fjärran länder,
min mamma har så trötta händer,
men jag är glad i alla fall
och sjunger här en trall:

*Refräng:*
Tjo vad det viftar å hopp fallerej
allt uti livet det ordnar nog sej!

2.
Därhemma står en björk vid grinden,
en barnsko ligger gömd på vinden,
och mamma ligger i sin säng.
Men hör på min refräng:

*Refräng:*
Tjo vad det viftar å hopp fallerej
allt uti livet det ordnar nog sej!

3.
Nu hör jag just min fästman drunknat,
och mamma häftigt har insjuknat.
Men jag är inte trist ett skvatt,
jag bara sjunger glatt:

*Refräng:*
Tjo vad det viftar å hopp fallerej
allt uti livet det ordnar nog sej!

# Reseskildring

## Italienskt intermezzo

### *Första kapitlet*

Jetplanet sköt fart på en av Arlandas startbanor, och lektor Karl-Bertil Bodin lät sig med välbehag tryckas bakåt mot fåtöljens rygg. Italien, sjöng det inom honom. Han hade aldrig varit i Italien, trots sina trettionio år. Det här var första sommaren han slapp hålla ferieskola; studieskulderna var äntligen betalda. Nu började livet.

Han festade glatt på de två skorpor han fick av SAS-värdinnan. Sverige låg utbrett under honom som en blågrön trasmatta, och hans hjärta vidgades. Lektor Bodin var stolt över att vara svensk. Han sökte fostra sina gymnasister till ansvarskännande medborgare med sinnet öppet för svensk odling och svensk tradition. Hans ämnen lämpade sig också väl för detta värv: modersmålet och biologi. En ovanlig kombination, men han hade valt den med omsorg: det svenska språket och den svenska naturen och människan. Att demonstrera sådana höga ting för det uppväxande släktet, var inte det en stor uppgift i livet?

Han lutade sig tillbaka och drömde sig i förväg till Italien. Var det sant, månntro, allt det där om att man lever upp och liksom lossnar inombords i medelhavsluften? Han hoppades det. Tänk bara på Snoilskys ”Italienska bilder”:

*Jag bringar druvor, jag bringar rosor,*
*jag skänker i av mitt unga vin,*
*på alla stigar, på alla kosor*
*jag slår den ljudande tamburin . . .*

Lektor Bodins tankar började så smått kretsa kring kvinnor. Han hade visserligen omfattande teoretiska kunskaper i ämnet, sexualundervisningen ingick ju i hans biologikurser, men själva den praktiska erfarenheten var ett nästan oskrivet blad i hans livs bok. Lite klotter här och där, det var allt. Den stora kärleken, som enligt Elise Ottesen-Jensen bör vara tillstädes, helst, innan man företar sig något, hade han aldrig mött, och därför hade han i stort sett avstått från det där. Man bör ju leva som man lär.

Men med Italien var det ju något särskilt sensuellt, det framgick inte minst av all litteratur i ämnet. Lektor Bodin satt nästan och blev småkär redan i flygplanet, inte i någon särskild, utan bara så där i största allmänhet. Det kändes inte dumt.

Planet tog mark på Roms flygplats och rullade fram mot ankomsthallen. Lektor Bodin kände sig högtidlig till mods. Han rullade på klassisk mark! Säkert hade någon antik bonde gått här och tänkt ut något stålblankt romarcitat redan före Kristi födelse! Bodins tanke svindlade.

Väl inne i den eviga staden tog han genast tåget till Neapel. Han sökte icke döda ting, som Forum Romanum och Colosseum. Han var ute efter söderns heta livskänsla. Han tänkte sig att den fanns i Neapeltrakten.

Föga anade han vad ödet hade i beredskap för hans räkning.

## *Andra kapitlet*

Positano! Han hade stannat här, på väg från Neapel till Sorrento, för att äta lunch. Positano! Underbara syn! En nästan helt lodrät stad, som klängde sig fast utefter en tvärbrant bergvägg. Han drack ett litet glas rött vin och tittade välbehagligt ut genom hotellets matsalsfönster ner på stranden. Den var tom i middagshettan, siestan stundade. Inte riktigt tom dock. En flicka låg utsträckt på den vita sanden. Lektor Bodin fick för sig att hon inte hade någonting på sig. Men nej, det var omöjligt! Han tittade en gång till. Så sant han hette Karl-Bertil Bodin, flickan var spritt språngande naken!

Lektor Bodin greps av en stor upprördhet och rusade ned på stranden, tvåhundratrettiofem trappsteg. Han lättade andfådd på sin dubbelknäppta kavaj, gick fram till den nakna damen, bugade sig avmätt och sa:

– Fröken är från Sverige, ser jag.

– Vetlanda, sa hon.

Lektor Bodin kunde inte styra sina känslor.

– Fröken är en skam för det svenska namnet! Fröken borde veta hut!

– Nilsson, sa hon. Lisa Nilsson.

– Karl-Bertil Bodin.

Hon log ett strålande dubbelverkande vitt leende.

– Varför bråkar du så där, Karl-Bertil? Har du aldrig varit söderöver förr?

– Nej, erkände han.

– Jag förstår det, älskling, för annars skulle du veta att om man kommer från Sverige så måste man leva upp till vårt rykte utomlands. Folk väntar sej det av oss. Ta av dej kläderna och gå med mej hand i hand ut i vattnet. Det har dom sett på bio. Dom tror du är abnorm annars.

Lektor Bodin var skakad i sitt innersta.

– Kommer aldrig på frågan. Ta på er nånting anständigt och följ med, så får vi tala om det här. Jag kommer att rapportera er till konsulatet!

Hon ryckte liknöjt på axlarna och drog på sig bikini och badrock.

– O.K., älskling. Jag har kläderna på hotellet. Har du ätit?

Han sa att han hade det.

– Du kan åtminstone ta en kopp kaffe med mej. Kom då.

De gick upp till hennes hotell, trehundrafemton trappsteg. Hon lämnade honom ett tag i vestibulen och kom sen ner igen, klädd i sommarklänning från Borås väverier. Han erkände motvilligt inombords att hon var närapå vacker.

Hon gick fram till honom och kysste honom till hans förskräckelse på halsen.

– Dom väntar sig det, älskling, sa hon. Dom vet att jag är från Sverige, och på dej syns det ju på långt håll.

En servitör kom fram med två stora glas konjak och vichyvatten.

– Nej, nej, protesterade lektor Bodin. Jag dricker inte.

– Dom väntar sig det, älskling. Gör dom inte besvikna. Om dom får se en svensk som inte dricker för stora konjaksgroggar tappar dom tron på att det finns nån konsekvens i tillvaron. Skål!

– Skål, sa lektor Bodin vagt.

Konjaken brann som en eld i hans buk. Han kände sig annorlunda. Var detta kanske den vaknande livskänslan som medelhavsluften skänker?

– Du ser inte dum ut, sa han. Men du uppför dej som en dålig flicka. Fru Ottesen-Jensen skulle inte gilla dej.

– Jag har ju förklarat för dej, plutten min, att jag bara försöker göra italienarna glada. De skulle bli hemskt besvikna om jag gick omkring påklädd på stranden. Rena skandalen!

Drev hon med honom? Men hennes leende verkade rättframt och hjärtligt. Lektor Bodin kände något, han visste icke vad, för denna dam. Och visst hade det trots allt varit något visst med att se en sådan kvinna in natura, som omväxling till gymnasiets demonstrationsplanscher, där framsidan dessutom var bortlyft.

– Siesta, sa hon. Nu ska vi sova middag. Kom!

Hon drog honom med sig fram till portierdisken och bad på god italienska om nyckeln. Lektor Bodin stod istadigt kvar när hon gick mot trappan.

– Kom då älskling, sa hon. Dom väntar sig det av oss.

Portiern såg förvånad ut och sade något till henne som inte lektorn förstod.

– Han undrar om jag vill att dom ska bära upp dej med våld, förklarade hon. Gör dej inte löjlig. Kom nu.

Lektor Bodin följde henne med dröjande steg. När de kommit in i hennes rum gick hon fram till fönstret och drog ifrån draperierna. Därutanför stod en liten grupp italienska fönstertittare.

– Dom vill bara se på, sa hon. Dom betalar en liten avgift för det till portiern.

– Upprörande! stammade lektor Bodin.

– Vad är det med dej? Unnar du inte dessa stackare ett så oskyldigt nöje? Dom har inte råd att gå på svenska filmer! Lägg dej så länge, så ska jag ringa på rekvisitan!

Hon ringde på en klocka. Efter någon minut öppnades dörren, och en samling dvärgar utklädda till brudpar kom in.

– Svensk kärlek, vet du, sa hon och lade sig bredvid honom. Du behöver inte göra nånting annat än att dra upp lakanet för bröstet och se ut som om du älskade mej.

Han gjorde motvilligt som hon sa. Dvärgarna hoppade bock över varandra i sängen och ställde sig slutligen på varandras axlar. Fönstertittarna applåderade och troppade av. Dvärgarna bugade och gick ut. Även lektor Bodin antydde en lätt bugning från sin obekväma ställning och rusade sedan upp och klädde på sig.

– Se inte så upprörd ut, sa Lisa Nilsson. Man har väl plikter mot värdlandet även om man är på semester!

Dagen därpå for de till Capri tillsammans. Nakna förpassade de sig båtledes in i Blå Grottan. Lektor Bodin började bli smickrad av all uppmärksamhet. De gjorde ju succé!

Tre veckor gick. Lisa och lektorn betedde sig precis så som italienarna anser att svenskar alltid beter sig. Överallt där de drog fram var folket glatt och tacksamt. Lektor Bodin hade aldrig upplevt något liknande. Han njöt i fulla drag, och han blev alltmera fäst vid den kvinna som fört honom in i helt nya livsformer.

## *Tredje kapitlet*

Så var det över. Lisa och lektor Bodin gjorde sällskap hem. Utanför bussen vid Arlanda kunde inte lektorn styra sina känslor längre. Han berättade att han älskade henne och kysste henne passionerat, som han så ofta gjort på offentliga platser i Italiens sköna land.

Hon gav honom en rungande örfil.

– Vet hut, karl! Vad ska folk säja?!

De satt tysta under hemfärden i var sitt hörn av bussen. Sveriges sneda sol lyste in på dem.

# Paroller

*Parollen som litteraturart förekommer mest på demonstrationstågens banderoller. Sedan svenska regeringen nu genomfört alla förbättringar som kan tänkas förekomma på en sådan banderoll har parollförfattarna hänvisats till att vända sig till ännu högre makter med sina önskemål. Härnedan några exempel.*

Ned med döden och förintelsen!
Höj lyckan med 10 %!
Rättvisa åt hedningarna!
Flera underverk i vardagslivet!
Bort med mässlingen och hösnuvan!
Gör kvinnan likställd!
Ge oss roligare bröllopsmusik!
Du som kan allt – gör nånting!
Gör så att vi trivs!

# Tal

## *På Svenska Flaggans Dag*

Eders Majestät!

Tillåt mig, en enkel medborgare ur folkets led, att å DFF:s vägnar framföra ett hjärtligt tack för den svenska fana vi i dag fått mottaga. Den kära gröna duken med det rosa korset kommer å varje allmän flaggdag att vaja från sin bländlila stång på De Färgblindas Förenings friluftsgård. Tack tack!

## *Till läraren vid avslutningen på kvällskurs i engelska*

Dear Teacher!

We will thank you very much for that we can English now. It is very good to can speak English, särskilt for us pupils in Nobelpriskommittén. Will you now step forward and receive a pair of manschett buttons from the hands of His Majesty the Anders Österling!

## *Till Vättern*

Kära Vättern!

Du har alltid varit en hyvens sjö, och att bada i Dig har varit ett rent nöje. Och med Din Visingsö och allting! Du är allt en riktig djuping Du! Du skulle säkert ha mycket att lära oss, Du Vättern, om vi bara hade förstånd att stanna upp ett slag i vårt dagliga jäkt och lyssna på vad Du skulle ha att säga om Du kunde tala. Jag önskar Dig allt gott, Vättern, allt framgent!

## *För präster*

*Detta behändiga tal kan, med endast små variationer (inom parentes), användas av prästen vid både barndop, bröllop (talet till bruden vid glasstårtan) och begravningar.*

Kära Du!

Du står nu på livets morgonhöjd (middagshöjd, aftonhöjd), och då är det en fråga som tränger sig på: ”Skall jag leva (Lever jag, Har jag levat) så som jag bör (bort)? Skall jag förvalta (Förvaltar jag, Har jag förvaltat) mitt pund så att jag kommer (har kommit) upp i himmelen där änglarna skola spela (spela) för mig och där jag kommer att vara (är) evigt salig? Eller skall jag förfalla (förfaller jag, har jag förfallit) i synd, så att jag kommer att brinna (brinner) i den eviga elden i helvetet?”

Denna fråga riktar du i denna dag till dig själv, och jag vet vad du svarar: ”Jag skall bli (är, har varit) en fin och god människa, som mina föräldrar skola ha (ha haft) all heder utav!”

Med dessa ord önskar jag dig allt gott i livet (efter detta). Hoppas du får trevligt!

Låtom oss till slut alla förena oss i ett fyrfaldigt leve! *(Obs! Endast vid bröllop!)*

## *Till frisör*

Käre frisör!

När du nu har klippt mitt hår för jämnt hundrade gången vill jag säga några ord till dig. Du har alltid varit reko, inte bara som frisör, utan, förmodar jag, även som människa – jag känner dig ju inte privat, men av ditt hänsynsfulla sätt att behandla din Azymol-Stimulus-flaska förstår jag att du älskar barn och djur och har ett fint sinnelag. Skall jag riktigt rannsaka mitt inre beträffande dig, så måste jag naturligtvis erkänna att jag någon gång varit lätt irriterad över din vana att vika fram öronen på mig med maskinen utan att, som du väl fått lära dig i frisörskolan, ta andra handen till hjälp som en liten artighet mot kunden; en gång tyckte jag nog också att du tog litet väl mycket mitt oppi – men i stort sett, frisör, kan jag inte säga annat än gott om ditt sätt att handha ditt ansvarsfulla värv.

Du är alltså väl värd de sammanlagt nittionio kronor som jag under årens lopp lämnat dig i dricks, och jag är övertygad om att du, som den fina människa du är, finner det helt i sin ordning att den klippning, tvättning, oljeinpackning och specialvård som mitt hår i dag undergått inte ska kosta mig någonting, särskilt som jag inte har några pengar på mig. Tack och ajö!

## *Napoleons tal till fienden före slaget vid Austerlitz*

Kära Fiende!

När vi nu går att möta dig ville jag först säga några ord. Jag har just uppeldat mina egna trupper till att nedgöra dig, och i konsekvensens namn vill jag nu be dig att du å din sida slåss lite dåligt, helst knappast alls. Frankrike kallar dig: gå ohjältemodigt fram i striden, sök förgäves slå ned oss, ropa ut ljungande felaktiga kommandoord, och bekämpa oss illa under utövande av ofantlig militär inkompetens! Ett bra sätt är att vända geväret bak och fram och trycka av. Frankrike tackar dig för dina ovärderliga bristande insatser! Leve du! Inte.

# *Till kvinnan*

vid Berns' Salongers 100-årsjubileum den 19 september 1963

Kära Dam!

„Du bist wie eine Blume,
So hold und schön und rein.
Ich schau dich an, und Wehmut
Schleicht mir ins Herz hinein.

Mir ist als ob ich die Hände
Aufs Haupt dir legen sollt,
Betend daß Gott dich erhalte
So rein und schön und hold."

För hundra år sen, åt så ljuva rader,
grät damerna som om dom hade spader.
Hur kan det va att inte nu på er
man ens en fuktig glans i ögat ser?
Ni diggar kanske inte Heine-rimmen,
som sedan, till en halva punsch i timmen,
gråtmilda svenska skalder översatt
vid stearinets sken i mörkan natt?
Och kanske var det här på Berns' Salonger
som Falstaff översatte Heines sånger:

*"Du är precist som en blomma,*
*så huld och skön och fin.*
*Jag ser dig an, och mitt hjärta*
*sig drar till ett vemodigt grin.*

*Mig är som om jag händren*
*på ditt huve lägga skull'*
*i bön: bli alltid bevarad*
*så ren och skön och full!"*

Ni gråter inte. Är det något galet
med poesin från artonhundratalet?
Ni grips ju inte alls – ni bara småler...
Det kanske krävs modernare symboler
där inte stearinljus, utan elljus
får skina över Berns och Jöns Berzelius:

Min älskling, du är inte alls som en blomma.
Hos vår tids poeter står stjälkarna tomma.
Nu är det en fråga om "hearts that are breaking",
och "kärlek" på PR-språk heter "love-making".

Men även om inte man blommor kan ha mer
så finns det ett bildspråk för nutidens damer,
fast inte om ros och förgyllande skrin:

Min älskling, du är som en datamaskin:
du matas med fakta i örats kanaler –
strax kommer dom ut genom mun som skandaler.

Mitt Arlanda är du och jag terminalen:
du är mej så fjärran så jag kan bli galen.
Om du var en låda och jag var ett brev
och inte på sönda jag utburen blev
så vrede jag mej i kuvertet i vånda
tills brevbärarn kom och bar ut mej på månda.

Min älskling, du är som en svinnande buss
som far från sin hållplats när jag vill ha skjuss.
Mitt gatukontor, du som utan förskoning
vill riva inom mej och bygga din boning,
min innersta stadsplan du fyndigt har löst:
du har din parkeringsplats här i mitt bröst!

Mitt livs melodiradio, sinnet till lyst:
trevlig och smeksam och aldrig tyst!

Du är som ett vrålåk på kärlekens kosa,
en toppventilerad fördelardosa!

## BOK

Mitt livs Handolén, som på händerna bärs,
du är som en tvål, lika fri, frisk, fräsch,
så ren och så fin som en burk klorofyllkräm.
Du är som ett hår som behandlats med Brylcreem.

Du är flott som en popidols folkparksgage,
varm som det varmaste varmgarage,
unik som en planka på Wasamuseet,
mjuk som den bag Konsum säljer kring teet,
nätt som en kluven atom i sin blykropp
– och du har sting som en grunka av Nycop.

Du är som min allmänna tjänstepension:
allt dyrare blir du, miljon för miljon,
och år efter år får man tålmodigt vänta –
sen faller du ut, med ränta på ränta!

Min egen privata Helanderaffär
– ett tumavtryck här och ett tumavtryck där –
allt vill jag dej ge, du den enda jag älskat;
tag allt vad jag har, du resterande källskatt!

Du V5-kupong, där mitt liv jag har satt,
bli min i de långa salongernas natt!

Du är ingen blomma. Det var du den kvällen
då Berns hällde i ur den första putällen
för hundra år sedan. Den blomman har vissnat,
fast kanske i natt, i en konstgjord kulissnatt
vi drömmer tillbaka och ser dej som då,
romantiskt belyst, så där blommande blå –
men sen, när champagnen är kroniskt borta,
blir kärlekens bilder lakoniskt korta,
så man på sin höjd kanske säjer till dej:
"Du är ingen blomma, men du är OK..."

De ord man då saknar till kärlekens uttryck
kan dock kompenseras av kyssarnas truttryck –
och *det* är just hundra års kärleks förvandling
att den ifrån ord har gått över i handling:
ju mindre man pratar, dess mera förför man,
ju mindre man säjer, dess mera gör man...

Det är därför jag pratar så här i ett sträck;
är man alldeles tyst är man nästan för fräck.

Men om *du* skulle gripas av kärlekens lystnad
ställer *jag* gärna opp, under fullständig tystnad...

I vinet som bubblar så friskt apoteklätt
vi skålar för kärlek i tjugonde seklet!

# Ledare

D • N

*Rättning mot mitten!*

Det är ju inte så lätt alla gånger att skriva ledare med kläm i när man tycker så där lite mittemellan. Det blir ju mera stuns i formuleringarna om man har en riktig övertygelse så där. Ibland tycker man det skulle vara skönt med någon ärkerevolutionär åsikt, eller ärkereaktionär, gärna det, bara man fick sjunga ut ordentligt och inte sitta och småjamsa i största allmänhet. Tingsten var ju bra på det viset att han tog ju i väldigt när han skrev så det blev riktigt intressant ibland, men det är ju inte alla som har den gåvan. Nu kör vi ju mest med lite allmänmänskligt material om hur det har ändrats allting och att livet är mångfasetterat i vissa avseenden och så där, och det blir kanske inte så roligt att läsa alla gånger, men då har vi ju i gengäld en tuschteckning bredvid texten med någon lustighet om Sydafrika eller så, och på så sätt får ju läsaren i alla fall sin dagliga dosis av andligt stimulantium.

Men lätt är det inte att i alla lägen hålla liberalismens fana så där lagom halvhögt.

# AFTONBLADET

## *Öppet brev till regeringen*

Denna tidning har alltid hållit regeringen om ryggen, vilket inte alls har att göra med att tidningen ägs av LO – som Expressen i sin flåsiga och hycklande gangsterstil vill göra gällande – utan det är så att vi *utan några som helst påtryckningar från något håll* hyser den oförytterliga meningen att regeringen i varje läge bör försvaras. Vi lever väl i ett fritt land!

Nu har vi i tidningens ledning emellertid inte kunnat hitta på något vettigt sätt att försvara regeringens senaste fadäs – vi är ju inte mer än människor, trots allt. År efter år, ända sedan LO köpte oss (vilket som sagt inte har något med våra åsikter att göra), har vi försvarat hr Erlander och hans duktiga pappenheimare mot allting: Strängs felbalanserade budgetar har vi (framgångsrikt!) försvarat med att det ju här gäller siffror som endast hr Sträng har överblick över; hr Skoglunds misslyckade kommunikationsförsök på olika områden har vi viftat bort med påpekandet att vårt land är ju så avlångt att så långa vägar finns helt enkelt inte, och f.ö. bevarar man ju bäst bygdekulturen genom att isolera landets olika delar från varandra så effektivt som möjligt, vilket hr Skoglund är mannen att göra; bristen på lärare har vi sökt och funnit i det förhållandet att hr Edenman strävar efter att främja det personliga initiativet och låta varje medborgare fritt lära sig det han önskar på egen hand; regeringens åtgärder i den Wennerströmska spionaffären har vi så effektivt som möjligt sökt tysta ner; hr Erlanders bygdehistorier har vi vägrat att reproducera i tryck – kort sagt, vi har hjälpt Er gubbar i regeringen på alla tänkbara sätt. Men nu har vi som sagt använt även de mest krystade argument som kan tjäna till Ert försvar, och nu har vi en bön till Er: avgå, kära snälla Ni, så vi får en borgerlig regering som vi fritt kan skälla ut så som vi egentligen skulle vilja skälla ut Er, om det nu inte vore för LO, som dock intet har med våra åsikter att skaffa.

Tro oss, det är *mycket skojigare* att få ge dom som styr en omgång än att sitta och hitta på en massa skäl till att Ni regerar som Ni gör. Om ni inte avgår snart, kommer Kurt Samuelsson att bli lessen igen.

# SvD

## *Den sanna framstegsvänligheten*

Det har från visst håll påståtts att vår hållning skulle vara konservativ. Detta låter ju inte så bra och måste på något sätt bemötas. Vi hävdar att vår politik alltid har varit och fortfarande är den enda sant framstegsvänliga – eller, för att använda ett drastiskt ord, i god mening revolutionära. Har vi inte småningom accepterat praktiskt taget allting som den socialdemokratiska ledningen kommit dragandes med? Varenda reform har ju till och med intagits i vårt partiprogram, så snart den har fått träda i kraft och fått fungera ett tag så alla kan se att den är bra. Vi vill inte vrida klockan tillbaka – vi vill bara helst att den får gå några minuter efter.

För övrigt är det ju meningslöst att sitta här och tänka ut en massa nya idéer när alla andra partier redan har tänkt längre än vi. Det kostar ju bara pengar. I stället har vi skjutit in oss på att bevara alla gamla fina *traditioner:* full sysselsättning, bättre betalt för låglönegrupper, allmän sjukförsäkring – se där några fina traditioner som vi sedan flera år håller högt i ära. Dock skulle vi gärna vilja att försvaret fick mer pengar, eftersom en stor del av våra prenumeranter är officerare.

Sverige är ett land med stolta traditioner från en gången storhetstid. Låt oss därför inte klema för mycket med vår i grund och botten trevliga raggarungdom, utan låt oss visa fram för dem deras stora förebilder, från Gustaf II Adolf t.o.m. Hjalmar Branting! I ett följande nummer kommer vi på denna plats att säga ett vänligt ord även om Per Albin Hansson, och så småningom kanske rentutav om Erlander.

Men kungahuset kan väl ändå få vara kvar? Snälla ni! *En enda grej* kan vi väl få ha i fred? Lymlar!

# *EXPRESSEN*

Det gäller att skriva så folk förstår. Ingen mening får ha mer än tio ord. Och bisatser ska man inte ha, helst. Folk gillar inte bisatser. Ju kortare meningar, desto större upplagor, och desto mera sting. (Se där, precis tio ord – man har det i kroppen!) Ibland kan det vara svårt att få in nåt vettigt. Sammanhang i så korta meningar. Politik är ju rätt komplicerat men då får man förenkla. Man kan ta bort nyanserna, för folk fattar ändå inte. Nyanser. Rakt på med storsläggan och hårda bandage och en geting. Här och där, det är modellen. Den femtonde är bäst för då kommer dragningslistan. Och då slipper man hitta på så mycket annat skriveri. Fast dragningslistan är svårläst så den får vi förenkla. Bara jämna tusental annars fattar inte folk. Jämna tal låter bättre också. En gång hade vi tvåtusen döda när Aftonbladet bara hade. Elvahundra! Där ser man kvalitetsskillnaden!

Det roligaste är att skriva skit om TV för det. Förstår folk.

Fotnot 1: *komplicerat:* svårt, lite marigt så där.
Fotnot 2: *kvalitetsskillnad:* när nånting är bättre än nåt annat. Till exempel Hemming Sten än Olof Rydbeck.

BOK

# NY DAG

Lenin var ju bra, men Stalin var ju inte nåt vidare. Marx är klart var bra, han var ju först, men Bulganin var ju rätt kass. Krustjev var ju bra, väl, på sin tid, men Mao Tse-Tung är ju ungefär lika bra, eller har varit i varje fall, och Hilding Hagberg är kanske bra. Kadar är väl bra, fast det snackar man ju inte så mycket om, och Gomulka är bra, och Berlinmuren är ju bra, på sitt sätt.

Men att Stalin skulle va så jävla kass det kunde man väl aldrig tro.

# Roman

*Det här är den längsta biten i boken, så den orkar ni väl inte med. Den är inget rolig heller, så ni kan lika gärna hoppa över den. Fast den har ju ett budskap av något slag, som romaner ska ha, men det intresserar väl inte er. Lite smått psykologisk är den också, kan man säga. Det är nog bäst ni hoppar över den.*

## Romanen om Mårten och Ingalill Söderman

### *Första kapitlet*

Det var en eftermiddag i juli något av krigsåren på 40-talet. Solen sken hett över Folkets Park i Linköping, och Mårtens nakna rödbrända rygg sken tillbaka från grusgången mellan moderna dansbanan och teatern där han gick böjd och plockade papper och cigarrettfimpar som folk i mellansvenskt glädjerus hade kastat ifrån sig kvällen innan.

Mårten sträckte på sin trettonåriga rygg och kisade upp mot teaterns sceningång. Där stod det resande operettsällskapets lastbil med fonder och champagneflaskattrapper och annan rekvisita. Mårten fylldes av välbehag. Det vilade en särskild förväntansfull stämning över en sån här fridfull vardagseftermiddag när man visste att något stort skulle hända på kvällen. Som nu ”Cirkusprinsessan” med Ingalill Söderman i huvudrollen. Fest, frackar, kärlek, skratt och ljuvlig musik!

Mårten gillade operetter. De fem sex kvällar varje sommar som ett operettsällskap kom till parken var för honom stunder av stor högtid, nästan av andakt. Han befann sig i den lyckliga ålder då man upplever litteraturens och teaterkonstens standardverk för första gången. Även schabloner har då originalitetens fräschör; således var kärlekens krokiga vägar genom operettintrigen ett äventyr för Mårten.

Han böjde ryggen igen och satte igång med en ny fyrkant av grusgången. Han bedrev pappers- och fimpplockningen systematiskt: grusgången indelades i tänkta kvadrater med ett par meters sida, och så avverkades de en efter en. Han tog nu upp det sista blåa Broadway Blend-paketet med den gula skyskrapan på från den aktuella kvadraten och begav sig av för att tömma sin skräpkorg i ugnen bortom teatern. När han kom förbi sceningången tittade han nyfiket på de vackra slottsinteriörerna av masonit som höll på att bäras in från lastbilen. På flaket stod en sminkad man med mascara på ögonfransarna och lätt nasal röst. Han hälsade vänligt på Mårten med orden:

– Pojke, så vackert hår du har!

Mårten strök sig generat över sin blonda vågiga kalufs. Han tyckte visserligen att det var en aning tillgjort av en vuxen karl att tala så om hans hår, men mest var han smickrad av uppmärksamheten. Kanske hade han teaterutseende? Hans hemliga drömmar i den vägen fick ny styrka medan han fortsatte sin korgtömningsvandring, lyckligt omedveten om den långa blick som flakmannen kastade efter honom genom sina välvårdade ögonfransar.

Mårten trivdes förträffligt med det här feriejobbet. Han hade aldrig tillbragt hela somrar på landet eller vid kusten som de flesta av sina klasskamrater i läroverket, men deras berättelser om sommarens härligheter lämnade honom kall. För honom fanns sommarlovets spänning här i Folkets Park. Det egentligen rätt enformiga städandet förgylldes av vetskapen om att på kvällen skulle orkestrarna spela igen, chokladhjulet snurra, ordningsvakterna brösta sig och teaterklockan ringa tre gånger för varje akt. Hela denna värld av tangodansande tonåringar, glatt halvfulla hambofantaster och ungerska balettdansöser med bar mage utövade på Mårten okända synders lockelse.

Han tömde sin papperskorg i den stora ugnen och släntrade ner mot dansbanan igen. Han tänkte med välbehag på den förestående festkvällen. Förra veckan hade han sett ”Glada änkan” med Lars Egge och Isa Quensel; han kände på nytt ilningar av förtjust njutning utefter ryggraden när han gnolade på änkevalsen som de båda nynnat medan de dansade med högra handen behagfullt placerad i nacken på sig själva:

*Munnen tiger,*
*sakta stiger*
*hjärtats röst.*
*Ord så ömma*

*vill jag gömma*
*i mitt bröst.*
*Tyst min hand jag räcker,*
*den dig kärlek svär.*
*Tyst min hand mot dig jag sträcker:*
*håll mig kär!*

Nere vid dansbanan stod vaktmästarbasen Hellring och disputerade med en trött man som hade tappat sina löständer i en av klosetterna kvällen innan och nu undrade om det funnes någon möjlighet att skaffa tillbaks dem. Mårten rycktes ur sina rosendrömmar och frågade sig irriterat varför inte Hellring slängde ut karlen. Mårten hade inget fördrag med sällar som tappar löständer i klosetter. För honom var Folkets Park en vacker anläggning med underbara anordningar för att få folk att trivas och ha det fint. Personer som denne tandlöse bakfyllerist profanerade parken och borde portförbjudas. Han bestämde sig för att själv tala några ord om detta med parkföreståndaren Herman Nilsson, som var en bra karl. Han var begravningsentreprenör till yrket men hann ändå med att sköta parken; han var av den gamla stammen och hade i folkparksrörelsens barndom brutit sten i åratal för att röja plats för en dansbana, en kaffeservering och några tiljor som skulle föreställa världen. Hans smak beträffande scenprogrammen hade väl med tiden blivit alltmer konservativ: jazzmusik tyckte han lät fult, och sångare som inte kunde höras utan mikrofoner föraktade han djupt. Med Mårten delade han kärleken till gamla hederliga operetter, med två pauser, så folk hann dricka kaffe och äta wienerbröd.

Mårtens föräldrar hörde också till dem som varit med länge i Folkets Parks historia – det var därför Mårten hade fått det här jobbet. Hans pappa körde bussen från Stora Torget till parken, och hans mamma stod i gottkiosken. Han var av frejdad folkparksstam, och han tolererade som sagt inte att parken förfulades av busaktiga uppsyner.

Medan han sopade moderna dansbanan – med en speciell lätt kvastföring som gjorde att det inte blev några s.k. dammfjät av kvasten – tänkte han på Ingalill Söderman. Han hade aldrig sett henne utom på affischen, men den bilden hade han blivit förtjust i. Hon såg på en gång vacker och skojig ut. Mårten undrade om hon var gift. Han hade alltid lite svårt att tänka sig att skådespelare kunde vara gifta med någon annan än den de älskade på scen; så intensiva känslor måste väl smitta av sig på privatlivet också, tänkte han. Inte kan man väl älska en vacker kvinna häftigt på scenen i tre timmar och sen efteråt bara betrakta henne som en arbetskamrat? Han tyckte nästan det skulle vara ett svek av skådespelarna att inte älska varandra utanför scenen också. Hon var nog inte gift, Ingalill Söderman, hoppades han.

Klockan var fem i fem. Mårten ställde in kvasten i redskapsskjulet och gick och hämtade sin cykel. Han lämnade parken glatt visslande.

## *Andra kapitlet*

Halv åtta svängde Mårten ner framför entrén igen, med cykelspänne i långbyxorna och vattenkammat hår. Han gick förbi Adolfsson som gjorde honnör i entrén. Hela personalkommittén var egentligen som ett stort sällskap skådespelare; alla fick en ny pondus på kvällarna i sina roller som golfbaneföreståndare, biljettförsäljare och läskedryckschefer. Som nu till exempel Adolfsson. Han grävde diken om dagarna i all enkelhet, men så fort han fick på sig ordningsvaktsmössan med guldbokstäverna antog hans väldiga kroppshydda en värdighet som ingöt respekt och beundran. Han var magnifik, Adolfsson.

På moderna dansbanan smög tre fyra par omkring i en tysk tango. Mårten kunde inte dansa, men han hade köpt en lärobok i dans med en massa fötter i (svart vänsterfot, vit högerfot). Dessa fötter bildade ett schema enligt vilket man skulle trampa sig fram medan man sjöng ”Det var på Capri vi mötte varandra”. Mårten hade flera gånger svävat genom vardagsrummet därhemma med dessa magiska fötter uppslagna framför sig, men än kände han sig långt ifrån mogen att våga bjuda upp någon av de vackra flickorna vid dansbanan (Mårten hade en avgjord tendens att finna nästan alla flickor vackra). För övrigt visste han inte vad man skulle prata om under dans; det stod inget om det i boken.

Mårten gick in i gottkiosken och hämtade sin korg som parkföreståndarens hustru Elin, gottkioskchef, hade gjort i ordning. Där låg noggrant räknade chokladbitar, kola och tablettaskar. Mårten kröp in i axelremmen och gick upp mot teatern med korgen på magen. Han var egentligen inte så förtjust i det här gottförsäljarjobbet, men han ville inte sluta med det i alla fall, för dels inbragte det en del pengar (tio procent på det han sålde, dock ej å omsättningsskatten), dels gav det honom tillfälle att gratis se allt som gavs på teatern. Han var redan en riktig teaterhabitué trots sina unga år; med samma goda aptit satte han i sig all denna andliga spis, från Gustaf Lövås till Victor Sjöström.

Men operetter var det som sagt något särskilt med. Hans vaknande erotiska sinne fann ett raffinerat behag i dessa romantiska äventyr inbäddade i ljuvlig musik. Han sålde glatt choklad i spänd förväntan på "Cirkusprinsessan".

Det var utsålt, så han hade ingen plats att sitta på. När ouvertyren började gick han och ställde sig framme vid sidan av scenen, under skylten "Brandförsäkringsvillkor: Tobaksrökning förbjudet". Där hade han biljettmottagarföreståndarens tillstånd att stå.

Ouvertyren var slut, applåderna smattrade, scenljuset gick upp, och ridån drogs isär av Adler i kulissen. Scenbilden föreställde den flotta ryttargången på cirkus Stanislawsky. Ett tjockt rött draperi ledde in på själva cirkusarenan, som man givetvis aldrig fick se av praktiska skäl.

Franskt skrikande cirkusdansöser och häftigt frampressade glada operettskratt rann in i Mårtens ögon och öron och försatte honom i ett tillstånd av angenäm bedövning.

Och så, efter den riviga öppningen, stod hon där plötsligt: furstinnan Fedora Palinska, Ingalill Söderman! Det gick som en elektrisk stöt genom Mårten. Vilken strålande uppenbarelse, så underbart otroligt vacker, och på samma gång så betagande lustig med sin spirituella näsa som hon rynkade till så skämtsamt när hon avslöjade sitt första pärlande skratt för publiken!

Mårten var gripen. I många operetter hade han hört talas om hur kärleken känns inombords, hur den förändrar allting, hur den griper tag om ens hjärta och gör en maktlös. Nu förstod han plötsligt allt det där. Han älskade för första gången, med en brådmogen operettkärlek.

Den inbilske prins Sergius uppvaktade Fedora på ett så löjligt och klunsigt sätt att Mårten hade lust att slå honom på käften. Lyckligtvis ville furstinnan inte veta av dessa närmanden; i stället fördes handlingen med obeveklig dramatisk logik fram mot det ögonblick då furstinnan stod öga mot öga med Mr X, konstryttaren som vågade sitt liv varje kväll i ett nummer där han stod och spelte fiol 50 meter upp i luften och sen plötsligt gjorde en looping the loop ner på en hästrygg. Mr X var egentligen av furstlig ätt men hade rymt hemifrån då han vid unga år blivit kär i en dam som visade sig vara hans farbrors fästmö. Denna dam var just furstinnan Fedora. Hon visste dock inte vem han var, för han hade bara älskat henne på avstånd – och för resten hade hon inte kunnat se det i alla fall, eftersom Mr X ständigt bar svart mask för ögonen.

Kärlekens preludier mellan dessa två oroade Mårten i hans innersta. Han fann denne cirkusryttare ovärdig en sådan underbar kvinna som furstinnan Fedora, och dessutom tyckte han inte att Erik Wilkman, som spelade Mr X:s roll, sjöng riktigt så bra som man måste sjunga för att få uppvakta den gudomliga Ingalill Söderman. Mårten var säker på att han själv var den ende som skulle kunna älska furstinnan Fedora-Söderman så rent och så helhjärtat som hon var värd. När Erik Wilkman sjöng sitt stora nummer ”Två mörka ögon och ett gyllene hår” blev Mårten riktigt arg på honom. Med vilken rätt stod denne operettsångare och uttryckte känslor som han kanske inte alls hade i verkligheten? Mårten hoppades nästan att Mr X skulle ramla ner och slå ihjäl sig nästa gång han gjorde sitt fåniga hopp med fiolen.

Så synd det var om furstinnan Fedora! Hon verkade besviken på livet, och hon var ju också änka. Mårten ville ta hand om henne och göra henne lycklig.

När den elake prins Sergius gjorde upp sin hemska plan att hämnas på Fedora för att hon inte ville ha honom kokade det i Mårten av vrede. Prins Sergius hade förstått att Mr X, som egentligen var greve Korrossow, älskade Fedora, och nu ville han lura Fedora att gifta sig med greve Korrossow bara för att efteråt kunna avslöja för henne att greven var identisk med Mr X, en simpel cirkusryttare. Lågt! Nedrigt! Mr X gick emellertid i fällan och infann sig på prinsens bjudning i frack och slängkappa och hela rekvisitan men utan mask. Fedoras känslor vaknade verkligen för denne vackre greve.

När första akten slutade i ett våldsamt champagnerus med tillhörande sång var Mårten uppfylld av hemska föraningar om det öde som väntade den kvinna han älskade. Men alla andra känslor överskuggades ändå av detta oerhörda att han var kär. Han visste inte hur det känns att vara berusad av champagne, men han antog att det måste likna denna ljuva svindel som bemäktigade sig honom när han gick tillbaka till gottkiosken med sin korg.

Han brukade köpa en varm korv i första pausen. Det gjorde han nu också, men han njöt inte av den som vanligt. Man tänker inte på mat när man älskar.

Äntligen började andra akten. Flott sal i prins Sergius' slott. Fest. Mera champagne. Kör av officerare:

*Livet ska vara*
*brokigt som en serpentin,*
*skåla nu bara*
*i skummande vin...*

Mårten blev otålig. Kom hon då aldrig? Jo, där var hon, lika strålande skön, glad, ovetande om de ränker som smiddes kring hennes änglalika gestalt. Hon var nu riktigt ordentligt kär i Mr X, konstaterade Mårten med en olycklig suck. Hon var nyfiken på att veta var greve Korrossow-Mr X befann sig på den "hemliga timmen" mellan nio och tio varje kväll. Mr X ville inte berätta det. Mårten hade lust att ropa till den älskade: "Han är cirkusryttare! Han är cirkusryttare!", men han gjorde det inte, för han visste att vad ödet bestämt, det måste ske. Egentligen tyckte han ju också att det vore lite lågt av hans kära Fedora om hon inte ville ha Mr X bara för att han var konstryttare, men han ursäktade henne med att hon väl var uppfostrad på det viset. För övrigt förlät han henne allt hon gjorde. Han kunde inte hysa agg till henne.

Varje gång Ingalill Söderman lämnade scenen en stund ansattes Mårten av en stor längtan att se henne igen. Subrettparet Tonis och Mabel Gibsons glada kupletter och allt det där med "Små söta flickor i trikå" uppskattade han inte alls som han skulle ha gjort om inte kärleken kommit in i hans liv.

Andra akten gick mot sitt obevekliga slut. Just när bröllopet mellan Fedora och greve Korrossow-Mr X skulle äga rum avslöjade prins Sergius sitt djävulska spel för Fedora: "Se här, furstinna, ni står i begrepp att gifta er med en simpel konstryttare!"

Ingalill Söderman var sublim i sin temperamentsfulla olycka. Hennes näsvingar darrade när allt störtade samman kring henne. Mårten led med sin älskade. Han hade velat ta henne i sina armar och trösta henne och viska till henne att hon inte skulle vara ledsen.

När Mr X sen i sång förklarade vem han egentligen var blev

Ingalill Södermans inre ett hav av motstridiga känslor. Andra aktens ridå gick ner över en förkrossad men fortfarande förälskad furstinna och en olycklig men stolt konstryttare och ädling som trodde att hon med vett och vilja varit med om att spela honom detta grymma spratt.

Publiken troppade ut, lätt förstämd av allt detta tragiska, men ändå uppfylld av den fasta förvissningen att det nog skulle ordna upp sig alltihop i tredje akten. Mårten å sin sida var djupt fundersam. Vad skulle han göra med denna stora kärlek som plötsligt fanns inom honom? Han kunde inte gifta sig med Ingalill Söderman, så mycket var han klar över. Tretton år är ingen giftasålder. Men kanske om hon väntade på honom? Han var övertygad om att om Ingalill Söderman bara fick klart för sig hur han kände för henne så skulle hon inte tveka att älska honom tillbaka. Eller skulle hon det? Hur stod det egentligen till mellan henne och Erik Wilkman? Dessa två som så uppenbart älskade varann på scen, de måste väl ändå känna något för varandra i privatlivet också? Men samtidigt hoppades Mårten förstås att det inte var något emellan dem, utan att hon skulle vara ledig att älska honom själv. När han tänkte efter hade han för övrigt inte riktigt klart för sig om hans kärlek gällde Ingalill Söderman eller furstinnan Fedora.

Han gick och knöck några rödhättor i en undanskymd rabatt som han rensat tidigare på dagen, knöt ett snöre om stjälkarna och fäste däri ett kort med texten: ”Från en okänd beundrare.” Så gick han in bakom scenen, gav buketten till Adler och sa att det var några blommor som hade kommit och att de omedelbart skulle lämnas till Ingalill Söderman.

Han var rätt nöjd med denna handling. Dels kunde kanske blommorna bereda henne någon tröst i bedrövelsen efter andra aktens sorgliga final, dels tyckte han att han genom den hemlighetsfulla biljetten på sätt och vis blivit Ingalill Södermans Mr X, inte i operettens värld men i verklighetens. Han beslöt sig för att fånga hennes blick från salongen i tredje akten, så att hon skulle förstå att denne okände man som hon skymtade i salongens mörker älskade henne.

Han kände sig så lättad av sin ljusa idé att han kunde skratta gott åt tredje aktens roliga första scen med hovmästaren Pelikan. När sedan Ingalill Söderman kom in, fortfarande bedrövad och förälskad i den försvunne Mr X, sökte Mårten oupphörligt fånga hennes blick. En gång när han trodde att hon såg på honom ett ögonblick log han. Tog han fel, eller log hon omärkligt tillbaka mot honom? Han trodde det. Hon hade säkert förstått att det var han som skickat blommorna.

Mårten önskade nästan att Mr X aldrig skulle dyka upp, så att hon fortfarande skulle vara fri och obunden när operetten var slut. Å andra sidan såg han ju tydligt, med ett sting i hjärtat, att hon ville ha denne Mr X. Mårtens rena kärlek till henne sade honom att han framför allt måste tänka på *hennes* lycka, även om hans eget liv skulle slås i spillror på kuppen. Tag honom du, tag Mr X, sa han inom sig, det enda jag vill är att du blir lycklig!

Och hon tog mycket riktigt Mr X. Det visade sig också att Mårten misstagit sig beträffande anledningen till att hon först inte ville ha en konstryttare. Hon tyckte inte alls att konstryttare stod för lågt på den sociala stegen; i stället var det så att hon inte kunde stå ut med tanken att hennes älskade riskerade sitt liv varje kväll när han hoppade ner på en hästrygg under fiolspelning! Mårten skämdes. Hur kunde han ha misskänt henne så?

När det hela var över och ensemblen tackade för applåderna såg Mårten hur Ingalill Söderman tryckte Erik Wilkmans hand och log mot honom. Var det bara kutym bland skådespelare, eller var det ett tecken på att de älskade varann mera privat? Svartsjukan grep tag om Mårtens hjärta. Han lämnade teatern och parken och cyklade hem.

I köket åt han en leverpastejsmörgås och drack ett glas mjölk i svart sinnesstämning.

## *Tredje kapitlet*

Morgonen grydde och letade sig in till en Mårten som tillbragt en orolig natt. Han hade ansatts av mardrömmar om hur Ingalill Söderman älskade Erik Wilkman passionerat: hon och Wilkman omfamnande varandra på en mörk gångstig i Trädgårdsföreningen, hon och Wilkman på en dyscha på Frimurarehotellet, hon och Wilkman dansande en vild czardas i nattlinne och pyjamas, hon och Wilkman, hon och Wilkman . . .

När han öppnade fönstret till sitt sovrum och tittade ut på den soliga gården blev han lite lättare till sinnes. Kanske hade hon bara åkt hem till sitt hotell, ensam, trött efter den ansträngande föreställningen? Det var ju ändå det troligaste. Och dessutom måste hon ju veta, efter ögonkastet och leendet i sista akten, att hon skulle göra honom illa om hon var honom otrogen.

När han cyklade ut till parken klockan tio i sju, förbi hagen med fredligt betande kor, växte ett beslut upp hos honom: han måste träffa henne innan hon reste! Han visste att operettsällskapet skulle spela i Mjölby samma kväll, men han var ganska säker på att Ingalill Söderman inte skulle ge sig av förrän efter lunch – det gjorde de nästan aldrig, skådespelarna. Lunch alltså. Men hur?

Han började plocka upp gårdagskvällens papper och skräp. Det var ett bitterljuvt arbete: varenda minut blev han påmind om henne, hennes bild slog emot honom från bortkastade programblad, och när han såg upp log hon mot honom från någon affisch. Han tillverkade en liten självironisk melodistump med följande text:

*Ingalill*
*du är min stora tröst,*
*och invid ditt bröst*
*vill jag vara!*
*Erik, hej!*
*Du ska akta dej för mej,*
*annars ska jag mörda dej!*
*Akta dej bara!*

Detta gick han och smågnolade gång på gång till en melodi av czardastyp. Det lättade.

Vid kafferasten klockan nio förhörde han sig försiktigt av Hellring om var operettsällskapet bodde. De flesta fanns mycket riktigt, som han antagit, på Frimis.

Han bad Hellring om trettio kronor i förskott på sin lön. Han arbetade snabbt resten av förmiddagen, smet sen iväg en kvart för tidigt till lunch, åkte hem i ilfart, tog på sig sina bästa kläder (mamma var lyckligtvis inte hemma och ställde följaktligen inga frågor) och for till Frimis.

Flott och elegant steg han in i matsalen. Han hade solglasögon på. Ett slag hade han övervägt att ha svart mask för ögonen, men den tanken hade han avskrivit såsom alltför drastisk.

Och där satt hon verkligen, den gudomliga! Ensam! Hans hjärta spratt till av glädje. Hon åt omelett och läste en bunt hophäftade papper som han antog var ett manuskript av något slag.

Han gick fram till hovmästaren och sa:

– Jag skulle hälsa att det här kuvertet skulle lämnas till Ingalill Söderman tillsammans med en liten flaska champagne.

Hans hjärta bultade när hovmästaren lätt förvånad tittade på honom. Räckte de trettio kronorna som han lämnat fram tillsammans med kuvertet? Jodå, det gick tydligen. Hovmästaren vinkade på en kypare. Mårten gick ut.

Han smet in i Frimis trädgårdsservering, där man hade god insyn i matsalen, och slog sig ner vid ett av de runda kaffeborden. Han satt som på nålar tills Ingalill Söderman fick champagnen och lappen. Han såg i andanom vartenda ord hon läste: ”Till min älskade Ingalill från en Mr X i verkliga livet.”

Hon såg sig förvånat runtom i lokalen. Mårten hoppades innerligt att hon inte skulle ta någon av de blekfeta herrarna i matsalen för Mr X.

Champagnen korkades upp, och hon höjde glaset och sa något till hovmästaren med ett av sina pärlande skratt. Mårten hörde ju visserligen inte hur det pärlade, kanske pärlade det inte fullt så mycket så här tidigt på dagen? Sak samma. Mårten njöt. Det var hans verk att hon var glad! Tänk om hon visste hur lycklig han skulle kunna göra henne! Tänk att få demaskera sig och säga: ”Jag är din Mr X! Nu börjar livet för oss två!”

Men nej, det var omöjligt. Plikterna kallade.

Han gick ut på gatan igen. Där stod operettsällskapets buss. De flesta i ensemblen satt redan i den. Man väntade tydligen bara på Ingalill Söderman.

Hon kom ut, lekfullt magnifik, gladlynt av champagnen från den okände givaren. Mårten stod på trottoaren och längtade att ta henne i sina armar. Det enda sättet att få kontakt med henne som han kunde komma på var att be om hennes autograf, men det höll han sig för god för. Han ville inte komma in i hennes liv som en simpel autografjägare; då bidade han hellre sin tid, väntade gärna år efter år, kanske hela livet. Orörlig stod han kvar på trottoaren när bussen satte i gång.

Inte ens den mest uppmärksamme iakttagare skulle ha kunnat ana sig till de gigantiska kärlekskval som Mårten genomled när bussen gick. Det enda synliga tecknet på hans hemliga kärleksförhållande till Ingalill Söderman var en förstulen slängkyss som han kastade efter bussen, men denna kyss var så avsiktligt vag att vem som helst skulle kunna ta den för en lätt gäspning.

*

*Ja, du läsare som läst ända hit, nu är du alltså en erfarenhet rikare. Nu vet du hur den första kärleken kunde gestalta sig på 40-talet för en trettonårig operettälskare. Kan just undra förresten hur den första kärleken ter sig för en ungdom som växt upp under nyare stjärnor, som Elvis Presley med "Jailhouse Rock" och "Such a night"? Det är väl hårdare bandage.*

*Tja, vill du veta mer om kärlek kan du läsa D. H. Lawrence, Henry Miller och Alice Lyttkens.*

# Ghost writing

*När en person som inte kan skriva en bok ska skriva en bok brukar någon annan skriva boken. Den som inte kan skriva berättar då lite allmänt för den som kan skriva, varefter den senare (the ghost writer) utformar själva boken. Meningen är att han ska göra detta i den andres egna ordalag, men det är naturligtvis inte så lätt för ghost writers att helt undertrycka sin egen personlighet.*

## Utdrag ur
## Ingos memoarer "Två trötta händer"

### *Ghost writer: Harry Martinson*

Stjärnorna som i evig tystnad vandra på himmelen, universum som rullar ur intighet i intighet i kosmiska cykler, vad frågar de efter en stackars ensam liten idrottsmänniska som jag? Och ändå – är inte varje varelse i sin outgrundliga rikedom fri, fri att förvalta denna sin outgrundliga rikedom, exempelvis i Schweiz? Jorden är till för oss alla, och även en boxaremänniska kan ha något väsentligt att säga om tillvaron, när han återfår medvetandet.

Må profanum vulgus orda om det skandalösa i att en man som fått en underbar styrka i sina muskler bär hand på sin nästa, må hopen skria att den inte vill se blod – för mig är den explosiva manifestationen i livets repomgärdade ring ett sine qua non. Det står ju skrivet att "vad du gör, gör fullt och helt, och icke styckevis och delt" – då är det väl klart att man tar i så mycket man orkar? Morsning!

# Dikter

## *Till min älskade Expressen*

En bagarlärling, 23,
fick trillingar i morse me'
en isprinsessa, 22,
som aldrig fått i skolan gå,
ty hennes fader, 45,
var alltid full när han kom hem,
och hennes moder, 37,
blev utkörd för en annan fru,
vars make, förman, 91,
när han upptäckte vad som skett,
tog av sej livet, 91.

Här ser ni siffror som gör susen!
Expressen, 400 000.

## *Statskyrklig dikt*

Det är skönt att ha timlön
i himlön.

# Jubileumsskrift

*Den onödigaste och mest meningslösa form av litteratur som finns är utan tvivel de dyra skrifter i tolvfärgers djuptryck som det minsta lilla struntföretag ser det som en hederssak att utge varje gång det fyller något jämnt antal år. Om svensk industri befinner sig i en ekonomisk kris beror det förmodligen inte alls på bolagsskatten utan snarare på dessa flotta bottenvolymer som är tryckta på så styvt glättat papper att de inte ens går att ha på utedass.*

## FESTSKRIFT

### *i anledning av A.B. Svenska Insamlingars 1-årsjubileum*

Då A.B. Svenska Insamlingar startades för ett år sedan av bolagets avhållne och beundrade direktör, C.H. Hedencrona, vågade väl ingen av de 15 anställda ens drömma om att vårt företag på kort tid skulle bli känt över hela Sverige. Syftet med bolaget var ju också sådant att ingen hade tänkt sig någon mera omfattande publicitet.

Det var i maj förra året som direktör Hedencrona födde sin stora tanke att överallt i landet, på företag och offentliga lokaler, i slott och koja, låta lägga ut teckningslistor med den tryckta överskriften ”Insamlingslista”. Det geniala i denna idé låg uti att folk ju är så överlupna av dylika listor, gällande arbetskamraters födelsedagar, giftermål, hädangång, iråkad misär etc, att ingen skulle reflektera närmare på vad listan avsåg utan bara skriva på sitt namn och något belopp mellan 2 och 10 kronor, samt enligt direktiven på listan direkt lägga dessa pengar i en låst bössa med tillförlitligt utseende som stod där bredvid.

Att A.B. Svenska Insamlingar under sitt första verksamhetsår kan redovisa en nettoinkomst på över miljonen är helt vår avhållne direktörs förtjänst. På denna högtidsdag, då bolaget fyller ett år, vill vi emellertid också låta våra tankar gå till några av de anställda. Chefen för distributionsavdelningen, löjtnant B. F. Karlsson, har med ansvar och nit organiserat utläggningen av listor runtom i vårt avlånga land. Tack, "List-Kalle", som Du populärt kallas i vår trevna krets! Och Du, Lotta-Lena Fahlgren, har förestått dörrknackningssektionen med den frenesi och den glada iver som endast en mångårig praktik som MRA-dörrknackare kan skänka. Vi vill hurra för Dig på denna dag. Hurra för Lotta-Lena!

Ett särskilt omnämnande vill vi också rikta till Svenska Insamlingars kassör genom alla dessa år, kamrer B. U. Axelsson. Det ligger ju i ett sådant här företags natur att inkomsterna blir fullständigt omöjliga att kontrollera för någon utomstående. Men Du, Axelsson, har med Din stora insikt i sådana här saker klarat detta jättearbete med den äran. Vi unnar Dig alla av hjärtat de tolv stenhus som Du på sistone inköpt för det stora arv Du berättat att Du fått från en avlägsen släkting i Amerika. Tack, Axelsson!

Slutligen vill vi inte heller glömma den som förestått vår lunchmatsal. Det har alltid varit gott och trevligt, och fin utsikt över Strömmen. Tack, Tore Wretman!

Slutligen vill författaren av dessa rader rikta en särskild hälsning till vår avhållne Direktör.

Käre C. H. Hedencrona! Då jag, såsom varande endast löst knuten PR-man i företaget, var den ende som fick villkorligt, har jag ju icke kunnat komma i kontakt med Dig för att resonera om föreliggande festskrift. Jag är emellertid övertygad om att Du med Ditt storslagna sinnelag skulle ha sagt O.K. till denna jubileumsskrift. Kostnaderna för densamma har jag tagit ut ur en av bankerna i Schweiz, där jag förmodar att vi alla kommer att slå oss ner när verksamheten en gång återupptas om tio år. Eller hur mycket det var.

# Lärostycke

*Eftersom samtliga av Skolöverstyrelsen godkända läroböcker i religion tycks favorisera kristendomen, i strid med gällande bestämmelser, publiceras här en objektiv berättelse från den högre värld varav Sveriges prästerskap endast är ett blekt återsken.*

Det stundade till Gudskongress, och gudar från alla hörn av himlen foro Vintergatan fram mot det festligt illuminerade Gudsfolkets Hus, som ligger strax intill Andromedanebulosan, och sen tar man till vänster, och då är det det stora huset på höger hand.

Det var en viktig kongress som stundade. Först på dagordningen stod nämligen frågan om vems fel andra världskriget var – det här var den första kongressen efter detta krigs slut, för i universum är det ju, som alla vet, ingen brådska.

Talmannen, en liten oansenlig skrumpen negergud, som kommit in i kongressen för att några vilda stammar i Bechuanaland trodde på honom (man måste ha minst 10 000 röster för att bli gud med säte i kongressen), hälsade alla hjärtligt välkomna. Därpå begärde genast Buddha ordet.

Herre Talman, Mina Herrar! Det kristna partiet har återigen visat sig ovärdigt det förtroende det åtnjuter bland väljarna genom att låta ett storkrig bryta ut. Är det slarv, eller är det allmän inkompetens, eller tycker Min Herre (han tog av sig ena skon, slog den i bordet och pekade med den på kristendomens Gud), tycker Min Herre att det är så det ska va? Har ni inte frid på jorden på ert program kanske? Här ska en massa oskyldiga buddhister och andra få sätta livet till bara för att Min Herre inte sköter sitt jobb. Vi fordrar en förklaring och en garanti för att det inte återupprepas! I annat fall kommer vi att sätta till alla våra resurser för att missionera bort er från himlens yta!

Allmänt bifallssorl och spridda applåder. Den angripne Herren såg vred ut (fast god på samma gång, givetvis). Buddhas feta anlete lade sig i de vanliga belåtna vecken, och han satte sig med benen i kors.

Vår Herre riste sitt skägg och begärde ordet.

Herre Talman, Mina Herrar! Det är inte mitt fel! Det är inte mitt fel! Hur skulle jag veta att det skulle gå så? Den hära Hitler var ju inte direkt nån okristlig typ vad man kunde se i början, och Mussolini var väl egentligen en rätt trevlig prick, det har jag direkt från min egen påve i Rom. Vad ska man tro? (Han började fatta humör – det tar en stund med gudar, men det kommer!) Och förresten, vad begär ni egentligen? Hur i hela friden ska jag kunna vara allestädes närvarande? Man måste väl lita på sina medarbetare! Och man börjar ju bli gammal också. Man glömmer saker. Och inte ens en hålkortsmaskin har man till att hålla reda på alla själarna. Nähä, man ska komma ihåg dom *i huvet!* Vem tror dom man är egentligen? Truxa? Herrarna kan gå hem och sköta sitt, för jag tål ingen kritik. Är man allsmäktig så är man. Dra åt skogen, hedningar!

Stämningen var nu riktigt upphetsad bland fridsfurstarna.

– Skäms! och så en annan sak: vad håller Min Herre på med i Sydafrika? Ska inte alla människor vara lika, står inte det också i ert efterkrigsprogram?

Vår Herre dämpade tonen något.

– Jo jo, men det där lägger jag mig inte i. Afrika är ju närmast en kristen *koloni,* i periferin så där, så dom får sköta sitt. Men jag äter inte deras apelsiner, tro inte det!

Talmannen harklade sig.

– Anser församlingen att vi får skriva andra världskriget på vår kristne broders skuldkonto, eftersom det ju i alla fall var hans anhängare som började?

Alla röstade ja, utom Vår Herre, som röstade ”vet inte”.

Talmannen reste sig allvarligt.

– Min kristne Herre! Jag har äran meddela er att det nu är tio storkrig på er lista sen ni senast gjorde bot.

Församlingen drog efter andan.

Nej, säj inte det! Är det tio! Ojojoj!

Alla klappade förväntansfullt i händerna. Talmannen fortsatte:

– Min Herre, ni vet vad det betyder. Ni har åkt på en pant igen. Den här gången gäller det att hoppa på ett ben och gala som en tupp minst hundra gånger.

– Bravo! ljöd det ur församlingen.

Vår Herre reste sig bedrövad, samlade upp sin fotsida klädnad i händerna, ställde sig på ett ben och började hoppa och gala, först tvekande, sedan med mera abandon.

Buddha slog sig på knäna och skrek av skratt. En sydamerikansk indiangud råkade i skrattextas och skalperade sig själv, rullande på golvet. Himlen uppfylldes av ett rungande gapskratt, så att stjärnorna blinkade och satelliterna föllo ned.

När Vår Herre hoppat och galt färdigt upplöstes församlingen och gudarna foro hem, var och en till sitt. Buddha lämnade kongressen med orden:

– Så roligt har jag inte haft sen Trojanska kriget när Zeus fick resa sej opp och säga: ”Jag är en skitgubbe! Jag är en skitgubbe!”

Därpå var allt, som vanligt, tyst i himlen.

# Plagiat

Väl formar den starke med svärdet sin värld
väl flyga som örnar hans rykten;
men någon gång brytes det vandrande svärd,
och örnarne fällas i flykten.
Vad våldet må skapa är vanskligt och kort,
det dör som en stormvind i öcknen bort.

*Tage Danielsson*

# Brev
*som jag antar att folk har fått*

Stockholm 21 juni 1963.

Statsminister Tage Erlander.

Då jag erfarit att Ers Excellens ej blivit vederbörligen informerad i en fråga som gäller rikets säkerhet, och då jag funnit att min egen tystnadsplikt nu torde kunna hävas sedan jag haft ett samtal med säkerhetspolisen, vill jag härmed meddela att jag under en lång följd av år utlämnat hemliga upplysningar om Sveriges försvar till främmande makt. Jag tycker inte det är mer än rätt att Ers Excellens blir underkunnig härom.

Med utmärkt högaktning
Stig Wennerström
överste

Moskva 1940

Ärade Kamrat Winston Churchill!

Vi ryssar har ju nu ett tag varit på tyskarnas sida, men nu har vi tänkt att det skulle va roligare om vi fick gå över till er. Det gör ju inte så mycket att ni är kapitalister, vi är inte dom som går och tjurar för småsaker, och vi har tänkt som så att det blir kanske ni som vinner i alla fall, och då är det ju bättre om vi får va med på eran sida. Hitler och jag har blitt osams också, han är ju lite barnslig, du vet, tavaritj! Tänk på saken! Vi är väl inte sämre folk än att vi kan ändra oss? Hedersknyffel!

Din nye brevvän
Josef Stalin

Efesus sommaren 46

Käre Paulus!

Tack för Ditt brev! Vi mår bra och hoppas Du gör detsamma. Här har varit fint väder på sista tiden, vi badar och solar oss. Man blir ju lite slö i solskenet, så vi har inte läst Ditt brev än, det var ju rätt långt. Du arbetar väl inte för mycket, vi är lite oroliga för Dig, Du bara sitter och skriver och skriver, svåra ord är det också, så man begriper ju inte hälften. Snälla Du, skriv inte så mycket, för det är ingen som läser Dina brev, uppriktigt sagt. Skicka ett vanligt julkort nästa gång! Hälsa alla!

Dina vänner
Efesierna

Arboga 25 oktober 1963

Pastor Arne Imsen.

Jo serru gamle galosch, det förhåller sig på det viset att jag inte är riktigt klok, och läkarna kan inte göra nånting åt det, jag är lika galen vad dom än gör, glad och livad och tjohejsan, men spritt språngande galen, förstårru, galosch! Nu undrar jag därför om jag kan få bli med i Maranata, inte för jag tror ni kan bota mej ni heller, nänämensan, men uti Maranata, vet du, där märks det ju inte så mycke utifall att man har huvet under armen.

Ä jag får va med va? Kompis!

Högaktningsfallerallanlej
Viktor med smajlet

# Telefonsamtal

*Ett stort problem för framtidens historie- och litteraturforskning är att författare skriver så få brev numera. I stället telefonerar de, och spar därmed intet åt eftervärlden. Vilken glädje skulle vi inte ha av Strindbergs samtal i Allmänna Telefon med sina kolleger ("Hej! Hur mår du? Och frugan? Jo du, Röda Rummet klockan åtta då va! Frid och fröjd!")*

*För att föregå med gott exempel har jag låtit nedteckna mina telefonsamtal. De kommer att utges i tre volymer om året, med kommentarer av Olof Lagercrantz. Härnedan några smakprov.*

## *Kommersiellt samtal*

Hallå. Är det ordföranden i Köpmannaförbundet? Goddag goddag. Vad får det lov att vara? Ja jag ska inte ha nånting, jag ville bara språka om en sak. Varför vill ni inte att flera affärer ska få ha öppet längre så folk hinner handla? Vadå? Tar det bort kunder från andra affärer? Men om man inte hinner handla, då tjänar ni väl inget nån av er? Va? Hur fungerar det då? Så ni menar att ni tjänar mindre om ni har öppet längre? Jaha. Om ni har stängt hela tiden, då blir ni väl miljonärer allihop i så fall. Det säjer ju den enklaste matematik. Men en liten stund kan ni väl ha öppet i alla fall? Ska vi säja mellan kvart över tio och tjugo över tio, för då brukar jag kunna kila ifrån och handla. Va? Har hunden alltid rätt? Jaså kunden ja. Ja och kunden är ju också det bästa hos människan. Jaja, det är klart att vi måste visa lite hänsyn mot er affärsidkare. Visst kan vi bekväma oss att handla kvart över tio allihop. Man måste ju visa sej lite serviceminded gentemot Köpmannaförbundet. Javisst. Huvudsaken är ju att ni trivs. En annan sak: skulle man inte kunna införa köbrickor för expediterna så dom slipper stå och vänta så länge innan dom kommer fram och frågar vad det ska vara? Å för all del, det var så lite. Vadå? Jaså ni måste ut på ronden nu. Och se efter att allting i affärsväg är ordentligt tillbommat ja. Lycka till. Glöm inte tidningskioskerna. Ajö.

## *Sexuellt samtal*

Hallå, goddag, är det pastor Lewi Pethrus? Frid frid. Jo, pastor Pethrus har ju skrivit en hel del om hur man ska sköta sej före äktenskapet och så där, och nu undrar jag, är det tillåtet att... Nähä. Så man får inte förlova sej heller före äktenskapet? Nähä. Men blommor och bin då, för dom går det kanske för sej? Nähä. Och storken, hur är det med den? Får han och hon... Nähä. Men hur går det då, om inte storkarna får bli fler? Vem ska då komma med de små människobarnen? Jaså, brevbärarn ja. Det är ju det att dom bär ju inte ut så ofta. Det är ju synd ja. Vadå? Jo jag sa att det är ju synd. Ja just det, då är vi överens. Det är synd alltihop det där. Jaja, så är det med oss människor. Som sagt var. Vadå? Vad hoppas pastorn? Att tomten kommer i år också? Ja det vore väl skojigt. Hur? Jovisst tror jag på tomten, men ska jag avslöja en hemlighet? Hemma hos oss är tomten *pappa!* Va? Synd? Men inom äktenskapet och allting... Jaja, det är klart det är bättre att va en *riktig* tomte. Jaja. Tack. Ajö.

## *Ekonomiskt-politiskt samtal*

Hallå ja. Är det finansministern jag talar med? Ja goddag, det är Tage. Nä, Danielsson. Jaja, det gör ingenting, det kan väl vem som helst ta fel. – Jo, det gällde skatten. Den är lite väl hög, tycker jag. Får finansministern själv pengarna att räcka till hushåll och kläder när skatten är dragen? Svårt ja. Det är likadant här. Jaja, allmänna bästa ja. O.K. Nänä, inte bli så lessen. Glöm det.

Men vad jag egentligen ville, det var att få reda på lite närmare vart alla pengarna egentligen *går* som jag har betalt in. Jaja, det kommer ni alltid körande med att det står i budgeten, men nu menar jag just *mina* pengar. Dom där tvåtusen som jag betalade in i restskatt i våras, vad har ni använt dom till, till exempel? Svårt att säja? Men det är väl det minsta man kan begära, att få veta var ni gör av ens surt förvärvade slantar? Va? Inte tid? Men hur ska jag då rösta nästa år? Nänä, jag är inte sur. Alltså, ska vi bena opp det här då. Hur mycket av dom där tvåtusen går till försvaret till att börja med? Ett par tre hundra kanske? Vad har ni köpt för dom då? Har det blivit en stilig uniformsrock kanske, eller har ni lagt ner dom på morronvällingen? Vadå? Vet inte? Men hur ska jag då rösta? Hursa? Ja det vore ju vänligt. Ringer finansministern runt då och frågar kollegerna? Fint. Så får jag en påringning då. Vi hörs. Hälsa grabbarna.

*

Hallå. Jasså goddag igen. Träffade finansministern grabbarna på telefon? Hur mådde dom då? Inte glada. Nänä, jobbet är inte alltid en dans på rosor. Men nu ska vi se då, vad är det ni har använt mina tvåtusen till? Jaja det talade vi om ju, försvaret trehundra, men jag fick aldrig nåt besked om vad ni hade köpt för dom. Nähä. Båtmössor. Det var trevligt. Så det är flera stycken av våra tappra soldater som går omkring i mina båtmössor nu då? Ett hundratal nästan. Kan man tänka sej. Och sen då? Ecklesiastik, jaha. Nåra hundra där också. Jaså dom har ni lagt på enhetsskolan. Det blir väl många pekpinnar det, för tvåhundra? Jaså formgivna ja, då ställer det sej dyrare förstås. Är det Sigvard Bernadotte som anlitas? Javisst, det är klart, skönhet och harmoni, i unga år. Visst. Jaha, sen kan vi ta kommunikationsdepartementet då. Tvåhundra till SJ, och femti till televerket. Ja telefon är ju bra att ha. Va? Inte alltid nä. Ja sen är det väl då pensioner och notpapper till UD och sånt förstår jag. Just det, tie öre hit, och tie öre dit, det blir pengar det. – Jatack, nu har jag fått en grov översikt i alla fall, fast det är fortfarande fem-sexhundra som finansministern inte har redogjort för. Ta om från början? Nähä, det ska inte behövas utan vi gör så här i stället, att finansministern kan ta dom där överblivna pengarna och göra sej en glad kväll tillsammans med dom övriga excellenserna. Jaja jag bjuder. Här vilar inget knussel. Ni kan behöva koppla av lite. Javisst, det är klart jag begriper att det blir mycket siffror ibland. Gå in på Operakällarn – där ligger ju förresten en hel del av mina pengar redan. I trappan. Å för all del, inget att tacka för. Ajö.

# Novell

## Den första kärleken

Det var en afton i maj. De satt på en undanskymd bänk i parken. Det var i jasminernas tid. Våren vidgade deras hjärtan.

– Jag har aldrig känt så här förut, viskade han. Jag vet att det låter banalt, men det är så.

– Jag törs inte säja hur jag känner för dej, sa hon, hastigt, för att inte hinna hejdas av sin rodnad. Om jag sa det skulle det bli förstört på något sätt. Det finns inga ord för det.

Han kysste henne varligt på kinden.

– Gör inte så. Du vet ju vad jag har sagt.

Han vände sej bort, truligt, påstridigt:

– Jag vill vara hos dej i natt.

– Du får inte bli så där igen. Du vet att jag måste vara hemma klockan tio. Varför kan du inte låta det vara bra som det är, varför kan vi inte fortsätta att tycka om varandra så här som nu?

– Tycka om! Är det det du gör, *tycker om!* Som man tycker om en film eller en fåtölj! Tycka om!

– Käraste, jag älskar dej, det vet du. Men det är ju bara så att det inte går.

– Är ju bara så! Varför måste det vara så? Varför kan inte vi få älska varandra helt och hållet? Varför bara inte vi? Alla andra får ju. Folk ligger ju som packade sillar över hela vårt avlånga land! Varför ska just jag, som äntligen har funnit den första, enda, stora kärleken, jag som bara har dej i hela världen, varför ska just jag inte få?

Hon log åt hans patos, resignerat och lite trött.

– Käraste, du vet ju hur det är. Måste du förstöra hela den här korta stunden med att tala om det där? Är det det enda som betyder nåt för dej?

Jasminerna doftade. Han skämdes.

– Förlåt mej. Han smekte hennes kind. Det är underbart att vara tillsammans med dej, bara att vara i närheten av dej. Men ibland känns det så svårt.

Näktergalen drillade. Det var en romantisk afton.

– Men en sak måste du lova mej i alla fall. Lova mej att det aldrig blir någon annan än jag. Lova det!

– Jag lovar. Hur skulle det kunna bli någon annan? Jag har ju bara väntat på dej i hela mitt liv.

– Säj att det aldrig har varit nån annan heller. Säj det!

– Det har aldrig varit nån annan.

– Säj åtminstone att du *skulle vilja* att jag var hos dej i natt!

Hon svalde en snyftning.

– Käraste jag skulle vilja. Men nu måste vi gå. Du vet vilket liv det blir om vi kommer hem efter tio.

De reste sig. Han lade armen om livet på henne.

– Vi är egentligen rätt barnsliga, va?

– Jag vet inte just om det är så barnsligt att älska . . .

Han såg ner i marken och sa tyst: – Du, egentligen tror jag att den finaste kärleken är den som aldrig kan fullbordas. Vi är nog rätt lyckliga ändå.

De log mot varandra. Det var i jasminernas tid. Klockan var kvart i tio.

Hand i hand gick de ut ur parken och bort mot ålderdomshemmet.

# Pamflett

*En pamflett är en oförskämd och ofta ärerörig stridsskrift som man kan få fem år i fängelse för. Nedanstående hatiska utfall mot generaldirektören för postverket är emellertid uteslutande avsett som ett exempel på hur en pamflett kan se ut och utgör följaktligen inte angrepp på vårt avhållna postverk, som ju ur alla synpunkter sköts mönstergillt och därför icke tål någon kritik. Sätt mej alltså inte på cellen!*

Att vara generaldirektör för Kungliga Postverket är ingen lätt uppgift. Man förstår att vederbörande kan misslyckas med ett och annat. Men att göra ett så fullständigt fiasko som den chef vars namn här icke skall nämnas på grund av tryckfrihetsförordningen är dock ovanligt, ja unikt, för att inte säga otroligt. Mottag, herr generaldirektör, mitt djupa förakt!

Svenskar finner sig i nästan allt. Förr fick vi brev på söndagarna; så icke nu. Varför? Är postverket religiöst? Nej! Är brevbärarna bakfulla? Nej! Är vädret sämre på söndagarna, så att verket skulle bli förkylt om det bure ut brev? Nej! Vilken är då orsaken? Ledningens totala inkompetens och fantasilöshet!

En mor sitter och väntar på brev från sin son, som seglar på de sju haven. En älskad kvinna snyftar uppgivet över ett uteblivet livstecken från sina drömmars man. En skolpojke går under av längtan efter svaret på Hermodsbrev nummer 7. Vems är felet? Kungl. Postverkets lednings! Hur länge ska vi tolerera dessa ulvar i guldgalonerade vegamössor, som icke akta för rov att fördärva den vackraste dagen veckan äger genom sin ofattbara slöhet?

Varför kan man inte lösa in en check på postkontoret på samma sätt som i vilken affär som helst? Är personalen en samling kommunistiska bankhatare? Nej! Kan den inte läsa? Jo! Vill den ha vanliga sedlar för att snabbt kunna smita med kassan till Sydamerika? Nej! Svaret är detsamma även här: ledningens totala inkompetens och samhällsfarliga törnrosasömn!

Har man under loppet av flera hundra år inte insett att namnteckningar icke kunna utskrivas med sönderrostade pennor och uttorkat bläck, då borde man frivilligt lämna sin post som generaldirektör och övergå till någon mindre krävande syssla, som till exempel att ha söndagsjour som brevbärare.

Varför kan man inte ta ut pengar på postsparbanken enligt samma grunder som på alla andra banker? Behöver verket behålla pengarna för inköp av nytt bläck? Nej! Det köps ju intet sådant bläck. Tycker verket att folk har för mycket pengar redan före bankuttaget? Vill verket alltså motverka slöseri? Nej! I så fall skulle ju verket icke under julen anställa skolpojkar som stoppar dyrbara julkortsbuntar i kloakledningarna. Vad är detta, om icke slöseri med stackars fattiga änkors femtioöringar som de spenderat på en kär julhälsning till sina söner, som kanske ligger på sanatorium?

Varför är köerna så långa på posten? Beror det inte på att en stor samling postflickor och postgiropersonal åsidosätter sin plikt och i stället uppträder i folkparkerna med "Finska valsen"? Jo! Vad har skattebetalarna för glädje av denna vals där de står, frysande, dåligt uppvärmd som postlokalen är, och väntar på att få ut några kronor på en postanvisning som kan ge dem bröd för dagen?

Nej, ska man bli snabbt betjänad på posten måste man vara postrånare. Då tjatas det minsann inte om legitimation, då är det bara att ta pengarna och gå. Ruttenhet! Skandalös brist på hänsyn!

Varför är postpersonalen så ohövlig? *Måste* man vara äldre ungmö som hunnit surna till på livet för att få sitta i en postlucka? Är det ett *oeftergivligt* krav? Stackars gamla pensionärer, som inte haft möjlighet att sätta sig in i den otroliga snårskogen av legitimations- och förfallodatumsparagrafer, varför får de så snäsiga svar på sina blyga frågor att de tårögda går ut och undrar om inte ättestupan vore det bästa för dem? Varför tas inget initiativ för att åtminstone anskaffa färgglada pappershattar åt de suraste postfröknarna, så att kunden inte skräms bort redan vid anblicken? Går postpersonalen själv aldrig på posten och hämtar ut någonting, så att den upptäcker hur mycket ett litet leende ur luckan skulle betyda? Nej, den går icke på posten, ty den vet att affärsbanker och fraktgodsexpeditioner snabbare och bättre betjänar den!

Herr generaldirektör, detta kan inte fortsätta! Ni bör omgående insända er avskedsansökan till Kungl. Maj:t. Risken att den når adressaten är ju ändå så liten.

# Snyftreportage

*saxat ur Aftonbladet*

## Börje Heed hos Hångsta-Bengtsson

Jag går in i fängelsets trista besöksrum för att såsom den ende journalisten i världen få tala ut med Hångsta-Bengtsson. Hur är han i själva verket, denne fruktade brottsling? Om man tränger innanför skalet, finns där ändå inte en människa?

Han trycker varmt min hand och börjar tala. Det är som om han längtat att få tala ut med någon.

– Mördare, säger han. OK, jag är mördare. Men ni måste försöka förstå. Ni har väl själv gjort er skyldig till nånting nån gång, en felparkering eller så. Då vet ni att det är lätt gjort. Somliga parkerar fel, andra, som har haft en tråkig barndom, mördar. OK, livet är så. Och visst ångrar jag mej. Mest ångrar jag att jag glömde torka av fingeravtrycken, och näst mest ångrar jag att jag gjorde't. Men ni måste förstå att det är inte så lätt. Det är mycke man ska tänka på, och så blir man ju lätt lite grann nervös också. Men det är ingen som förstår en. Jo en och annan är ju reko, du Börje är ju en bra grabb. Om det inte vore för såna som dej så skulle man väl misströsta om människan. Människan är ju i alla fall i centrum.

Han hade talat ut. Rörd tryckte jag hans hand och gick.

*I morgon börjar Börje Heed frivilligt avtjäna ett livstids fängelsestraff för att sedan postumt skriva en sensationell artikelserie om hur det egentligen är i stillot.*

# Science fiction

## Anders Johanshages underbara resa

Det svenskbyggda rymdskeppet ”Carl XVI Gustaf” skar fram genom universum med ett svirrande läte. Inne i farkosten svävade fritt folkskollärare Anders Johanshage. Han lade ifrån sig ”Tidning för Sveriges Folkskollärare” i tomrummet och såg ut genom gluggen mot rymden. Planeten Pluto närmade sig med svindlande hastighet, och folkskollärare Johanshage gjorde sig klar att stiga av. I högtalaren bad rymdvärdinnan honom att sitta kvar tills motorerna stannat. Han gjorde det, lojalt, villigt och glatt, och damp sedan ner på golvet i raketskeppet.

Anders Johanshages bagage lastades av. Han kontrollerade noga att han fick med sig alla väskorna med kurslitteratur. Han var utsänd av Svenska Nämnden för Interplanetariskt Bistånd för att undervisa plutianerna i kultur. Planeten Pluto var en typisk u-planet, och Sverige hade av FN:s Interplanetariska Råd tilldelats denna planet med uppgift att lära de underutvecklade plutianerna hur man lever lyckligare och blir bättre på alla sätt.

Ett utomordentligt grundligt förarbete låg bakom folkskollärare Johanshages färd. Den nödvändigaste kurslitteraturen, bl.a. Carlssons skolgeografi, Stiernhielms ”Hercules” och Heidenstams ”Karolinerna”, hade översatts till plutianska av ett expertteam; Anders Johanshage hade i åratal drillats att uttala svenska ort- och konunganamn på flytande plutianska; H. M. Konungens autograf i hundra exemplar fanns med i bagaget för att utdelas till de plutianer som bäst tillgodogjorde sig folkskollärare Johanshages undervisning. Till och med en snabbkurs i rapsodling ingick i den planerade undervisningen, för den händelse raps ginge att odla på Pluto.

En liten gnetig plutian stod på plattan och sträckte fram mittersta handen till välkomsthälsning. Plutos invånare är helt cirkelrunda figurer med sex ben och fem armar, ett kombinerat syn- och hörselorgan (s.k. öröga) i kroppens övre segment, bred mun med nittiotvå tänder och framåtlutande gång. De förökar sig genom skelning: så snart en plutiansk man skelar med örögat mot en kvinna, på vilket avstånd som helst, ropar hon: ”Touché!” (fast på plutianska), delar sig själv på mitten och blir två likadana. Om mannen vid skelningen står på mer än tio meters håll blir det två pojkar av damen; står han däremot på ett avstånd av mindre än tio meter blir det två flickor, och skulle det slumpa sig så att han står på *exakt* tio meters avstånd blir det en av varje. Detta är dock sällsynt och står alltid på första sidan i plutianska kvällstidningar.

Detta aparta men vänliga folk skulle nu lyckliggöras med västerländsk kultur och andlig odling. Folkskollärare Johanshage tryckte varmt den gnetige plutianens hand och sade på oklanderlig plutianska att han var stolt och glad att såsom representant för konungariket Sverige komma och lära ut lite vanligt folkvett.

Han fördes i studstaxi (sittande på fyra studsande plutianer) till hotellet, där han genast gick till sängs, utmattad efter resan. Trots tröttheten sov han oroligt i den cirkelrunda sängen, med kinden lutad mot vänsterfoten.

Nästa morgon steg han spänstigt upp och begav sig, med nödiga läroböcker försedd, till den av svenska medel uppförda Svenska Skolan. Där väntade de åttio vuxna plutianer som uttagits ur olika folkgrupper enligt ett sociologiskt schema. Det var hans första Pluto-klass. De reste sig artigt när han kom in. Han bad dem vänligt sätta sig, gick fram till den från Sverige översända skolorgeln och inledde dagens arbete med ”Din klara sol går åter opp” i plutiansk översättning, godkänd av ärkebiskopen av Sverige.

Först på dagens schema stod kristendom. Han berättade med snälla tonfall liknelsen om den barmhärtige samariten. De åttio elevernas örögon stirrade nyfiket på honom, och deras mungipor rörde sig i något som han antog var ett tecken på spänd uppmärksamhet. Han gick sedan igenom tankeinnehållet i Sv. ps. 421 och gav klassen i uppgift att lära sig denna psalm utantill som hemläxa.

Så blev det rast. Så snart eleverna kom ut ur klassrummet steg ett skallande skratt upp mot Plutos gröngula himmel. Folkskollärare Johanshage myste belåtet i mjugg. Han satte stort värde på att vara populär och tyckte om när eleverna var glada åt hans undervisning. Det skulle nog gå att göra ett kulturfolk av dessa stackars primitiva varelser. De var ju dock, i demokratiens namn, likvärdiga med honom själv, det fick han inte glömma. Inte glömma! Inte glömma!

Nästa lektion var i ämnet geografi. Han började med en liten uppmjukande anekdot om Södertälje kanal och gick sedan över till Hallands floder. Lagan, Nissan, Ätran, Viskan, minnesramsa: laga ni, äta vi. Plutianerna såg inte ut att förstå. Kanske denna trevliga ordramsa inte riktigt gått att översätta till plutianska? Anders Johanshage tecknade sig till minnes att han måste skriva till Skolöverstyrelsen i Stockholm och påpeka denna lapsus i Nämndens för Interplanetariskt Bistånd förberedelsearbete. Sådana detaljer betyder kanske inte så mycket i och för sig, men de kan ändå ha en, om än ringa, menlig effekt på vårt anseende utåt. Han hade för övrigt redan funnit ännu ett fel när han på morgonen förberedde dagens lektion i gymnastik med lek och idrott: Nämndens experter hade använt sig av det vanliga övningsschemat utan att ta hänsyn till plutianernas särdrag beträffande fysiken. Det är inte lätt för en femarmad, sexbent, klotrund figur att hoppa över en bock, än mindre gå ner i valvstupstående. Nej, tänkte Anders Johanshage, när vi ger oss av på u-planetstråt, då måste vi ha med i bagaget en speciell Linggymnastik för sexbenta femarmingar! Det gäller vårt ansikte utåt!

Men det var uppmuntrande att se hur glada eleverna verkade. Nu skrattade de högt till och med under pågående lektion. Han ville inte tysta denna munterhet trots att han fann den menlig för uppmärksamheten och koncentrationen.

På frukostrasten satt han vakt vid skolmåltiden, som också bekostades av svenska staten (stekt sill och maizenakräm). En av plutianerna kom fram till honom och berättade att han var artistförmedlare i Plutos Förenade Folkparker. Han undrade om inte magister Johanshage skulle vilja resa ut i parkerna på lördagar och söndagar. Han skulle inte behöva ha något särskilt program, utan det räckte bra om han helt enkelt upprepade den geografilektion som de nyss varit med om.

Anders Johanshage tvekade. Var det förenligt med en av Kungl. Maj:t utsänd folkskollärares värdighet att uppträda på festplatser? Å andra sidan bestod ju hans uppgift just uti att föra ut svensk bildning till det plutianska folket på så bred front som möjligt. Om dessa varelser mitt under sina lördagsnöjen fick med sig en nypa tankeväckande stoff som kulturell färdkost på vägen hem, var inte det bara bra?

Anders Johanshage slog till och tackade ja. Det visade sig också att han skulle få bra betalt. Dessa pengar, resonerade han, kunde användas till något för plutianerna nyttigt ändamål. Eller kanske till en utegrill i hans radhusvilla därhemma i Sverige? Nej, bort, fala tanke! Han skulle spendera pengarna på svenska flaggor att utdelas gratis bland fattiga Pluto-barn, det var just vad han skulle!

Den första veckan gick under allmänt skratt och stor glädje, och så kom lördagen. Han forslades till en folkpark i en liten plutiansk landsortsstad, där parkföreståndaren annonserade honom som kvällens underhållning.

Han steg upp på scenen och inledde sin geografilektion. Knappt hade han hunnit berätta färdigt anekdoten om Södertälje kanal förrän den stora åskådarmassan bröt ut i ett rungande skratt. Kiknande unga män klappade i sina fem händer, och tjutande flickor försökte komma upp på estraden och rycka av honom hårtestar och byxor att ha som souvenirer.

Han slutade som i ett rus. Aldrig hade han kunnat drömma om att Sveriges u-planetsundervisning skulle bli *så* populär. Ett ögonblick fick han för sig att publiken betraktade honom som ett rent komiskt nummer, men den tanken slog han ifrån sig. En svensk folkskollärare ett komiskt nummer? Nej, nej, det vore för barockt! Han var övertygad om att jublet bottnade i tacksamhet över den högklassiga undervisningen.

Efter föreställningen kom artistförmedlaren fram och föreslog att han skulle sluta med undervisningen i skolan och i stället resa runt i parkerna hela veckorna. Han skulle få en hel förmögenhet i gage, och hans bild skulle massproduceras som idolporträtt på förmedlingens bekostnad.

Folkskollärare Johanshage var svag för ryktbarhet. Han dövade sina samvetsförebråelser med att det svenska namnets värde skulle stiga i takt med hans egen berömmelse, och han tackade ja.

Han blev den sommarens stora pangsuccé i Plutos folkparker. Publik strömmade till i massor. Hela Pluto skrattade sig halvt fördärvad åt den dråplige krumeluren, och hans geografilektion kom ut på skiva och såldes i flera hundratusen exemplar. ”Den svenske komikern Anders Johanshages odödliga monolog SVERIGES GEOGRAFI” stod det i reklamen.

Plutianernas breda munnar klövs i ett stort grin så fort de mötte folkskollärare Johanshage på gatan. Han log vänligt tillbaka, stolt i sin övertygelse att han var ett kulturens redskap i en obildad utmark.

När han skulle fara hem till jorden och Sverige frampå höstkanten hade en oöverskådlig plutianmassa samlats på raketfältet.

Strax innan raketen startade började skivinspelningen av hans geografilektion ljuda i högtalarna över hela området. Och när raketen lyfte och magister Johanshage steg upp mot det lufttomma universum följdes han av ett rungande gapskratt som lade sig som en glad dimma över planeten Plutos borttonande kontur.

Folkskollärare Anders Johanshage log självbelåtet. Han for hem i den glada förvissningen att ha skänkt någonting ovärderligt till ett underutvecklat folk: en strimma av den lyckans sol som heter västerländsk odling (Hallands floder).

# Översättning

*Publiceras genom vänligt tillmötesgående från Åhlén & Åkerlunds översättningsbyrå, sektionen för amerikanska kärleksnoveller.*

## Tack för minnet!

*Kort historia av Margaret O'Connor.*

– Är du verkligen gående iväg från mig, hon suckade.

– Darling, såsom varande gift tidigare jag ser ingen väg ut, han svarade och flyttade mot dörren. En kärleksaffär sådan som denna kan inte vara för evigt, du vet det.

– Du gör mig känna mig som en prostitut, hon snyftade och ställde sina händer för sina ögon. Vad vill mamma säga? Och jag tog dig för en honorabel person!

– Darling, detta är den väg det är!

– Jag känner mig så blå. Liv är horribelt! Vad har jag fått att leva för? Jag tycker jag går och dödar mig.

Hon tittade desperat ut.

– Vår kärlek är passerad, han genmälde kallt. Räkna ut mig!

– Där är inget hjärta i din kropp! Du är positivt abominabel!

Hans ögon mjuknade.

– Darling, liv är en mångfasetterad sak! Du vill komma över det här. Försök och få någon sömn – i morgon vill du titta på allting i ett different ljus!

– Jag önskar att inte vara älskad av någon annan men du!

– Du kommer att lugna ner när jag är gången. Good-bye darling – det var finemang medan det varade!

Dörren stängde. Hon var allen. Varenda sak var avslutad.

# Åsikter

*Vi lever i en komplicerad tid. Från alla håll tränger intryck och synpunkter på, och ofta är det svårt att reda ut begreppen och veta vad man ska anse om saker och ting. Tidningar, radio och TV är fulla av utläggningar av ett stort antal åsiktskonstnärer, som lever på att offentligt tycka bra eller (oftast) illa om sina medmänniskor och deras prestationer. Ibland är åsikterna mera genomtänkta och står då på kultur- eller ledarsidan i tidningen; ibland är de däremot fullständigt uppåt väggarna, varvid man kan läsa dem på insändarsidan. Där kan varje åsikt uttryckas offentligt. Det är sunt att ge luft åt fullständigt meningslös dumhet, försvarar sig tidningsredaktören och exemplifierar då samtidigt sitt påstående med detta samma påstående.*

*Exempel på insändare av normalkvalité:*

Herr redaktör!

Tillåt en vanlig medborgare att yttra sig i en fråga. Jag anser att Francoregimen borde störtas, för det är ju förtryck där, men det finns ju fina badstränder, och därför tycker jag Franco är bra.

*Semesterfirare 32 år.*

*Då det nu emellertid, av insändarspalterna att döma, finns mycket folk som inte har förmåga att själva tänka ut någon åsikt av något slag, följer här en samling färdiga åsikter, som vilken läsare som helst av denna bok gratis får förfoga över och gärna sända in till Aftonbladet eller Expressen. De kan också vara bra att ha med sig på diverse tillställningar där det ju oftast ska tyckas planlöst om allting.*

Republik bör snarast införas i Sverige, eftersom det ju lär vara billigare att hålla en president än en kung. Då skulle det ju bli pengar över, och dessa pengar kunde vi då skänka vårt älskade konungahus, så att det kunde köpa sig ett riksäpple av guld och en krona av skimrande diamanter. För sådant vill vi rakt inte vara av med!

*

Det är fel att riva höghusen. Vi måste tänka framåt: det är ju bevisat att människan blir längre och längre för varje generation, och om några hundra år räcker kanske inte vanliga radhusvillor till på höjden. Då kan det vara bra att ha kvar höghusen, så kan man bara riva bort en del mellangolv och låta framtidens jättelånga svenskar stolt stå raka även inomhus. Slutar vi bygga höghus nu så kommer vi att stå utan tak över huvudet den dag då vi är bortåt sjuttio meter långa.

*

Värnpliktiga borde få mera betalt. Då skulle de kanske få råd att köpa sig en annan kostym.

*

Körkortsproven borde kompletteras med ett humörprov, så att man slapp alla dessa argsinta förare som hötter åt folk med stänkskärmarna så fort de kommer åt. Man borde införa ett uppretningstest, där man på olika sätt retar upp körkortsaspiranten med tillmälen (”Hur kör ni egentligen, drummel?”, ”Här får ni inte parkera!”, etc). Eller visar man helt enkelt en lapplisa för honom i några sekunder, och så mäter man samtidigt blodtrycksförändringen och adrenalinutsöndringen. På så sätt skulle man få fram en argsinthetskoefficient, och sedan kunde man sålla bort de värsta surbullarna och ha kvar en bilistkår som storskrattande kör omkring i vårt vackra land.

*

Kläderna gör mannen, säger man. Vad är det för prat? Det är väl minst lika vanligt att det är kvinnan som gör dem! Många män kan ju inte ens trä på en synål.

*

Det är otillständigt att skandalisera en hel yrkesgrupp genom att kalla medlemmarna för gubbar och gummor. Det gäller alltså varma korvgubbar och varma korvgummor. Man bör införa mera nyanserade benämningar på dessa gatans skickliga handelsmän och -kvinnor: varm korvpojke, varm korvdam, varm korvherre etc. Har vederbörande från början en titel bör den också tas med: varm korvgreve, varm korvriddare av Nordstjärneorden osv. Med bröd, bör man också tillägga för fullständighetens skull.

*

Pythagoras påstår att kvadraten på hypotenusan är lika med summan av kvadraterna på kateterna. Det där är väl mest facksnack. Jag trodde aldrig på geometrin i skolan, och jag tycker det är onödigt att tuta i små barn en massa påståenden och bevis som man aldrig stöter på i verkliga livet. Jag har i varje fall aldrig varit i den belägenheten att jag har stött på ett par kateter, med kvadrater på, och därvid resonerat så här: ”Ja nu har jag kvadraten på ett par kateter här. Undras just om summan utav dessa kan vara lika med kvadraten på hypotenusan?”

Allvarligt talat, vad har man för glädje av en sådan frågeställning?

*

Jag måste offentligt få uttrycka min beundran för den man som med fara för eget liv hoppade över muren till en villa i Äppelviken sent på kvällen i onsdags och därefter strax kom tillbaka med en säck på ryggen och lyckades komma över muren igen, trots att säcken såg tung ut. Prestationen förminskas inte av att mannen utförde denna bragd med svart mask för ansiktet. Så länge vi har sådana män i vårt land kan vi vara stolta över att kalla oss svenskar!

*

Nu när vi snart ska få ett Program 2 i TV så bör det reserveras för lite sämre program. Som det nu är tillgodoser ju TV inte alls den stora lyssnarkategori som har dålig smak och gärna vill se mera tarvligheter i rutan. Dessa licensbetalare bör ju också få sitt. Inför snabbt detta Program 2, så att vi kan se fram mot några riktiga festkvällar med ytterst olämpliga smaklösheter!

*

Det finns ett talesätt som jag inte håller med om: "Hur man än vänder sej så har man ändan bak." Det kan man väl inte säga utan vidare? Det beror väl på vilken ända man menar. Menar man emellertid *bakändan* så håller jag med. Då stämmer det, alla gånger.

# Pornografi

Han hette Sverige och hon hette Norge. De älskade varandra från första stund.

– Vill du förena dej med mej, sa Sverige till Norge en vacker vinterdag.

– Ja, gutten min, sa Norge och log med hela Sognefjord.

– Låt oss ligga tillsammans mellan Östersjön och Atlanten, sa han.

– Hvor du vil, min elskede, sa hon.

Så lade de sig tätt sammanpressade. Han smekte henne mjukt över Nordkalotten.

– Så sterk du er, min elskede, sa Norge. Og ikke er du særskilt neutral heller, som stygge tunger vil ha det til.

Han kysste henne varligt på Galdhöpiggen och Glittertinden.

– Du kjennes meget bedre enn Danmark, viskade hon.

Han kände ilningar ända uppifrån Lappmarken och långt ner i Småland.

Boren och Roxen vattrade sig förväntansfullt.

Plötsligt sa han:

– Du, jag har aldrig varit i Oslo.

– Da syns jeg det är på tide, sa Norge smeksamt uppfordrande.

Han tog vägen över Morokulien.

De älskade häftigt, så att marken skalv, ty ingen kärlek är så stark som den mellan två länder. Snön smälte undan ända upp till Treriksröset, och det pryda Finland bankade upprört i väggen.

– Du är underbart mjuk på Hardangervidda, viskade Sverige ömt.

– Vær stille, min elskede, sa hon och smekte honom över Gävle.

De smalt samman i en väldig omfamning längs hela Kölen.

De älskade länge, länge.

Unionen upplöstes först 1905.

# Fabel

Ni har väl redan läst i pressen
om Animala Världskongressen
som hölls i all högtidlighet
på slätten öster om Tibet?
Där samlades de främsta essen
från alla jordens fyra hörn:
en stork, en myra och en björn,
ett bi som hade med sej honung
till Gustav Lejon, djurens konung,
som slog en klubba i ett bord
och började med dessa ord:

”Först har vi fråga nummer elva –
(i djurens värld är detta rätt,
dom har ett annat räknesätt)
– först har vi fråga nummer elva.
Den gäller inte alls oss själva –
vi klarar oss ju rätt galant.
Men det är inte likadant
med detta stackars mänskosläkte
som häromkvällen oss förskräckte
med ännu en atombombssmäll.
D'e synd på en sån vacker kväll.
D'e inte rätt emot naturen,
det bara irriterar djuren,
och sånt har mänskan inget för –
det bara smäller så dom dör.
Och risken, som jag sagt förut,
är att dom alldeles dör ut.

Det gäller för oss i punkt elva
att inte tänka på oss själva
utan på dessa minsta små
som uppå sina bakben gå.
Vi måste ha, det är min mening,
en djurens Mänskoskyddsförening!"

(Applåder, väsningar med mera.)
(En orm kan inte applådera.)

Nu yttrade en vresig utter
(man blir ju sur av kalla futter):
"Ja detta är ju lätt att säga,
men huru bör man gå till väga?
Man tappar ju på livet tron
så fort man ser en sån person
som med sin bössa går omkring.
Mot dumhet hjälper ingenting.
Jag frågar: vari ligger charmen
hos folk med huvet under armen?"

Nu var det halsen på giraffen
som inte kunde hålla klaffen:
"Jag tycker inte alls som han.
Jag tycker synd om människan.
Det är så lite man kan göra,
men jag och hustrun tänkte höra
om det finns ett par tre ibland dom
som vår familj kan få ta hand om?
Det vore säkert bra för dem
att leva i ett lyckligt hem."

"Inackordering hos giraff –
det vore just ett syndastraff!"
sa tigern, skrattande så glatt
så han blev strimmig utav skratt.
"Nej, nu ska ni på tigern lita:
Dom svarta jagas av dom vita

All right, dom vita jagar jag!
Det är ett strålande förslag,
för om det inga vita finns
så mår den svarte som en prins."

Nu Gustav Lejon själv tog ordet
och slog sin klubba hårt i bordet:
"Så lätt man kommer ej ifrån det.
Det gäller människobeståndet.
För mig, som djur, det uppenbart är
att alla skilda mänskoarter
på jorden bör få vara kvar,
så våra barn och barnbarn har
en chans att se hur dom ser ut.
Det vore synd om dom tog slut.
Dom är ju roliga att se på,
det kan väl alla vi gå me' på?
Vi måste bilda reservat
där vi får hålla dom med mat
och där dom inte har nåt krut
så dom sej inte rotar ut.
Och tänk vad våra barn sej gläder
en dag när det är vackert väder
då vi kan ta dom med oss dit
och titta på en skojig vit
som äter ägg och kastar skal
i skogens tysta pelarsal!"

Då talte ugglan som en bok
(hon är ju obeskrivligt klok):
"Helt otänkbart att genomföra't!
Det kan man räkna ut med örat
att inte vi har möjlighet
att ändra det förhållandet
att mänskorna är skapta vilda.
Vad är det för idé att bilda
en sådan Mänskoskyddsförening
som skulle ha som enda mening
att göra mänskor tamare
när våra egna gamar e'

som änglar, om man jämför dom o'
ett exemplar av släktet homo?
Se på en käring som är arg –
d'e värre än den värsta varg!
Jag har en bilderbok med kungar
varmed jag skrämmer mina ungar!
– Nej, strunt i detta vilda folk!
Låt oss ha livat i vår holk!
Låt mänskor vara som dom vill:
låt dom i fred få ställa till
så att dom kan få slåss och kivas!
För mänskor ska väl också trivas?
Vi djur ska tänka på oss själva!
Från protokollet stryk punkt elva!"

Så får det bli som ugglan vill,
och detta är förklaring till
att vi av mötet ingenting märkt.
Jo visst ja: Linnman blev ju ringmärkt –
det var det enda som blev klubbat.
När ut i markerna han skubbat
kan nu varenda liten mus
få veta var han hållit hus.

*Sens moral:*

Var snäll mot alla varelser som går på alla fyra –
men också emot människor, som till exempel Tyra!

# Dagbok

*nedtecknad av taxiförare Colliander Klint*

*Tisdag 5 nov. 1963*

0700. Gick på passet. Körde fyra trötta amerikanare från Kungsan till Grand. ”Hell”, sa dom i ett kör. Det var väl nån svensk vän dom hade. 60 kronor i dricks. Stackars satar.

0725. Centralen–Råsunda. Brud från Malmötåget. Skulle på sminkning för inspelning på SF, sa hon. Repeterade rollen i bilen. La sej ner i baksätet och tränade flämtning. Bergman? Sjöman? Ansiktet okänt, antagligen stand in. Dåligt med dricks. Får väl knackit med pröjs för sånt där. 7:50 sängen och resan betald, eller så.

0805. Körning Kugelberg till Arbetsgivareföreningen. Vanlit snack. Tiderna är för jävliga och det. Han hade inte fått påökt på fem år. Avtalsenlig dricks.

0830. Körning Hasse Lagerkvist till Radiohuset. Undrade om inte jag tyckte att det ska va mer dragspel i TV och sånt som vanligt folk gillar. Nää, sa jag. Va ere för snack? Måste man gilla dragspelsmusik bara för att man är en vanlig taxichaffis? Nä, tacka vet jag Miles Davis, sa jag. Sen va han tyst.

0850. Fick körning på direkten vid Radiohuset. Två vaktmästare bar ut en utmattad skivpratare som hade hallåat i melodiradion sen i går kväll. Han hade en lapp med hemadressen på kavajuppslaget. Han halvlåg i baksätet och yrade: ”Ja det var Siw Malmkvist det. Hon har ju sjungit i många år nu. En annan som har sjungit i många år är Maurice Chevalier, och här kommer han. ”–” Efter ”Skånsk kadrilj” kommer här en liknande skiva. Skåne lydde ju länge under Danmark, och därför spelar vi nu upp en calypso med Nina och Frederik.” – ”Ja den här rockskivan lät ju så man kan bli lomhörd, tycker ni kanske. En annan som var minst sagt lomhörd var Beethoven, och här har vi hans Månskenssonat.” – ”Ja det där handlade ju om månen. Månen påverkar ju som alla vet tidvattnet i haven, till exempel i Nordsjön – och här kommer den med Harry Brandelius." – "Från Ella Fitzgerald, som ju är neger, är steget inte långt till Gamle Svarten." ... Jag höll aldrig på att få ut den stackarn ur bilen, inte förrän jag satte på radion. Då skrek han som en stucken gris och rusade in i porten. Får väl skicka räkningen till Rydbeck.

0945. Körning Kanslihuset–Arlanda. Vet inte vad han hette, men skulle till FN som svensk delegat. Trevlig prick, bjöd på lunch i Upplands Väsby och medhavt kaffe vid tresnåret. Hade med sej förslag till FN att det kalla kriget skulle upphöra. Styr man världen så får man ju försöka se till att den blir dräglig att leva i, som han sa. Sverige hade också bestämt att det måste bli slut på oroligheterna i Bortre Indien. Det var en fin och trevlig person med snygg portfölj. Tur att det finns sådana som ordnar upp i världen.

2100. Framme vid Arlanda. Övernattade där.

## *Onsdagen den 6 november*

0700. Extrakörning (passet börjar inte förrän i eftermiddag) från Arlanda. Prisse i mörka glasögon, utlänning, troligen engelsman. Han visade mej ett fotografi med en massa nakna människor på. Sen tecknade han åt mej att jag skulle köra honom dit. Jag satte av honom vid Sturebadet. Det var det enda jag kunde hitta på. Det var väl nån tidningsmurvel som skulle skriva om Sverige.

1500. Gick på passet. Körde först en riksdagsman från Continental till riksdagshuset.

1515. Körning riksdagsmannen från riksdagshuset till Operakällaren.

1530. Körning dam från NK till Östermalm. 10 miljoner förbannade paket, två knähundar som hårade av sej på stoppningen och fransk violparfym som är omöjlig att vädra ut. Förtjusande.

1605. Körning dam till överbefälhavaren för krigsmakten. Pratsam. Skryt och skrävel. Skulle städa hos ÖB. Ville bli rik och berömd. Mycket bagage här också: åtta kameror, dyrkar, dynamit, fingeravtryckspuder, skurpulver som framkallar osynlig skrift, bag för hemliga handlingar.

Inget lätt jobb, sa hon, men en vacker dag skulle hon nog hitta nån spion hon också, det hade hon läst i sitt horoskop. Hon hade redan fått ut en hacka av Idun-Veckojournalen för förstahandsrätten.

1645. ÖB själv övertog taxin när vi kom fram. Skulle till staben. Verkade bekymrad. Läget såg mörkt ut, sa han när jag fråga hur läget var. Det blir nog öppen konflikt, sa han. Officerarna vägrar att frivilligt äta i samma rum som underbefälet.

1740. Körning fet studentsångare till Observatoriekullen. Svarta kläder. En annan undrade väl vad som stod på, och då sa han att Gustaf II Adolf var död. Oj då, sa jag då, då blir det svårt att ta sej fram genom stan som vanligt, med begravningståg och avspärrade gator. Nä, sa han, han dog vid Lützen. Skönt, tänkte man, då blir det dom stackars kompisarna i Lützen som får ett helvete i trafiken. Sångarn var tydligen andrabas, för han satt och öva sej hela tiden långt ner i magen: ”Hur länge skall på borden, den lilla halvan stå, skall snart, skall snart pam pam pam pam, skall snart ej höras orden pampampam skall snart ej halvan gå, låt gå, gå, gå, gå, gå, gå...” Det skulle bli ätning efteråt, sa han. Tji dricks, men till folk som ska på begravning vill man ju inte säga någe. Man har väl känslor i kroppen, även om man kör taxi.

1820. Körning Vällingby-Oscarsteatern. Glatt gäng. Ska bli kul att se en operett igen, sa dom. Så går vi och äter en bit efteråt. Satte av dom vid Teenagerlove. Kulle är ju alltid Kulle, sa en när dom gick in. Man snackar väl så där när man har bott i Vällingby ett tag.

2015. Körning par i frack och lång klänning till Stadshuset. Stor kommunal middag, tydligen. Han var väl nån stadsplanerare, för hon sa till honom drick nu inte för mycket, Plutten, du vet ju hur dåligt ölsinne du har, du vill bara riva när du dricker. Titta bara hur Klara ser ut efter förra festen! sa hon. Han satt och muttra nånting om att slottet ska bort, p-platser, p-platser, slottet ska bort. Han hade väl tagit sej en tuting innan han gick hemifrån.

2055. Körning par från bio till Söder. Han slog henne hela tiden och sa: ”Älskling!” Att folk ska ha så lätt att bli påverkade av filmer!

2230. Väntade i kön utanför Oscars. Fick samma gäng som jag hade kört dit. Dom skulle direkt hem igen. Dom var väldigt lessna. Underhållningsbranschen är rutten, sa ene herrn. Jag går aldrig ut på teatern mer. Dom sa ju att underhållningsbranschen är rutten. – Och inga grisetter, och ingen champagne, och inget Maxim och det, bara att underhållningsbranschen är rutten, sa den andre herrn. Tacka vet jag gamla hederliga operetter med ryska överstar och änkor och det. Vad fan bryr jag mej om hur ruttna dom är, bara dom sprattlar med bena? Ruttna kan dom väl va mera privat, efter föreställningen? – Nä, sa ena frun, vi snor oss hem så kanske vi hinner titta på TV en stund. Där har dom gamla ruttna grejer som man är van vid . . . Folk förstår inte teater numer har jag märkt. Dom blir nervösa av'et.

2300–0100. Körningar med 14 älskande par i tur och ordning. Bostadsbristen måste va fruktansvärd, så som folk håller på i baksätet.

0100. Tog en taxi hem, bad den vänta, hämtade hustrun min, satte mej i baksätet med henne och kysste henne passionerat. Livet består ju inte bara av arbete, utan också av fritid och nöjen.

# Bearbetning

## EVERT TAUBE, *bearbetad av Thore Skogman*

Min ädevälskling du ädevär som en rodevos
rodevoddevos
en nydevyutesprudevungen skädelevär
då räcker armarna inte till
ja som den ljudelevuvaste musidevik
min älskade du ä-de-vä-de-vä-de-vär
förkylning gör ingen mänska gla.

# Recensioner

*Om man inte kan hitta på något eget att skriva så kan man ju alltid bli recensent. Det är klart att eftersom man då egentligen hellre ville komma ut med något eget så är man lite småsur till lynnet redan från början. Läser recensenten sen en massa dåliga böcker eller ser dåliga filmer eller pjäser eller TV-program så blir han ju helt naturligt spritt språngande galen av ilska. Och det är ju bra, för kritik är ju alltid nyttigt. Sägs det. Jag för min del förstår inte alls varför man ska läsa så mycket om en bok eller en pjäs innan man själv läser den eller ser den. Det räcker väl med att veta att den finns. Till råga på allt berättar de ofta i recensionerna vad det hela handlar om, till och med hur det går på slutet. Det är ju det man är nyfiken på! Särskilt när det gäller en litterärt högtstående produkt är det kutym att berätta hela innehållet i recensionen, för då ska ju bevars verket ha andra kvalitéer än själva spänningen. Jo pytt. En skolpojke som ser Hamlet för första gången utan att ha läst nånting om Hamlet är den lyckligaste människan på jorden. Tänk vilken upplevelse! Men då har säkert redan Josua Mjöberg varit framme med nån passus i skolboken och berättat att alla dör på slutet, som en annan skvallerbytta. Glädjedödare! Det är vad ni är, recensentlymlar! Glädjedödare! Det känns förbannat skönt, märker jag, att få säga sitt hjärtas mening om er, nu när man ändå är i farten. Ni fattar ju sällan vad författaren menar ens en gång. Ni bara har några egna dumteorier om hur allting ska va, och så försöker ni pracka på allmänheten era löjliga funderingar på konstens bakgård. Innerst inne har ni den högfärdiga inställningen att ni skulle kunna göra allting bättre själva. Gör det då, för tusan bövlar! Ni som vet precis hur det ska gå till, skriv då filmer och böcker och TV-program! Men tala om när ni tänker presentera skräpet offentligt, för då reser jag utomlands. Och så ska det gunås va så förbålt* lustigt *också, det ni skriver. Om ni hittar på en formulering som ni med ert snedvridna sinne för humor tycker är rolig så skriver ni bara ner den och struntar blankt i om den är sann eller inte. Men fortsätt bara, era hatiska drumlar, tyck sönder hela Sverige så att alla skapande begåvningar tröttnar på er irriterande dvärgalåt och blir metallarbetare i stället! Sen kan ni sitta där och pilla med era förbannade signaturer och tycka att ni är bäst!*

*"En vän."*

## *Teaterrecension*

När jag i går eftermiddag gick in i en livsmedelsaffär för att köpa fyra skivor utskuren biff fick jag veta att sådan biff betingar ett pris av 26 kronor kilot. Ett stycke kött utskuret ur ett nötkreatur, 26 kronor kilot! Man gör verkligen den reflexionen att allt har blivit förfärligt dyrt. Tänk bara på vad det kostar att åka spårvagn! Eller att äta en bit mat på någon restaurang – det behöver inte alls vara någon lyxkrog för att det ska springa upp till 20–30 kronor. Vårt samhälle genomgår en kris där tendensen tydligt pekar bort från det billigare och fram mot det dyrare. Utskuren biff, 26 kronor kilot!

Med dessa tankar i huvudet gick jag på Dramatens premiär på ”Köpmannen i Venedig”, och jag tänkte att det skålpund kött som Shylock längtar att få skära ut ur en medmänniska, det skulle nog i våra dagars samhälle betinga ett rätt bra tilltaget pris.

Vad beträffar pjäsen så var den inte alls så bra på Dramaten som i Malmö häromsistens, för där stod dekorationerna mera till vänster.

*Ebbe Linde*

## *Filmrecension*

Att Ingmar Bergmans ”Tystnaden” är en gripande film, det kunde man på premiären se på *Alice Timanders* ansikte, omgivet av ny håruppsättning med en lock knuten under hakan. TV:s *Åke Söderqvist* och radions underhållningsbas *Georg Eliasson* bar briljantdiadem med pärlinfattning, medan kulturen representerades av *Carl-Albert Andersson* (i höstens nya kortbyxor från Domus) och *Marianne Zetterström*, maka till alltid lika parante *Kar de Mumma*. Ja det vimlade av kända namn, men platsen medger bara att vi nämner några: *Karl Edvin Nilsson, Ebba Lindén, Rune Hansson, Karin Bergström* och *Lars Erik Hansson*, bror till *Rune*.

*Gala-Peter*

## *Radiorecension*

För en stackars yrkeslyssnare som tvingas sitta vid apparaten kväll efter kväll är ju ingenting roligt. Om man bara finge ledigt någon enda kväll så kunde man säkert skratta i lugn och ro och ha trevligt åt en hel del program. Men som det nu är tycker man det är bedrövligt. Man har ju inget familjeliv heller, utan man bara sitter där som en mumie vid den vedervärdiga apparaten.

I kväll var det värre än vanligt. Rolighetsministrarna på underhållningsministeriet hade kokat ihop någon eländig soppa som betecknar ett nytt lågvattenmärke.

Varför måste jag sitta och skriva sånt här? Jag var ju en glad och trevlig prick innan jag fick det här jobbet för åtti år sen. Usch! Hela livet är trist. Undra på att man inte gillar radioprogrammen. Ned med radion!

*S. Json*

## *TV-recension*

Onsdagskvällens TV-program var genomgående intressanta och bra som underhållning och reportage betraktade, men de var som vanligt inte *bildmässiga*. När ska TV lära sig förstå att det inte går att bara visa folk och saker i rutan, utan att tänka på *bildmässigheten?* TV är ju ett *bildmedium*. Är ett program inte *bildmässigt*, så är det inte heller *TV-mässigt*. Man saknar hela tiden denna *bildmässighet* och *TV-mässighet*. Jag vet inte vad jag menar, men fram för det *bild- och TV-mässiga!*

*Gunnar Falk*

## *Bokrecension*

*(att underteckna av recensenten och insända till tidningen)*
"Bok" är bra, djup, litterärt banbrytande, läsvärd och helt enkelt toppen. Köp den, läs den, berätta om den för Edra vänner!

.........................................................

recensent

*(Sättes med fyrspaltig rubrik: "Dante distanserad!")*

# Till eftervärlden

*Då jag funnit att literaturhistoriker alltför ofta söker pådyvla gamla bortgångna toppförfattare åsikter, kriser, blå perioder, sexuella hämningar och jag vet inte vad annat som författarna inte har en renhårig chans att dementera, döda som de är, avslutar jag denna bok med att för säkerhets skull själv författa de rader som oavkortade torde stå om mig i framtidens litteraturhistoria.*

Född 1928 av hederliga föräldrar kom D. tidigt i kontakt med litteraturens underbara värld. D:s käraste läsning som barn var ”91:an Karlsson”. Under D:s läroverksår rasade andra världskriget, som i D:s unga sinne avsatte varaktiga spår genom de toppenbra radioprogrammen från American Forces Network in Germany (Glenn Miller etc). Från Schopenhauer, Nietzsche och Pascal mottog D. under gymnasietiden inga intryck. Universitetsstudierna i Uppsala blev revolutionerande för D:s karaktärsdaning: långa nätters fullständigt meningslösa samtal med studiekamraterna gjorde D. till en intellektuell nolla. I den konservativa studentföreningen Heimdal gick D. in när det var dans där.

1953 uppnådde D. genom sin *Teori om litteratur* (”gammal litteratur är inget bra, utan ny och fin ska den vara”) stor ryktbarhet av herostratisk karaktär. Härtill bidrog också hans djupa brist på intresse för banbrytande tankegångar av olika slag. Det han satte högst i livet var hemmet, familjen, TV, Ella Fitzgerald och en liten snaps på lördagar och söndagar. Genom denna sin alldagliga läggning framstår D. som ett helt intresselöst unikum i världslitteraturens historia. Till och med i sexuellt avseende var D. fullt normal.

# SAGOR

## för barn över 18 år

av

## TAGE DANIELSSON

Teckningar av PER ÅHLIN

1964

*Denna bok tillägnas*

FARBROR KUNGEN

*som genom sin blotta existens bevisar*
*att vi lever i ett sagoland*

# Förord

Vuxna människor har en stark benägenhet att apa efter barnens beteendemönster: de leker med bilar, färgkritor och skjutvapen, de stampar i golvet när de inte får som de vill, ja, de lämnar till och med ofta mat kvar på tallriken!

Vuxna människor vet heller ingenting roligare än att berätta sagor för varandra: sagor om höjd pension för alla pensionärer, om helvetet och skärselden, om prinsar som gifter sig med prinsessor, om tomtar, troll, jättar, dvärgar och dummerjönsar.

Vad är då naturligare än att *alla vuxna människor* till jul skänker varandra en samling sagor att läsa i familjekretsen under kulna vinterkvällar, när barnen har gått och lagt sig?

På den frågan finns bara ett svar: – Intet!

*Farbror Wahlström & Tant Widstrand*

# Sagan om den fule Manfred

Det var en gång en 26-årig pojke som hette Manfred. Honom var det synd om må ni tro. Han bodde hos sin styvmor tillsammans med sina två elaka styvbröder, Knut och Stig-Niklas. Knut och Stig-Niklas rände ute om kvällarna och träffade flickor, men Manfred fick aldrig träffa några flickor, för dels fick han inte gå ut, och dels såg han så oansenlig och vissen ut på alla sätt att flickorna aldrig tittade åt hans håll. Medan styvbröderna njöt livets goda fick Manfred således stanna hemma och sköta de grövsta sysslorna i huset, såsom att breda TV-smörgåsar och tömma askkoppar.

Nu var det så att kungen skulle ställa till med bal på slottet för att få yngsta prinsessan bortgift. Han hade ett schå med sådant, kungen, men nu hade han i alla fall lyckats finna lämpliga friare åt alla prinsessorna utom den yngsta. Det var inte det att hon var svår att hitta hugade friare till, tvärtom var hon vacker som en dag och bildad som en hel vecka. Nej, problemet var att prinsessan själv var så nogräknad. Ingenting dög åt henne, tyckte hon. Och det är ju klart att har man lagt ut en massa pengar och gjort sig en massa besvär för sitt utseende och sin utbildning så vill man ju ha ordentlig lön för mödan.

Nå, nu skulle kungen hålla bal, och alla tjusiga pojkar av god familj hade inbjudits till slottet. Manfreds bröder var också bjudna, för deras pappa hade en gång varit sällskapsherre åt kungen, eftersom han kunde så många roliga historier som kungen tyckte om. Genom ett misstag vid utskrivningen av inbjudningskorten hade Manfred också råkat bli bjuden. Manfred blev väldigt glad först, men sedan tänkte han bedrövat:

”Hur ska jag kunna gå på bal på slottet, jag som ser så oansenlig och vissen ut och inte har några vackra kläder heller?”

Styvbröderna gjorde inte saken bättre:

”Ha ha, fule Manfred, inte kan du gå på slottet! Prinsessan skulle skratta ihjäl sig om hon fick syn på ditt ansikte med den där ojämna hyn! Ha ha!”

Den natten kunde inte Manfred sova. Han ville ju så gärna få se den vackra prinsessan. Han snyftade tyst i sin smala hårda säng.

Då, plötsligt, kom det liksom en fe till Manfred i den mörka natten och viskade i hans öra:

”Brylcreem! Brylcreem!”

Manfred satte sig kapprak upp i sängen. Att han inte hade tänkt på det förut! Livet fick en ny mening för honom den natten, och han kunde knappt bärga sig tills morgonen kom.

*

Så snart butikerna öppnade var Manfred ute och handlade. Han hade tömt säcken med alla kopparslantar som styvbröderna beordrat honom att plocka ur deras byxfickor, eftersom de inte ville förstöra formen på sina överben med att ha femöringar dinglande på låren.

Dessa pengar kom nu väl till pass. Som förhäxad gick Manfred runt i affärsreklamens underbara sagoland, köpte krämer, oljor, vätskor, en smoking för män som har *det* samt en dubbelverkande tandkräm (som dels gör tänderna vackrare, dels fulare). Med en tacksamhetens tanke till den goda fen skaffade han sig också Brylcreem, och slutligen, som kronan på verket, en burk Helen Curtis Drops of Magic, som slätar ut alla rynkor och ojämnheter i ett människoansikte under fem timmar.

Glatt småvisslande gick Manfred sedan hem, låste in sig i sitt kyffiga rum och satte igång med att tvätta sig, borsta sig, gnida in sig, smörja sig, massera sig, spraya sig, after-shava sig och klä sig. När han var klar var klockan sju. Han anbragte varsamt Helen Curtis magiska droppar på sitt rynkiga, ojämna ansikte och lät föreskriven tid förflyta. Undret hade skett! Rynkor och ojämnheter var borta för fem timmar framåt!

*

På kungens slott hade gästerna redan anlänt. Det var en lysande vacker församling damer och herrar, men vackrast av alla var prinsessan själv. Hon strålade som en klar stjärna och gjorde alla herrar liksom galna inuti.

Manfred steg ur sin taxi, kastade nonchalant två silverfemmor till chauffören och gick uppför slottstrappan med den avspända lätt släntrande gången hos en herre som bär kläder med stil. Han banade sig mondänt fram genom mängden, bugade sig lätt för prinsessan och kysste hennes hand. Församlingen hajade till – och så ljöd det som ett sus genom slottet:

”Brylcreem! Brylcreem!”

Manfreds elaka styvbröder trodde inte sina ögon. Var detta deras bortkomne, oansenlige tölp till styvbror? Hur kan ett sådant trolleri vara möjligt? Frågan stod skriven i styvbrödernas ögon.

Och i Manfreds ögon kunde de läsa svaret:

”Glo ni! Jag är *säker* förstår ni, säker under armarna, i håret, i mun, näsa och svalg, i öronen, om fötterna, överallt!”

Prinsessan stirrade som slagen av blixten på Manfreds stiliga hår och släta men manliga ansikte. Honom vill jag ha, ropade det inom henne, honom och ingen annan!

Manfred log segervisst.

Hela kvällen såg de bara varandra, åt, drack, dansade, konverserade och tänkte på vad de skulle ha kunnat göra om de varit ensamma, så som älskande tänker när de inte är ensamma.

Tiden rann undan för prinsessan och Manfred i ett rosenrött skimmer av lycka. När sista dansen spelades upp struntade Manfred i den kungliga balens hårda konventioner och lade sin kind mot prinsessans, med det överlägsna självförtroendet hos en man som använder rakvatten med doft av läder och engelsk piptobak.

Manfred kände en rusig lättnad över att ödet slutligen gjort hans minusdagar till plusdagar. Han lösgjorde sin vänstra hand från prinsessans mitt i den stilla valsen och smekte henne varligt över håret.

Mitt i rörelsen råkade han kasta en blick på sitt armbandsur av märket Rolex, som män som styra världens öden bära. Han stannade med ett ryck upp mitt i ett tjusigt dubbelsteg. Klockan var tolv! Med en sjunkande känsla i maggropen märkte Manfred hur Helen Curtis Drops of Magic slutade verka. Hans ansikte började bli skrynkligare än någonsin!

Manfred försökte dölja ansiktet för prinsessan genom att se på sina skor – andra gjorde det. Franska lackskor för herrar med SMÄRTA fötter. Manfreds fötter var inte smärta. Skorna hade spruckit i sömmarna!

I vild panik kastade Manfred av sig de öppet hångrinande skodonen och rusade besinningslöst nedför slottstrappan. Med tårarna trillande nedför sina nu obeskrivligt skrynkliga kinder rusade han bort i natten, långt långt bort.

*

*Manfreds fötter var inte smärta.*

Prinsessan grät i sju dagar och sju nätter och hotade sin pappa kungen med att dö av sorg om hennes älskade inte fördes tillbaka till henne. Kungen uppbådade alla sina resurser. Tusen kammartjänare sändes ut med resterna av lackskorna för att finna de fötter som fått dem att gå upp i sömmen. Ingen Manfred. Kungen lät efterlysa Manfred i radio, i program 2, för är man kung vill man förstås verka bildad. Ingen Manfred.

Till sist skickades slottets hundar ut för att jaga reda på honom. Men Manfred var och förblev försvunnen, ty Mum gör en man så luktfri att inte ens en spårhund kan finna honom.

# Sagan om Jonne och Nicke

Det var en gång en liten amerikansk president som hette Lyndon B. Johnson och en liten rysk regeringschef som hette Nikita Chrusjtjov.

Jonne var Nickes bästa vän; ja, så oskiljaktiga var de att när de var tvungna att bo förfärligt långt borta från varandra så installerade de med stort besvär en alldeles egen privat telefonledning emellan sig så att de när helst de fick lust kunde lyfta på luren och berätta för varandra vad de hade gjort den dagen och om de hade haft något kul.

Nu fanns det en elak trollkarl som såg snett på den här stora vänskapen mellan Jonne och Nicke, för alla elakingar blir ju som ni vet på dåligt humör när de råkar på nånting riktigt vackert här i världen. Den här trollkarlen hade en övernaturlig makt, och nu hade han i sin elakhet räknat ut en plan för att sätta Jonnes och Nickes vänskap på prov. Han hade under stort hemlighetsmakeri satt in en knapp i det vita huset där Jonne bodde och en likadan knapp i det röda huset där Nicke bodde.

"Den som trycker på den här knappen", hade han sedan sagt till Jonne och Nicke med ett ondskefullt grin, "han ska vinna all världens härlighet och makt! Men kom ihåg att om den ene av er trycker på sin knapp så kommer den andre och hela hans familj och släkt och vänner att trollas bort med en smäll!"

Därpå satte sig den elake trollkarlen att vänta i sin underjordiska håla. I sin elakhet var han övertygad om att ingen människa kan stå emot frestelsen att vinna all världens makt och härlighet, inte ens så goda och fina människor som Jonne och Nicke.

Men Jonne ringde genast till Nicke.

"Jo du Nicke", sa han, "här har dom satt in en knapp som jag får trycka på om jag vill, men då springer du i luften Nicke!"

"Åhå", svarade Nicke, "jag kan också få dej att gå i tusen bitar om jag trycker på min knapp som jag har."

Och så skrattade de och glammade och tyckte det var ett ovanligt dumt skämt det här med knapparna, för ingen av dem skulle ju för allt smör i Småland kunna tänka sig att spränga sin vän och hans släktingar i luften.

Nå, tiden gick, och till den elake trollkarlens grämelse blev det inget av med nån flygning i luften för vare sig Nickes eller Jonnes del. Tvärtom blev det allt bättre med allting både hemma hos Jonne och hemma hos Nicke; doktorerna hittade på salvor och dekokter som botade alla möjliga krämpor, till och med åderförkalkning, så folk levde både länge och väl och fick alltmera tid över till att sätta nya människor till världen.

Så en dag ringde det på Nickes telefon.

"Jo hej på dej, Nicke", hördes Jonnes röst, och den lät bekymrad. "Hur har du det?"

"Jo tack", svarade Nicke, "det knallar och går, men det är klart man är rätt hungrig."

"Samma här", sa Jonne. "Och så är det ju så förfärligt trångt överallt. Hur länge är det sen nån dog hos dej?"

"Tja, det kan väl va ett par tre månader nu", sa Nicke. "Det var en äldre dam på 120 år som råkade drunkna när hon var ute och försökte fånga fiskar i en håv åt sina gamla föräldrar som har det knalt med maten."

"Du Nicke", sa Jonne, och Nicke kände på sig att det var nånting som Jonne inte riktigt ville fram med.

"Säj det du, Jonne", sa Nicke. "Du och jag har ju aldrig haft några hemligheter för varandra."

"Jo", sa Jonne dröjande, "när jag trängde mej ut ur huset i går kväll och armbågade mej gatan fram till korvgubben nere i hörnet för att få mej nånting under västen för min korvkupong och min brödkupong, så vet du vad korvgubben sa?"

"Jag tror jag har en aning", sa Nicke.

"Jo han sa till mej att nu får du nog snart ta och trycka på knappen, Jonne", sa han.

"Jag förstod det", sa Nicke. "Det är likadant med gumman som jag köper kaffesurrogat hos. Det är ett evinnerligt tjatande på henne att jag ska trycka på knappen."

"Ja man förstår dom ju på sätt och vis", sa Jonne. "Dom har det ju inte lätt. Det är klart dom skulle få det bättre hemma hos dej om du tryckte på knappen."

Det låg en orolig fråga i det sista påståendet.

"Det vet du väl Jonne", sa Nicke, "att aldrig för min liv och kniv skulle jag trycka på knappen."

"Inte jag heller", sa Jonne. "Hej då."

*

Så gick en tid, och så ringde det i Jonnes telefon.

"Jo hej på dej, Jonne", sa Nicke. "Hur har du det?"

"Magert magert", sa Jonne. "Jag har gjort som vi kom överens om och försökt få folk att inte sätta fler barn till världen, men det verkar va rätt meningslöst. Och man förstår dom ju, det är ju det enda roliga dom har nuförtiden. Och så är det ju alla katolikerna vet du, dom är ju värst."

"Det ser rätt hopplöst ut här också", sa Nicke. "Alla blir bara fler och fler, och det hjälper inte hur jag än tjatar om att vi inte kan mätta flera munnar nu. Var skulle vi ta maten ifrån? Varenda häst är uppäten, och jag har nog sett hur folk börjar gå och snegla på hundarna."

"Vi måste göra något, Nicke", sa Jonne.

"Du menar...?" sa Nicke.

"Nej nej, hur kan du tro något sådant", sa Jonne förskräckt. "Knappen har jag inte en tanke på. Men vi måste tänka ut något annat."

"Det är bra att ha en sån vän som du", sa Nicke. "Vi får tänka ut något annat."

*

Så gick ännu en tid, och så ringde det i Nickes telefon.

"Jo hej på dej, Nicke", sa Jonne. För första gången på länge lät han lite glad. "Nu har det hänt mej nåt roligt, Nicke", sa han.

"Mej också", sa Nicke. "Berätta först du."

"Jo jag har fått besök av en som heter Noak Sark", sa Jonne. "Han har ett rymdskepp som jag och några till kan fara till månen i. Du följer väl med, Nicke?"

"Ja det förstår jag nog att du vill till månen", skrattade Nicke.

"Hur så", sa Jonne.

"Jo för månen har ju liksom USA en vit framsida och en svart baksida, så där är det klart att du och de dina skulle känna er hemma", sa Nicke skojfriskt.

"Det är roligt att höra dej skämta igen, Nicke", sa Jonne, "men nu är inte tiden för skämt. Jag har inte fått nån mat på två dar."

"Förlåt mej, Jonne", sa Nicke, "men det är bara det att jag just nu befinner mej i den glada belägenheten att jag kan bräcka av dej och ditt månskepp med ett ännu bättre förslag."

"Låt höra, Nicke", sa Jonne.

”Jo, i Ukraina finns det en ukrainare som heter Noa Ksark”, sa Nicke, ”och nu har han erbjudit mej att ta med några av mina bästa vänner till planeten Mars med ett rymdskepp som han har byggt. Min Noa Ksarks rymdskepp smäller allt högre än din Noak Sarks rymdskepp, Jonne. Det finns ju ingen luft på månen, vet du, och luft kan ju vara bra att ha för ett par såna gamla vänner som du och jag.”

”Det var jädrar i min lilla låda ett bra förslag”, sa Jonne. ”Hälsa du Noa Ksark från mej att han är en baddare till rymdskeppsbyggare. När far vi, Nicke?”

”Redan i morron, om det är all right med dej, Jonne”, sa Nicke. ”Vi får ju tänka på att vi inte får ha hungrat ihjäl innan vi åker, för då är det ju ingen idé att ge sej av så långt opp i himlen. Och du Jonne”, sa Nicke, ”Noa Ksark har köpt en gris i Ukraina på svarta börsen, och den har han stekt och lagt in i skeppet, så kan vi ha den som kallskuret, vet du!”

”Det låter underbart bedårande”, sa Jonne. ”Får man lov att ta med sej sin k. hustru, Nicke?”

”Det är klart att regeringen ska med”, svarade Nicke glatt. ”Och du kan ta med några stycken andra väsentliga personer också, men bara två av varje sort, har Noa sagt. Annars ramlar vi ner på jorden igen efter en kort stund uppe i det blå.”

”Då tror jag att jag tar med ett par TV-producenter och ett par refrängsångare och ett par PR-män och så Rodgers & Hammerstein, om du inte har nåt emot det”, sa Jonne. ”Man blir ju liksom fäst vid amerikansk kultur när man är president vet du.”

”Dom är välkomna”, sa Nicke. ”Själv tar jag med två manskörer, hade jag tänkt. Om du kommer till XU 150 i morron bitti då, så sticker vi.”

XU 150 var en av Nickes hemliga flygbaser som Jonne väl kände till.

”All right, vi ses”, sa Jonne. ”Du tror inte man kan få plats med två bartenders och ett par utegrillar också?”

”Tja, du kan ju ta med dom så får vi se”, sa Nicke. ”Men nu får vi sluta hör du, för nu måste jag packa.”

”Hej då, Nicke. Du är min bäste vän du”, sa Jonne.

*

När det blev natt smög sig Jonne och hans sällskap ut genom

*"Jaha det var det det."*

bakdörren till sitt vita hus och begav sig till Jonnes privata jetplan. Det var ingen som såg dem, för alla medborgare var vid denna sena timma sysselsatta med att förfärdiga nya medborgare, trots Jonnes förmaningar.

”Hej på dej, Jonne”, sa Nicke när de kom fram till XU 150. ”Och välkomna allesammans. Var så goda och stig på.”

Nu fick alla ta på sig syrgaskostymerna och hela rekvisitan, men innan dess hade Nina skurit upp varsin redig välkomstbit åt dem utav skinkan på den ukrainska grisen.

Och så bar det av. Knappt hade Noa Ksark tryckt på startknappen så var dom flera mil uppe i luften. Ja det var nåt alldeles förskräckligt så fort det rymdskeppet gick!

Väl uppe ur atmosfären kände sig alla lätta om hjärtat och hela kroppen. De fördrev restiden med ryska och amerikanska sällskapsspel, som till exempel poker. Kortlapparna flög omkring som tosingar i kabinen och visste varken ut eller in eller var neråt var, och det såg ju förstås så förbålt löjligt ut att alla vred sig av skratt så syrgastuberna bågnade. Under så angenäma former verkar en resa till Mars inte alls lång, det var alla överens om.

*

Nu är det en ljum sommarkväll på Mars. Det glada sällskapet med Jonne och Nicke i spetsen har som vanligt tagit sig ett kvällsdopp i kanalen, och nu sitter de vid stranden i allsköns ro medan en av de utomordentligt läckra kattor som Mars är full utav sakta automatiskt vrides runt över glöden i en av Jonnes medhavda utegrillar.

”Vi har det allt rätt skönt, du Jonne”, säger Nicke.

”Jaa du Nicke, min vän”, svarar Jonne. ”Och det bästa är att slippa alla sammanträden och alla telefoner som ringer stup i kvarten.”

”Åja, *våra* telefonsamtal var väl trevliga i alla fall”, säger Nicke lite stött.

”Javisst Nicke, du vet mycket väl att det inte var så jag menade”, säger Jonne.

De blickar upp mot den klara kvällshimlen, där Venus och Saturnus och Jorden och alla andra planeter och stjärnor blinkar vänligt mot dem.

”Titta, Nicke”, ropar Jonne plötsligt.

Då ser de hur Jorden plötsligt flammar till och försvinner på himlapällen.

"Nu är det nån dumskalle som har tryckt på knappen i alla fall", säger Jonne.

"Jaha det var det det", säger Nicke.

De sitter tysta en stund.

"Nä, nu känner jag mej lite behagligt sömnig", säger Jonne. "Kom Lady Bird så går vi in och förökar oss och uppfyller Mars!"

"Åja, sakta i backarna", säger Nicke. "Kom nu, Nina, vi måste tänka på maktbalansen!"

# Sagan om halva kungariket

En dag sa kungen av Sverige så här till en berömd expert på industriell utveckling:

"Hördu om du lyckas göra Sverige ännu rikare och mera högeffektivt än det är nu, så att jag äntligen kan få bada i mjölk och honung som jag har hört ska vara så fint – om du klarar det så ska du få, inte prinsessan, för vi ska inte blanda in fruntimmer i affärerna, men halva kungariket ska du få."

Och experten på industriell utveckling arbetade och stod i och flyttade omkring folk bland fabrikerna som andra fiapinnar. Till sist var Sverige så omåttligt rikt att både kungen och en stor del av hans hov fick sitt bad i mjölk och honung, vad det nu kan ligga för behag i att sänka ner kroppen i en sådan gägga.

Och experten på industriell utveckling fick halva kungariket, närmare bestämt den av experten avfolkade halva som ligger norr om Östersund.

Och kungen log sitt listiga leende, för den halvan hade han länge velat bli av med i alla fall.

# Sagan om Europa och tjuren

Det var en gång en flicka som hette Europa. Hennes föräldrar hoppades när hon föddes att hon skulle bli nånting stort, och därför döpte de henne till Europa.

Lilla Europa växte upp på en herrgård i Sörmland och fick lära sig allting som en intagande flicka av god familj bör lära sig: ridning, franska och att hålla på sig. Hemmet var harmoniskt och lyckligt och hennes föräldrar var goda och snälla.

Men så en dag omkom Europas far och mor i en hästkrock i en ridvägkorsning. Nu var det slut med sötebrödsdagarna för stackars Europa. Hon togs om hand av en elak faster och farbror som pinade hennes känsliga sinne med hårda ord. Och aldrig fick Europa träffa jämnåriga kamrater, allra minst gossar.

Den olyckliga Europa drömde sig bort till sin egen drömvärld, där Kärleken satt i högsätet och Lyckan bodde. Hennes drömmar utövade en sällsam mystisk kraft på hennes sinne, särskilt som hon inte visste vad de betydde.

Europas elaka faster och farbror ville gärna bli av med den besvärliga flickan. De beslöt att sända henne till Frankrike, där ju de flesta är katoliker och alltså inte antastar unga flickor. Faster och farbror avkrävde Europa ett heligt löfte att leva rent och inte träffa några pojkar. Detta lovade Europa gärna, eftersom hennes älskade föräldrar lärt henne att detta var riktigt.

Europas snåla faster ville inte att hon skulle resa till något dyrt ställe, och därför beslöts i samråd med Cooks resebyrå att hon skulle deporteras till Camargue, den egendomliga del av Frankrikes sydkust som består av Rhônedeltats jättelika marskland, platt och fuktigt och befolkat av hästar, ryttare, fåglar, fågeljägare, fiskar, fiskare och tusentals svarta tjurar.

⋆

Så for Europa till de svarta tjurarnas land. Hon blev inackorderad som paying guest i ett nunnekloster. Där fick hon läsa sådana böcker som Vatikanen godkänt och hade präktigt tråkigt en tid.

En morgon i dagbräckningen bad Europa abbedissan att få låna en häst för att rida ut på slätten. Efter någon tvekan lät abbedissan henne få hyra en av klostrets hästar, ett sto.

Glad och befriad red Europa ut genom klosterporten och fram över den vida saltbemängda jorden. Mistralen fläktade ljumt i hennes blonda hår. Medelhavet låg blankt vid södra horisonten. Livet började likna ett äventyr lite grann.

Då skalv marken. Ut ur den uppgående solen såg hon ett svart moln av tjurar komma emot sig. Europa höll hänförd in hästen. Hjorden gled förbi, snabbt som den svarta skuggan av ett enstaka åskmoln.

Det var då hon såg honom. Han var svartare än alla de andra tjurarna, svart som den svartaste medelhavsnatt. Han satte klövarna i marken, stannade upp, lösgjorde sig ur den bortilande hjorden, stod där ensam kvar och såg på Europa.

Hon visste det med ens: honom var det hon sett i sina drömmar! O att hon skulle få möta honom i verkligheten! O att hennes ensamhets dagar äntligen var räknade!

Hon steg av hästen och gick fram till honom. Fåglarna tystnade, slätten slutade andas.

"Tjur", sa hon. Rösten skälvde. "Tjur. Jag har kommit nu."

Han såg kärleksfullt på henne.

"Jag älskar dig", viskade hon. "Älskar du mig också?"

Han vidgade näsborrarna och frustade ömt samförstånd.

"Men jag är en ärbar flicka, tjur. Jag är bunden av ett löfte till mina kära bortgångna föräldrar."

Hans blick blev lätt besviken, men han sänkte undergivet huvudet och önskade frid över deras minne.

De promenerade sakta, länge, genom den höga vassen, hon talade kärlekens ord, och de utbytte kärlekens blickar. Innan hon slutligen motvilligt satte sig på sitt sto igen för att hinna hem till klostret på utsatt tid hade de avtalat ett nytt möte dagen därpå, vid den ensamma pinjen som lyckats resa sig i ensligt majestät på saltslätten.

Stoet blev Europas förtrogna. För henne utgöt Europa sitt hjärtas lycka, längtan och kval. De var som systrar.

*

Detta blev den lyckligaste tiden i Europas liv. Tjur och hon träffades varje dag, badade tillsammans i de långa dyningarna, såg tillsammans med nyvaknat intresse på traktens sevärdheter: kyrkan i Saintes-Maries de la Mer – bara utifrån, för en oförstående vaktmästare ville inte låta Tjur komma in – fästningsvallarna i Aigues-Mortes, där Tjur med någon svårighet lyckades ta sig uppför trappan så att de kunde promenera runt hela stadsmuren – ja en dag begav de sig ända till Nîmes, sex mil norröver, för att se på den berömda arenan. Tjur betraktade den heta tjurfäktningsarenan med blandade känslor. Den eftermiddagen var han lätt betryckt, men Europa tröstade honom och muntrade upp honom med ömma ord. De besåg emellertid inte flera sevärdheter den dagen.

Tjur var en underbar kavaljer: uppmärksam, vänlig, öm. Jämsides med kärleken växte en stark vänskap upp mellan dem, byggd på ömsesidig respekt och beundran.

Men ju längre tiden led, dess närmare kom det hotande molnet vid horisonten: hur skulle det gå med dem? Kunde de få varandra, någonsin? Europa grubblade mycket häröver. Att fråga abbedissan om råd var ju uteslutet, eftersom enligt hennes sätt att se båda kontrahenterna måste vara katoliker. Att utverka tillstånd från faster och farbror var lika otänkbart: de hade redan tidigt strängt tillhållit henne att inte komma dragande med en utlänning.

Tjur lyssnade till Europas redogörelser för dessa problem med en resignerad rynka i pannan. När hon slutat smekte han henne varligt över kinden med hornet och ryckte på sina breda axlar. Det finns inget hopp, sa axelryckningen. Det finns inget hopp.

*

Obevekligt närmade sig slutet. Abbedissan tyckte att Europa rände ute för mycket med stoet och sände telegram till hennes faster med begäran att hon skulle hämtas hem.

Tjurs och Europas glädje över att vara tillsammans blandades med allt större portioner av vemod och förtvivlan. Europa kände dessutom en egendomlig oro i sitt hjärta, som om ödet bankade därpå med sin knutna näve.

Den sista dagen begav sig Tjur och Europa till en liten avsides belägen restaurang i Grau-du-Roi och intog en enkel avskedslunch. De såg varandra djupt i ögonen och lovade tyst att aldrig glömma varandra.

*Jämsides med kärleken växte en stark vänskap upp mellan dem.*

Så begav de sig till sin ensamma pinje, dröjde sig kvar, ville inte skiljas, kände tomhet i sina hjärtan. När Europa slutligen kysste Tjur på pannan och red bort på sitt sto vände Tjur bort huvudet för att dölja tårarna som sipprade ur hans tillgivna ögon.

Då hördes dånet av hovar på saltjorden. Två ryttare i svarta slokhattar närmade sig.

Ödet bankade högre och högre i Europas hjärta.

Ryttarna fångslade Tjur med rep. Han gjorde inte det minsta motstånd. Vad hade han att leva fri för?

Europa satte hälarna i stoets länder och red fram till hästmännen.

"Vad gör ni?" flämtade hon. "Låt bli honom!"

"Han ska till Nîmes på corrida", sa den ene hästmannen. "Han är ovanligt fin. Han blir bra på arenan."

"Ni får inte", snyftade Europa utom sig. "Ni får inte. Inte han!"

"Det är inte så farligt, lilla fröken." Den andre hästmannen verkade vänligare. "Dom dödar inte tjurarna i Nîmes. Så fort toreadoren har lyckats få bort en kokard som man sätter mellan hornen på tjuren så är det över. Det är som en lek, både för tjuren och tjurfäktaren."

Europa blev lugnare, men ödet ville ändå inte sluta med sina dova bankningar. Hon kände att hon måste stanna hos Tjur tills det var över. Hänsynen till allt annat än kärleken flög bort som en vind.

"Jag kommer dit, Tjur!" ropade hon efter honom. "Jag kommer!"

*

De otaliga valvbågarna i den väldiga antika arenan i Nîmes var heta av söndagssol. Trikolorer fladdrade, söndagsklädda provençalare fyllde luften med sin vänliga dialekt, fanfarer ljöd, och mellan en mustaschprydd man i basker och en mustaschprydd man i basker satt Europa med döden i hjärtat. Hon hade klätt sig i de franska färgerna, röd basker, vit blus, blå kjol, eftersom hon ville att Tjur skulle bära hennes färger i sin blåvitröda kokard.

Tjurfäktaren gjorde entré till folkets jubel, bugade sig för hedersläktaren och stod där bredbent och stolt. Och så kom Tjur, inmotad på arenan av hästmän med trubbiga treuddiga spjut.

Tjur tog ingen notis om treuddingarna som man försökte reta upp honom med. Hans blick for över publiken tills han upptäckte Europa. Då föll han på knä med frambenen i den heta sanden och sänkte huvudet i en djup reverens för sitt hjärtas dam. Hon såg den hopplösa förtvivlan i hans ögon, och hennes hjärta ville brista.

Tjur reste sig, vände sig mot tjurfäktaren och gjorde en plötslig rasande attack mot hans röda skynke. Tjurfäktaren utförde i det exakta ögonblicket sin parad, ett blixtsnabbt steg åt sidan och en lika blixtsnabb rörelse med armen in mot kokarden mellan Tjurs horn.

Hans lätta handrörelse hade synbarligen effekten av en jätteslägga. Mitt i språnget stannade Tjur upp och föll på sanden som träffad av en åskvigg.

Ett förbluffat sorl steg ur publiken. Europa satt andlös och lyssnade till ödets slag i hjärtat.

Tjurfäktaren gick försiktigt fram mot Tjur, som låg orörlig på sanden. Han lade örat mot Tjurs bringa, tittade in i hans ena öga, reste sig och slog ut med armarna i en sydfransk axelryckning.

”Han är död! Han är död!” ljöd det runtomkring Europa.

Europa visste. Hans hjärta hade brustit!

Ödets bankningar hade tystnat i hennes bröst. Endast tomhet fanns där nu. Hon snyftade sakta. En tår föll ned på det varma stengolvet, som en vemodig punkt för en kärlekssaga för vilken i vår moderna kultur intet utrymme finnes.

# Sagan om den högfärdiga oxfilén

Det var en gång en riktigt välhängd och fin oxfilé som låg och såg stöddig ut på en köttdisk i Östermalmshallen.

”Maka på er, era trådiga ynkryggar”, snäste han åt fläskkotletterna och den utskurna biffen och bredde ut sig ännu mer. ”Maka på er så jag får plats och syns ordentligt. Jag är det finaste köttstycket i norra Europa!”

En gammal dam kom fram och såg på honom.

”Det var mig en fin oxfilé”, sa hon.

Oxfilén stötte menande den utskurna biffen i sidan. Där hör du, menade han på.

”Vad kostar den?” sa den gamla damen.

Men när hon fick höra vad oxfilén kostade gick hon därifrån.

”Det var rätt åt dej, din gamla apa”, tänkte oxfilén. ”Mej får man inte så där utan vidare inte. Jag ska inte ätas, jag ska beundras på avstånd. Se så vacker jag är!”

En herre i plommonstop kom och beså̊g honom.

”Den ser bra ut”, sa han. ”Får jag titta lite närmare.”

Expediten tog tag i oxfilén och höll fram den.

”Nädu, farbror, dej vill jag inte bli uppäten av”, tänkte oxfilén och drog ihop sig så mycket han orkade så han såg riktigt seg ut.

”Nä, den var då inget vidare”, sa herrn i plommonstopet och gick.

”Trodde du ja”, myste oxfilén och bredde ut sig igen på disken så han blev vackrare än någonsin.

Nå, hur det nu var så gick hela den dagen utan att oxfilén blev såld. Så fort någon ville köpa honom snörpte han till sig så han såg riktigt oaptitlig ut.

Nästa dag började på samma vis. Framåt lunchdags märkte oxfilén till sin förvåning att han liksom inte orkade dra ihop sig så mycket som han kunde när han var ung.

”Nå”, tänkte han, ”jag blir nog inte såld i alla fall. Folk tycker naturligtvis det är synd att förtära någonting av det vackraste som livet har att bjuda.” Han menade därmed sig själv, förstås.

Och underligt nog blev han inte såld den dagen heller. Kanske är det med oxfiléer som med människor, att även om det inte direkt syns på utanskriften så känner man ibland liksom i luften att det är ett exemplar med osympatiskt sinnelag man har råkat på, och då drar man sig för att umgås med vederbörande. Alltnog, oxfilén förblev osåld.

På den tredje dagens morgon låg han där lösare och ledigare i köttet än någonsin. Han kände sig trött. Om han hade haft någon uppfattning om åldrandets problem hade han kanske förstått att han började bli gammal, men nu hade han inte det.

”Här ser du en som folk inte näns äta opp”, försökte han bräcka falukorven med. Men tonfallet lät på något vis inte lika övertygat som tidigare.

Plötsligt hörde han charkuteristen säga till ett av sina biträden: ”Den där börjar bli gammal. Den får vi ta till pyttipannan.”

Oxfilén tog för givet att detta tal gällde ett eller annat veset innanlår – ända tills en slaktarnäve brutalt grabbade tag om honom och bar iväg med honom.

Vad var nu detta? Han, den vackraste köttbiten som skådats i detta land som överflödar av magert sidfläsk, skulle han göras till hackmat som ett annat gristryne? Visste man inte hut?

Nej, det visste man tydligen inte. Oxfilén kände sig inte så karsk längre när han hörde fläskkotletternas hånfulla fniss borta vid disken. Och när den stora kniven närmade sig honom började han nästan avundas de vanliga enkla utskurna biffarna som hade ryckts bort i förtid från hans sida vid disken och sålts, kanske till eleganta hushåll där det ingalunda kunde betraktas som en skam att bli grillad och förtärd. Allt, blott icke detta! För en oxfilé finns det ett öde värre än döden, och det ödet heter pyttipanna.

Nå, han skars i små bitar och blandades i mängden. Han kände sig splittrad och nere. Hans bedrövliga sinnestillstånd smittade av sig på korv- och potatisbitarna som nu blivit hans kamrater, vilket allt tillsammantaget gjorde att hela pyttipannan såg obeskrivligt vissen och sorglig ut. Ingen ville ha en sån bedrövlig pyttipanna.

Om aftonen slängdes hela pytten i soptunnan. Oxfilén svimmade i fallet, bit för bit, och det var en barmhärtig sak, för då slapp han åtminstone märka hur till och med råttorna skyggade för honom. Han återfick aldrig medvetandet utan avled i sinom tid lugnt och stilla i en ålder som för en oxfilé är så skamligt hög att jag inte ens vill tala om den.

Ja, så kan det gå för en oxfilé som inte hyser tillbörlig respekt för hälsovårdsnämnden.

# Sagan om flickan som ville bli berömd

Det var en gång en flicka som arbetade på porslinsfabrik och därför kallades hon för Fajans. Fajans hade en stor glad längtan inom sig efter allting spännande som hon skulle få uppleva. Hon var 17 år och ogift.

Fajans arbetade i porslinsfabriken från åtta på morgonen till fyra på eftermiddagen. Varje morgon klockan sju steg hon upp, borstade tänderna, drack ett glas grapefruktjuice och läste Bildjournalen. De vackra kandidaterna till miss Sverige-tävlingen kunde hon sitta och titta på i timtal.

”Den som vore miss Sverige”, tänkte Fajans. ”Det skulle vara annat det än att arbeta i porslinsfabrik.”

*

Nästa gång det blev en misstävling skickade Fajans in sitt fotografi. (Det gällde inte miss Sverige den här gången, utan miss Ogift.) Fajans fick gratis resa till tävlingsledningen för att visa upp sig och få sina mått tagna, och så blev hon uttagen till kandidat. Och när den tiden kom var det Fajans som blev vald till miss Ogift, och det är inget att undra över, för hon var så vacker som en riktig liten porslinsdocka.

Fajans arbetade med alla sina miss-plikter på välgörenhetsinrättningar och representationsmottagningar från åtta på morgonen till fem på eftermiddagen, och vissa kvällar också. Varje morgon klockan sju steg hon upp, borstade tänderna, gjorde make-up, drack ett glas grapefruktjuice och läste Bildjournalen. De vackra stjärnmannekängerna kunde hon sitta och titta på i timtal.

”Den som vore stjärnmannekäng”, tänkte Fajans. ”Det skulle vara annat det än att sälja lotter på Röda Korsets basar och äta rökt lax i Folkets Hus B-sal.”

*

En dag kom en herre och frågade Fajans om hon inte ville bli

*Fajans hade en stor glad längtan inom sig.*

stjärnmannekäng. Hon skulle få bra betalt och till och med någon gång få behålla en eller annan klänning som hon tyckte särskilt mycket om.

Fajans arbetade nu i fotoateljéerna från sju på morgonen till sex på eftermiddagen, och ofta också på kvällsvisningar. Varje morgon klockan sex steg hon upp, borstade tänderna, gjorde omsorgsfull make-up, drack ett glas grapefruktjuice och läste Bildjournalen. De berömda filmstjärnorna kunde hon sitta och titta på i timtal, om hon bara hade tid.

"Den som vore filmstjärna", tänkte Fajans. "Det skulle vara annat det än att stå bredbent och puta med magen och le hela dagarna."

*

En kväll bjöds Fajans på middag på Operakällaren av en filmproducent. Han svor på att han skulle göra henne till filmstjärna, om hon ville. Jodå, det ville Fajans.

Så fick hon en huvudroll i en film som skulle sändas till festivalen i Venedig och som därför skulle bli särskilt fin. Fajans blev en underbar upplevelse för filmpubliken, för det var inte bara det att hon var vacker som en porslinsdocka, utan hennes glada längtan efter allt spännande som livet skulle ge henne avspeglade sig i hennes ansikte på ett så bedårande sätt att hon tog andan ur Jurgen Schildt.

Fajans blev så berömd över en natt att tidningsmännen ringde till henne och frågade vad hon hade för skonummer, och filmkontrakten regnade över henne som finstilt manna från himlen.

Fajans arbetade i filmateljén från sex på morgonen till sju på kvällen, och mestadels också på kvälls- och nattinspelningar. Varje morgon klockan halv fem steg hon upp, borstade tänderna, drack ett glas grapefruktjuice och läste Bildjournalen. Det stora åttasidiga bildreportaget om henne själv som filmstjärna – champagne som tidningen bett henne dricka, swimmingpools som tidningen hyrt åt henne att bada i, herrar som tidningen skaffat henne att krama om – det bildreportaget kunde hon sitta och titta på i timtal.

"Den som vore som hon", tänkte Fajans. "Det vore annat det än att sitta här klockan fem på morgonen och dricka ett glas grapefruktjuice."

# Sagan om den stora ordransoneringen

En dag sa Vår Herre till sin fru:

"Hör du Elvira, det är nånting alldeles förskräckligt vad människorna pratar och pratar och pratar i ett kör. Jag tycker det har blivit ännu värre på sista tiden med allt meningslöst pladdrande. För en sån som mej som ser allt och hör allt är det faktiskt lite smått irriterande, får jag säga."

"Nu ska du inte vara dum, Karl-Ragnar", sa Vår Herres hustru. "En liten pratstund då och då kan du väl unna de stackars människorna."

"Pratstunda mej hit och pratstunda mej dit", sa Vår Herre, "men nu får det bli ett slut på detta evinnerliga babblande. Jag tror ta mej håken att jag ska ta och ransonera orden för dom lite granna."

"Då får du allt vara så god och hålla dej till ditt manfolk då", fräste Vår Herres hustru. "Mina fruntimmer ger du dej inte på, kom det ihåg!"

"Jaja, Elvira, låt oss för all del inte ha något långt gräl om denna sak", sa Vår Herre fridsamt. "Om alla herrar blir lite tystare så blir det väl något bättre i alla fall."

Vår Herre satte sig ner och tänkte.

"Nu ska jag inte vara njugg utan tvärtom riktigt frikostig", tänkte han. Jag ska ge dom tiotusen ord om dan, det ska väl för sjutton gubbar räcka åt dom. Få se nu, det blir tre miljoner sexhundrafemti tusen ord om året... jag tror jag struntar i extra tilldelning för skottår, den dan kan dom väl i fridens namn hålla käften... och så en sjutti åtti år så där... tja, om jag drämmer till med att ge dom hundra miljoner ord var, räknat från födelsen, så har dom i alla fall god marginal för en hel del dösnack också."

Vår Herre utfärdade ett cirkulär med denna innebörd till alla manliga människor. Däri meddelades också att varje gång någon passerade ett jämnt miljontal ord så skulle det ringa liksom en liten klocka i örat på vederbörande. Och när någons ordranson var nästan slut och det bara var tio ord kvar skulle klockan ringa med korta signaler under en minut.

Det visade sig att Vår Herre räknat rätt, som alltid. Själva vetskapen om att ordförrådet var ransonerat gjorde att många av de talföraste herrarna på jorden satte sig ner och tänkte efter en stund var gång det ringde i öronen. Kanske har jag sagt för mycket, tänkte de. Kanske ska jag ta och tänka lite mer och prata lite mindre. Och så tänkte de efter en stund innan de sa något i fortsättningen. Till sin glädje märkte de att deras tal därigenom blev mera sammanhängande och intressant att lyssna till, och de hade stor framgång i livet tack vare Vår Herres visa beslut.

*

Hittills är det bara tre personer som har gjort slut på alla sina hundra miljoner ord.

Den första var en prästman som under många tjänsteår lagt ut skriften i så enastående långa predikningar att det ringde i öronen på honom titt och tätt. Han brydde sig emellertid inte mycket om de där ringningarna, för han tänkte att åt Vår Herres egna tjänstemän finns det säkert något reservförråd om själva ordransonen skulle råka ta slut.

En dag när han just påbörjat sin söndagspredikan hörde han i öronen de korta envetna signalerna som betydde att nu hade han bara tio ord kvar. Men inte ens det tog han någon notis om.

”Chefen späder nog på med en extratilldelning, god som han är”, tänkte han lättsinnigt.

Han var mitt inne i ett resonemang som börjat med att Jesus gick på vattnet och fortsatt med en jämförelse mellan denna gudliga promenad och det ogudaktiga beteende som många syndens trälar i vår upplösta tid visar prov på genom att i berusat tillstånd nattetid bada nakna i plaskdammarna framför våra muséer och kulturinstitutioner. Han fortsatte som om ingenting hänt i hans öron:

”Nu invänder syndaren: inte är det synd att leva rullan –.”

Det blev gudomligt tyst i kyrkan. Församlingen tittade förvånat upp ur sin halvslummer. Var predikan slut med dessa ord? Ja, tydligen för pastorn stod ju med ansiktet i händerna och sa ingenting mer. Efter en stund började en förvirrad orgel ljuda.

Den dagen hann alla till sin glädje hem från högmässan i god tid till Gamla skivbekanta, styrkta i anden av pastorns slutord att det inte är synd att leva rullan.

”Det var en ovanligt vacker predikan”, sade församlingsborna till varandra, och ingen förstod varför pastorn efter denna söndag överfördes till en tyst tjänst på folkbokföringsexpeditionen.

*

Den andre i ordningen att drabbas av Vår Herres ordransonering var en PR-man i tvättmedelsbranschen. Han hade till yrke att från morgon till kväll, och särskilt på luncher och middagar, vara utomordentligt trevlig mot alla människor som hans företag kom i beröring med. Ni må tro att den PR-mannen kunde alla roliga historier om tvättmedel som finns och en hel del därtill, och dessutom behärskade han konsten att le med sina bländvita tänder hela tiden medan han pratade, så folk blev alldeles galna i honom och hans tvättmedel.

”Varje gång jag öppnar munnen läggs ett par strumpor ned i vårt tvättmedel någonstans i världen”, brukade han säga med sitt oemotståndliga leende, och det hade statistikavdelningen på hans företag räknat ut åt honom, så det var faktiskt sant.

På en sådan PR-man ringde det förstås i öronen rätt ofta. Efter varje signal brukade han bli något betänksam, och den dagen tog han ingen Dry Martini före lunchen, för se Dry Martini lossade hans tungas band alldeles extra så att trevliga ord och trevliga slogans forsade ur hans leende mun som en trevlig flod vari husmodersföreningar och återförsäljare vällustigt drunknade.

När de sista upprepade korta signalerna ringde i hans öron satt han och åt lunch på sin firmas bekostnad med en delegation från Hemmens Forskningsinstitut. Han hade redan intagit sin Dry Martini den dagen, och innan han riktigt insett att hans sista klocka hade ringt slapp det trevligt ur honom:

”Ta vilket tvättmedel ni vill och jämför med vårt!”

Först då hejdade han sig. Herregud, tio ordsklockan! Och nio ord var redan sagda! Ett enda ord, tänkte han, ett enda!

Han stack handen i sin trevliga kavajficka och drog upp en fickförpackning med sin firmas tvättmedel som han alltid bar på sig. Han hällde upp en dödlig dos av tvättmedlet i sitt vinglas, höjde med sitt bländvita leende glaset mot de charmerade amanuenserna på Hemmens Forskningsinstitut och sa:

”Trevligt!”

Han drack ur och föll på ett intagande sätt död ned. Ty en PR-man kan icke leva utan möjlighet att ideligen säga något trevligt.

*

Nu undrar ni förstås vem den tredje mannen kan vara som gjorde slut på sina hundra miljoner ord. Jo, det ska jag säga er, att det var allt en politiker det. Han lade ut texten och svängde sig och for ut i anklagelser och småljög och domderade så till den milda grad att innan han ens var femti år gammal hade det ringt i hans öron nittionio gånger.

Och nu stundade det till val, och den här politikern satt kring ett bord i sällskap med sex politiska motståndare och en radiochef, för nu skulle det minsann bli TV-debatt.

Den här politikern jag talar om tittade stint in i TV-kameran och sa på sin noggrant uppmätta tid elvatusenfemhundrasextitre ord varav vi på måfå kan plocka ut trygghet, alla, folkpension, ni ljuger, levnadsstandard, sammansvärjning, väljarna vill veta, folkpension, dumheter, planering, 1956, fonderna, vanliga människor, låglönegrupper, förtroende och folkpension.

När det var dags för slutappell ringde det små korta signaler i den här politikerns öron. Då blev han så paff så han sa till hela folket alldeles spontant:

"Jag har pratat så mycket strunt så jag håller käften."

Tack vare denna slutapell blev den här politikern vald till statsminister och regerade sedan i många år.

Eftersom han inte längre kunde ägna en massa tid åt att prata omkull väljarna så hade han i stället hela dagarna på sig till att tänka lite grann och uträtta en massa saker, så han blev allt den bästa statsminister som detta land någonsin haft, som det stod i partiets årsbok.

Och är han inte död så regerar han väl än.

*

Och just nu, medan ni läser detta, sitter Vår Herre och summerar för sin hustru resultatet av sin stora ordransonering.

"Du hör ju att det är betydligt tystare på herrsidan nu, Elvira", säjer han. "Nu får vi allt ta och tänka på att utsträcka ıansoneringsbestämmelserna även till spinnsidan, hör du du. Det borde väl du vara med på, du som tjatar jämt och samt om emancipation och allt det där snacket." (I sitt stilla sinne tänkte Vår Herre att det bästa vore ju om även hans egen hustru fölle under ransoneringsbestämmelserna, men det sa han förstås inte.)

”Emancipera mej hit och emancipera mej dit”, sa Vår Herres hustru. ”En sådan ordransonering för damer får du i så fall verkställa över min döda kropp, Karl-Ragnar.”

Nu är det ju på det viset att Vår Herres hustru aldrig dör. Det är allt er smala lycka det, talträngda satkärringar!

# Sagan om Gånge-Rolf

Rolf hette en stor svensk viking som ibland kunde gå och därför kallades för Gånge-Rolf.

Gånge-Rolf drog i härnad till anglernas och saxarnas och normandernas land och slogs och söp och levde rullan, och sen blev han hemskickad på konsulatets bekostnad.

# Sagan om den rättvisa Gudrun

Det var en gång en flicka som aldrig hade mött den riktiga kärleken, och därför ville hon gärna skiljas.

Det var så med Gudrun, för hon hette Gudrun, att hon tyckte det var orättvist allting. Hon hade gift sig med en Epaingenjör som hon träffat på Tempo, där hon stod och sålde husgeråd av plast. De hade inga barn, och båda förvärvsarbetade. Gudrun grämde sig dagligen över alla orättvisor som vederfors henne i äktenskapet. *Hon* skulle köpa middagsmat och laga den, *hon* skulle sy i knappar i sin mans kavaj, *hon* skulle koka kaffet medan han såg på TV, allt detta skulle *hon* göra, fast hon hade ett lika ansträngande arbete som han. Och det kan man ju hålla med om att det verkar orättvist. Att hennes make för sin del satte i proppar, tvättade bilen och köpte ut på systemet tänkte hon inte så mycket på.

Nå, den skilsmässan var lätt att ordna, för ingen av dem trivdes egentligen hemma. Gudrun beslöt i sitt stilla sinne att skulle hon någonsin gifta sig igen så skulle minsann allt gå rättvist till väga.

★

En dag när hon stod vid sin disk på Tempo kom det fram en herre med fördelaktigt utseende och skulle köpa en bidet av plast. Han såg så blyg och generad ut innan han klämde fram med sin bidet så Gudrun blev riktigt fäst vid honom. Och när han dagen därpå kom tillbaka och köpte något så onödigt som en plasthållare för två tandborstar så förstod Gudrun genast den symboliska innebörden av detta köp och visste att känslorna var ömsesidiga.

Gudrun och Albin, för han hette Albin, träffades en tid ganska ofta om kvällarna, och båda tyckte att nog skulle det vara bra gudomligt att gifta sig. Men Gudrun framhöll med skärpa för Albin att i så fall skulle allting gå riktigt rättvist till. Det höll Albin gärna med om, för han var en beskedlig karl.

Nå, i sinom tid stod Gudrun och Albin hos borgmästaren och sa sitt ”ja” på samma gång, för Gudrun hade bestämt att det var orättvist att en av dem skulle få säga ”ja” före den andra. Albin hade en likadan blombukett i handen som Gudrun.

När de kom hem till trerummaren som Gudrun hade kvar sedan sitt förra äktenskap visade Gudrun för Albin en lång lång lista som hon hade gjort upp.

Där stod bland annat:

”Strykning av 1 skjorta motsvarar bäddning av 2 sängar;

kokning av TV-kaffe motsvarar middagsdisk för 2 personer;

isyning av 1 knapp motsvarar lagning av 1 trasig kontakt;

1 amning av ev. barn motsvarar tvättning av 2 bajsiga plastblöjor;

snarkning så motpart vaknar motsvarar rätt för väckt part att först läsa morgontidningen dagen därpå;

inköp av middagsmat motsvarar dammsugning av vardagsrum och tambur;

fållning av 1 lakan motsvarar utbärning av avfall till sopnedkast;

tvättning av 1 par strumpor motsvarar tömning av askkoppar i hela lägenheten.”

Detta och mycket annat stod noga angivet på Gudruns långa lista.

”Nu ska vi leva efter den här listan, Albin”, sa Gudrun, ”för att allting går rättvist till, det är äktenskapets A och O.”

”Det ska nog gå bra, för huvudsaken är ju att man älskar varandra”, sa Albin, och sen sa han inget mer, för han ville ju inte prata längre än Gudrun hade gjort.

Så levde Gudrun och Albin en lång tid tillsammans, åt två potatisar var till middag, drack vardera fyra centiliter konjak till kaffet på lördagskvällarna och älskade därefter varandra så rättvist som möjligt i nattens mörker.

En dag sa Gudrun:

”Albin, jag tror jag ska ha barn.”

”Då ska väl jag det också”, sa Albin av gammal vana.

Men som ni förstår var det Gudrun ensam som fick barn.

Nu blev det ett fasligt besvär med att få allting att gå rättvist till. Att Albin tvättade blöjor medan Gudrun ammade var ju inget stort problem, men det var så mycket annat att göra hela dagarna så Albin fick ta tjänstledigt från sitt arbete – och det var ju inte mer än rätt, för det hade ju Gudrun också måst göra. När barnet skrek på natten vaknade föräldrarna och tittade på schemat som satt fastnålat över sängen. På udda datum var det Albin som hade hundvakten mellan två och sex, på jämna datum Gudrun. I månader med 31 dagar delades den sista natten upp så att Albin tog passet från två till fyra och Gudrun från fyra till sex varannan gång detta inträffade; varannan gång var det tvärtom.

Nå, tack vare Albins stora snällhet och beskedlighet klarades det mesta upp utan gnissel, och det lilla barnet växte och började tala. Det visade sig vara ett klokt och rättvist barn, för det första ord det sade var "mappa", och det andra var "pamma".

En dag sa Albin:

"Nog vore det skojigt för det här lilla barnet att få ett litet syskon alltid."

"Ja titta inte på mej", svarade Gudrun, "nu är det allt din tur!"

Då orkade inte Albin längre, och för övrigt visste han inte hur detta skulle gå till.

*

Så nu står Gudrun på Tempo igen och väntar på en karl som har sinne för att allting ska gå riktigt ordentligt rättvist tillväga.

# Sagan om Elis Bengtssons datamaskin

Det var en gång en expert på datamaskiner som var ovanligt skarp i huvet och hette Elis Bengtsson.

Elis Bengtsson hade rykte om sig i sju kyrksocknar att vara en baddare till expert på datamaskiner, och till sist nådde det ryktet ända upp till översta våningen i skatteskrapan i Stockholm, där överste skattmasen bor.

Då kallade överste skattmasen Elis Bengtsson till sig och sade:

”Hör du Elis Bengtsson, vi behöver en riktigt stor och fin datamaskin som kan räkna ut alla skatter som finns så långt ögat når. Kan du åta dej att göra en sån datamaskin?”

”Visst kan jag göra en sån datamaskin”, sa Elis Bengtsson.

Och nu ska ni se att Elis Bengtsson satte igång med att få till en hejdundrande datamaskin som ingen sett maken till. Det var ett stort väldigt åbäke till datamaskin som kostade många miljarders miljoners kronor, men det gjorde ju inte skatteverket nånting, för dom har ju gott om pengar. Och det allra finaste med Elis Bengtssons datamaskin, det var att den alls inte var så opersonlig som vanliga datamaskiner, för Elis Bengtsson hade monterat in ett litet skratt som maskinen skrattade var gång den klämde fram en återbäring och ett litet snyft som maskinen snyftade var gång den klämde fram en restskatt.

Alla var mäkta imponerade över Elis Bengtssons datamaskin, och överste skattmasen sa att tack ska du ha Elis Bengtsson.

Nu var det så att Elis Bengtsson fick ju en förskräcklig massa pengar det året för att han hade gjort den här datamaskinen, så när Elis Bengtssons egna deklarationsuppgifter matades in i maskinen stod överste skattmasen där och vred lystet händerna för att få se med egna ögon på det kolossalt stora skattebelopp som skatteverket skulle ta tillbaks från Elis Bengtsson för hans jättestora inkomster från skatteverket.

”Nu snyftar nog Elis Bengtssons maskin till ordentligt”, tänkte överste skattmasen skadeglatt.

Men döm om hans förvåning när maskinen i stället hov upp ett ovanligt hjärtligt skratt och släppte ut en liten glad remsa med Elis Bengtssons skatt på.

Överste skattmasen läste på remsan att Elis Bengtsson skulle få sexhundratusen kronor i återbäring.

Nu kokte överste skattmasen över av ilska och kallade till sig Elis Bengtsson.

"Hör du Elis Bengtsson", sa han med kvävd stämma, "vad menas med det här?"

"Ja inte vet jag", sa Elis Bengtsson med oskyldig min, "men en sak är säker, och det är att datamaskiner ljuger aldrig, utan kommer dom med felaktiga uppgifter så är dom i alla fall i god tro. Och det är ju inte mycket man kan göra åt en sån sak."

"Det ska du få se på att man kan", röt överste skattmasen. "Nu är du så god och ser efter var felet ligger och ser till att det blir reparerat, och det på rödaste momangen!"

Elis Bengtsson gick fram till datamaskinen och tittade på den ett slag och fingrade lite här och där, och sen sa han:

"Jo det visar sej att det är en liten manick allra längst inne i maskinen som har råkat lite på sne."

"Nå, hur lång tid tar det att laga den manicken då?" frågade överste skattmasen otåligt.

"Å", svarade Elis Bengtsson, "det tar flera år det, och det kommer att gå på miljarders miljoners kronor."

Nu blev det en kalabalik må ni tro. Överste skattmasen rapporterade saken till en ännu övre skattmas, och han i sin tur till generalfältskattmasen i kungliga slottet, och till sist hamnade frågan hos självaste regeringen.

"Tja", sa regeringen, "det är ju inte mycket att göra åt. Inte kan vi lägga ut miljarders miljoners kronor för att få in dom där futtiga sexhundratusen från Elis Bengtsson inte."

Nu var det väl Elis Bengtsson som drog till och blev rik som en krösus! Han köpte sig sju villor i Djursholm, en för att bo i på måndagarna, en på tisdagarna och så vidare tills veckan tog slut, och han åt en särskilt dyr sorts revbensspjäll och drack väl multum därtill. Och rikare och rikare blev han, för den lilla manicken längst inne i datamaskinen åkte alltmer på sned för varje år som gick. Senast i våras skrattade maskinen ut en återbäring på niomiljoneråttahundrasjuttiosextusenfemhundrasextiotre kronor och elva öre åt Elis Bengtsson.

Så när regeringen skyller på konjunkturerna så fort nån frågar dom varför dom aldrig höjer folkpensionerna nåt vidare så är det bara löst prat. Det är inga vanliga konjunkturer som tappar big money ur statskassan inte, utan det är en särskild specialkonjunktur som heter Elis Bengtsson och som är ovanligt skarp i huvet.

# Sagan om busschauffören som tänkte att va fan

Nu ska ni höra en saga som handlar om bussförare Hugo Berglund. När sagan börjar har han just tagit emot avgiften av den sista påstigande passageraren vid Skanstull, och nu startar han buss numro 144 på sin elfte resa för dagen via Gullmarsplan ut på Huddingevägen mot Örby och Älvsjö till Herrängen och Fruängen. Klockan är halv tolv på dagen, Hugo Berglund är 47 år, månaden är juni och vädret är strålande vackert.

Hugo Berglund verkar inte glad. I 23 år har han farit en liten bit ut från Stockholm och in igen, som en jojo, och med tiden har hans ansikte skakat ner mot hakan så han ser riktigt ordentligt lessen ut.

Vet ni vad Hugo Berglund tänker när han far ut på Huddingevägen? Jo, förbannade Huddingevägen tänker han. Det är helt enkelt så att Hugo Berglund är lite trött på Huddingevägen.

Utan glädje beger han sig ut till Fruängen, upp i de nyaste kvarteren, Toscagatan fram, in på Mazarinvägen och sen via Rulltårtegatan till hållplatsen vid Tusenbladstorget, och slutligen Finska pinnens väg fram till ändhållplatsen vid Mandelkroksvängen. Jävla gräddbageri, tänker Hugo Berglund. Dessa gator och torg står honom upp i halsen, ser ni, och han mår inte bra.

De sista passagerarna stiger av på den s.k. florsockerrefugen vid Mandelkroksvängen.

Det är nu som bussförare Hugo Berglund tänker att va fan.

Han startar resolut bussen före reglementsenlig tid, far utan hänsyn till hållplatser direkt tillbaka ut mot Huddingevägen, vinkar med en viss tillfredsställelse åt de ivrigt viftande figurerna vid hållplatsen där och svänger ut på Huddingevägen i riktning mot Södertälje.

Han öppnar sidofönstret och låter den friska försommarluften spola in över hans nersuttna ansikte. Han är ute på landet nu, fåglarna kvittrar, vägen har en gul rand i mitten, och Hugo Berglunds livsandar börjar vakna ur sin 23-åriga dvala.

Nu passerar han Södertälje och fortsätter riksettan ner mot Nyköping.

Nu ler han lite.

Nu passerar han Nyköping.

Nu trallar han en trall som han gör själv medan han trallar.

Det är nu som ett ansikte dyker upp bakom ett ryggstöd borta bussen. En dam som heter fröken Lisa Bodén, 43 år, frånskild vinglar yrvaket fram mot förarsätet.

”Jag ska stiga av vid Tusenbladstorget”, säger Lisa Bodén.

”Vad i helvete”, svarar då Hugo Berglund. ”Är det käringa kvar i kartongen?”

”Ursäkta mej”, säger Lisa Bodén, ”jag slumrade visst till e tag. Jag arbetar sent på nätterna se, jag är servitris på Hamburge Börs. Och nu har jag varit inne på förmiddan och handlat ma och nu vill jag gå av vid Tusenbladstorget.”

”Vi är i Kolmården vi”, svarar då Hugo Berglund.

Nu sätter sig Lisa Bodén. Hon sitter tyst en lång stund oc stirrar på de förbiilande skogarna.

”Så vackert det är här”, säger hon sen.

”Javars, inte så pjåkigt”, svarar Hugo Berglund slängigt, so om han ägde Kolmården.

Nu njuter de under tystnad av Bråvikens åsyn.

”Det vore gott med en bit mat”, säger sedan Hugo Berglund

”Jag har mat i shoppingväskan”, svarar då Lisa Bodén.

Nu stannar bussen utanför en diversehandel. Hugo Berglun stiger av och går in och köper ett spritkök, en kastrull, tv papperstallrikar, två pappersmuggar, två plastgafflar, två plas knivar, en konservöppnare, en pilsner och en sockerdricka.

Nu sitter Hugo Berglund och Lisa Bodén vid en stubbe vi vägkanten och äter köttbullar och potatissallad.

”Berglund”, säger Hugo Berglund och tar i hand.

”Bodén”, säger Lisa Bodén och tar också i hand.

”Jag har knappt några pengar”, fortsätter Hugo Berglund.

”Inte jag heller”, svarar Lisa Bodén.

”Då får vi hitta på någe”, avslutar Hugo Berglund samtalet.

Nu lämnar Hugo Berglund riksettan en stund och far in Norrköping. Han stannar vid en busshållplats i stadens centrun Han går av och tittar på tidtabellen för den lokala busslinje so fraktar personer från stadens norra delar till stadens södra del och vice versa. Han ser att han har anlänt just mittemellan a gångstiderna för den reguljära buss som just har gått och de reguljära buss som strax ska komma.

Nu tecknar Hugo Berglund åt de väntande passagerarna vi

hållplatsen att stiga på. Han tar upp avgift och lämnar ut biljetter som han skrynklar ihop lite så att ingen ska gripas av begär att läsa vad det står på dem. Så kör han ut mot södra Norrköping med hållplatserna som riktmärken. Väl framme vid ändhållplatsen vänder han och fraktar nya trafikanter norröver. Det bär sedan söderöver igen, och därpå norröver, och så vidare. Hugo Berglund håller strikt sin tidtabell och råkar aldrig i nära samröre med någon av stadens bussar. Klockan har nu blivit halv sex, och det är mycket folk som ska hem från sitt arbete. Hugo Berglund tjänar rätt bra med kosing, tänker Hugo Berglund.

Nu stannar bussen i centrum.

Nu kommer en trafikinspektör fram mot Hugo Berglunds buss med ett frågande och lätt irriterat uttryck i ansiktet.

Nu trycker Hugo Berglund gasen i botten och beger sig ut på riksettan mot Linköping.

⋆

”Det blev rätt bra med kosing”, säger Hugo Berglund.

”Men vi måste spara och snåla”, svarar Lisa Bodén.

Nu sover Hugo Berglund och Lisa Bodén i bussen på en parkeringsplats mellan Linköping och Mjölby. Hugo Berglund sover frami, och Lisa Bodén sover baki. Mitt i bussen har Hugo Berglund spänt upp en bit presenning som låg i bagageutrymmet.

Nu är det en ny dag. Lisa Bodén köper billiga konserver som hon lagar på spritköket i solsken och fågelsång. Hugo Berglund späder på mat- och bensinkassan med att i förbifarten inkräkta på de reguljära busslinjerna här och där och frakta passagerare från den norra delen av städer och orter som passeras och till den södra. På så sätt förloras knappast någon restid. Hugo Berglund och Lisa Bodén längtar söderut.

Nu är det midsommarafton i Markaryd. Där händer det sig så att Lisa Bodén och Hugo Berglund blir du med varandra.

Nu funderar Hugo på någonting medan de rullar mot Hälsingborg.

”Vad sitter du och funderar på, Hugo?” säger Lisa.

”Jag har inget pass, Lisa”, svarar Hugo.

”Jag för min del har mitt pass i handväskan”, genmäler Lisa, ”för jag skulle åka på sällskapsresa till Mallorca egentligen”.

”Sällskapsresa”, tänker Hugo.

Det är nu som Hugo får sin stora idé.

Nu får Lisa öva sig att köra bussen en stund. Lisa är läraktig och har körkort, eftersom hennes frånskilde man alltid var full på kvällarna när de var ute tillsammans.

Nu passeras tullen vid Hälsingborgsfärjan. På förarsätet i bussen sitter Lisa och kör. I bagageutrymmet ligger Hugo utan pass.

Nu angör färjan Helsingör.

"Håll till höger", ropar Hugo dovt ur bagageutrymmet.

Nu håller Lisa till höger.

Nu kryper Hugo fram och övertar ratten.

Nu kör han genom Köpenhamn och ut till Kastrup. Där stiger Lisa och Hugo av. Hugo får inte komma in i transithallen, utan han ställer sig vid räcket till transithallen och ropar så högt han kan:

"Sällskapsresa med buss till Paris! Plats finnes!"

Ett hundratal utmärglade personer rusar fram. I sju dagar och sju nätter har de väntat på ett chartrat plan och en reseledare som lever loppan i Nyhavn.

"Ta oss med! Ta oss med!" ropar de förtvivlat.

Hugo och Lisa antecknar namnen på de tjugosju av resenärerna som uppger sig ha mest valuta med sig.

"All befintlig valuta ska lämnas till reseledningen", förklarar Hugo. "Vi svarar för att ni får det bra och lusteligt."

Glada lämnar de tjugosju utvalda sin valuta till Hugo och Lisa.

"Har du varit bussvärdinna tidigare, Lisa?" undrar Hugo.

"Nej, Hugo, men det ger sig väl", svarar Lisa.

"Jag har läst engelska på ABF i två terminer", skryter Hugo.

"Det har inte jag", suckar Lisa. "Men jag har genomgått en aftonkurs i porslinsmålning."

"Det kommer väl till pass", menar Hugo spydigt.

*

Nu ska ni få se på Hugos och Lisas passagerarlista:

Karl-Axel Persson, 69, f.d. posttjänsteman;

Ragnar Ström, 19 studerande;

Eva Lundkvist, 17, hans älskade;

Elna Johansson, 55, änkefru:

Svea Johansson, 53, änkefru;

Gertrud Johansson, 76, änkefru;

Ragnar Ollin, 43, lektor, ledare för egen feriekurs i franska;
Tio gymnasister av båda könen, lektor Ollins elever;
Artur Wingblad, 50, konditor;
Gittan Wingblad, 47, hans hustru;
Erik Nilsson, 28, skämttecknare;
Asta Gramén, 47, hans älskarinna;
P. O. Agnell, 33, expert på sötvattensfiskar i Kvitt eller dubbelt, egentligen svarvare;
Snöret Bengtsson, 18, mobilt utebud vid Statistiska Centralbyrån;
Anna-Lena Fridell, 17, barnkärt hembiträde;
Axel Bretting, 39, folkskollärare;
Anna Bretting, 39, småskollärarinna, hans maka;
Niklas Jonsson, 42, murarbas;
Märta Jonsson, 40, hans maka.

*

Nu vänder bussen näsan söderut med sin dyrbara last av svenska medborgare. Passagen av dansktyska gränsen utnyttjar Hugo till ett nytt besök i bagageutrymmet, som nu är ytterligt trångt.

”Fröken Bodén kör som en hel karl”, säger fru Märta Jonsson.

”Kvinnor ska inte köra buss”, genmäler f. posttjänstemannen Karl-Axel Persson.

Därmed är samtalet i full gång.

”Jag ritar skämtteckningar i Levande Livet”, berättar skämttecknare Erik Nilsson.

”Erik är konstnär”, förtydligar Erik Nilssons älskarinna Asta Gramén.

”Vi har det trevligt tillsammans”, säger de tre änkefruarna Johansson. ”Det började med att Elna satte in en annons under ’Bekantskap önskas’ om att hon var änkefru och gärna ville träffa likasinnade änkefruar som också heter Johansson. Och nu trivs vi så bra med att kunna påminna varandra om hur bra Johansson var medan han var i livet.”

”Jag älskar dej”, säger studeranden Ragnar Ström.

”Jag älskar dej också”, säger Ragnar Ströms älskade Eva Lundkvist.

”Man ska inte peta sej i näsan”, förmanar det barnkära hem-

*Nu vänder bussen näsan söderut.*

biträdet Anna-Lena Fridell det mobila utebudet Snöret Bengtsson.

"I de här trakterna finns mycket tysk mört", upplyser svarvare P. O. Agnell.

"Un bon vin blanc", säger lektor Ragnar Ollin.

"Öng bong väng blang", svarar hans tio elever i korus.

På detta trivsamma vis förflyter resan till Hamburg.

*

Nu gör sig hela sällskapet en glad natt i Hamburg under ledning av Lisa och Hugo, som har hand om pengarna.

Och nu är pengarna slut.

"Ska vi fortsätta utan pengar", frågar den morgonsömnige men helnyktre Hugo Berglund och stiger in i bussen.

"Det är klart vi ska fortsätta utan pengar", svarar genast skämttecknare Erik Nilsson, som inte får ha älskarinnor på inackorderingsrummet hemma, och stiger in i bussen.

"Det skulle allt fan vara så dum så man fortsätter utan pengar", ryter f. posttjänstemannen Karl-Axel Persson och stiger in i bussen.

Nu går bussen mot Paris.

Nu är de framme i Amsterdam med magen full av hunger. Hugo Berglund stannar framför ett medelgott hotell, och alla stiger in i matsalen.

"Very simpel dinner for tventy-najn", säger Hugo Berglund, som lärt sig på ABF att stava engelska som det låter, och därefter uttala det som det stavas.

De äter varsin holländsk köttbulle som är stor som en knuten näve och starkt kryddad.

"Un bon vin blanc", säger lektor Ragnar Ollin.

"Öng bång väng blang", ekar hans tio elever.

Hugo Berglund försöker avstyra denna franska talövning. Det goda vita vinet står redan på bordet.

Nu reser sig alla.

"No manny", säger Hugo Berglund till hovmästaren. "Vi vill diska thö dishes in thö kitchin."

Hovmästaren räknar snabbt med hjälp av reguladetri. Om 1 person ska diska och städa i 4 timmar för att betala 1 holländsk köttbulle och 1 portion gott vitt vin, frågar han sig själv, hur många timmar ska då 29 personer diska och städa för att betala 29 holländska köttbullar och 29 portioner gott vitt vin? Han får det till 4 timmar.

Nu diskar Lisa Bodén och de tre änkefruarna Johansson. F. posttjänstemannen Karl-Axel Persson och svarvare P. O. Agnell torkar disken. Skämttecknare Erik Nilsson och hans älskarinna Asta Gramén bäddar sängar. Lektor Ragnar Ollin och hans tio elever böjer franska verb till den fasta rytmen av elva golvsvabbar. Studeranden Ragnar Ström och hans älskade Eva Lundkvist provligger de bäddade sängarna. Kort sagt, en rationell arbetsfördelning gör att arbetet går som en dans på tulipaner, som talesättet lyder i Holland.

*

Nu fortsätter resan. Alla är så glada som man bara kan vara efter ett väl förrättat värv. Under ledning av bussvärdinnan Lisa Bodén sjunger församlingen "Här är unga käcka viljor, kläm och raska tag" till Sune Waldimirs pampiga melodi.

"Jag är jävlar i mej hungrig igen", menar så murarbasen Niklas Jonsson.

"Men Niklas då", protesterar hans maka Märta.

"Ingen mer städning i dag för min del", påpekar Ragnar Ströms älskade Eva Lundkvist, som f.n. är trött på att provligga sängar som bäddats av skämttecknare Erik Nilsson och hans älskarinna Asta Gramén.

"Jag har förmågan att tala med insjöfiskar", upplyser svarvare P. O. Agnell, expert på sötvattensfiskar i Kvitt eller dubbelt.

Nu kör Hugo Berglund fram bussen till en vackert belägen nordfransk insjö.

"Prata nu då", säger Hugo Berglund till svarvare P. O. Agnell. "Säg till dom att dom kommer hit."

Nu lägger sig svarvare P. O. Agnell framstupa på stranden och talar på fiskarnas språk.

"Kom hit, små fiskar", säger han på detta löjligt gutturala tungomål. "Kom hit så får vi talas vid om ditt och datt."

Nu kommer en mängd pratsjuka gäddor och braxen och en och annan talträngd röding simmande. Hugo Berglund drar upp dem med en håv som han tillverkat av en bit av bagagehyllan i bussen.

"Kom upp på land, små fiskar", säger Hugo Berglund, "så hör

man bättre vad ni säger."

Men fiskarna talar inte med sådana som Hugo Berglund.

Nu kokar Lisa Bodén fiskarna på spritköket. Alla äter fisk av hjärtans lust.

"Fisk är det värsta jag vet", muttrar f. posttjänstemannen Karl-Axel Persson och äter fisk av hjärtans lust.

*

Nu kör bussen äntligen in i Paris och fram till stranden utav floden Seine. Klockan är tio på kvällen. Vid Seines strand ligger en illuminerad pråm som är omgjord till nattklubb. Hugo Berglund går ombord och frågar nattklubbsägaren:

"Kän vi få övernajta on this shipp if vi sing for thö publik? Vi are Swidish pipel."

Ägaren nickar oui när han hör Swidish. Alla går ombord. Ägaren klappar i händerna och annonserar på franska att nu kommer Ingmar Bergman-kören att sjunga. Fransmännen applåderar frenetiskt.

Nu sjunger resenärerna under konditor Artur Wingblads ledning "Vi går över daggstänkta berg", "Vildandens sång" och "Swing it magistern".

Nu applåderar fransmännen artigt.

Nu stänger nattklubben. Svenskarna somnar i varsitt chambre séparée, med två undantag: i studeranden Ragnar Ströms chambre séparée sover inte Ragnar Ström, och i hans älskade Eva Lundkvists chambre séparée sover Ragnar Ström.

*

Nu är det morgon i Paris. Hungern hungrar åter i resenärernas magar.

Nu går f. posttjänstemannen Karl-Axel Persson en rond genom hallarna i Paris. Han pekar på en stor salamikorv och säger på svenska:

"Jag vill ha denna korv gratis."

Ståndgumman hakar ner korven, räcker den till honom och håller fram penninghanden på fransmäns vis.

Nu går f. posttjänstemannen Karl-Axel Persson snabbt därifrån med gratis korv och gott samvete.

Nu står folkskollärare Axel Bretting och hans maka Anna vid Eiffeltornet och sjunger morgonpsalmer. På marken ligger folkskollärare Axel Brettings hatt. I hatten ligger några francs till en beta bröd.

Nu beställer änkefruarna Johansson var sin Dubonnet på Duponts gatuservering vid Boulevard St. Michel.

Nu dricker de ur.

Nu går kyparen in i baren.

Nu rusar änkefruarna Johansson därifrån.

Nu äter skämttecknare Erik Nilsson och hans älskarinna Asta Gramén en utsökt lunch.

Nu betalar skämttecknare Erik Nilsson lunchen med en resecheck som han tjyvhållit på.

Nu står mobila utebudet Snöret Bengtsson vid den okände soldatens grav med en teckningslista för bidrag till den okände soldatens anhöriga. Innan han går på restaurang söker han för formens skull en stund efter den okände soldatens anhöriga, utan att finna dem.

Nu skriver lektor Ragnar Ollin och hans tio gymnasister in sig i Främlingslegionen. De erhåller sin inträdeslön och skriver därpå i sitt stilla sinne ut sig ur Främlingslegionen, myndigheterna ovetande.

Nu fraktar Hugo Berglund och Lisa Bodén turister i bussen till Père Lachaise-kyrkogården. Den är stängd på grund av dödsfall. Turisterna fraktas tillbaka igen, mot ny avgift.

Nu lyfter murarbas Niklas Jonsson franska småbilar på rak arm inför en intresserad folksamling. Hans maka Märta Jonsson dansar omkring barfota med en kollektbössa som hon lånat vid ett besök i Notre Dame.

Nu samlas sällskapet i god stämning på franska KFUM:s möteslokal. Hugo Berglund håller ett litet tal.

”Mina damer och herrar”, talar Hugo Berglund. ”I varje människas liv kommer förr eller senare en period då allting lyckas för henne, det är min enkla tro. Nu känner jag på mig inombords att denna period just har inträtt i min, en enkel bussförares, tidigare trista och enformiga tillvaro. Under min ledning har ni alla haft jädrans kul tillsammans och trots frånvaron av kontanta medel lyckats behålla livhanken och mer till.

Men ännu, mina vänner”, fortsätter Hugo Berglund, ”ännu finns det dolda reserver kvar i denna min levnads ljuveliga blomstringstid. En inre röst kallar mig, och alla er andra, till Medelhavets underbara stränder, närmare bestämt Monte Carlo!"

Nu jublar församlingen och kastar upp hattar i luften.

"Vad i helvete ska man i Monte Carlo att göra", muttrar f. posttjänstemannen Karl-Axel Persson och kastar upp hatten i luften.

*

Nu lämnar den glammande skaran Paris i buss numro 144.

Nu trycker studeranden Ragnar Ström en kyss på sin älskade Eva Lundkvists läppar mellan Paris och Monte Carlo.

"Här är dyrt att finna härbärge", klagar småskollärarinnan Anna Bretting.

"Lugn bara", genmäler Hugo Berglund. "Låt oss gemensamt lära oss den stilla valsen 'True love'."

Nu övar de på den. Hugo Berglund kör upp framför furst Rainiers och furstinnan Grace's furstliga slott.

"In witch rum is Grace Kelly", spörjer Hugo Berglund en galonerad filur vid grinden. Galonerade filuren pekar på ett särskilt fint fönster i slottet.

Nu sjunger resenärerna "True love" framför furstinnans fönster.

Nu öppnar furstinnan och lyssnar och ler.

"Vi are häppi to sing for you lajk Bing Krossby", talar nu Hugo Berglund. "But vi häv no rums. Häv you tventy-najn rums for Swidish pipel in jår very bigg haus, leidy?"

Nu skulle man tro att furstinnan Grace skulle ha visat församlingen på porten. Men Hugo Berglunds levnads blomstringstid håller i sig. Furstinnan Grace känner i sitt hjärta att här är en man som lyckans gudinna för närvarande ler emot. Sålunda ler även furstinnan Grace och säger:

"Jäss of kårs."

Nu flyttar sällskapet in i slottets högra flygel.

"Jag kan inte med sängar med himmel över", muttrar f. posttjänstemannen Karl-Axel Persson och sträcker ut sig på dunbolstrarna.

Nu lyssnar alla åter till Hugo Berglunds ord.

"Vi måste skrapa ihop så mycket franska pengar vi kan", säger Hugo Berglund. "Ta fram alla svenska småpengar ni har liggande i fickor och väskor, och en och annan tia har ni väl alltid hängande och slängande i nån vrå av kostymen."

Nu gör de upp en plan.

*

Nu säljer änkefruarna Johansson svenska ettöringar som souvenirer för tio francs (11 sv. kr.).

Nu står lektor Ragnar Ollin och kastar svenska kopparmynt i dammen med vattenkonsten utanför kasinot.

"Jag önskar att jag hade någon att älska", ropar lektor Ragnar Ollin på klingande franska.

Nu rusar de fem blondaste och vackraste flickorna bland hans elever fram, omfamnar honom och ropar, likaledes på franska:

"Älskade Ragnar! Ragnar, jag älskar dig så!"

Nu har detta trolleri en gynnsam effekt på de många medelålders herrar som är på väg in i kasinot. De går fram och kastar en hel mängd franska pengar i dammen och säger, fast tystare, vad lektor Ragnar Ollin nyss sagt. Inga flickor kommer, men herrarna tänker att det tar kanske en stund och går glada därifrån.

Nu är klockan fyra på natten. Lektor Ragnar Ollin och hans tio gymnasister smyger fram till dammen i badbyxor och baddräkter, dyker ner och vittjar dammen på dess dyrbara innehåll.

Nu sitter skämttecknare Erik Nilsson vid ett bord på trottoaren med några svenska tior framför sig. Hans älskarinna Asta Gramén, som kan en del franska från tidigare älskare, ropar:

"Ni som vill bli drottning av Sverige, kom hit!"

Ett stort antal damer från adliga hus i Europas alla hörn lystrar till detta rop. De trängs duktigt framför skämttecknare Erik Nilsson.

Nu kallar skämttecknare Erik Nilsson fram en dam i taget och ritar en skämtteckning av henne i den lediga ovalen på tian som ej är upptagen av Sveriges Konung. På så sätt sitter Sveriges Konung och tittar vänligt på damens karikatyr, och damens karikatyr tittar tillbaka så kärleksfullt som vore hon Sveriges Drottning. För varje tia utkräver skämttecknare Erik Nilsson 500 francs (ca 530 sv. kr).

Hugo Berglund och Lisa Bodén forslar i bussen ut självmordskandidater till en brant klippa mot ersättning i form av guldur, cigarettändare av platina och tomma plånböcker av krokodilskinn.

★

Nu har sällskapet på dessa och många andra sätt fått ihop en försvarlig summa franska francs som lämnas till Hugo Berglund.

”Vi är 29 stycken”, säger Hugo Berglund. ”Vi är lyckliga. Alltså är 29 ett lyckotal. Kom, Lisa!”

Nu tar Hugo Lisa vid handen och går in i kasinot med alla pengarna i en säck. Han växlar in hela summan mot spelmarker. De går fram till ett av borden. Kulan snurrar.

”Faîtes vos jeux, mesdames et messieurs”, ropar croupieren.

Nu sätter Hugo Berglund alla pengarna på nummer 29.

”Rien ne va plus”, ropar croupieren.

Nu trycker Hugo Berglund hårt Lisa Bodéns hand.

Nu stannar kulan på nummer 29.

Nu lämnar croupieren till Hugo Berglund alla spelmarker och sedlar och andra pengar han har, meddelar glatt att banken är sprängd och går ut för att ta sig ett bad i det blå Medelhavet under denna sin oförutsedda ledighet.

Nu är det fattiga sällskapet rikt som 29 troll. På stadens flottaste hotell intages rysk kaviar, äkta gåslever, hummer, lax, sjötunga à la Wallenberg, tournedos Rossini, tryffel i konjak V.S.O.P., smultronsoufflé i guldkarott samt champagne. Murarbas Niklas Jonsson intager 18 centiliter Absolut Rent Brännvin i plastförpackningar om vardera sex centiliter som han haft med sig hemifrån.

”Men Niklas då”, säger Niklas Jonssons maka Märta.

Det är nu som ett beslut stiger upp inom bussförare Hugo Berglund. Han talar åter och säger:

”Kära vänner! Jag är bara en enkel bussförare. Hemma väntar mig myndigheternas hämnd för försnillning av buss i reguljär trafik. En inre röst kallar mig hem. Jag är en ärlig själ, och jag kan inte längre bära denna buss numro 144 på mitt samvete.

Men, mina kära vänner”, fortsätter Hugo Berglund, ”surna icke till. Jag kommer att förse var och en av er med en furstligt tilltagen fickpeng samt första klass flygbiljetter från Nizza till Stockholm. Jag tackar er för denna magnifika upplevelse som lyckans gudinna lagt som en julklapp i mitt sköte. Med dessa enkla ord bjuder jag er farväl.”

Nu krossar Hugo Berglund sitt champagneglas i den öppna spisen bakom sin stol.

Nu snyftar änkefruarna Johansson.

Nu går Lisa Bodén fram till Hugo Berglund och ser honom i ögonen. Lisa Bodéns ögon säger till Hugo Berglunds:

"Jag far hem per buss, Hugo."

Nu ler Hugo Berglunds ögon genom tårarna.

*

Nu går bussen fort, för även en buss kan ha hemlängtan.

Nu sover Hugo Berglund och Lisa Bodén i bussen med Alperna som horisont. Hugo Berglund sover frami, och Lisa Bodén sover baki. Mitt i bussen har Hugo Berglund inte spänt upp någon bit presenning.

Nu sover Hugo Berglund och Lisa Bodén med Omberg som horisont. Lisa Bodén sover baki, och Hugo Berglund sover också baki.

Nu rullar de Huddingevägen fram. Solen skiner, och fåglarna sjunger.

"Kärleken är som en buss", säger Hugo till Lisa. "En chaufför och en bussvärdinna som färdas tillsammans i livets svåra trafikförhållanden."

"Och med gott om plats för en stor familj", slipper det ur den rodnande Lisa.

"Nu kommer jag att kastas i fängelse som en simpel busslånare", förmodar Hugo.

"Det kan väl göra detsamma", tröstar Lisa. "Lyckans gudinna har ju lett mot dig, Hugo."

"Hon ler visst fortfarande", säger Hugo sakta och ser på den leende Lisa.

*

"Hon ler visst fortfarande", säger Hugo en gång till när han stannar vid Mandelkroksvägen. För hör och häpna, folk stiger på bussen som om han aldrig hade varit borta! En kontrollör gör kamratlig honnör mot honom från florsockerrefugen.

Ty i en storstad som Stockholm är det ingen som märker om en enstaka liten buss smiter iväg ett tag på egen hand. Så underbart kan livet vara inrättat med avseende på försnillade bussar!

Och är inte Hugo Berglund och Lisa Bodén döda så lever de väl än.

# Sigurds saga

En man hette Sigurd. Starkast var han på Island. Ingen man rådde på Sigurd.

Harald hette en väldig kämpe. Harald harmades på Sigurd för hans styrkas skull.

I kämpalek möttes Harald och Sigurd. Lång blev striden i den fyrkantiga ringen.

Sigurd spräckte Haralds skalle. Ihjälslagen låg Harald, den väldige kämpen.

Sigurd prisades mycket för detta. Ingen jämlike hade Sigurd i manlig idrott.

Haralds broder Gunnar närde hat till Sigurd för sin broders död. Illa talade Gunnar om Sigurd.

Ont tal nådde Sigurd.

Sigurd trädde in över Gunnars tröskel.

”Ond tunga är mans bane”, talade Sigurd.

Sigurd dräpte Gunnar.

Ting blev hållet. Sigurd talade:

”Harald dräpte jag. Pris rönte jag därför. Gunnar dräpte jag. Tvåfalt månde jag nu prisas.”

”Pris röner icke dråpare i fri mans hem”, talade lagmannen.

Sigurd fjättrades för Gunnars död.

Intet förstod Sigurd härav. Pris röner Haralds baneman, vanära Gunnars. Fjättrad blir kämpe för dråp, om ej i fyrkantig ring.

Sigurd riste sina fjättrar och kvad:

> ”Vrång är världen,
> rutten rätten.
> Pris får mandråp,
> mandråp straff.
> Harald drap jag,
> Gunnar även.
> Orätt gör man
> väldig kämpe.
> Lika lön för
> lika arbete,
> det är min paroll.”

*En man hette Sigurd.*

# Sagan om Romeo och Julia

”Nu ska du sova snällt, så får du en balja välling och en helstekt oxe när du slår upp öronen i morron bitti”, sa jätten Gluff-Gluff till sin adoptivson Tjocka Trollet (jättar är alldeles för stora för att få nånting så smått som barn själva).

”Men pappa, berätta en saga först!” bad Tjocka Trollet. ”Ta en människosaga, pappa!”

”Gott, jag ska berätta för dej den vackraste människosaga jag vet”, sa jätten Gluff-Gluff ömt. ”Det var en gång en pojke som hette Romeo, och han älskade en väldigt vacker flicka som hette Julia...”

”Flicka, vad är det?” sa lilla Tjocka Trollet.

”Det är som en pojke fast med långt hår och två små bullar på framsidan med mera.”

”Med mera vadå?” sa Tjocka Trollet.

”Ja det vet jag inte så noga”, svarade Gluff-Gluff, för han kunde ju inte veta allting. ”I alla fall så älskade de varandra ofantligt mycket...”

”Älska, vad är det?”

”Avbryt mej inte hela tiden”, sa Gluff-Gluff lite vresigt, för han hade tänkt berätta den här sagan riktigt fint och känslofullt. ”Det är att dom tyckte så mycket om varandra så dom kunde inte leva utan varandra.”

”Konstigt”, sa Tjocka Trollet. ”Och fånigt.”

”En kväll när det var månsken stod Romeo under Julias balkong och berättade med vackra ord för Julia att hon var det enda han brydde sej om...”

”Mat då?” sa Tjocka Trollet. ”Åt han inte? Och hallonsaft?”

”Jojo han åt, men...”

”Man ska inte prata med mat i mun”, sa Tjocka Trollet.

”Han åt inte just då, dumsnut. Han talade om månskenet i hennes hår och hur vacker och fin hon var, och till sist klättrade han upp på balkongen och kysste henne.”

”Kysste, hur gör man då?”

”Jo, man sätter ihop munnarna och så säjer det smack.”

”Det var en skojig saga”, sa Tjocka Trollet. ”Berätta mer!”

”Nu var det så att Romeos familj var fiender till Julias familj, och de båda älskande fick på inga villkor gifta sej med varandra...”

”Säjer det smack, sa du?”

”Jajaja, och därför...”

”Smack. Smack, smack. Hihihi!”

”Romeo kunde alltså inte få gifta sej med Julia, och de var förskräckligt olyckliga över att de inte kunde få varandra...”

”Få varandra, vad menar du med det?”

”Ja, gifta sej, så att de så att säga ägde varandra hela livet.”

”Ägde dom? Så dom blev liksom rika då som troll?”

”Ja, rent andligt sett, kan man säja...”

”Andligt, vad menar du med det?”

”Ja, inuti, liksom...”

”I magen?”

”Nej, i själen mera...”

”Själen sa du? Var sitter den?”

”Det vet jag inte. Håll tyst när jag berättar! Nu skickade Romeos familj bort honom för att han skulle glömma Julia, familjen tänkte väl att kärleken skulle ta slut om de inte träffade varandra. Men Romeo han längtade förfärligt mycket efter sin underbara älskade Julia...”

”Gluff-Gluff, älskar du mej?”

”Ja”, sa Gluff-Gluff rört, ”det kanske man kan säja, på jättars vis...”

”Vill du ha mej då?”

”Nja, det är inte riktigt samma sak med oss jättar och troll...”

”Haha, för jag vill inte ha dej. Du är för klumpig att ha.”

”Tyst nu”, sa Gluff-Gluff sårad. ”Och Julias familj bestämde att hon skulle gifta sej med en annan man som hon inte älskade, och det skulle ordnas fort och geschwint, innan Romeo hann komma hem igen...”

”Geschwint, vad är det?” sa Tjocka Trollet.

”Det betyder fort på stubben, det är tyska.”

”Tyska?”

”Ja, Tyskland är ett land. Människorna har delat upp jorden i länder.”

”Vafför då?”

”För att du ska få något att fråga om. Men Julia hon blev alldeles nere av att behöva gifta sej med någon annan än Romeo, så hon gick till en munk och fick en dryck som skulle göra att hon såg alldeles död ut..."

"Död, vad menar du med det?"

"Jo, förstår du Tjocka Trollet, bäst som människorna går omkring och pratar och gestikulerar så lägger dom sej ner och blir alldeles tysta och stilla, och så kallnar dom och blir stela som pinnar."

"Varför då?"

"Ja, det bara är så. Dom slutar med allting bara."

"Titta, nu ligger jag stel som en pinne, alldeles rak. Är jag död nu?"

"Nänä, Tjocka Trollet, du lever och mår."

"Som pinnar! Tsss!"

"För Julia tänkte att om alla tror jag är död så kan dom ju inte gifta bort mej med den här andre som jag inte älskar, och sen kommer Romeo och hämtar mej, och så reser vi långt långt bort och gifter oss. Och så gick hon till ett gravkor och drack den där drycken och la sej ner och såg alldeles död ut..."

"Som en pinne."

"Jaja, som en pinne. Och alla trodde hon var död och blev förfärligt ledsna och grät strida tårar..."

"Vadå sa du?"

"Grät strida tårar. Det rann vatten ur ögonen på dom."

"Vafför då? Hade dom druckit för mycket?"

"Nänä, när människor är ledsna så rinner det saltvatten ur deras ögon."

"Som regn?"

"Jaja, som regn."

"Regn är väl inte salt!"

"Nänä. Men så kom då Romeo tillbaka och såg sin älskade Julia ligga där död och stel..."

"Som en pinne va?"

"Jaja, och då trodde Romeo förstås att hon var riktigt död, och då tyckte inte han det var någon idé att leva längre han heller, så han dricker ett dödligt gift och dör..."

"Som en annan pinne."

"Jaja, tyst nu, Tjocka Trollet. Men då vaknar Julia ur sin djupa sömn och ser att Romeo är död, och då tar hon en dolk och sticker ihjäl sig själv med den, och där ligger de båda älskande sida vid sida, förenade i döden, eftersom de icke kunde förenas i livet."

Jätten Gluff-Gluff slutade, själv riktigt rörd av sin sentimentala berättelse.

”Då regnar det väl rätt bra med saltvatten nu då, när det är två pinnar”, sa Tjocka Trollet.

”Nu ska du vara tyst och sova”, sa Gluff-Gluff strängt.

”Tänk att det säjer smack. Det är roliga sagor du berättar”, sa Tjocka Trollet, tog svansen mellan händerna och slöt öronen. ”En pinne med bullar på framsidan som säjer smack. Hihi.”

Snart sov han som ett troll och drömde om hemska människor.

# Sagan om flygeln som inte ville bli sönderslagen

Det var en gång en ovanligt fin Steinway-flygel som lät så vackert att folk rördes till tårar när han spelades på. Och var gång "Avskedsvalsen" av Chopin klingade ut genom hans öppna lock blev han till och med själv så tagen att det pirrade ända ner i pedalerna på honom.

Nu ryktades det på stan att konsertföreningen skulle få besök av en japansk pianist som var utomordentligt modernistisk och gjorde varje konsert till en s.k. happening. Bland flyglar och pianon glunkades det oroligt om hur han brukade såga sönder benen på de flyglar han fick till sitt förfogande och ha isär dem till oigenkännlighet. Det hade till och med gått så långt att Flyglarnas Intresseförening hade instiftat en pensionskassa för förtidspensionering av invalidiserade instrument.

Nu beslöt orkesterföreningen att den här japanen skulle få spela på vår vän Steinway-flygeln, för får man så långväga gäster så måste man ju ge dem något riktigt fint att såga sönder.

"Stackars du", sa Steinway-flygelns kamrater, "nu väntar dig ett öde värre än döden. Stackars du!"

Men Steinway-flygeln var inte skrajsen av sig.

"Vänta ni", mullrade han i basen. "Den här nidingen till japan ska nog få se på annat!"

*

När konserten skulle gå av stapeln infann sig ett stort antal högtidsklädda musikälskare för att bevittna sönderságningen. Japanen hälsades av ovationsartade applåder när han gjorde entré med sin lilla kärra med fogsvansar, hackor, spett och släggor.

Japanen satte sig vid vår vän flygeln och lade ned fingrarna lite här och där på klaviaturen.

"Bättre förekomma än förekommas", tänkte flygeln och slog igen locket över händerna på japanen.

"Aj", skrek japanen till, fast bakfram, som de gör i Japan.

Salongen höll häpet andan.

Japanen reste sig och skulle iväg till sin såg. Men flygeln hade passat på att lirka in ena pedalen i hans byxben, så han föll pladask på magen.

Nu utbröt jubel i salongen.

"Heja Steinway", ropades det och skreks.

Den rasande japanen rusade till sin kärra och tog fram storsläggan. Så måttade han ett ofantligt modernistiskt slag mot flygelns innanmäte.

Steinway-flygeln avvaktade lugnt och dödsföraktande ända tills japanens huvud och överkropp följde med släggan in mot strängarna i den förödande tilldrämningen. I rätta ögonblicket fällde flygeln med en smäll sitt stora lock över sin motståndare, som därmed satt hjälplöst fastklämd med benen dinglande i vädret.

Publiken applåderade vilt, och Steinway-flygeln var dagens hjälte.

*

Nu skulle man ju ha trott att den japanske pianisten skulle ge sig av hem, men icke. Han ropade efter hämnd och krävde genom Musikerförbundet att få gå en ny match mot flygeln veckan därpå.

Nu utbröt en febril aktivitet i musikvärlden. Förenade Musikinstrumentfederationen höll extra sammanträde, och man beslöt att etablera generalstrejk om inte den japanske pianisten omedelbart sändes hem. Till och med avd. 36, bongotrummor och elgitarrer, beslöt att sympatistrejka, fast de egentligen inte hade mycket till övers för konsertflyglar, som ansågs lite fisförnäma.

Strejken skulle påbörjas samma kväll vid en avant garde-konsert som ingick i veckans festspel med Ny Musik.

"Det ska bli skönt att äntligen få säja ifrån", tonade ordföranden i cellosektionen. "I den här konserten ska jag låta som ett sandpapper, och det ligger inte naturligt till för mej". Han skalv till i resonansbotten vid blotta tanken.

"Än jag då", sa en ventiltrumpet, "mej försöker dom få till lunchsirén i andra satsen! Nä, fram för Brahms och Beethoven, det är min musik!"

Det här låter kanske i era öron som ett väldigt reaktionärt resonemang, men då måste ni å andra sidan betänka att även musikinstrument har en normal självbevarelsedrift, precis som vi människor.

Nå, konserten skulle gå av stapeln. Dirigenten slog igång orkes-

*Steinway-flygeln avvaktade lugnt och dödsföraktande.*

tern, men inte ett ljud kom. Publiken tänkte att det här är kanske så ovanligt modernt så det börjar med fyra takters paus. Men fiolisterna filade som besatta, träblåsarna träblåste så kinderna stod som blåsbälgar, och trumslagarn trumlade nästan ihjäl sig – inte ett ljud slapp ut ur den generalstrejkande instrumentuppsättningen. Först när dirigenten gav upp, kastade taktpinnen och gick därifrån uppstämde instrumenten samfällt Internationalen i C-dur.

*

Efter denna skandal hade myndigheterna inget annat val än att anmoda den japanske pianisten att lämna landet. Han for i vredesmod hem till Japan och slog där sönder ytterligare ett stort antal flyglar. Men i Japan är ju flyglarna mycket billigare och gjorda av bakelit, som ni vet.

# En kärlekssaga

Nu ska jag berätta för er sagan om en ung flicka som helst vill vara anonym. Det började med att hon kände sig förfärligt ensam och så oändligt gärna ville bli älskad av någon. I sitt bryderi skrev hon ett brev till en snäll tant som hade en personlig rådgivningsspalt i en ansedd veckotidning. Och nu får den snälla tantens brev, som trycktes av i tidningen, själva berätta den här sagan.

*Mars 1959*

Kära ”Förfärligt ensam”! Jag förstår så väl er situation, och jag känner varmt med er i er svåra belägenhet. Det enda jag kan trösta er med är att oändligt många andra 17-åriga flickor har det lika svårt som ni. Ni skriver att ni själv tycker att ni ser ganska trevlig ut, och av ert brev att döma verkar ni vara en rar flicka. Men det är väl ofta så att kontaktproblemen i er ålder bottnar i osäkerhet från båda kontrahenternas sida. Försök att komma ur det uppskruvade tillstånd ni nu befinner er i! Skogspromenader och gymnastik brukar hjälpa. Om ni i sådana okonstlade sammanhang umgås med jämnåriga kamrater ska ni se att era problem får rimligare proportioner. Och eftersom ni tycker om att dansa och själv säger att ni dansar ganska bra så ska ni se att det till sist ordnar upp sig, så ni slipper vara ”panelhöna” när sista dansen kommer. Förresten är det inte så ”hopplöst” som ni säger att aldrig bli följd hem; goda böcker och en stund vid grammofonen kan säkert kompensera den saken, om ni riktigt försöker. Lycka till!

*Juni 1959*

Kära ”Tidigare förfärligt ensam”! Det var snällt av er att skriva till mig igen och tala om att ni nu träffat en pojke som ni tycker om och som av allt att döma också tycker om er! Ni skriver att ni är osäker på om hans känslor är äkta eller om det bara är att han ”vill”, som ni uttrycker saken. Ni tycker att han är för het på gröten och blir ”sur” när ni säger ifrån, och ni undrar om ni kanske är alltför försiktig. Kära ni, man kan aldrig vara alltför försiktig! Men å andra sidan måste ju ens känslor få ett sådant spelrum att bekantskapen får en grogrund att blomma i, så att den kan utvecklas till verklig kärlek. Ingen annan än ni själv kan bestämma hur ni ska göra i ett sådant fall, men ni måste förstås tänka på att om han nu som ni säger inte har några möjligheter att försörja en familj inom en rimlig framtid så måste ni ta med det i beräkningen. Det enda råd jag kan ge är att ni prövar era känslor för varandra en tid, lär känna varandra riktigt ordentligt och öppet talar med varandra om dessa problem. Är hans känslor för er av ädel halt så stannar han nog kvar hos er även om ni "håller på er", ska ni se. Lycka till!

*Augusti 1959*

Kära "Vet varken ut eller in"! Ni byter signatur från brev till brev, så det är tur att ni talar om för mig att det är ni som är min gamla vän "Tidigare förfärligt ensam"! I ert nuvarande svåra bryderi ska ni förresten tänka på att er första signatur var "Förfärligt ensam" – och *det* är ni ju ändå inte nu längre! Tvärtom har ni ju träffat den här pojken som tycker så mycket om er att han nu säger att han inte kan vänta längre. Snälla ni, tänk både en och två gånger innan ni gör något som ni kanske kommer att ångra senare i livet! Jag är inte den som vill framstå som någon "moraltant", det vet ni, jag vill att människor ska vara lyckliga i sitt intima samliv. Det är därför jag ägnar mitt liv åt att ge råd till människor som har det svårt. Men till er säger jag ändå: tänk både en och två gånger! Ni säger att det nu känns "rätt" för er båda två att er kärlek får sin "naturliga utlösning". Om det verkligen är så, och om ni verkligen grundligt tänkt igenom konsekvenserna av en sådan handling, så kan jag bara ge er det råd som ni ber om: skaffa er ett pessar! Ni kan enklast vända er till Riksförbundet för Sexuell Upplysning på er ort, eller till er egen läkare. På RFSU kan ni också få alla de upplysningar ni vill ha i sammanhanget. Lycka till!

*Oktober 1959*

Kära "Försmådd"! Det smärtar mig mycket att höra att er kärlek, som ni trodde oändligt varaktig, brunnit ut och blivit till aska. Ni är rädd att ni inte var till lags åt er pojkvän den första – och tydligen enda – natten. Då kan jag berätta för er att det mycket ofta är tvärtom: den manlige kontrahenten är generad över sitt eget beteende i intima sammanhang, och det kan mycket väl vara därför er pojkvän dragit sig ur leken. Så det ska ni inte vara ledsen för, upp med hakan bara! Som jag sade till er flera gånger i mitt förra brev är det klokt att tänka sig för både en och två gånger innan man gör något som man kanske kommer att ångra längre fram i livet. Nu står ni i just den belägenheten som jag då varnade er för – men situationen är väl ändå inte så hopplös som ni utmålar den? Ni är 18 år, ser ganska bra ut och har ju livet framför er! Ni fann inte den rätte första gången – men hur många gör det, om ni tänker efter? Och visst förstår jag att det känns både snöpligt och skamligt för er att ha givit er åt en ovärdig man, men ni kan också tänka så att ni är ju ändå en erfarenhet rikare – en erfarenhet som kanske kan komma er väl till pass längre fram i livet. Det kan väl också finnas något positivt i att ha blivit mera mogen? Tänk på det när ni känner hopplösheten komma över er! Lycka till!

*April 1960*

Kära ”Nytt liv”! Jag kan inte säga hur glad jag är att min kära vän från i fjol skriver till mig igen under en så livsbejakande signatur! Vad betyder de problem ni berättar om i jämförelse med det vidunderliga att ni fått kärleken åter! För om det nu är så att den man ni träffat på kvällskurserna i porslinsmålning verkligen älskar er, så tror jag inte att era farhågor kan vara så berättigade som ni tror. Det är visserligen sant att män som har en djupt kristen livsåskådning inte anser att flickor bör ha haft intimt umgänge före giftermålet, men å andra sidan är ju en av hörnstenarna i den kristna etiken just förlåtelsen. Om ni öppet talar om för honom hur det förhöll sig i fjol och hur det hela gick till, så ska ni se att det ordnar upp sig. Det är väl för övrigt den enda väg ni kan gå om ni verkligen älskar honom och vill gifta er med honom. Ni måste tro på hans kärlek lika mycket som på er egen! Lycka till!

*Maj 1960*

Kära ”Nytt liv – för evigt?” Ser ni då hur rätt jag hade när jag rådde er att tala öppet med er kristne vän! Han förlät er! Att han sedan samtidigt avkrävde er ett löfte att under resten av ert liv inte älska någon annan än honom, varför skulle det nödvändigtvis behöva vara ett så stort problem som ni gör det till? Kan man inte lika gärna se saken så att just detta krav på ett sådant löfte är det slutgiltiga beviset på att ni här har att göra med en kärlek som varar livet ut? Inte alla människor har lyckan att någonsin i livet möta en sådan kärlek, och min mening är att ni skulle göra dumt i att inte anamma den, särskilt som ni säger att ni själv älskar honom mer än allt annat på jorden. Om ni innerst inne hyser några farhågor för att era ömsesidiga känslor skulle "ta slut", måste ni naturligtvis tänka både en och två gånger innan ni gifter er med honom, som han så gärna vill, men om ni verkligen älskar honom, så tveka inte! Lycka till!

*Juni 1961*

Kära "Lycklig men rådvill"! Tack för att ni skriver så utförligt om ert giftermål och ert lyckliga hem! Det är sådana brev som gör att mitt rådgivningsarbete känns som ett kall som verkligen har en innebörd. Jag är lycklig med er!

Beträffande ert problem är det så att det mest praktiska är plastblöjor, det finns t.ex. av märket OLU, nummer 1 eller 2 till att börja med. Lycka till!

*September 1962*

Kära "Mycket trött"! Ert brev har gjort mig djupt upprörd. Har man som ni fått två barn på två år är det omänskligt av er man att begära av er att ta risken för ännu ett barn redan nu. Även om hans kristna tro förbjuder att preventivmedel används i det äktenskapliga umgänget, bör ni här ovillkorligen hålla på kvinnans rätt att säga ifrån. Ni har ju själv inte samma principiella uppfattning som han i detta sammanhang, och då bör ni framhålla för honom att ingen livsåskådning kan ta ifrån en annan människa rätten att bestämma över sin egen kropp och dess funktioner. Lika väl som ett uttryck för hans trosuppfattning skulle detta beteende kunna tolkas som ett utslag av motbjudande manlig egoism! Ni bör insistera på att skaffa er ett pessar! Lycka till!

*Oktober 1962*

Kära ”Förtvivlad”! En örfil, ehuru utdelad i stundens ingivelse, parad med er mans envisa vägran att låta er använda pessar, kan väl i och för sig vara en giltig anledning till skilsmässa. Ni bör dock tänka er för både en och två gånger innan ni tar ett sådant steg. Ni tänker så mycket på hur barnen ska få det, säger ni, och även om ni inte delar er mans åsikter om i vilken anda barnen ska uppfostras så måste ni tänka på att ett hem är i alla fall ett hem. Men om det nu är så att ni absolut inte orkar med flera barn på ett bra tag så är väl enda utvägen att ni vänder er till en advokat. Lycka till!

*November 1963*

Kära ”Fruktansvärt ensam”! Det smärtar mig djupt att läsa ert brev. Ni skriver att ni absolut måste tala ut med någon. Det gläder mig mycket att ni skriver till mig.

Ni säger att ni vantrivs med ert förvärvsarbete, att ni inte har några riktiga vänner och att era båda barn egentligen trivs bäst i sällskap med sin mormor och morfar, där de vistas om dagarna. Kära ni, då ska ni tänka på att för ett barn är en mor ändå alltid en mor!

Men det värsta, skriver ni, är det löfte ni gav er f.d. man innan ni gifte er, löftet att aldrig i fortsättningen älska någon annan än honom. Ni känner er fortfarande, trots alla förståndsmässiga resonemang, bunden vid detta löfte. Till det kan jag bara säga att rent förståndsmässigt säger det sig ju självt att ett sådant löfte inte längre kan anses gälla, men å andra sidan är ju detta en fråga som måste avgöras i ert eget inre, av er själv och ingen annan.

Ni skriver att ni måste få råd, ovillkorligen, ni orkar inte längre, och ibland känns det som om det vore bättre att vara död.

Kära ni, det är aldrig bättre att vara död! Döden är slutet på allting, även på förmågan att ändra ett ödesdigert beslut! Glöm aldrig det, snälla ni!

Det bästa råd jag kan ge er är att ni måste försöka komma ur det uppskruvade tillstånd ni nu befinner er i. Skogspromenader och gymnastik brukar hjälpa. Om ni i sådana okonstlade sammanhang umgås med jämnåriga kamrater ska ni se att era problem får rimligare proportioner. Lycka till!

*November 1963*

Kära "Orkar inte längre"! Jag kan inte säga hur ledsen jag blev när jag läste ert sista brev. Jag är inte säker på att ni gjorde rätt när ni beslöt er att ta detta sista oåterkalleliga steg. Men det är ändå en tröst att tänka på att ni nu i alla fall inte är olycklig längre. Tack för alla brev!

# Sagan om Tödde och Mödde

En dag fick borgarrådet Tödde besök.
"Goddag, Tödde."
"Goddag, Mödde."
"Jag skulle vilja ha en fyrarummare på Järvafältet."
"Javisst, Mödde."
"När blir den fäddig?"
"Nätta år, Mödde."
"Ajö, Tödde."
"Ajö, Mödde."
Nästa år kom Mödde till Tödde.
"Goddag, Tödde."
"Goddag, Mödde."
"Jag skulle ha min fyrarummare på Järvafältet."
"Det bidde ingen fyrarummare."
"Bidde det ingen fyrarummare? Vad bidde det då då?"
"Det bidde en enrummare."
"Bidde det en enrummare? När blir den fäddig?"
"Nätta år, Mödde."
"Ajö, Tödde."
"Ajö, Mödde."
Nästa år kom Mödde till Tödde.
"Goddag, Tödde."
"Goddag, Mödde."
"Jag skulle ha min enrummare på Järvafältet."
"Det bidde ingen enrummare."
"Bidde det ingen enrummare? Vad bidde det då då?"
"Det bidde ett parkeringshus."
"Bidde det ett parkeringshus? När blir det fäddigt?"
"Nätta år, Mödde."
"Ajö, Tödde."
"Ajö, Mödde."
Nästa år kom Mödde till Tödde.
"Goddag, Tödde."
"Goddag, Mödde."
"Jag skulle ha min plats i parkeringshuset på Järvafältet."

*"Det bidde ingenting."*

”Det bidde inget parkeringshus.”
”Bidde det inget parkeringshus? Vad bidde det då då?”
”Det bidde ingenting.”
”Bidde det ingenting?”
”Nä, det bidde ingenting. Ajö, Mödde.”
”Dra åt helvete, Tödde.”

# Sagan om Erik Göranssons strid med det allmänna

Erik Göransson hette en man som inte hade det särskilt bra när han växte upp. Hans far, Hilmer Göransson, tjänade nämligen så mycket pengar att det mesta gick åt till skatt. Hilmer Göransson blev med åren alltmera bitter på stat och kommun, som obönhörligen tillämpade sina progressiva skatteskalor på hans enorma inkomster. Erik Göranssons känsliga pubertetsår förflöt således i en stämning av bitterhet och reaktionärt hat mot myndigheterna.

När Hilmer Göransson avled fann man i hans testamente följande passus:

”Jag har på grund av skattepolitiken i detta land inga pengar kvar. Emellertid har jag till stat och kommun under min hederliga levnad inbetalat kronor 4 967 563:90. Jag har använt det allmännas vägar, utnyttjat dess sjukhus, skolor, militärförläggningar etc. för ett sammanlagt belopp (högt räknat!) av kr. 1 695 156:85. Återstår alltså kr. 3 272 407:05, som stat och kommun är skyldiga mig och min familj. Dessa pengar testamenterar jag till min son Erik. Vid mina sinnens fulla bruk tecknar jag *Hilmer Göransson.*”

Erik blev naturligtvis glad att få så mycket pengar och gick genast upp till statsverket för att hämta dem. Men döm om hans unga oerfarna förvåning när han inte fick ut ett rött öre!

Inför denna otroliga lumpenhet genomgick Erik en inre kris. Hans faders sista vilja måste respekteras! Stat och kommun skulle bli varse vem de hade att göra med!

Erik satte sig ned och tänkte efter hur han skulle kunna lura av stat och kommun alla dessa pengar som tillhörde honom. För det första, tänkte han, måste jag under min levnad tjäna så lite pengar som möjligt själv, så att mina egna skatteinbetalningar blir oansenliga. Annars ökar ju bara det allmännas skuld till mig. För det andra, tänkte han vidare, får jag se till att jag blir oerhört dyr för stat och kommun på alla upptänkliga sätt. Dom ska min liv och kniv bli av med pappas pengar, det kan dom hoppa opp och sätta sej på!

Vid faderns frånfälle gick Erik i gymnasiet. Han såg nu till att han fick sitta kvar ett par gånger och gå om samma ring, varigenom han tjänade in 9 560 kronor som myndigheterna frånlurades i form av lärarlöner, skolmateriel etc. Han kratsade också flitigt hål med en pennkniv i skolbänken, så att den flera gånger fick bytas ut. En vinst för Erik på 560 kronor.

När Erik skulle ta studenten började han plötsligt plugga ordentligt, och eftersom han hade ett gott huvud fick han fina studentbetyg. Uträkningen med detta var att han nu skulle få en massa stipendier och underhåll av staten för att läsa vid universitet. Det fick han också mycket riktigt. Men först skulle han in i det militära.

I kronans kläder tjänade Erik bra med kosing från det allmänna. Han åt mycket stora portioner av kronans mat (gott var det inte, men han måste ju äta för pappas pengar), och han var ytterst oaktsam med kronans materiel och gjorde livet så surt för underbefälet att underbefälskåren inkom till statsverket med krav på löneförhöjning på grund av vidriga arbetsförhållanden. Aldrig tidigare hade Sveriges försvar upplevt en soldat som sköt sönder så många trägubbar, ålade hål på så många par byxor och låg ner så många halmmadrasser som Erik Göransson.

Erik förde noggranna anteckningar om vartenda öre som han kostade stat och kommun. Vid militärtjänstens slut hade det allmänna avbetalat inte mindre än kr. 260 546:64 av framlidne Hilmer Göranssons pengar.

Och nu stundade universitetsstudierna. Vilken yrkesgrupp, tänkte Erik Göransson, är det som kostar stat och kommun mest pengar? Jo, svarade han, det är naturligtvis professorerna i humanistiska ämnen, som lever hela sitt liv på det allmännas bekostnad i form av forskarlöner och annat, utan att de ger stat och kommun något som helst vederlag i form av reda pengar. Professor ska jag bli!

*

Så började myndigheterna sakta men säkert betala av sin stora skuld till Erik Göransson i form av studielön m.m. Men Erik skaffade sig också extrainkomster från stat och kommun genom att gå och slita på deras trottoarer för flera kronor om dagen. En av Eriks favoritsysselsättningar var att samla ihop alla möjliga sorters blanketter på post- och telegrafkontor och andra offentliga inrättningar. Han lade ner blanketterna i en stor säck, som han sedan tömde lite varstans på gator och torg och skräpade ner så att kommunalarbetarnas lönepost steg avsevärt. Bara på detta enkla sätt tjänade han sina modiga 20 kronor om dagen från det allmänna. Och varje morgon klockan tio gick han och skärmbildade sig.

Så småningom blev Erik professor i jämförande språkforskning. Nu fick han visserligen en lön som han måste betala skatt på, men den var ju inte så stor, och vad staten tog igen på de gungorna förlorade den på andra karuseller. Bl.a. införskaffade Erik från utlandet på statens bekostnad en väldig mängd fullständigt onödig speciallitteratur i jämförande språkforskning och hedrade därmed sin faders minne.

Han gifte sig och fick barn, mest för barnbidragens och moderskapspenningens skull. Barnen instruerades noga att sitta sönder gungorna på kommunala lekplatser och att göra hundöron i skolans ABC-böcker.

Professor Erik Göransson utverkade också tillstånd att få göra en studieresa till Mongoliet för att undersöka hur mongolerna uttalar tj-ljudet. Han reste första klass flyg och skaffade sig vid framkomsten en kamelkaravan med alla bekvämligheter och TV i tälten. Det allmännas skuld till Erik Göransson sjönk därmed till bara ett par miljoner kronor.

*

Men hur han nu slet och arbetade och ryckte loss trafikskyltar i nattens mörker så hade han ändå vid uppnådd pensionsålder kr. 896 574:13 kvar på sin faders arv. Det fanns bara ett sätt att få igen dem från stat och kommun: han måste leva mycket länge.

Och Erik Göransson levde och levde och kvitterade ut folkpension och professorspension och ATP och sjukpenning (han gick ute på vintern utan hatt för att hålla sig förkyld). När han var 87 år gammal gick äntligen debet och kredit ihop, och det allmännas skuld till Erik Göransson stod på plus minus noll.

”Nu börjar livet!” utropade Erik Göransson och dog.

# Sagan om Dick och Britta

Det var en gång två små ord, ett manligt sexuellt ord som vi kan kalla för Dick och ett kvinnligt sexuellt ord som vi kan kalla för Britta.

Som barn levde Dick och Britta ett sunt liv tillsammans under lek och glam. Men när Dick och Britta växte upp kom det en dag en elak trollkarl i skepnad av en orm och höljde över Dick och Britta med fikonlöv och förde dem bort ur deras barndoms lyckliga lekhage.

Utan att få veta vad de hade gjort för ont blev Dick och Britta inspärrade i ett stort mörkt ordfängelse som kallades för Det Undermedvetna. Där försmäktade de i mörker och unkenhet tillsammans med ett liderligt anhang av grova eder, hädelser och annat onämnbart slödder.

Dick och Britta ville inte umgås med detta lumpna pack utan satt för sig själva i ett hörn av fängelset och tittade längtansfullt upp mot den lilla luckan högt uppe i taket. Däruppe i Det Medvetna dvaldes alla fria ord, som när de ville fick komma ut i friska luften och vederkvicka sig.

”Den som någon enda gång i sitt liv fick flyga ut genom en mun och in i ett öra, fri såsom fåglarna under himmelen”, sade Dick till Britta.

En dag hörde de ett ljud från den lilla gallerförsedda luckan däruppe.

”Pst!” sa ljudet.

”Vad vill du?” viskade Dick.

”Jag är ett fint ord som heter Demokrati”, sa ljudet. ”Jag har kommit för att befria er.”

”Hur ska det gå till?” undrade Britta. ”Vi två stackars oskyldiga ord kan ju ingenting göra mot övermakten.”

”Det gäller inte bara er, utan alla andra ord som sitter fängslade i Det Undermedvetna”, sa Demokrati.

”Ursäkta oss”, sa Dick, för nu skämdes både han och Britta över att de hade ringaktat de andra orden i fängelset, hur lumpna de än var.

”Pst! Jag firar ner ett rep till er”, sa Demokrati. ”Men ta er upp tyst, så att inte Anständighet och Vanlig Hyfs märker nånting."

Medan han firade ner repet berättade Demokrati för Dick och Britta att starka krafter ute i världen var i rörelse för att befria alla fängslade ord. I nattens mörker målade revolutionärerna Dicks och Brittas namn på väggar och plank överallt i landet.

Dick hjälpte först Britta upp på repet och klättrade sedan själv efter, stöttande under Britta när så behövdes. Efter dem kom hela raden av eder och hädelser.

Väl uppe ur Det Undermedvetna fann den lilla skaran att Demokrati hade sällskap med Frihet, Jämlikhet och Broderskap, som skulle anföra marschen ut i det fria.

"Än är inte frihetens timma slagen", sa Demokrati. "Många fiender har vi att kämpa ned innan vi är ute. Förfäras ej, du lilla hop!"

Dick och Britta slog sig ihop med ett hemskt starkt svärord som vi kan kalla för Hälsingland. De andra bildade liknande smågrupper som var för sig skulle försöka ta sig igenom fiendens linjer och ut i det fria.

Dick, Britta och Hälsingland lade sig i bakhåll för en anstormande armé av hycklerier och gudsnådeligheter som anfördes av storkanonerna Vedertagen Moral och Hygglig Uppfostran. Hälsingland gav Hygglig Uppfostran en dansk skalle så han damp, och då tog Vedertagen Moral genast till harvärjan, för han var inte så karsk av sig. God Ton försökte sätta krokben för Britta, men Dick fick syn på honom i tid och förpassade honom med ett raskt polisgrepp till de sällare jaktmarkerna.

De välartade horderna av fromlerier och vanligt folkvett anföll revolutionärerna i våg efter våg, men Dick och Hälsingland kämpade som tosingar för sin frihet, och till och med Britta lyckades få omkull en och annan tantighet.

Till sist skådade de tappra upprorsmakarna dagens ljus i fjärran. Med Dick och Britta i spetsen for de jublande ut ur skägget på Lasse O'Månsson, de fula ordens befriare och trofaste vän.

# Sagan om Frankensteins medeltal

Dr Frankenstein var en man med övernaturliga egenskaper. Han var statistiker på Statistiska Centralbyrån och trollade utan större ansträngning fram små svarta gubbar med mystisk innebörd: ibland innehöll en sån där liten gubbe alla nykterister i Västerbottens län, ibland kunde den lilla svarta gubben föreställa alla svenskar som röstade på högerpartiet för två år sen, och bredvid stod då en annan liten gubbe och föreställde alla svenskar som röstade på högerpartiet nu senast, fast den sista lilla gubben hade inget huve. Så ni förstår att Dr Frankenstein han var allt en riktig trollkarl!

Nu hade Dr Frankenstein under en lång tid hållit sig instängd i sitt ytterst hemliga och tillbommade laboratorium där han höll på att stöka med mystiska tabeller och magiska formler. Han var sysselsatt med ingenting mindre än själva krönet på sitt livsverk: att på vetenskaplig väg framställa en statistisk gubbe i naturlig storlek! Minutiöst blandade han i exakta doser alla statistiska fakta om svenska män, hällde ihop dem i provrör och retorter, skakade om, gjorde ett avkok på blandningen och fick på så sätt fram en seg massa varav han med förfarna händer formade en mansperson som låg livlös på ett bord i laboratoriet.

I ett annat provrör hade han en lila vätska, sammansatt av alla en svensk mans statistiskt beräknade egenskaper och karaktärsdrag.

”När jag nu droppar i denna vätska i mannens öga, bör enligt alla beräkningar denne mansfigur bli levande, ur statistisk synpunkt sett”, väste Dr Frankenstein med av iver halvkvävd stämma.

Han droppade. Figuren satte sig upp och såg sig yrvaket omkring.

”Tack för senast”, sa figuren.

”Allt stämmer!” utropade Dr Frankenstein. ”Repliker med hög frekvens i statistiken yttrar han följdriktigt först!”

”Ja hej då, botten opp”, sa figuren.

*

*Dr Frankenstein höll sig instängd i sitt ytterst hemliga och tillbommade laboratorium.*

Dr Frankenstein döpte sin skapelse till Sven-Erik Medeltal. Sven-Erik Medeltal var en man av medellängd, med normal kroppsbyggnad, cendréfärgat hår och lätt framåtlutande gång. Han var iklädd mellangrå cheviotkostym, randig slips och ganska oborstade skor. Han var rätt beskedlig, tystlåten, trygg, småsävlig och till 48 % socialdemokrat. Han tyckte om fotboll och Hylands Hörna, och var tredje julotta gick han i kyrkan.

Dr Frankenstein ledde nu in Sven-Erik Medeltal i en normallägenhet på två och ett kvarts rum och kök som han på förhand iordningställt i anslutning till sitt laboratorium på Statistiska Centralbyrån. Sven-Erik Medeltal satte sig genast i fåtöljen framför TV-apparaten och rökte en och en tredjedels cigarrett med filter.

”Nu måste jag förklara en del saker för dig, Sven-Erik”, sa Dr Frankenstein. ”Jag har skapat dig av alla olika sorters medeltal som finns på hela Centralbyrån, och du är konstruerad så att du alltid lever i enlighet med vad statistiken säger, och den ljuger aldrig. Du har ett arbete på en medelstor fabrik här i närheten, du går på bio tre fjärdedels gånger i veckan, och så fort jag hinner ska jag framställa åt dig en statistiskt exakt hustru och ett och ett kvarts barn. Men kom ihåg: jag är din herre, och du lyder obetingat under mina siffror och formler!”

”Jag mår bra. Hur mår du, gamle galosch?” svarade Sven-Erik Medeltal på sitt statistiskt charmfulla vis.

Nu levde Sven-Erik Medeltal en tid i enlighet med sin inbyggda statistik. Han läste 1,35 daglig tidning och hade lite småtråkigt i största allmänhet som normalt är. Men det blev förstås mer liv i luckan när Dr Frankenstein blivit klar med hans hustru (som p.g.a. kvinnoöverskottet hade sex fingrar på vänster hand) och hans ett och ett kvarts barn. Lilla kvartingen gjorde visserligen inte så mycket väsen av sig, men det hela barnet skrek enligt statistiken och blötte ner 7,68 blöjor per dygn.

Allt gick en tid enligt Dr Frankensteins beräkningar, och statistiska studiegrupper gjorde då och då besök i familjen Medeltals lägenhet för att bese Dr Frankensteins underverk. Även vid sådana tillfällen uppförde sig givetvis herr och fru Medeltal normalt och tryckte allas händer två gånger, en gång när de kom och en gång när de gick.

”Vi ses när vi råkas”, sa Sven-Erik Medeltal.

*

Efter några månader började Dr Frankenstein märka en irritation hos Sven-Erik Medeltal som han trodde sig finna större än den i tabellerna angivna. Till en början tillskrev han irritationen den halva snuva som Sven-Erik ådrog sig var tredje månad men så småningom blev Sven-Erik så nervös att Dr Frankenstein blev orolig.

”Kom ihåg, Sven-Erik”, sa Dr Frankenstein, ”att du står under mina siffrors kommando. Avviker du från mönstret rubbar du därmed den gudomliga harmoni som råder i statistikens värld. Tag dig i akt, Sven-Erik!”

Men Dr Frankenstein hade inte räknat med det normala trots mot överheten som han själv byggt in i Sven-Erik Medeltal. Sven-Erik bidade sin tid. Slutligen reste Dr Frankenstein bort på en vecka till den Internationella Statistiska Kongressen För Fastställande Av Medelnederbörden I Lombardiet, som hölls i Tokyo.

Nu såg Sven-Erik sin chans. Han hade under tidens lopp retat upp sig mer och mer på alla de decimalbråk och allmänna bråk som han var konstruerad att leva efter. Dr Frankenstein hade fastnat i sin egen fälla; han hade inte tagit med i beräkningen vissa fakta beträffande en människas normala reaktioner visavi statistiska beteendemönster. Om man som Sven-Erik Medeltal under längre tid idkar intimt umgänge med sin hustru 0,21 gånger per dag så blir man statistiskt sett rimligen rätt förbannad så småningom.

Det var därför som Sven-Erik nu gjorde revolt mot sitt livs bråkdelar. Han började en lördagskväll klockan åtta med att inte se på TV 2,6 timmar utan i stället sätta i sig två hela öl (mot föreskrivna 1,37). Därpå älskade han sin hustru två hela gånger (en ökning med 1,79 gånger!), tog sig ett helt bad (mot normalt ett tredjedels), rökte två pipor Dunhill Mixture (mot föreskrivna 0,6 pipor Hamiltons Blandning) och lade sig till sist att sova utan pyjamas (mot normalt 0,75 pyjamas). Han mådde vid insomnandet ganska bra.

Nu fick detta Sven-Erik Medeltals beteende oöverskådliga följder för alla andra svenskars beteendemönster, eftersom Sven-Erik var rikslikaren för allt svenskt liv. TV-tittandet sjönk katastrofalt, ölkonsumtionen steg så IOGT måste blixtinkalla till riksstämma i Arboga, sexualumgänget blev åtta gånger intensivare än förut, och det blev ett enastående uppsving i fråga om karbad, piprökning och sänggående utan pyjamas. Och när Sven-Erik påföljande måndag struntade i att gå till arbetet avstannade produktionen i hela landet som genom ett trollslag. Så mycket dank har aldrig tillförne slagits i Sveriges rike!

*

När Dr Frankenstein kom hem från Tokyo blev han, som statistiken säger att man blir i ett sådant fall, slagen med bestörtning. Vad skulle han göra nu. Han kunde ju inte ha ihjäl familjen Medeltal, för då skulle hela Sverige avlida som en man. Han kunde knappt ens gräla på Sven-Erik Medeltal, eftersom han då löpte risken att reta upp honom, och därmed alla svenska män, till ursinne. Och det vet man ju vad en retad svensk kan ta sig till, för att inte tala om tre och en halv miljoner!

Dr Frankenstein gjorde det enda möjliga i hans situation: han talade varligt med Sven-Erik Medeltal i kompromissens tecken.

”Säg hur du vill ha det, Sven-Erik”, sa han milt.

”Bara hela tal. Tackar som frågar”, svarade Sven-Erik. ”Inga bråk, bara hela tal. Avrundade uppåt. Hej svejs i lingonskogen.”

*

Så om ni får lust att ta en grogg till innan ni går och lägger er är det Sven-Erik Medeltals förtjänst.

# Sagan om
# Harriet Anderssons nya kläder

Det var en gång en liten pojke som satt på bio och sa:

"Men hon har ju ingenting på sej!"

Då blev han utvisad av vaktmästaren, för han hade inte fyllt 11 år.

# Sagan om Sveriges kungar

En gång för länge länge sedan regerade i Sverige en kung som hette Gustav Vasa. Han kunde åka skidor han må ni tro, och han var så populär bland folket att han en gång blev slagen i ändan med en brödspade. Han besegrade en elak bonde som hette Nils Dacke, och så regerade han både länge och väl tills han slutligen fick tandvärk och dog.

Gustav Vasa hade tre söner, och det var en väldig tur, för den förste som hette Erik var lite konstig i huvet och åt ärter så han dog, och den andre som hette Johan hade en böjelse åt det katolska, för att inte tala om hans son Sigismund, som var alldeles genomkatolsk av sig. Men då fanns till all lycka Gustav Vasas tredje son som hette Karl IX till hands, och han var enkel och rättskaffens och fick en son som hette Gustav II Adolf.

Karl IX kunde inte göra så mycket själv utom att vara rättskaffens i största allmänhet, och därför sa han om Gustav Adolf att "han skall göra't". Vad det närmare bestämt var som Gustav Adolf skulle göra sa han inte, men det var säkert nåt fint och storstilat han tänkte på.

Gustav II Adolf var en hetlevrad sälle som svalkades ner av en som hette Axel Oxenstierna. Men Axel Oxenstierna lyckades inte svalka ner all hetlevradheten hos kung Gustav II Adolf, utan att han slogs så det rök om'et långt nere i Tyskland, och med tiden blev han så tämligen fet att han dog vid Lützen, men han var i alla fall en stor hjältekung, och därför firar vi att han dog den 6 november.

Gustav II Adolf hade en dotter som hette Kristina, och så blev hon drottning då, men hon var spritt språngande katolsk. Hon kunde inte leva utan påven i Rom, så hon avsade sig kronan, och det var ju en väldig tur, för annars hade vi kanske varit katoliker allihopa den dag som i dag är.

Nu var det en som hette Karl X Gustaf som blev Sveriges kung. Han hade den egenskapen att han kunde gå på isen, och för det blev han väldigt hyllad och ärad. När han dog blev det stor sorg i alla stugor.

Ja, sen kom då Karl XI, och han var väl lite mellanbra kan man säga, och skötte sina dagliga göromål utan att direkt skämma ut sig. Men efter honom kom det en hejare till kung ska ni se.

Karl XII har ni väl alla hört talas om, för han slog ju ihjäl så mycket ryssar och polacker och norrmän och allt vad det var så honom får vi aldrig glömma. Han kunde rida genom hela Europa lika fort som Mats Linday på Sveriges Radio, och det vill inte säga lite. Aldrig har en svensk kung låtit tala om sig så som Karl XII över hela Europa, och aldrig har nöden varit så stor och fin hemma i Sverige. Det är säkert Karl XII vi har att tacka för att vi fortfarande är så härdiga och uthålliga och nöjda med lite.

Till sist blev Karl XII ihjälskjuten med en byxknapp. De byxorna som den knappen kom ifrån, de är en skam för Sverige, det är säkert det.

När Kung Karl den unge hjälte gick ur tiden uppsteg på tronen i tur och ordning Fredrik I och Adolf Fredrik. Adolf Fredrik var en baddare till att svarva träbitar, och inte nog med det, utan han var så rar och snäll att han lät några förmyndare som han hade göra en stämpel med sitt namn på, så han slapp skriva under allting själv.

Eller vad säger ni om en sån kung som Gustav III, som var så till den grad bildad att han införde en hel mängd franska ord, till exempel canapé. Han var en riktig tjusarkung som vi är mycken tack skyldiga för vår andliga odling. Det är exempelvis hans förtjänst att Bellman fanns.

Gustav IV Adolf var något mindre tjusig, men att han blev kung det var ju bara den otäcke landsförrädaren Anckarströms fel. Och förresten var inte Gustav IV Adolf dummare än att han begrep att han borde emigrera till Schweiz, och det är många ansedda svenskar som har gjort likadant, så kom inte och klaga på Gustav IV Adolf!

Karl XIII var en hyvens prick, och sen kom då Karl Johan Bernadotte och landsteg på svensk mark med ena foten först. Han var ju fransman, men så småningom lärde han sig väl så mycket om Sverige så han nödtorftigt kunde klara av regeringsarbetet, och det är ju rätt bra gjort av en utlänning.

Oscar I var också en bra kung som ingen sade något ofördelaktigt om, för då kunde man bli bötfälld eller insatt i fängelse.

Karl XV var en stor älskare av svenska folket och lät mycket tala om sig. Under hans regering avskaffades ståndsriksdagen, utan att han själv lade märke därtill, ty han var ute och red.

Kom så Oscar II, med allt vad det innebar av festliga baler och unionsupplösningar. Han invigde också en hel del broar, så det är honom vi kan tacka för att vi än i dag kan färdas i bil över floder och vattendrag runtom i vårt fosterland.

Gustav V tog emot bondetåget på ett förtjusande trevligt sätt 1914. Han hade en del egna tankar om hur vi skulle göra var gång det blev världskrig, men dem tjyvhöll han inte på när han märkte att de inte slog så bra. Han var en klok kung som spelade mycket tennis i sin dar och därigenom blev han känd långt utöver landets gränser.

Och nu regerar som ni vet Gustav VI Adolf över Sveriges land. Han är ju ytterst intresserad av allting och en utomordentligt sympatisk person som gjort sig mäkta populär i de breda lagren, i slott såväl som i koja.

Så det kan man väl lugnt säga att blir kronprins Carl Gustav lika duktig som alla andra kungar vi har haft, då har allt Sverige haft en enastående tur med sina kungar, och då kan vi lugnt se framtiden an i förtröstan på den trofasta ätt som styr vårt fosterlands öden.

# Sagan om apan som tänkte i flera led

Det var en stor apa som hette King Kong som blev infångad i mörkaste Afrika av ett gäng huvudläkare. Huvudläkarna förde med sig King Kong till sitt psykologiska laboratorium i Massachusetts. Där satte de in King Kong i en specialkonstruerad bur, i vilken det låg två stora träklossar, en båtshake samt en lång stång, som var en meter längre än båtshaken. En av väggarna i buren var en alldeles slät kraftig trävägg, i vilken på fem meters höjd fanns en lucka med trälock på gångjärn.

Nu hade huvudläkarna med hjälp av matematiskpsykologiska tabeller räknat ut att om King Kong begrep att han kunde ta den långa stången och med hjälp av den fälla upp träluckan uppe på väggen, därefter ställa den ena klossen på den andra under luckan, kliva upp på klossarna, haka fast båtshaken i luckans underkant, klättra uppför båtshaken och på så sätt ta sig ut ur buren – ja då skulle det därmed vara bevisat att en apa av King Kongs typ kan tänka i flera led, vilket det skulle vara roligt för alla psykologer i hela världen att få reda på.

King Kong satte sig ner och tänkte.

”Nu hoppas de att jag ska ta den långa stången och med hjälp av den fälla upp träluckan uppe på väggen, vidare hoppas de att jag ska ställa den ena av de här klossarna på den andra under luckan, kliva upp på klossarna, haka fast båtshaken i luckans underkant, klättra uppför båtshaken och på så sätt ta mig ut ur buren. Det är vad de hoppas”, tänkte King Kong.

Utanför buren stod tio experimentella psykologer med glasögon utan bågar och tidtagarur i händerna och stirrade allvarligt på King Kong.

King Kong lät hakan falla ner så han såg ovanligt enfaldig ut. Han tog en av klossarna och kastade upp den i luften. När den föll ner med en duns klappade han förtjust i handhänderna och hoppade omkring lite på fothänderna. Sen tog han båtshaken och krafsade sig vällustigt på ryggen med den en stund. När han tröttnat på detta förehavande grep han tag i den långa stången, stack ut den genom gallret och kittlade den allvarligaste av de tio allvarliga psykologerna i magen med den. Stormförtjust ställde

*King Kong tänkte vidare på sin teori.*

han sig därefter på huvudet på den andra klossen och klappade i alla fyra händerna samt utstötte gutturala läten.

”Det var en jävla dum apa”, sa de tio experimentella psykologerna och gick ut ur rummet.

Så snart de var utom synhåll tog King Kong den långa stången och fällde med hjälp av den upp träluckan uppe på väggen, ställde så den ena klossen ovanpå den andra under luckan, klev upp på klossarna, hakade fast båtshaken i luckans underkant, klättrade vig som den apa han var uppför båtshaken, tog sig ut ur buren och lämnade i fyrsprång den experimentalpsykologiska institutionen, som ingen av de experimentella psykologerna brytt sig om att låsa.

”Det var ena jävla dumma experimentella psykologer”, sa King Kong för sig själv.

Så tog sig King Kong med hjälp av sitt goda huvud tillbaka till mörkaste Afrika, där han i lugn och ro tänkte vidare på sin teori om det krökta rummet, som han fått idén till en dag när en banan föll ned i huvet på King Kong.

# Sagan om Karl-Bertil Jonssons julafton

Det var en gång en jul för länge sedan, då man ännu kunde se fattiga människor gå omkring på gatorna. På den tiden var det ingen skam att vara fattig, så trashankar och avsigkomna stackare behövde inte hålla sig borta ur folks åsyn utan strövade fritt omkring.

När den här julen som sagan handlar om närmade sig blev det som vanligt ett bakande och korvstoppande, ett fejande och putsande, ett stöpande och köpande, ett rumsterande och paketerande och ett vansinnigt uppsving i affärsverksamheten som gjorde de rika knösarna till affärsmän ännu rikare och de fattiga satarna till kunder ännu fattigare.

*

På ett av postkontoren i landets huvudstad stod Karl-Bertil Jonsson och sorterade inkommande paket. Karl-Bertil Jonsson var fjorton år och gick i läroverket, men just nu stod han som sagt var och sorterade inkommande paket. Så här dagarna före jul anställde postverket skolungdomar till att arbeta hela nätterna, eftersom den ordinarie personalen slutade klockan 17.

Nu tycker ni kanske synd om Karl-Bertil Jonsson för att han fick stå där hela nätterna och sortera inkommande paket. Då ska jag tala om för er att egentligen var det ingen synd om Karl-Bertil Jonsson inte. Han kom från ett välbärgat hem, hans pappa hade ett stort varuhus och blev dagligen allt förmögnare på bordlöpare och tomtebloss. Men Karl-Bertil tyckte i alla fall det var roligt att tjäna lite pengar själv, för det här tilldrog sig på den tiden då man ibland tyckte det.

Medan Karl-Bertil Jonsson stod och slängde in paket med påskriften "Aktas! Glas!" på stengolvet i fragila avdelningen tänkte han på Robin Hood. Robin Hood var Karl-Bertil Jonssons idol, för det här var på den tiden då en fjortonårings idoldyrkan inte nödvändigtvis behövde vara av sexuell natur. Hjältemod, kamratskap, tjocka munkar som gudfruktigt slogs med käppar för en rättvis sak, sunt friluftsliv, kyska jungfrur att hjälpa över bäckar och åar, vördnad för den rättmätige konungen och halstrat hjortlår till middag – se där några av de företeelser som för Karl-Bertil Jonsson framstod som det högsta livet hade att bjuda. Och så förstås den laglösa rättvisans princip: att ta från de rika och ge åt de fattiga.

*

Klockan fyra på morgonen krossade Karl-Bertil Jonsson med en lättad suck den sista i wellpapp inslagna kristallvasen mot Kungl. Postverkets betongvägg och begav sig hem genom de tomma gatorna. Hans steg ekade mot husväggarna, ett taktfast eko som hamrade mot hans trötta öron. Att *ta* från de rika och *ge* åt de fattiga, hamrade det rytmiskt.

En sorgsen glädjeflicka flöt förbi honom och konstaterade med ett smått besviket ögonkast att han var för ung. En stackars sälle satt på trappan utanför en port och stirrade på honom med en krympling renat i blicken. En ung moder kved stilla på trottoarkanten med ett spädbarn på armen, utstött från hemmet av barnets grymme fader. En ungdomsbrottsling ven förbi som en sorgsen vindpust i en stulen Opel Kapitän.

Julen var nära.

Dessa olyckliga för vilka Frälsningsarméns grytor hållas kokande. Till alla människor en god vilja. Nu tändas tusen juleljus. Vem tänder ett ljus för dem som vandra i mörkret? Dansa kring granen, hoppfarallala. Glädjens högtid. Kallt lyser julens stjärna på dem som icke hava något hem. Att ta från de rika och ge åt de fattiga.

Att ta från de rika och ge åt de fattiga.

Det var nu som Karl-Bertil Jonsson fattade sitt beslut.

Dagen därpå klockan halv ett väcktes Karl-Bertil Jonsson av sin ömma moder. Han steg upp, fick sina två stekta ägg med falukorv, smet in i sin faders bibliotek och snodde med sig taxeringskalendern och begav sig så till posten.

Han började sortera inkommande paket med den sömngångaraktiga säkerheten hos ett barn som lärt sig något utantill. Men hans blick granskade vaket adressaten på varje paket. Det var särskilt titeln framför adressatens namn som tilldrog sig hans intresse. Titlar som *Svarvare, Studerande, Byggnadsarbetare, Herr,*

*Sömmerskan, Sjuksköterskebiträdet* och *Lantmätare* lät han utan åtgärd passera till sina respektive pakethögar, men när han träffade på en adressat med titeln *Direktör* lät han oförmärkt direktörens paket glida ner i en särskild säck som han lagt bredvid sig. Samma skedde ock med paket adresserade till exempelvis civilingenjörer, överstinnor, bankirer, disponenter och fastighetsmäklare.

Vid middagstiden var säcken vid hans fötter ganska välfylld med paket. Han stannade kvar när de andra gick ut och åt, och så snart han blivit ensam tog han fram taxeringskalendern och satte i gång med att kolla paketen i sin specialsäck. Byrådirektör H. K. Bergdahl, Oscarsvägen 30, taxerad inkomst 67 500 kronor. Åkte tillbaks i specialsäcken. Sammalunda skedde med alla paket vilkas adressater hade en taxerad inkomst på mer än 50 000 kronor. Det fåtal utplockade paket med adressater som trots sina burgna titlar stannade på en inkomst av mindre än 50 000 kronor gallrade Karl-Bertil Jonsson ut ur säcken och lät dem gå vidare till destinationsorten. Ett undantag gjorde han dock från 50 000-kronorsregeln. Det gällde en tandläkare som deklarerade för bara 36 000 kronor. Denne åkte med i säcken i alla fall, för Karl-Bertil Jonssons pappa hade efter att ha blivit rotfylld sagt att alla tandläkare deklarerar falskt och tjänar hutlöst med pengar.

I god tid innan arbetskamraterna kom tillbaka från sitt middagsmål hade Karl-Bertil Jonsson ställt undan sin säck i ett av de många hörn som finns på posten där aldrig någon tittar efter om det ligger nånting. Själv åt han ingen middag. Ädla syften går före mat här i världen.

Resten av natten arbetade han hungrig och förnöjd utan att plocka undan några flera paket. Jo, ett enda lade han åt sidan; det var adresserat till hans egen far, och avsändaren var faster Märta. I utövningen av en ideell verksamhet får man inte skona sina egna, resonerade han. Ingen mannamån, lika för alla. Pappa tjänar mer än 50 000 om året, följaktligen hamnar pappas paket i min säck. Han smög bort och lade det därsammastädes. Säcken var nu fylld till brädden.

Nu förestod ett stort problem. Hur skulle han kunna smuggla ut sin säck från postverkets lokaler? En extraarbetande skolpojke som drar med sig en postsäck hem vid arbetets slut, det ser inte bra ut. Det kan ge upphov till prat.

Sent på natten, strax före arbetets slut, smög Karl-Bertil Jonsson bort till sin säck, pulade ner paketen så att han kunde snöra igen säcken, fäste ett av postens adresskort i snöret och skrev på kortet sitt eget namn och adress. Så drog han ut säcken till den stora säckhögen med paket som skulle fraktas ut i stan dagen därpå.

★

Nästa dag var självaste julafton. Karl-Bertil Jonsson väcktes klockan tolv av sin ömma moder, som stod vid sängen med glitter i håret och kaffebricka med pepparkaksgrisar i händerna och sa:

”Karl-Bertil, det har kommit en hel säck med paket till dej!”

”Å”, svarade Karl-Bertil yrvaket, ”det är såna som jag ska sortera. Hemarbete alltså.”

”Stackars pojke”, sa hans ömma moder, ”ska han behöva arbeta och slita på själva julafton också.”

”Man måste göra sin plikt här i livet, förstår mamma”, sa Karl-Bertil och såg lite extra trött ut. ”Ett väl utfört arbete ger en inre tillfredsställelse och är den grund varpå samhället vilar.”

Karl-Bertils ömma moder gick rörd därifrån.

★

Karl-Bertil klädde sig och gick ner i tamburen där säcken stod, bar upp den på sitt rum och tömde den på golvet. Han satte sig vid sitt skrivbord och tog fram en bunt i förväg inköpta gummerade lappar av den typ som brukar sitta på hemmagjorda syltburkar. På varje lapp skrev han med rött bläck:

GOD JUL ÖNSKAR EN OKÄND VÄLGÖRARE.

Han klistrade fast lapparna över adressaterna på alla paketen. Avsändarnas namn och adress täckte han med en julstjärna av förgyllt papper. Så lade han paketen i säcken igen och bar ner den i tamburen.

I vardagsrummet var julstämningen i full gång. Mor och småsyskonen klädde granen med tindrande mor- och barnaögon. I köket stod far och tillredde glöggen. Doppet i grytan stod på spisen och doftade fett och gott. Ur radioapparaten strömmade julsånger. Ur TV-apparaten strömmade andra julsånger. Alla var snälla och goda ända in i själen. Kort sagt, julen var kommen.

”En synnerligen god jul tillönskar jag dig, min välartade son!” ropade far, som provsmakat glöggen.

”Nu är granen klar!” sa mor. ”Är den inte vacker? Kom, Tyko, och sätt dit stjärnan i toppen!”

Detta var fars hedersuppdrag om jularna. Stolt klev han upp på en stol och fäste i granens topp den stora glittrande stjärnan för 14:50 som han gratis tagit med hem från sitt varuhus.

Under skämt och glam doppades det i grytan i familjens sköte.

Efter maten sa Karl-Bertil:

”Ursäkta mej, men nu måste jag tänka på min postsäck.”

Denna formulering hade Karl-Bertil noga tänkt ut, för man får inte ljuga för sina föräldrar på julen. Hans yttrande var ingen lögn – han tänkte ju verkligen på sin postsäck.

”Stackars pojke, jag kan ta bilen och köra dej dit”, sa far.

”Kommer inte på frågan, Tyko, du har druckit glögg”, sa mor.

Karl-Bertil drog en lättad suck.

”Nå, här har du en tia till taxi då”, sa den glöggfryntlige Tyko.

”Tack snälla far”, sa Karl-Bertil, beställde en taxi, gick ner i skrubben i källarn där far förvarade sin tomtekostym, tog med sig denna, drog ut säcken till taxin och sa till chauffören:

”Kör till slumkvarteren!”

Chauffören tittade misstänksamt i backspegeln som om han hade att göra med en presumtiv taxirånare. Karl-Bertils städade yttre och ärliga uppsyn lugnade honom dock, och han körde till de eländiga slumkvarter som fanns i huvudstaden på den tiden då den här sagan tilldrager sig.

Karl-Bertil steg ur med sin säck, betalade taxin, gick in i en portgång och klädde sig i fars något för stora tomtekläder. Så gick han ut på sin humanitära julvandring.

Gatorna var nästan folktomma. En och annan familjefar som varit och sagt god jul till några andra familjefäder vinglade hem full av julglädje. Karl-Bertil gick fram till en sådan.

”Har ni några snälla barn hemma?”

Mannen ryckte förskräckt till. Kanske trodde han att han hade att göra med en förklädd hemlig polis.

”V-va då . . . jaa . . . hurså . . .?”

”Tag detta paket och gå genast hem till er stackars familj. God jul!”

Mannen stod där ett tag förbluffad med paketet i näven och gick sedan rakt och tillnyktrat hem till de sina.

Karl-Bertil fortsatte med glatt sinne att lysa upp samhällets skuggsida med sina små tomtebloss av vänlighet. Han knackade på de gistnaste dörrarna, antastade de trasigaste gatuvandrarna, språkade med de ensammaste åldringarna och lade paket bland flaskorna framför de sorgsnaste diversearbetarna på ölkaféet. När han avverkat detta kafé var säcken tom. Han stämde då upp en sång vari kunderna hest föll in:

”Nu så kommer julen
nu är julen här,
lite mörk och kulen
men ändå så kär...”

En brusig man i keps tryckte sönder en tår i ögonvrån, reste på sin kroppshydda, som med tiden antagit en öltunnas form, gick fram till Karl-Bertil och fattade stumt hans hand. Så gick han tillbaka till sitt bord, öppnade sitt paket och började med rörda ögon läsa i den bok han fått, Jean-Paul Sartres självbiografi ”Les Mots” i fransk originalupplaga.

*

Karl-Bertil begav sig hem och lade tillbaka tomtekostymen i skrubben i god tid innan far själv skulle använda den.

Julaftonen förflöt för Karl-Bertils del i det tillstånd av inre glädje som goda gärningar skänker gärningsmannen. Klapparna delades ut, alla skrattade åt de roliga verserna på paketen, och julaftonen utmynnade i den gemensamma känsla av andakt som endast en gammal långfilm på TV kan förunna människorna.

Mitt i filmen ringde telefonen. Mor svarade.

”Goddag faster Märta! God jul! Vadå... handmålad porslinstallrik?... Näej vi har inte fått nån porsl... vadå? Blomstermotiv? Nejlikor i kruka... jag är ledsen faster Märta, men vi har inte... jaja gör det, faster Märta! Ajö då. God fortsä...”

Karl-Bertil satt med hjärtat i halsgropen.

”Faster Märta har skickat oss en handmålad porslinstallrik, Tyko!”

”Det var ju en herrans nåd att inte den kom fram. Tyst nu, jag ser på TV!”

”Men Tyko, hon slängde på luren i örat på mej! Hon skulle ringa till generaldirektören för postverket.”

”Stackars man. Han ser nog också på TV. Håll tyst!”

”Men kära nån”, sa mor, ”hur kan det bara ha kommit bort? Kan du begripa det, Karl-Bertil, du som arbetar på posten?”

Under bråkdelen av en sekund genomgick Karl-Bertil en inre kris. Ljuga för mor på julafton? Nej! Rakryggat yppa sanningen? Ja!

”Jag tog undan paketet och gav det till en fattig”, sa Karl-Bertil.

Far ryckte till och slet blicken från TV-rutan.

”Vad sa du att du gjorde sa du?”

”Jag gav fasters porslinstallrik till en fattig.”

”Är du inte klok, pojke!”

”Jag har tagit en massa andra paket också från rika människor och givit dem åt fattiga människor.”

”Va?! Jag har närt en kommunist vid min barm!” Tyko Jonsson hörde till dem som tror att alla som frivilligt ger bort nånting är kommunister.

”Men far”, protesterade Karl-Bertil, ”du sa ju själv att du inte ville ha fasters porslinstallrik!”

”Sa och sa! Det var ju *min* tallrik! Och vad tror du alla dom andra ska säja? Vem är det du har stulit ifrån mer än mej?”

”Dom står förprickade i din taxeringskalender”, sa Karl-Bertil.

”Fattar du vad du har gjort? Du kan åka in på anstalt för det här!”

”Jag är beredd att ta mitt straff, far. Jag har skänkt lite glädje åt dessa olyckliga som inte äger något varuhus, det är vad jag har gjort.”

Tyko Jonsson höll på att kvävas av julilska.

”I morron är det du som följer med mej runt till alla som du har stulit paket ifrån och ber om ursäkt! Marsch i säng! Du får inte se hur filmen slutar!”

Karl-Bertil gick i säng. Han hade redan läst i tidningarna hur filmen slutade. Han somnade och drömde att han sov under bar himmel i Sherwoodskogen.

*

Låt oss nu stanna upp ett ögonblick och ställa oss några frågor.

Hade icke Karl-Bertils grymme faders hjärta veknat om han med egna ögon fått bevittna den glädje som hans son spritt ut över samhällets bottenskikt? Om han sett gatflickan Beda Larsson trycka sin randiga sidenslips till sin barm i julnatten, hade icke då hans ögon mjuknat? Hade han kunnat framhärda i sin ilska om han fått kasta en blick in i den arbetslöse Harald Ljungströms hem, där barnen glada lekte med sina sex japanska servettringar av päronträ? Och hur skulle han ha kunnat harmas i sitt innersta om han fått vara med när den ensamma änkan Lisbeth Blomkvist öppnade sitt paket och med tårade ögon betraktade en flaska Aqua Vera?

Dessa frågor förblir obesvarade; vi kan bara hålla för sannolikt att om de muntra tonerna från f. tunnbindaren Ernst Haraldssons leksakstrumpet nått fram till Tyko Jonssons öron, så hade han kanske inte denna julnatt somnat i vredesmod.

*

Inte ens TV-julottans glada budskap om frid på jorden och till alla människor en god vilja kunde göra Tyko Jonssons sinnelag frommare. Han var en rättskaffens man som inte ville skylta offentligt i tjuvnadssammanhang. Frampå dagen tog han med sig sin taxeringskalender och sin son och gav sig ut på sin pilgrimsfärd till ett antal medmänniskor med en årsinkomst på över 50 000 kronor.

Byrådirektör H. K. Bergdahls husa öppnade mahognyporten.

”Kan vi få tala med byrådirektören?” sa Tyko Jonsson. ”Det gällde en julklapp.”

De blev visade in i salongen där familjen Bergdahl satt och knäckte nötter.

”Goddag”, sa Tyko Jonsson generat. ”Det är så att min son har givit en av herrskapets julklappar till en fattig.”

”Jag skulle be så mycket om ursäkt”, sa Karl-Bertil, ”men ni är ju så rika och lyckliga, även utan det där paketet, och därför har jag sett till att det i stället fått sprida lite julglädje i samhällets bottenskikt.”

Byrådirektör Bergdahl stod och gapade.

”Det var förbanne mej det finaste jag har hört sen jag konfirmerades”, utbrast han sen. ”Vill du ha ett fikon?”

”Å, det måste vara morbror Arturs tändstickstavla med Bodens fästning på, som han ringde och frågade om i går”, sa fru Bergdahl. ”Jag hoppas den var vacker, för det sa jag till honom att den var.”

*Far ryckte till och slet blicken från TV-rutan.*

”Ja, vi brukar säja det när dom ringer”, sa byrådirektören. ”Det kan ju inte fan hålla reda på alla dumheter som en massa galningar i släkten skickar hit. Tack ska du ha, min gosse, för att vi slapp Bodens fästning!”

*

Karl-Bertils förlåtelseresa formade sig mer och mer till en ren triumffärd. Vart han kom mottogs han som en hjälte, och de bestulna familjernas glädje över att hemstickade yllekoftor och formgivna brevpressar hamnat hos bättre behövande visste inga gränser. Tyko Jonssons generade uppsyn över sin sons beteende förbyttes småningom i ett stolt leende. Vid den sista adressen föreslog han själv att ursäkten skulle avslutas med ett fyrfaldigt leve för Karl-Bertil. Så skedde också, och far och son avtågade under intensiva applåder.

*

När de begav sig hemåt hade skymningen redan fallit, och julens stjärna lyste på deras väg.

”Vår son är en god och fin människa”, löd Tyko Jonssons glada budskap till familjen när de trädde in i hemmet.

”Det var då en välsignad jul”, sa Karl-Bertils ömma moder och fick något religiöst i blicken, för den här sagan tilldrog sig som sagt på den tiden då julen fortfarande firades till minne av Kristi födelse.

# Den sista sagan

Niklas Persson låg på sitt yttersta, och bredvid satt hans kära gamla hustru Beata och förtäljde honom den sista saga han skulle få höra i livet.

”Nu när du dör, Niklas”, berättade Beata, ”så far din själ upp till Sankte Per, och han släpper in dig i paradisets eviga nejder.”

”Hur ser den hära själen ut då?” undrade Niklas.

”Ser han ut som jag, eller är det något som faller bort i hanteringen? Har han mustasch, till exempel?”

”Du frågar så dumt, Niklas”, sa Beata. ”Själen har alla dina goda och vackra egenskaper och är skön till att skåda i sin vita fotsida klädnad.”

”Såna där fotsida saker snubblar man väl på om man inte är van, Beata? Är det inte tillåtet med byxor och skjorta tror du?”

”Allt det där blir alldeles självklart för dig bara du är död, Niklas. Och i paradisets nejder får du sedan i evinnerlig salighet lyssna till harpomusiken.”

”Vad spelar dom för bitar månntro? Kan man få önska sig, tror du, som i Det ska vi fira? Undras om dom kan Hammarforsens brus?”

”Sådana världsliga och förgängeliga melodier spelas inte av änglarna uti himmelen, Niklas. Utan att det är himmelska toner av en skönhet och harmoni som du i ditt bräckliga jordiska skal inte kan göra dig en föreställning om. Och så får du föra himmelska samtal med Vår Herre och alla själar som uppstigna till himmelen äro.”

”Tror du Per Nilsson i Backen är där?”

”Ja, Niklas, det tror jag, för han var innerst inne en god och fin människa.”

”Han är skyldig mej tjuge kroner i alla fall. Tror du man kan få tillbaks dom däroppe?”

”I det höga sysselsätter man icke sitt rena sinne med så tarvliga ting som penningar, Niklas.”

”Vad har man för sej då, närmare bestämt?”

”Man för fromma samtal med alla själar och lyssnar till den ljuveliga harpomusiken, har jag ju sagt.”

"Ja, men när man har gjort det en bra stund och kanske tycker att man skulle vilja ha nånting annat för sej, vad gör man då?"

"Man tröttnar aldrig i himmelen, Niklas. Det där förstår du nog inte förrän du är där."

"Kommer du dit så småningom, Beata?"

"Men Niklas då, det vet du väl att jag gör."

"Du är välkommen", sa Niklas. "Får vi bo ihop då, och umgås som normalt är mellan man och hustru?"

"Kära min gubbe, i himmelen har man skakat av sig allt sitt jordiska stoft och trår icke längre till förgängliga jordiska fröjder."

"Det är synd på så rara ärter", sa Niklas eftertänksamt.

"Ingenting är synd i himmelen, Niklas, det vet du väl."

"Men vad ska vi ha för oss då, du och jag? Det finns ju inga drumlar till grannar att prata skit om heller, för dom är väl inte där, kan jag tro."

"Vi skola föra höga samtal om evärderliga ting och vad ovanefter är, och vi skola taga varandras händer och vandra fram genom paradisets ängder i evinnerlig salighet."

"Då blir man väl så småningom rätt så trött i fötterna, Beata?"

"Himmelska fötter blir aldrig trötta, Niklas."

"Bjudes det på snus i himmelens rike, Beata?"

"O nej, allt är där rent och vitt, och inga jordiska laster hyser man begärelse till. Man dväljes där i evighet, omsusad av änglakörens och harpomusikens underbara harmoni."

Då steg Niklas Persson resolut upp från sitt yttersta och levde vidare, för han tänkte att ska det bli som Beata förtäljer så är det allt bäst att man stannar där man är.

Och lever de inte än så är de väl döda.

# TAGE DANIELSSONS Postilla

*Profana prediknigar och betraktelser.*

Med teckningar av Per Åhlin.

1965

# Förord

Enligt vad man försäkrat mig skapade Gud världen på sex dagar, och på den sjunde dagen vilade han. Nu är ju den där teorin svår att smälta för oss moderna människor som tror på femdagarsveckan. Enligt min övertygelse skapade Gud världen på fem dagar och hade sedan långledigt över veckoslutet. Därför hann han inte riktigt med vad han skulle, och världen blev mycket riktigt inte så värst lyckad.

Denna teori har vissa praktiska konsekvenser.

Det framstår som en orättvisa att förespråkarna för en regim som till så stora delar misslyckats med sitt skapelsearbete ska ha ensamrätt att predika i våra statsägda kyrkor på söndagarna. Folk har ju många andra intressen än just kristendom, och det vore inte mer än rätt att olika sammanslutningar, intresseorganisationer och pressure groups i vårt samhälle fick dela upp årets 52 söndagar mellan sig på ett procentuellt kvoterat representativt demokratiskt tillfredsställande sätt. Kyrkorna skulle också säkert bli fullare av folk om högmässan handlade om någonting som verkligen intresserade allmänheten.

Detta förslag behöver heller alls inte ha någon menlig inverkan på prästerskapets möjligheter att göra sig hört. Eftersom vi ju har två vilodagar kunde den religiösa högmässan lämpligen flyttas över till lördagarna. För kyrkans män borde detta vara en idealisk lösning. Kyrkornas tomhet under högmässan skulle få den naturliga förklaringen att folk är ute och handlar, och inga andra orsaker till de tomma bänkarna skulle behöva framkrystas. I radio skulle en sändningstid mellan elva och ett på lördag vara utmärkt för kyrkan, eftersom folk kan beräknas ha apparaterna påskruvade i väntan på Sveriges Bilradio. Och för prästerna själva skulle förslaget innebära fria söndagar; det har ju länge framstått som en social orättvisa att just den yrkeskategori som tror på söndagen som vilodag ska behöva arbeta just då.

Innan detta nya system med profana högmässor på söndagarna blir fullt utbyggt fordras givetvis ett utredningsarbete som kan ge statistiskt underlag för olika intresseinriktningars önskemål om högmässotid. Enligt min mening bör man därvid ta hänsyn inte bara till etablerade organisationer och föreningar utan även till folkgrupper som just genom sin bristande förmåga att organisera sig har särskilt små möjligheter att göra sin stämma hörd, såsom till exempel den breda massan av personer som ingenting begriper. Man bör också se till att inte endast speciella intressegrupper blir representerade, utan också mera allmänmänskliga synpunkter bör få plats i vår nya giv. De som vill ha det lite trevligt, alla de som bara menar väl, har inte också de rätt att propagera för sin livsfilosofi? Även om deras resonemang skulle vara i enklaste laget ska väl inte du och jag, som är mera bildade, sätta oss på våra höga hästar?

Mitt urval av profana söndagspredikningar består av 52 dylika ensidiga konversationer med allmänheten och räcker således lagom till ett vanligt kalenderår. Jag har sökt skära genom befolkningslagren på alla möjliga sätt: horisontellt, vertikalt och på snedden. Jag tror själv att var och en ska finna anledning att någon söndag besöka sin hembygds kyrka för att få med sig ett ord på vägen som passar just honom eller henne, och sjunga med i den lilla sången, som för övrigt tillsammans med betraktelsen även kan användas till morgonandakt i våra skolor, eftersom inget religiöst finns i innehållet.

Det är min förhoppning att statsmakterna anammar detta nya projekt. Chanserna torde vara stora, eftersom regeringen för närvarande tar alla förslag som förefaller lite smått kulturradikala.

# De heliga kornas söndag

Dagens text SÄLJ KORNA OCH KÖP ÖL FÖR PENGARNA!

Församlingen sjunger

*Vart än du går hela världen omkring*
*finner du mängder av heliga ting.*
*Vi som vill supa och svära och slåss*
*tycker att detta är heligt för oss.*

Predikan I Indien är kor heliga. Det tycker vi är löjligt. I Europa är negrer heliga. Det tycker dom är löjligt i Alabama.

Det är skevt allt det här talet om helighet. Tror någon att en neger vill betraktas som helig för att han har ett helvete lite varstans? Det är ju inte det han vill. Det enda tänkbara är att behandla varje ko i hela världen på ett sätt som är värdigt en ko, och varje neger på ett sätt som är värdigt en människa.

Ingen är helig. Ingenting är heligt. Vi är bara en samling lika goda kålsupare allihop, och om korna kunde begripa vad Tage Erlander säjer så skulle dom förbanne mej också ha rösträtt.

Hur ska man nånsin kunna få någon rätsida på samtal människor emellan så länge det är tal om helighet? Hitler är ju inte helig, och inte demokrati, och inte Målle Lindberg, och inte kyskhet, och inte arbetarrörelsen, och inte människovärdet. Olika företeelser är för olika människor olika värdefulla, men kom inte och snacka om helighet. När någonting kommer tillräckligt högt upp på en persons värdeskala är det liksom att det säjer klick, och så är detta något plötsligt heligt. Och då får man inte tala om det längre, eller sätta det i fråga, och framför allt inte skämta om det. Varför då? Det är väl just det man borde tala om, det som är värdefullast?

Om Gud nånsin hade sagt nånting själv så skulle det förmodligen ha varit att låt mej föralldel inte betraktas som helig. Annars vore han en vissen figur. Vem är han, att han vore helig?

Allt som någonsin har utförts i helighetens namn har varit åt helvete. Det finns inget ändamål som helgar några medel. Om Gunnar Hedlund använde stegel och hjul på sina motståndare för att få ett öre mer för mjölken skulle vi reagera, somliga mer, och somliga bondeförbundare mindre. Det är inget att skratta åt. Det är ju ett ändamål som helgar ett medel. Ett öre mer för mjölken kan för en del människor betyda lika mycket som för inkvisitionen att hudflänga kättare eller för Mao Tse-tung att tvätta hjärnor. Men vad är det för heligt med det? Tycker vi ja.

Är korna heliga så är väl mjölken det också. I Indien.

# Preventivsöndagen

Dagens text PÅVEN I ROM GILLAR INTE PREVENTIVMEDEL. DÄRFÖR FINNS DET FÖR MÅNGA BARN I ITALIEN.

Församlingen sjunger

*Om Hamlets moder hade haft pessar*
*så hade aldrig dramat blivit skrivet.*
*Hur kunna vi i förväg få ett svar*
*på vad för slags person vi bör ge livet?*
*Om Henry Millers mamma ätit piller*
*så funnes kanske inte Henry Miller.*

Predikan Mina barn! I ären för många!

Häromdagen mötte jag på gatan en förtvivlad kvinna som kom fram till mig och sade: "Hur skall jag göra? Vad skall jag ta mig till? Varje gång jag sväljer ner ett piller anfäktas jag av den ohyggliga tanken att jag kanske undanröjer en nobelpristagare eller berövar mitt land en ny statsminister. Ack, det känns så tungt!"

Vad skulle jag svara denna kvinna? Skulle jag svara henne att hon inte skulle taga sitt piller? Men tänk då om det varit en Djingis Khans eller en massmördaren Landrus blivande mor som frågat mig? Hade världen blivit sämre om modern i så fall svalt ned sitt piller?

Eller skulle jag svara henne: "Tag du ditt piller, kvinna!" Vem är jag att tala så? Kanske hade kvinnan rätt? Kanske skulle hon ha framfött ett geni som kunnat lösa just det problem varom dagens text handlar, problemet om jordens överbefolkning! Då hade jag stått där med min tvättade hals!

Nej, det är sannerligen inte lätt att råda en människa i denna situation. Och de som ha ett svar till hands, de som utan vidare betrakta det såsom synd att undvika barnalstring, ha de tänkt på konsekvenserna? Ha de tänkt på att om de predika sin lära för denna kvinna, så måste hon oavbrutet bedriva älskog, ty varje stund hon icke idkar sexuellt umgänge tar hon ju livet av en massa folk!

Nej, det är sannerligen inte lätt. Och ändå tala vi här om ett enstaka fall, en enstaka stackars vilsen kvinna i vår till trängsel uppfyllda värld. Vända vi blickarna ut mot denna värld inse vi genast att vår enstaka kvinna, liksom alla andra människor, måste uppfordras att tänka lojalt och internationellt. Ty när maten tar slut, vem föder då våra barn, om vi inte själva hamstrat i lönndom? Och det är fult att hamstra.

Måste vi då säga människorna att det ska inte vara mer barn här? Nej, det vilja vi ju inte. Alldeles tomt skall det väl icke bli. Skola vi då ransonera och utminutera exempelvis tvenne barn per par? Om varje herre i världen hade två barn, en pojke och en flicka, med var sin dam, så skulle det ju alltid bli lika mycket folk på vår jord, om man räknar med att föräldrarna i normal takt förpassas till de sällare jaktmarkerna.

Sådana tankefoster äro dessvärre fåfängliga. Människan är ett svagt käril. Det kommer alltid att finnas samhällsfarliga element som skaffa sig både tre och fyra avfödor.

Nej, bort våra fåfängliga tankar! Låt oss i stället gemensamt lyssna till profetens ord! Så talar profeten:

”Mina bröder! Jag hade en dröm i natt. En syn kom för mig, och en röst viskade i mitt öra: ’Det behövs tre revolversvarvare i Sundsvall, sexhundra poliser i Stockholm och åtta timmermän i Gällivare.’ Jag såg i min dröm ett arbetsförmedlingskontor. Därefter vaknade jag.

Jag sökte tyda denna dröm, och dess budskap framstod småningom för mig klart såsom kristall. Problemet med jordens överbefolkning bör överlåtas på arbetsmarknadsstyrelserna runtom i världen, det var drömmens budskap till människorna. Arbetsmarknadsstyrelserna skola räkna ut hur många barn det normalt bör finnas i olika regioner. Därpå skola de regelbundet räkna över det verkliga barnbeståndet i vederbörande regioner och upprätta listor på lediga barnplatser på den ena eller den andra orten. Via massmedia skulle man sedan, precis som med revolversvarvarna i min dröm, kungöra dessa lediga platser: två flickebarn i Omsk, ett välartat gossebarn i Burträsk och så vidare. Hugade föräldrar skulle sedan skicka in ansökningshandlingar till närmaste förmedling, och de som då kunde uppvisa de bästa betygsavskrifterna från skolans sexualundervisning och från tidigare hustrur och män skulle bliva välsignade och få tillstånd att tillverka barn i den omfattning omständigheterna medge. Sålunda tydde jag min syn som jag undfick i drömmen.”

Så, mina barn, kunna vi leva vidare, i varje fall somliga av oss. Så kunna vi se till att det hela tiden finns lagom mycket folk för att äta upp den mat som står till buds. Så kunna vi även lösa de etiska problemen i samband med användningen av preventivmedel: myndigheterna bestämma, och individen slipper skaffa sig någon egen moral.

Mina barn! Gån ut och föröken eder och uppfyllen jorden, men måttliga korvar!

# Organisationssöndagen

Dagens text SALIGA ÄRO DE KOLLEKTIVANSLUTNA, TY DE KUNNA SE ARNE GEIJER I ANSIKTET.

Församlingen sjunger

*En droppe, droppad i livets älv,*
*har ingen kraft till att flyta själv.*
*Det ställs ett krav på varenda droppe:*
*hjälp till att hålla de andra oppe!*

Predikan Jag vill berätta för dig om en kugge. Denna kugge som jag vill berätta om var en av de många kuggarna på ett litet kugghjul i en stor fabrik som var avsedd för tillverkning av hushållsassistenter. Nu förhöll det sig emellertid så med vår lilla kugge att han var lite dåligt filad. Ingen hade upptäckt detta fel hos honom, men felet fanns där icke desto mindre.

Nå, fabriken spottade oförtrutet ut hushållsassistenter på de löpande banden i fabrikshallen, skinande fina hushållsassistenter som för blotta ögat voro en fröjd att betrakta. Assistenterna distribuerades i sinom tid till sina respektive varuhus, och husmödrarna som handlade i dessa varuhus köpte stundom en eller annan.

Låt oss för ett ögonblick lämna vår lilla kugge i sin fabrik och följa en av dessa husmödrar hem, där hon går med sin nya hushållsassistent i sin kasse! Hon är glad över sin assistent, och ivrig att få komma in i sitt kök och undersöka alla dess fördelar. Där öppnar hon dörren till sin lägenhet, där går hon trallande in till arbetsbänken i köket, där ansluter hon hushållsassistenten till det elektriska nätet. Vad tänker hon nu sätta sin assistent på för eldprov? Hon tänker låta den knåda degen till sina vetebullar! Degens ingredienser försvinna en efter en in i assistentens innanmäte, och vår husmoder trycker på knappen. Till sin glädje finner hon att assistenten knådar av hjärtans lust. Länge håller den på med sin knådning. Det är en flitig hjälpreda jag har fått, tänker husmodern, den knådar ovanligt länge. I två timmar väntar hon, full av förtjusning över att slippa knåda själv. Så tänker hon att det nog är bäst att stänga av och titta efter hur degen har blivit. I assistenten finner hon en hårdknådad boll, synbarligen av betong eller cement!

Hur har nu detta kunnat ske? Hade husmodern gjort fel? Var strömmen för stark? Nej! Här återkomma vi till vår lilla kugge i fabriken, som du kanske minns från nyss, kuggen som var lite dåligt filad. Denna lilla kugge, på sitt lilla hjul i den stora fabriken, den var den som åstadkommit husmoderns betongliknande degklump!

Här är min liknelse slut. Vart vill jag komma? Jo, jag vill peka på *dig* och säga: ”*Du* är den lilla kuggen i maskineriet, den lilla kuggen som kanske är dåligt filad!”

Organisationerna behöva *dig*!

Organisationerna, vad menar jag då?

Jag menar att varje människa är en liten kugge i organisationernas väldiga maskineri. Då gäller det för dig att ställa en fråga till dig själv: ”Är jag en riktig kugge, eller är jag kanske lite dåligt filad?”

En knop löses upp, eller en falukorv blir för hårt stekt i skogen. Då är en kugge dåligt filad i scoutrörelsens maskineri. En stol står tom på kursen i samhällsekonomi. Då är en kugge dåligt filad i ABF-maskineriet. Ett beslut blir icke enhälligt i en fråga om strejkvarsel. Då är en kugge dåligt filad i Landsorganisationen.

Är det inte en underbar tanke att varje människa är en liten kugge i varje maskineri? Om alla kuggar vore riktigt fint filade i alla maskinerier, om alla människor, du och jag och de andra, alla, vore med i alla organisationer, ja, då skulle det inte bli några hårda betongbollar i hushållsassistenten! Nej, mina vänner, då skulle det minsann bli en riktig deg!

Låt oss alltså gemensamt knåda fram ett segt och mjöligt samhälle där våra barn kunna växa fast med djupa rötter!

# Nykterhetssöndagen

Dagens text UR BARNS OCH FYLLBULTARS MUN FÅR MAN HÖRA SANNINGEN. MEN NI KAN VÄL TRO PÅ OSS OCKSÅ!

Församlingen sjunger

*Det stiger en jublande sång ifrån IOGT.*
*Det stiger en liknande sång ifrån krogen breve.*
*Vad är rätt och fel? Alla är glada –*
*jada!*
*Det är det som gör skillnan så rasande trist på en halv och en hel nykterist.*

Predikan Det är roligt att vara nykter. Jag upprepar det: *det är roligt att vara nykter!* Hör ni inte vad jag säger?! DET ÄR ROLIGT ATT VARA NYKTER!

Ofta talas det om hur människor i svåra situationer inte kan avhålla sig från spriten. Man flyr från verkligheten med alkoholens hjälp. Då frågar jag er: Varför just alkohol, om man har det svårt, eller tråkigt? Varför inte lika gärna gå ner på logens lokal och dansa slängpolska och leka apelsinleken?

IOGT kallar dig. IOGT vill ha just dig ibland sig. IOGT gör allt för att du ska känna dig som hemma. Våra Merlinoflaskor liknar intill förvillelse vanliga vinflaskor, våra lekar är så avancerade i sin uppskruvade glädje att de knappast kan skiljas från en berusads påfund, vår hambo går ledigt i all sin svettiga charm upp mot en småfull docents nigande krumbukter efter andra groggen, ja, hela vårt beteendemönster påminner så till den grad om en full persons glada uppträdande att om man kom in i godtemplarlokalen utan att ha sett skylten över dörren så skulle man kunna tro att man var på fyllskiva. Varför kommer ni då inte till oss, ni som dricker? Vi har ju allt ni kan önska er, utom just sprit!

Till och med vårt tal liknar ofta intill sammanblandning rent fyllsnack. Vi vill ju bara få vara som ni! Vi vill också vara glada! Kom till oss! Hjälp oss att hålla ångan oppe! Snälla ni! Det är inte så lätt utan en droppe starkt.

# Söndagen efter

Dagens text DÄR VINET GÅR IN SLINKER STUNDOM VETTET MED.

Församlingen sjunger

*Tog en man ett glas i går*
*gör det ont i mannens hår.*
*Ska han då i skallen drämmas*
*att han bör ha vett att skämmas?*

Predikan Låt mig berätta för er ett vittnesbörd från en man som upplåtit sitt innersta för mig.

Mannen talade till mig och sade: ”I går skaru se att jag var riktigt full. Eftersom att det var ju lörda vetdu. Och frugan var med och körde bilen hem och barnvakten fick en femma extra, eller en tia eller vad det blev, och sen att sova då såsom en stock, vet du. Men det är sen, du förstår, när man då vaknar på söndamorron, det är det jag ville snacka om.”

Mannen sade ”snacka”, inte ”tala”. Jag citerar mannens egna ord för att ge min berättelse en sanningens prägel. Själv skulle jag givetvis inte uttrycka mig på det sättet. Jag talar som en bok, men denne man, mina kära vänner, denne man talade som en sann, ehuru obildad, *människa*!

Mannen fortsatte:

”Jo då alltså på söndamorron, då vaknar man va, och huvet känns som en filbunke, och barna kommer in och sorlar och sorlar. Men har du tänkt på det att så vänlig och snäll man känner sej i kroppen fast att man är trött som en dammtrasa. Har du tänkt på det?”

Jag svarade att jag inte hade tänkt därpå. Jag dricker aldrig.

”Jomen du förstår”, fortsatte mannen, ”att dom säjer ju att när man har druckit sprit så är man inte som en människa, men du vet att jag tycker liksom tvärtom att man blir mer mänsklig än vanligt utav det där. Man tycker liksom mer om alla människor, och särskilt då hustru och barn. Faan jag kramar om dom så dom skriker om söndagarna! Och där går man omkring och har det fint och tar en diskhandduk då och då och försöker torka en tallrik och hjälpa till lite, och sen kör kanske frugan hela hydet till Skansen och det blir våfflor, inget knussel, fast inte för mej, för jag tål ju kanske inte våfflor just då. Du vet hur det är. Men själva känslan, menar jag, den är det inget fel på. Och sen då så tonar man ju opp lite vartefter som dagen den lider, och när middagstimmen är inne är man nästan som vanligt så man kan ta sej en liten jävel till slottssteken. Och *då,* vet du, då kan man närapå ta hela världen i famn!"

"Men du", fortsatte mannen, "du, dom säjer att man är så dålig när man är så där. Hörru du, är det så? Är man dålig då? Va? Hörru du! Är man dålig?"

Så slutade mannen sin berättelse i en fråga som angår oss alla. Är man dålig, frågade han enträget, om man efter en våt kväll upplever en dag som, trots trötthet och kanske till och med tillfälligt illamående, vidgar ens medmänskliga vyer? Detta är själva kärnpunkten i mannens frågeställning.

Och vad svarar man en man som frågar så? Man kan tycka att han gjort fel. Man kan tycka att spritförtäringens demoner ansatt honom och gjort honom blind. Men, mina vänner, man kan också svara en sådan man så som jag svarade denne, man kan svara honom att han gjorde rätt. Ty är det inte så med oss människor att en riktig bläcka då och då rensar upp i ens inre och får en att se omvärlden i ett ljus som den egentligen, tyvärr, inte skiner med?

Nu drar sig klockan mot halv ett, ser jag. De som ha lust att hänga med på en bättre lunch på något näringsställe samlas vid östra ingången.

# Plastsöndagen

Dagens text MÄNNISKAN DÖR OCH BLIR TILL STOFT, MEN DE PLASTPÅSAR HON KASTAT I MARKERNA KOMMA ATT FÖRBLIVA I EVIGHETERS EVIGHET.

Församlingen sjunger

*Kong Christian stod ved højen mast,*
*men han var inte gjord av plast.*
*Emedan ej av plast han var*
*står han nu inte längre kvar.*

Predikan Människor, och särskilt konstnärer av olika slag, till exempel författare, operasångare och gyttjebrotterskor frågar sig ofta: ”Kommer mitt namn att leva när jag är död? Är mitt verk tillräckligt genialt för att intressera även kommande generationer?” Denna fråga kommer i sinom tid att få sitt svar, men eftersom det dröjer ett bra tag kan vi väl dryfta problemet i största allmänhet.

I konstens värld äro många kallade, men få utvalda. Alla kan inte vara en Goethe eller en Picasso, och alla heter ju mycket riktigt inte heller så. De flesta kommer att glömmas redan under sin livstid; en hel del minns man ju faktiskt bara i en fem tio minuter så där.

Vi har alla ett gemensamt intresse av att vår generation på något sätt gör sig påmind i eftervärlden – det är ju alltid skojigt att bli ihågkommen. Om vi nu känner på oss att våra konstnärer kanske inte är så värst bra – det mesta är ju rena smörjan, har jag läst i recensionerna – finns det då inget annat sätt att gå till eftervärlden än att vara en baddare på att göra konst? Jo, mina vänner, det finns ett sätt. Vi kan bli odödliga med hjälp av plast!

Kanske har vi inte i vår krets så många snillen och genier som tidigare generationer, men vad vi har, så har vi skickliga PR- och reklammän. Låt oss låta dem låta oss bli odödliga med plastens hjälp! Plast har den egenskapen gemensam med exempelvis Othello av Shakespeare eller Trollflöjten av Mozart att den inte angripes av tidens tand. Den bara finns där, jämt.

Nå, om vi nu låter utföra allt reklammaterial, bokkataloger, annonser, affischer, program, Röster i Radio-TV etc., i plast, vad händer då? Jo, katalogerna slängs bort, affischerna rivs ned, Röster i Radio-TV hamnar på hemlighuset – *men de lever vidare!* I en avlägsen framtid spolas kanske Bonniers realisationskatalog upp på Mindre Asiens kuster, att ivrigt läsas av framtida mindre asiater; om 500 år kommer en man i Brazzaville att på omslagspapperet till en Orreforsvas från Svenska U-landshjälpen underrättas om Skidfrämjandets soaré i läroverkets aula under medverkan av bl.a. Kjerstin Dellert; när vi längesedan uppätits av maskar skall en boy-scout i den sönderfrätta brevlådan till ett ödetorp i trakten av Oxelösund till sin häpnad finna ett kort i fyrfärgstryck med inskriften: ”Ni såg väl Cecilia Bruce i Hylands Hörna? Hör henne på skiva!”

På detta sätt kan vi dagligen och stundligen göra oss påminda i en visserligen kanske irriterad eftervärld. Och förresten, är de så korkade att de inte spontant vill ta del av Åke Ohlmarks memoarer och Sven-Ingvars insjungning av Fröken Fräken så kan vi ju alltid förstöra naturen för dem genom att kasta plastpåsar där. Det kan de gärna ha.

*Var god lägg denna bok i en plastpåse när ni läst den!*
*Man vet aldrig!*

# Fastesöndagen

Dagens text DET ÄR ICKE LÄTT FÖR ALFRED HITCHCOCK ATT KOMMA IGENOM ETT NÅLSÖGA.

Församlingen sjunger *Nog vore jorden fagrare*
*om folk var lite magrare?*

Predikan Kära fetknoppar! Låt oss i dag se sanningen i vitögat: vi äro för tjocka! Vi kunna icke längre sticka under stol med vår enorma fetma! Kolhydraterna överfalla oss i svärmar likt Egyptens gräshoppor! Det är ett helvete att det skall finnas så mycket mat runt omkring oss!

I natt, när jag som vanligt inte kunde sova på grund av de häftiga peristaltiska rörelserna i mitt inre, kom det för mig en syn. Jag såg en tallrik osockrad filmjölk och en halv grapefrukt, omstrålade av ett överjordiskt sken.

Må denna syn utstaka en ny väg för oss smällfeta isterbukar! Må denna filmjölk och denna halva grapefrukt bliva det halmstrå som, om det inte går av, håller oss uppe ur fördärvet!

Låt oss gemensamt, från och med nu, offra våra gödda kalvar på idealmåttens altare! Låt oss, när vi kommer hem, lägga tillbaka de tinande ankorna och fläskläggarna i frysboxen! Där kunna de ligga, kommande släktled till varnagel, som ett frostigt monument över en dömd generation.

Ursäkta mig att jag tar i så här, men det måste till eld och svavelångor för att ge oss kraft att gå ner några kilo.

Böjen således edra fetthjärtan över filmjölken och begrunden att människans skinn icke mår bra av att tänjas ut i det oändliga! Och tänk så vackra vi skola bliva allesammans! Vilka nätta kläder vi kunna tränga oss in i! Vilken liten plats vi komma att taga!

Och framför allt: vilken massa mat vi sedan kunna äta innan vi åter bliva så tjocka som vi nu äro!

# Första söndagen efter fastan

Dagens text MEN VAD SKALL Å ANDRA SIDAN ALFRED HITCHCOCK GENOM ETT NÅLSÖGA ATT GÖRA?

Församlingen sjunger

*Vi kunde ej. Vi ha försökt,*
*men bantningen gick alltför trögt.*
*Det är ej gott för mänskans sinne*
*att hon blir mager som en pinne.*

Predikan Kära rundnätta församling! Jag hade fel i söndags. Förlåt mig! Det är nog inte så farligt att äta lite gott. Om naturen hade velat att vi skulle vara magrare hade den väl inte gjort den godaste maten så kaloririk, tänker jag.

Julius Caesar, som ju inte var tappad bakom en vagn direkt, ville se feta män omkring sig. Och i Afrika äro de tjockaste fruntimren mest eftertraktade. Med någon ansträngning kunna vi kanske förmå oss att se på de feta damerna omkring oss med våra svarta vänners lystna blick?

Eftersom det nu finns så mycket vispgrädde i vårt avlånga land så vore det ju synd om den skulle förfaras. Vi behöva all den näring vi kunna få. En kropp fylld med näringsämnen har större motståndskraft mot vissa infektioner. Om man inte äter ordentligt kan man också få skörbjugg eller beri-beri. Man vet visst inte exakt vad som orsakar dessa bristsjukdomar, har jag hört, och därför är det bäst att äta allting. En tårtbit som ligger kvarlämnad på sin tallrik kan åstadkomma de smärtsammaste skörbjuggsanfall. Äter man tårtbiten kväves kanske skörbjuggen i sin linda.

Och så blir man som bekant fryntligare om man är korpulent. Magra personer äro ofta sura och gnetiga, och dessutom se de klena ut. Samt flyta sämre i vatten.

Med sådana resonemang måste vi ständigt övertyga varandra om att vi ha rätt, vi som icke stå ut med att avvara våra tre stadiga mål om dagen. Utan nattsmörgås, konfekt och bakelser av den kladdiga sorten äro vi prisgivna åt depression och självmordstankar. Tyck om oss tjockisar! Kalla oss levnadskonstnärer! Låt oss få vara gemytliga i fred, era förbannade kalorijägare!

# Stressöndagen

Dagens text: VI SPRINGER OMKRING SÅ LÄNGE, SÅ VI FÅR TÄNKA SENARE.

Församlingen sjunger: *Denna visa blev inte lång.*
*Vi hinner inte nån annan sång.*

Predikan: Mina vänner! Vänner! Vi blir inte lyckligare av att jäkta runt. Var var jag? Jäkta runt. Vi måste stanna upp och tänka efter vad vi ska säga varandra och framför allt vad vi ska säga varandra. Varför har vi så bråttom? Vad vinner vi med det? Och en annan sak: varför har vi så bråttom? Med det vinner vi ju ingenting. Och vad hjälper det förresten en människa om hon vinner hela världen men förlorar sin vad var det nu jag skulle säga. Varför har jag inte lämnat in receptet? Ursäkta mej. Vi måste tänka efter. Eller har jag lämnat det och fått ut pillerna? Man vinner inget med att jäkta runt. Ringde det? Låt oss, försöka stanna upp. Tog jag bilen hit? Var la jag nyckeln? Är det någon i församlingen som har hittat en bilnyckel? Vänner! Vi måste stanna upp och tänka efter! Gå inte! Tänk efter! *Har* någon sett en bilnyckel? Nej! Stopp! Tänk efter! Är det slut nu? Vad är klockan? Är jag klar? Taxi! Taxi!

# Civilförsvarssöndagen

Dagens text PLATSER SOM AV FIENDEN UTSES FÖR BOMBFÄLLNING SKOLA UTRYMMAS I GOD TID FÖRE KREVADEN.

Församlingen sjunger *Det är detta enda som saken gäller:*
*att ej vara där när det smäller.*

Predikan Jag skulle vilja tala med er om en hink sand.

En hink sand – vad menar jag då?

En hink sand kan te sig oansenlig och betydelselös där den står i ett hörn, i fredstid uppmärksammad av ingen. Folk går förbi hinken, kastar kanske ett förstrött öga på den och säger till varandra: "Ser du, där står en hink sand", eller kanske: "Jaså, där ha vi en sandhink."

Intet kunde vara felaktigare. Ty det är inte bara en hink sand du ser där du tanklöst passerar – nej, det är något vida mer. Det är själva grundvalen för ett starkt civilförsvar!

Vad menar jag då?

Jag menar att skulle olyckan komma över oss, skulle kriget rasa runt våra knutar, då kommer minsann ingen att slött gå förbi en hink sand, ryckande på axlarna. Tacksamt kommer då var och en av oss att rusa fram till hinken, gripa tag i den, lyfta den, känna dess tyngd som en trygghet och ett stöd i en trängd situation.

Vad menar jag då?

Jag menar att falla bomber över oss, tar det eld i våra hus, står vårt fosterland i ljusan låga – var stode vi då utan en hink sand? Hälles hinken över den röde hanen är ju faran avvärjd! Strös sanden över de glupska lågorna slockna ju dessa!

Därför, mina vänner, är det jag talar till er om en hink sand.

Och jag menar då inte en enstaka sandhink, nej, jag avser en bland många. Liksom ett försvar inte byggs upp av en enda soldat – det vore ju ingen idé – så byggs inte heller ett civilförsvar upp av en enda hink sand. Långt därifrån! Var och en av oss måste draga sin hink sand till stacken, var och en måste ständigt ligga i högsta sandhinksberedskap! Stå vi där, sida vid sida, miljoner frihetsälskande svenskar, med var sin hink sand, fast beslutna att förgöra

fiendens eld – ja, då vill jag se den främmande makt som inte tänker sig för både en och två gånger innan den anfaller. Ett land överlupet av sandhinkar är en ointaglig fästning.

Nu hör jag någon säga: ”All right, men atombomber bita inte ens sandhinkar på.”

Ja, vad svarar man på sådant tal? Det är sant att sandhinkar inte bita på atombomber. Det är sant – vad mera? Vad menar ni att vi skola göra då? Lika gärna som vi bara stå där och glo kunna vi väl hälla en hink sand över eländet? Stolta, rakryggade, i förvissningen att vi ändå gjorde vad vi kunde, skola vi sedan fara hädan i abonnerade bussar, enligt uppgjort schema.

Detta var vad jag ville säga eder om en hink sand.

# Kungasöndagen

Dagens text DET ÄR ETT HELVETE ATT VARA KUNG.

Församlingen sjunger

*Konung, du som krona bär,*
*du får aldrig bli vulgär!*
*Aldrig, hjässa som är smord,*
*får du säga fula ord!*
*Så det är väl ganska troligt*
*att du inte har så roligt.*

Predikan En dag när jag vandrade gatan fram mötte jag en man i hermelinsbrämad mantel. Han bar en spira i ena handen och ett äpple i den andra, och på huvudet hade han en gyllene krona. Mannen bad mig med bevekande blick att få slå följe med mig. Jag sporde honom om anledningen härtill, och han svarade att han plötsligt överfallits av en lust att göra sig en trevlig kväll i någon glad väns lag. Smickrad över att han kallade mig, en vanlig enkel man, för sin vän, svarade jag att jag gärna ville bifalla hans begäran och tillfogade att jag var på väg till Gröna Lund. Han genmälde att detta lät kul.

Så ställde vi då våra steg till nöjesetablissemangets festligt upplysta fasad. Jag betalade mina tre kronor i entré, men min nyblivne vän visades gratis in av vaktmästaren. Min vän verkade besvärad härav men gick ändå in med ett lätt leende och en liten vink med handen åt vaktmästaren.

Vi begåvo oss till porslinskrossningsståndet för att pröva vår lycka. Inte heller här ville man acceptera min väns framsträckta femtioöring utan räckte honom tre bollar gratis. Min vän verkade nedslagen härav, och trots att han krossade den erforderliga mängden porslin för att få välja mellan en kam och en kulspetspenna hade han uppenbarligen svårt att riktigt glädjas över sin kulspetspenna.

När vi så hunnit fram till gamla dansbanan fick jag använda hela min övertalningsförmåga för att förmå min blyge vän att bjuda upp en dam vars nätta utseende han tydligen fattat tycke för. Slutligen gav han efter, och medan jag höll hans spira och hans äpple åt honom svävade han kring med sin dam i en smäktande vals. Damen fnittrade generat till en början, men så småningom övergick hennes attityd till att bli mer korrekt och högaktningsfull.

När min vän, uppvärmd till sinnes av valsrytmen, kom tillbaka till mig, föreslog han att vi skulle stanna kvar vid dansbanan en stund, om jag inte hade någonting emot det. Jag förstod nog att han kände sig dragen till damen han dansat med, och att han nu ville vänta tills det blev damernas dans för att se om hans känslor voro besvarade.

Och mycket riktigt, när damernas dans var inne fick min vän något oroligt avvaktande i blicken och bytte flera gånger fot där han stod. Han tittade aldrig åt damens håll, men jag för min del kunde givetvis ostört betrakta henne. Hon stod och liksom tycktes tveka, jag tror jag kan säga att hon nästan påbörjade ett steg fram emot oss. Men så for över hennes ljusa drag en skugga av högaktning, ja, nästan vördnad. Långsamt och liksom dröjande vände hon sig om och gick därifrån.

Min vän stod en stund och bytte fot tills han insåg att det hela var hopplöst. Och det var då som han med en underton av förtvivlan i stämman sade till mig de ord som ännu ringa i mitt öra. ”Min vän”, sade min vän, ”min vän, bliv aldrig en symbol! Det är icke gott för en människa att vara symbol. Till symboler borde man icke utse människor, utan oskäliga varelser eller ting: en häst, en igelkott eller en plastfigur. Varför är jag, av alla människor, förmenad den mänskliga rättigheten att bli uppbjuden på damernas vals? Varför? Varför?”

Jag visste icke hur jag skulle kunna trösta min vän.

Jag föll ned i stoftet och kysste hans hermelinsbrämade mantel.

# Äldre revolutionärers söndag

Dagens text DET VAR MERA RULLE PÅ 30-TALET.

Församlingen sjunger *Kan det va rätt att våra söner*
*har så förbannat höga löner?*

Predikan Kamrater! Upp till kamp! Låt oss slå oss loss ur bojorna! Störtas skall det gamla snart i gruset! Stora uppgifter väntar vår tropp under de röda fanorna! Det är en skriande orättvisa att sjuka arbetares familjer får försmäkta av hunger! Inför sjukersättning för alla! Va? Är det redan gjort? Nå.

Upp till kamp i alla fall! Ge kvinnorna rösträtt! Va? Jaså.

Front mot arbetslösheten! En skam är arbetslösheten! Avskaffa den! Vadå? Avskaffad? Jaha.

Men proletariatets diktatur då, är den införd? Inte? Jaså. Nå då så.

Kamrater! Proletariatets diktatur är vår räddning ur nöden, vårt hopp inför framtiden och vår enda väg till rättvisa! Låt oss kämpa för den, om än blod må flyta! Vadå? Ska jag ha det där? Folkpension och ATP och guldklocka och medalj? Tack tack. Jaha. Då går vi väl hem då var och en till sitt. Det var i korta ord vad jag hade att säja.

# Yngre revolutionärers söndag

Dagens text ARVET FRÅN VÅRA FÄDER FÖRPLIKTAR, MEN DOM ÄR JU INTE DÖDA ÄN, SÅ VI FÅR VÄL VÄNTA TILL BOUTREDNINGEN.

Församlingen sjunger

*It's been a hard day's night,*
*and I've been working like a dog.*
*It's been a hard day's night,*
*I should be sleeping like a log.*
*In fact, I think I will.*

Predikan Mina damer och herrar!

I dagens läge kan jag inte klart uttala mig om vid vilken tidpunkt vi kommer att hårt gå på den linjen att kyrkan skall skiljas från staten. Trycket från vissa pressure groups är i dagens läge så starkt att det torde vara mindre lämpligt att just nu, eller kanske ens inom överskådlig framtid, ta upp frågan i vederbörande instanser. Respektive arbetsgrupper och utredningskommittéer har anmodats att i dagens läge lägga ärendet i fråga till handlingarna utan åtgärd.

Vad beträffar frågan om ökad ekonomisk likställdhet i största allmänhet och likaså frågan om mänskliga rättigheter av olika slag är dessa problemkomplex i dagens läge så inflammerade att det vore otaktiskt, för att inte säga dumdristigt, att överhuvudtaget i dagens läge föra dem på tal med tanke på marginalväljarkaderns strukturella fördelning i valkretsarna. Vi får i stället gå fram med våra krav beträffande kostnaderna för högertrafiken, där vår linje i dagens läge är att dessa kostnader inte bör läggas enbart på bilförarna utan till åtminstone några procent tas ut av kommunerna, om inte staten anser sig kunna träda emellan. Det blir hårda tag på den kanten, så där kommer vi att få kämpa till sista blodsdroppen.

Vidare kan jag meddela att styrelsens traktamenten är höjda till 60 kronor dygnet, vilket är tillstyrkt av arbetsutskottet och helt i sin ordning i dagens läge.

Så ska väl inte jag bli långrandigare, utan att nu äter vi först, och därefter vidtar dansen. Skål, mina damer och herrar!

# Könsrollernas söndag

Kungörelse

På grund av ämnets ömtåliga karaktär kommer vi efter den gemensamma sången att uppdela predikan i två avdelningar: endast för herrar kl. 11.15, endast för damer kl. 11.45. Damerna får vänta utanför under tiden.

Församlingen sjunger

*När ska vi någonsin kunna försona*
*skapelsens klave med skapelsens krona?*

Predikan för herrar

Mina herrar! Nu när vi kan tala ostört med varandra så kan vi väl först komma överens om en sak: vi måste göra något åt det här med damernas rättvisekrav. Det var väl all right så länge ingen sa någonting, men nu har ju några damer dragit upp frågan gång på gång under en längre tid, och då måste något göras. Det skulle se illa ut annars. Vi skulle komma i en löjlig dager om vi inte gick med på de rätt självklara kraven om lika lön och lika möjligheter. Vi gör ju en hel del för de underutvecklade länderna, och det skulle nog se bra ut om vi tog och slog ett slag för damerna också. Själva klarar de naturligtvis inte av den här saken, för det har ju med politik att göra. Och för övrigt är det tydligen inte så många damer som har insett att de bör få det likställt. Då måste vi ju hjälpa dem att inse det till att börja med. Ni tycker kanske att det är emot våra egna intressen, men för det första får vi ju inte verka reaktionära, och för det andra kan vi väl, när vi nu själva för saken på tal, dirigera resonemanget så att följderna inte blir rent katastrofalt rättvisa, utan mera moderata. På så sätt gör vi oss själva en tjänst i det långa loppet, samtidigt som vi räddar ansiktet.

Gå nu ut och missionera! Någon kan väl säga till damerna att de kan komma in och sätta sig.

Predikan för damer

Mina damer! Ni är vackra som små ängsblommor allesammans! Jag skulle kunna gå genom eld och vatten för er! Jag vill att ni ska ha det bra! Inte ska ni ha sämre betalt än vi herrar! Nu må ni tro att vi ska hjälpa er så ni blir likställda med oss! Det är ju klart att i somliga familjer tjänar ju mannen mer än hustrun, och då har han förstås inte tid att vara hemma så mycket, så i dylika fall måste det som ni förstår vara bäst om hustrun är hemma mera, eftersom hon ju inte tjänar så mycket som han. Hon måste ju vara hemma, nämligen. Annars kan ju inte mannen tjäna så mycket. När nu hon inte tjänar så mycket som han eftersom hon är mera hemma, så måste det ju vara bättre för familjens ekonomi att hon är hemma. Det förstår ni, vad? Små förtjuserskor! Men i princip ska givetvis alla ni änglalika varelser ha det lika bra på alla sätt som vi män. Om inte bättre! Vi unnar er allt gott! Vi lovar att vara snälla och hjälpsamma. Vill ni gå på bio, så gå bara! Vi stannar gärna hemma hos barnen, om vi är hemma!

Och ni må tro att vi ska tala med alla elaka politiker som inte gör tillräckligt mycket för er! Vi ska minsann visa dom att dom lever! Allt ska bli så bra. Jag tycker så mycket om er! Tycker ni lite om mej också?

Har den blonda damen på sjätte bänk något emot att vi gör sällskap hem? Så kan vi kanske på tu man hand diskutera oss fram till en vettig lösning?

# Vårsöndagen

Dagens text GLÄD DIG I DIN KNOPPNING, TY SNART SKALL DU VARDA UTSLAGEN!

Församlingen sjunger

*Vad fröjd det är att finnas till*
*i livets klarnande april!*
*Vad kan en planta mera önska*
*än denna första späda grönska?*

Betraktelse Livets skiften speglas i naturens växlingar. Blommorna knoppas, slå ut, blomma, sätta frukt, vissna och dö. På samma sätt är det med oss människor.

I vårt predikoår äro vi nu framme vid den underbara tid då bäckarna porla sitt livsbejakande porl och hela naturen gnuggar sina klara ögon. I människornas bröst stiger en gåtfull längtan.

Låt oss gemensamt begrunda tidens flykt!

Nils hette en ung man i livets vår. Han bar som alla andra unga män en stor längtan inom sig. Men Nils' längtan var så väldig att den inte fick plats i hans bröst. Den sköt skott ur hjärtats rötter, banade sig väg upp mot solen, bröt igenom hjässans hårda skal och stack upp sin skira knopp på Nils' huvud. Nils' fromma moder förundrades storligen, och emedan hon icke kunde förstå detta som hänt förstod hon att det var ett underverk. Hon vårdade ömt den lilla plantan, vattnade den försiktigt, på det att Nils icke måtte bli våt på kavajen, och förfärdigade åt sin son en hatt av cellofan som skyddade Nils' längtan mot de ibland alltför hårda vårvindarna.

Allteftersom vårdagarna blevo längre och ljummare växte Nils' längtan, och i början av maj slog den på allvar upp sin blåa blomma. Det var en krokus.

Om aftonen innan Nils somnade böjde blomman sin stjälk och viskade förunderliga ting i hans öra. Den viskade om ära och rikedom, om resor till fjärran länder, om rymdpiloter, om 007, om en fullständig elgitarranläggning, om nobelpris i kemi, om Volvo P 1800. Ibland viskade den också om trygghet på ålderdomen, ty ungdomens tankar äro långa långa tankar. Men mest av allt viskade blomman om kärlek.

Ju längre våren led desto enträgnare bad Nils sin längtan att enbart viska om kärlekens fröjder. Annan längtan sköts på framtiden. Allt vidare slog den blå blomman ut sina blad, och allt högre talade den till Nils om detta stora som måste hända honom, om icke hans hjärta skulle brista.

Äntligen mötte Nils en dag i maj sin första kärlek. Hon fann behag i honom och i hans nu helt utslagna krokus. ”Din längtan är så vacker, Nils”, sade hon när de om aftonen stodo i hennes port och hon lyfte blicken upp till blomman som avtecknade sig i dunklet mot tavlan med namn på husets hyresgäster. Då böjde sig blomman ned mot flickans öra och viskade stilla: ”Flicka, kan inte Nils och jag få följa med upp på rummet?”

Flickan kunde icke motstå blommans makt. Denna majnatt lågo de tre i samma säng: flickan, Nils och Nils' längtan.

Men när Nils vaknade hade blomman vissnat.

Nils blev bedrövad och grät, ty han hade älskat sin längtan.

*

Vad kunna vi människor göra åt tidens flykt? Våren var över, och de ljumma vindarna buro redan med sig sommarens första dofter.

# Äggsöndagen

Dagens text — NÅGON ENSTAKA SÖNDAG BÖRA NÖJESTEMPLEN HÅLLAS STÄNGDA, SÅ ATT MAN HINNER SNYGGA UPP LITE.

Församlingen sjunger

*Bevare oss för fräcka skägg*
*den söndag då vi äter ägg!*
*Bort alla glada operetter*
*den dag vi äter omeletter!*
*Vad får man göra? Är man oviss*
*kan man ta upp en burk ansjovis.*

I dag blir det ingen predikan.
Så roligt ska vi inte ha.

# Sunda kroppens söndag

Dagens text VIDGA ERA HJÄRTAN OCH LYSS TILL DEN SUNDA KROPPENS EVANGELIUM:
ÄRA VARE DEN SOM SPRINGER FORTAST!
LITE MINDRE ÄRA VARE DEN SOM KOMMER TVÅA!
ÄRA VARE ÄVEN DOM SOM KOMMER SIST, FÖRUTSATT ATT HAN HAR FEBER ELLER ONT I FOTEN! ANNARS ÄR HAN JU INTE MYCKET ATT HURRA FÖR.

Församlingen sjunger

*Att rusa fram mot fjärran mål*
*i svettig träningsoverall,*
*ta in det försprång man förlorat*
*och känna hjärtat bli förstorat!*

Predikan Under olympiska spelen 1912 sprang en japansk maratonlöpare vilse och har sedermera icke avhörts. Somliga hävda att han springer än. Gör han det är han vår tids hjälte; har han fallit död ned är han ändå värd vår aktning. Han gjorde så gott han kunde.

Jag skulle vilja ställa en fråga till dig i dag: Har *du* gjort så gott du kunnat? Har *du* sprungit så mycket du orkat? Svarar du ja är du en prima grabb. Svarar du nej måste du inse att du svikit din kropp.

Vår kropp är ju egentligen det enda vi ha här i världen. Ett pund som vi fått att väl förvalta, så att vi ännu på vår ålders höst spänstigt kunna jogga till kyrkogården och med en elegant bensaxning hoppa ner i vår grav. Att bara slött låta sin kropp sitta stilla, eller att på sin höjd ta den med ut på en kort söndagspromenad någon gång, det är inte bara ett svek mot själva kroppen, utan även mot fäderneslandet.

Ty hur skall det gå med en nation som låter sina kroppar förfalla? Till och med våra soldaters fysiska kondition är under all kritik! Hur skall ett folk kunna klara sig i krig om det inte kan slänga geväret och springa sin väg?

Ha vi redan glömt våra fornstora dagar? Minnas vi inte ens i vår åderförkalkning så långt tillbaka som till 1942, eller om det var 43,

då en hel generation tappra svenskar grundlade dagens åderbråck genom att gå en mil var? Visst ha vi ont nu, men vi gingo, vi kommo i mål, vi fingo var sitt riksmarschmärke – och ingen fiende vågade mycket riktigt anfalla oss! Handen på hjärtat, skulle vi i dagens läge vara mäktiga ett sådant offer?

Kampen på idrottens arenor, kampen för kroppens hälsa, har alltid varit och kommer alltid att vara förknippad med vår nationella ära. Det är en heder för Sverige att ha höjdhoppare som hoppar högt, och det är en vanheder att bara ha höjdhoppare som hoppar lågt. De som säga att idrotten är en lek ha inte förstått vad saken gäller. Idrott och gymnastik är ingen lek, det är blodigt allvar. Ett sunt folk är ett starkt folk. Det är löjligt att hamna i sjätte troppen på gymnastiktimmarna. Kamraterna hånler, för fosterlandets bästa.

Och det räcker inte med några armhävningar i veckan. Det är inte nog att träna med TV. Se på Bengt Bedrup! Han är för tjock.

Dessa hösäckar med dålig hållning som hasa runtomkring oss, varför ha de inte ens det egoistiska förståndet att hålla spänsten uppe för sin egen skull, om inte för sitt fosterlands? När en frisk människa nu har ett kroppsligt försprång framför halta och lytta, varför inte utnyttja det, varför inte tränga sig före?

Sverige borde tacka den skara gymnastiklärare av gamla stammen som fortfarande har övertygelsen att vårt lands ära står och faller med vår ungdoms förmåga att stöta kula längre än utlänningar. Lyckliga japaner, som kunna säga om vår japanske maratonlöpare: ”Se det var en riktig japan!” Kunna vi svenskar säga detsamma om *dig*: ”Se det var en riktig svensk!”? Nej, det kunna vi inte, ty du har inte sprungit sedan 1912. I varje fall inte oavbrutet.

Skärpen eder! Häcklöpen! Joggen! Låt mig giva eder ett ord att ta med på livets kolstybb: det är ingen skam att springa ihjäl sig, men det är en skam att inte försöka göra det.

# Sunda själens söndag

| | |
|---|---|
| Dagens text | EN SUND SJÄL I EN SUND KROPP. EN SNUVIG SJÄL I EN FÖRKYLD KROPP. EN VÅT SJÄL I EN KROPP SOM ÄR NEDSÄNKT I VATTEN. SAMT SLUTLIGEN EN DÖD SJÄL I EN DÖD KROPP. |
| Församlingen sjunger | *En högre makt ett ljus har satt*<br>*att lysa upp ditt inres natt.*<br>*Det lyser mer än andra lysen*<br>*och sitter bakom hypofysen.* |
| Växelsång | |
| Själsläkaren: | Hej allihop! |
| Församlingen: | Hej Sture. Är det sant att själen sitter bakom hypofy-ysen? |
| Själsläkaren: | Nej, medicinska rön visa att så ej är fa-allet. |
| Församlingen: | Var sitter den då då? |
| Själsläkaren: | Det vet man inte så no-oga. |
| Församlingen: | Vad ska man förresten ha själen till? |
| Själsläkaren: | Det vet man inte heller så noga. Man vet bara att det är bra att ha en sund sjä-äl. |
| Församlingen: | Men om nu själen är dålig, hur ska man då kunna bota den, om man inte vet var den si-itter? |
| Själsläkaren: | Ja, det är just frågan det. |
| Församlingen: | Om den till exempel sitter i hå-året? |
| Själsläkaren: | Ja, då kan man väl försöka med något medel mot mjäll och hå-å-åravfall. |
| Församlingen: | Nå men om den sitter i näsan eller ha-alsen? |
| Själsläkaren: | Då finns ju ett otal hostmediciner och pastiller att tillgri-ipa. |
| Församlingen: | Nå, men en magsjäl då? |
| Själsläkaren: | Mår bra av en sked ricinolja eller kanske något alkaliskt prepara-at. |
| Församlingen: | Och om den sitter i knä-äna? |
| Själsläkaren: | Kan upprepade knäböjningar göra den mju-uk och smi-i-i-dig. |

Församlingen: Får man slutligen fråga hur det ställer sig om själen är placerad någonstans på kroppens y-yta?

Själsläkaren: Då finns ju numera praktiska snabbförband i familjeförpackning.

Ävenså kan själen givetvis råka ha sitt sä-äte på andra ställen av kroppen än de här föreslagna.

Om du känner på dig att din själ inte är sund bör du för säkerhets skull smörja in hela kroppen med smörja

plåstra om dig överallt

badda ögon, öron och övriga yttre organ med antiseptiska vätskor

intaga de dekokter du kan få ut på apoteket och gärna även intravenöst tillföra kroppen – och förhoppningsvis då även själen – olika lösningar som kan vara bra att ha i blodet.

Skaffa sedan plats på sjukhus

genomgå alla operationer som läkarvetenskapen hittills känner till

allt talar då för att din själ skall bliva botad. För någonstans måste den ju ändå si-i-itta.

Församlingen: Tack för upplysningen. Hej då, Sture.

Själsläkaren: Hej alla. Hej hej.

# Minoriteternas söndag

Dagens text JU FLER VI ÄR TILLSAMMANS, JU GLADARE VI BLI.

Församlingen sjunger *Med en åsikt man har är det föga bevänt om den delas av mindre än 50 %.*

Vittnesbörd En man stod upp strax intill folkhopen och talade och sade:

"Nu är jag trött på det här. I hela mitt liv har jag försökt att bli med i majoriteten någon enda gång, men det är som förgjort. Jag har liksom fått stå utanför fönstret och längtande blicka in på majoritetens glada fest. Utanför, det är vad jag står, utanför.

Vid de senaste två folkomröstningarna röstade jag för motboken, respektive vänstertrafiken. Nu står jag här, utan motbok, och kör snart till höger, mot min vilja. Utanför.

När Karusellen hade omröstning om nattskjorta eller pyjamas röstade jag på nattskjorta. Det blev pyjamas. Nu står jag här, i min nattskjorta. Utanför.

I 20 år har jag röstat på Ohlin. Det har alltid blivit Erlander. Här står vi, Ohlin och jag, utanför.

Hyllar jag då inte den demokratiska majoritetsprincipen? Jodå. Jag säger ju att jag vill vara med. Men ni måste förstå att det känns lite visset att aldrig få bestämma. Det blir liksom att mottaga nådegåvor från majoritetens bord hela tiden.

Alla blir rättvist behandlade. Jaja. Men ändå. Se på mig stackars folkpartist, där jag står i min nattskjorta och protesterar mot neutraliteten, utan fackföreningsbok, handikappad, frireligiös och homosexuell! Kan ni inte förstå att man känner sig utanför?

Rättvist och rättvist för resten. Det finns två sorters rättvisa, en bättre för majoriteten och en något sämre för minoriteterna. Det är väl klart att de homosexuella skulle ha det bättre om majoriteten vore homosexuell? Men det händer väl aldrig, sån otur som jag har."

# Trivselsöndagen

Dagens text — MAN MÅSTE JU TRIVAS. DET FINNS JU INGEN ANLEDNING ATT GÅ OCH VANTRIVAS.

Församlingen sjunger

*Varför skola mänskor kivas*
*när man lika väl kan trivas?*
*Varför skall man hava strid?*
*Kan man inte hava frid?*

Predikan — I dag vill jag predika för er trivselns evangelium.

Det bästa är ju att vara en trevlig prick och träffa andra trevliga prickar.

Livet måste ju vara lite tjohejsan. Annars är det ju meningslöst.

Krusse var ju en trevlig prick, för han kunde ju svinga en bägare och slå klackarna i taket. Tacka vet jag en som inte spottar i glaset och rynkar på näsan åt lite hålligång.

Huvudsaken är ju att man trivs. Det är ju ingen vits med att stå och prata med folk om Vietnam och Auschwitz. Det var ett koncentrationsläger i Tyskland under Hitlers regering. Det är det ju ingen vits med.

Man lever ju bara en gång nämligen. Då gäller det ju att få ut lite livat medan det varar.

Inte vet jag varför dom talar allvar hela tiden. För det vet man ju att egentligen så vill dom ju också ha lite kul. Det är väl allmänt känt att både Lyndon Johnson och Erlander och till och med de Gaulle, han som är president i Frankrike, att när dom inte är i tjänst så kan dom ju slå sej lite lösa och dra en fräckis och vara nästan som en människa. Så det är ju så att trivseln är ju spridd överallt, till och med högst opp.

Dom talar om obehagliga saker som sadister och hustruplågare och judeförföljare och allt vad det heter, men man har ju träffat en del som har haft namn om sej att va såna, och dom har det då inte varit någe fel på, utan att det har ju varit full rulle och klapp i ryggen och riktigt trevlig stämning. Så det är ju ingen idé att dra fram deras negativa sidor då.

För om man gör det så blir ju allting svart som natten, och det får det ju inte bli. Min tro det är att har man lite kul tillsammans och slänger bort lite hämningar i umgänget man och man emellan så ordnar det sig nog.

Och spelar dom sen en glad trudelutt för en i "Det ska vi fira" på ens begravningsdag så kan man ju hoppas att man trivs även ovanefter, om sådant gives.

# Den heliga enfaldens söndag

Dagens text SALIGA ÄRO DE ENFALDIGA, TY DE INSE ICKE SIN ENFALD.

Församlingen sjunger

*Tala är silver, och tiga är gull.*
*Man talar om det varav hjärnan är full.*
*Man tiger om det som man ej kan förstå.*
*Fast somliga håller ej klaffen ens då.*

Predikan Dagens text gäller alla träskallar som går omkring, i plommonstop, vegamössor och blommiga solhattar. Brokig som en sommaräng är församlingen av träskallar på vår gröna jord. Fåglarna under himmelen, icke hava de skallar av trä? Jodå, det händer. Liljorna på marken, icke räkna de träskallar i sina led? Jojomänsan, var så säker. Men störst av alla träskallar är människoskallen.

En man hade en träskalle. Han gick med den till sin granne och sade: "Granne, jag är förmer än du, ty jag har en träskalle, och du har icke någon träskalle." Grannen harmades över mannens ord och bjöd honom strängeligen att begiva sig bort ur hans åsyn. Mannen gick hem och tänkte i sju dagar och sju nätter med sin träskalle. Därpå gick han åter till sin granne och sade: "Granne, jag är förmer än du, ty jag har en träskalle, och du har icke någon sådan skalle." Grannen harmades ånyo över mannens ord och vände honom ryggen. Mannen gick hem i sin boning och tänkte åter i sju dagar och sju nätter. Därpå gick han till sin granne och sade: "Granne, du har ingen träskalle. Jag, som har träskalle, är alltså förmer än du." Då vredgades grannen och slog mannen på hans träskalle, så att den sprang i tusen bitar, och sade: "Nu är du icke längre förmer än jag, ty du har icke längre någon träskalle." Mannen gick hem och begrundade allt detta i sitt hjärta, ty någon skalle hade han ju icke att begrunda i, och han förstod att han icke bort säga till sin granne vad han tänkt ut med sin träskalle.

Vad kan denna berättelse lära oss? Kanske kan den lära oss att i dag stanna upp ett tag och tänka efter. Denne mans enda tanke var att han vore förmer än sin granne. Det var en urbota dum tanke.

Men min vän, hur äro dina egna tankar? Äro de kanske stundom lika urbota dumma? Och om så vore, skulle det icke vara bättre för din egen välfärd om du hölle tyst på dig och icke delgåve omvärlden dina missbildade tankefoster?

Låt oss gemensamt, i den mån vi kunna, tänka denna tanke! Låt oss från och med nu och en vecka framåt enas om att ingen man eller kvinna ibland oss som misstänker att hans eller hennes skalle måhända är av trä yttrar någonting och därmed gör sig till ett åtlöje!

Ja, då var det väl inget mer. Ajö.

# Första söndagen efter enfaldighet

Kungörelse

Sistlidna söndag kommo vi överens om att alla träskallar skulle hålla tyst på sig under den vecka som nu lupit till ända. Följande personer ha yttrat sig under veckan:

Chefredaktör Allan Hernelius
Chefredaktör Olof Lagercrantz
Chefredaktör Gunnar Fredriksson
Chefredaktör Kurt Samuelsson
Chefredaktör Per Wrigstad
Redaktör Stig Ahlgren
Direktören för Filminstitutet Harry Schein
Statsrådet Olof Palme
Kammarherre James Dickson
Filosofie doktor Lars Ulvenstam
Redaktör Jurgen Schildt
Pastor Rune Pär Olofsson
Skriftställarna Rune och Vilhelm Moberg
Professor Ingemar Hedenius
Redaktör Ria Wägner
Ärkebiskop Nils Hultgren
Riksbibliotekarie Uno Willers
Redaktör Per Ahlmark
Professor Torgny Segerstedt
Redaktör Ulf Thorén
Professor Herbert Tingsten

# Familjesöndagen

Dagens text FAMILJELIVET ÄR AV STORT VÄRDE FÖR BARNEN, FÖRUTSATT ATT FÖRÄLDRARNA ÄRO NÅGOTSÅNÄR HEDERLIGA.

Församlingen sjunger

*Ett barn mår bäst utav att vara hemma*
*och vara snällt och låta far bestämma.*
*Om far bestämmer alldeles åt skogen*
*får sonen tänka om, när han blir mogen.*

Predikan Hemmets härd är guld värd. Ett barn behöver den trygghet och omvårdnad som endast föräldrarna kunna skänka det.

Men det är icke endast barnen som ha behov av en stark skuldra att hålla i handen; även vuxna människor behöva ofta en nödhamn att söka sig till, en trygg famn att sluta sig i. Det är här som farfar och farmor kunna göra en insats.

För att belysa vad jag menar vill jag i dag uppläsa för eder en uppsats som en liten pojke i enhetsskolan skrivit, och som jag kommit över emedan jag kilar stadigt med hans lärarinna. Denne pojke, som haft lyckan att födas i ett gott hem, skriver sålunda:

”EN KVÄLL I HEMMET.

På lördagskvällarna har vi familjekväll. Då samlas alla i familjen och tittar på TV. Halv sju är det barnprogram på engelska. När det är slut får Karin och jag gå och lägga oss. Mamma läser om Pippi Långstrump för oss och sjunger 'Sov du lilla vide ung'. Sedan säger mamma att vi får leka en stund i sängen och hon går och ser på Acktuellt som alla får se utom vi för där är det krig.

När Acktuellt är slut går mamma och pappa och lägger sig, och farmor stoppar om dem och läser en bit ur James Bond och sjunger 'Då blev jag förälskad i Beate-Kristin'. Sedan säger farmor att mamma och pappa får leka i sängen en stund och hon går och ser på den långa roliga tävlingen på finska.

När den är slut går farfar och farmor och lägger sig, och farfarsmor hjälper dem att lägga tänderna i vattnet, och så läser hon ett stycke ur Fältskärns berättelser och sjunger 'Kväsarvalsen'. Farfar och farmor får inte leka i sängen, utan de ligger bara vakna ändå.

Sedan går farfarsmor och ser på programmet om hur de har det i Mindre Asien, för det tycker farfarsfar och farfarsmor är bra för de hör så bra vad en som heter Barbro Karaboda säger och musiken är jäll.

När det är slut går farfarsfar och farfarsmor och lägger sig, och farfarsfarfar hjälper dem i säng och läser Härrkules av Stjärnhjälm och sjunger 'Så lunka vi så småningom'. Sedan leker farfarsfar och farfarsmor i sängen ett tag, och farfarsfarfar går och tittar på Perri Mejson.

När det är slut tar farfarsfarfar kofoten och går ut, och då blir det äntligen tyst så Karin och jag kan somna."

Mina vänner! Är detta icke ett rörande vittnesbörd om hemmets lycka från den yngsta generationen i denna fast sammansvetsade familj som i släktled efter släktled vidmakthållit den gamla fina traditionen att blåsa skåp?

# De som inte kan sluta rökas söndag

Dagens text DET FINNS MÅNGA SÄTT ATT LEKA MED DÖDEN, MEN STÖRST BLAND DEM ÄR TJÄRLEKEN.

Församlingen sjunger

*Röka tobak är ett bruk*
*som från Indien vi lärde.*
*Mången bliver därav sjuk.*
*Mången sätter därpå värde.*
*Tar det livet av en del*
*är det indiernas fel.*

Predikan Storrökare! Medbröder! Vi får inte sluta röka, hur gärna vi än vill! Vi skulle givetvis kunna om vi ville, men vi måste först och främst tänka på vår plikt mot samhället. Det är vi samhällsmedvetna kedjerökare som skaffar cancerforskarna ett statistiskt material att arbeta med! Om alla slutade röka skulle ju forskningen stagnera! Mänskligheten skulle aldrig få några kalla siffror på hur farligt det är att röka! Därför måste vi fortsätta, till varje pris. Det är ett stort offer som kräves av oss, men detta offer är nödvändigt!

Eftersom rökning är förbjuden i lokalen får vi väl sluta här och gå ut och dra ett bloss för samhällets bästa.

# Den heliga storsmockans söndag

Dagens text DET GÄLLER ATT KLIPPA TILL FÖRST.

Församlingen sjunger

*När man genom Nyhavn knallar*
*kan man få sig danska skallar.*
*När man sig till Gamla stan ger*
*kan man få sig svenska kranier.*
*Har i Oslo man en uvän*
*kan man få sig norska huven.*
*Om på finskt hotell man intar*
*kan man få sig finska flintar.*
*Bäst av allt på hela jorden*
*är ju att få dö i Norden.*

Predikan Kära sällar! Låt oss i dag tala järnnävarnas språk!

Vi som tror på att det enda raka är att drämma till ordentligt, vi placeras alltid på skuggsidan utav samhället. Trots att de makthavande egentligen vet att en riktig omgång är det enda som hjälper i en svår situation vill ingen erkänna nävrättens hårda men nyttiga lag. Vi som har lärt oss att slåss – somliga har ju gått på kurser i flera år! – varför ska inte vi som alla andra skattebetalare få utöva vår verksamhet utan intrång från statsmakterna? Alla vill väl få användning för sina kunskaper? En kittelflickare vill flicka kittlar, en täckdikare vill dika täcken, och en som kan slåss vill slåss. All right.

Nu är man ju ingen buse. Man klipper ju inte till far och mor och den närmaste släkten. Man får sätta gränsen vid kusiner ungefär.

Och inte heller slåss man givetvis utan anledning. Utan man frågar ju först om vederbörande har en cigarrett, och så får han tillfälle att svara på det, och först därpå smäller det.

Tro mej, i livets hårda skola är det nyttigt för somliga att veta att smockan hänger i luften. En snyting i rätt ögonblick skapar ofta ett bättre utgångsläge för fortsatt diskussion.

Men givetvis gäller det att slåss för en rättvis sak. Nu är ju det egentligen inget problem, för har man inte rätt från början får man det ju när man har klippt till. Det borde väl jag veta, så många gånger som jag har blivit nedslagen av folk som haft rätt.

# Sommarsöndagen

Dagens text GLÄD DIG I DIN BLOMNING, TY SNART SKALL DU VARDA VISSEN!

Församlingen sjunger

*Om sommaren sköna när marken hon gläds,*
*se till att din gräsmatta icke beträds!*
*Omgärda din trädgård med stängsel och murar*
*Ty annars kanhända att marken hon tjurar.*

Predikan Sommaren är kommen. Naturen står i sin fulla prakt, segelbåtarna segla, lärkorna drilla, och dragspelen dragas ut till sommarens lov och pris. I människornas bröst stiger en gåtfull längtan.

Låt oss gemensamt begrunda tidens flykt!

Som vi minnas lämnade vi i vår vårbetraktelse vännen Nils, han som bar sin längtan utanpå, i det sorgliga predikamentet att hans vårlängtan, hans ungdoms krokus, just hade vissnat. Nu återfinna vi honom i medio av sommarens fägring: hans sommarlängtan står i full blom, en stilig solros som växer rak och stolt ur hans hjässa och skuggar hans väg med ljuvlig svalka. Se hur Nils far ut till landet med sin familj, i sin Volkswagen med takluckan öppen, så att solrosen behagfullt kan böja sig i vinden som en glad hälsning till motorvägens trafikanter! Se hur han stannar vid en sommaräng som sluttar ned mot insjöns blåa badvik! Se hur de duka upp och låta sig väl smaka i gröngräset! Barnen stoja och bada, makan plockar ängens blommor, och Nils själv lutar sig mot ekens stam och lyss till solrosens susning i den lätta sommarbrisen.

Vad susar längtans blomma till en man i livets sommarprakt? Vad kan han mera begära än denna fullkomliga familjeidyll som vi i ljuvliga färger just målat upp?

Om en rymligare bil susar solrosen, om bättre lägenhet, om löneförhöjning, frysbox, rätt till större avdrag i deklarationen för resor till och från arbetsplatsen. Sommarens längtan gäller små nära ting, nya skor, Dunhillpipa, kåldolmar.

Men finns där inte också en vemodig underton i solrosens susning, en längtan att längta efter något mer, något större? Nils skakar på huvudet, så att hans längtan vemodigt vajar. Hur han än försöker kan han inte hitta på något mer att längta efter.

Men innan sommaren är slut har Nils fått sin nya bil, sin Dunhillpipa och sina kåldolmar. Han sitter nöjd. Då är sommarens tid all, då slokar solrosen och vissnar, och Nils måste hugga av dess stjälk för att inte snava över den när han går.

Vart går han? Vart går en man vars sommarlängtan vissnat? Mot höstens klara kyla styr han sina steg, huttrande i den snåla vinden som rister i de torra resterna av solrosen på hans hjässa.

*

Vad kunna vi göra åt tidens flykt? Sommaren svinner bort, bladen falla till marken. Fåfängligt vore det att söka tejpa fast dem igen.

# Sexualsöndagen

Dagens text DET *ÄR* NÅGOT FULT MED DET SEXUELLA. INGEN VET VAD DET ÄR, MEN NÅGONTING ÄR DET.

Församlingen sjunger

*I mänskohjärtats kammare*
*finns en liten hammare*
*som hamrar ut en varning*
*när man får lust till parning.*

Predikan Att äta snask tycker barn är gott. Men snask är inte nyttigt för barnens tänder, de elaka tandtrollen ligger på lur, och snaskätandets glädje förbytes lätt i tandvärkens jämmer och veklagan.

På samma sätt är det med det sexuella. Visst är det gott, men för mycket sexuellt är inte nyttigt för oss människor. De elaka sexualtrollen ligger på lur i människans ryggmärg och gräver små hål i den, små hål som värker värre än den värsta tandvärk.

Med denna liknelse har vi alltså visat att det sexuella är precis som snask.

Från min barndom minns jag hur mina kära föräldrar förmanade mig att inte äta för mycket snask. Ung och oerfaren som jag då var lydde jag inte deras råd. Tandtrollen grävde mycket riktigt små fula hål i mina tänder, och jag grät uppgivet tills tandläkarens underbara amalgam satte p för tandtrollens lömska anslag och åter gjorde min munhåla sund och frisk.

Nu bestämde mina kloka föräldrar att det måste bli en ändring i min snaskkonsumtion. De förstod att jag tyckte snask var gott – far tog sig förresten då och då själv en polkagriskaramell – och eftersom de älskade mig ville de inte helt förmena mig glädjen att äta snask. Men de fick mig med milda förmaningar att inse att någon form av ransonering måste införas. Så bestämdes det att jag under sex av veckans dagar skulle avhålla mig från allt vad snask hette, men på den sjunde dagen, söndagen, skulle jag få äta så mycket snask jag ville. Söndagen blev min godisdag, som det hette.

Borde vi inte göra på samma sätt med det sexuella? Liksom min

fader förstod att jag måste ha snask någon gång då och då för att trivas, på samma sätt föreställer jag mig att den äldre och strängare generationen förstår oss om vi kommer överens om att under sex av veckans dagar avhålla oss från det sexuella, och låta söndagen bli vår godisdag.

Som det nu är härjar ju sexualtrollen vilt i våra sinnen veckan runt, till förfång för all annan nyttig verksamhet. Tjänstemän och ingenjörer träffar flickor i stället för att bygga sjukhus och vägar, svarvaren lämnar sin svarv för att gå på toaletten och läsa Top Hat, barnen springer fritt omkring och förstör medan barnsköterskan drömmer sig in i John Lennons famn. Måste det vara så? Nej! Låt oss samvetsgrant sköta våra sysslor sex dagar i veckan i väntan på söndagen – godisdagen!

På denna godisdag ska vi då, bildligt talat, få äta hur mycket snask vi vill. Vi får fritt ropa fula ord till varandra, hångla, besöka biografen Hollywood, dansa oanständigt tätt, framställa skamliga förslag till höger och vänster, läsa pornografi i familjekretsen, nypa servitriser i baken, och till och med, förutsatt att båda parter är överens därom, löpa hela linan ut.

Och så på måndag samlas vi till en ny vecka av arbete och allmän kamratlig samvaro, utan tankar på snask.

Men nu ska jag berätta ännu en sak för er. När min far fått mig att inse att en godisdag i veckan var bättre för mina tänder än sju, gick han ett steg längre och sade: ”Min pojke, om du avstår från att äta snask även på söndagen, skall du varje söndag i stället få tio kronor av mig. Spar du dem, kan du så småningom köpa dig en cykel.” Eftersom jag, vilket min far väl visste, länge velat ha en cykel, gick jag in på hans förslag. Och när jag så småningom åkte runt på min nya velociped må ni tro att jag var stolt, och glad, och tacksam mot min far. Jag hade *både* hela tänder *och* en ny cykel, allt vad en liten grabb kunde begära av livet!

Nu kan jag ju inte ge var och en av er tio kronor om ni vill gå in på mitt förslag att avstå från det sexuella även på söndagarna. Jag kan bara säga er detta: fullständig avhållsamhet från det sexuellas förgängliga karamellstrutar är bäst för människan. Jag vet inte varför, men någonting inom oss säger att det är så, och någonting inom oss kan aldrig ha fel.

# Krulliga utlänningars söndag

Dagens text VI FÅR TA OCH REGLERA INVANDRINGEN, SÅ KANSKE DOM RESER NÅN ANNANSTANS.

Församlingen sjunger *Det går ett godståg tolv och tretti.*
*Åk genast hem och ät spaghetti!*

Predikan Kära utländska vänner! Vi vill er så väl allesammans. Men nu förstår ni är det så att det har uppstått en liten missuppfattning. Vi trodde att det var som man sagt oss, att ni var lata och ovilliga till arbete. Fast glada och lössläppta, givetvis. Nu har det emellertid visat sig att ni arbetar ju bra, gärna till och med på övertid. Så kan vi inte ha det, små mörkhyade vänner! Ni måste vara som vi! Om ni är lite sämre än vi gör ingenting, men bättre får ni inte vara. Då uppstår irritation på arbetsplatserna, och nattmanglingarna går inte längre sin gilla gång.

Nu måste vi göra något åt saken, och då bestämmer vi att de sämsta och lataste elementen får stanna kvar, för er har vi inget besvär av. Ni andra får vara snälla och packa ihop era vitlökskorvar och bongotrummor och åka hem var och en till sitt.

Nå, sitt inte där och gestikulera! Ge er i väg! Förstår ni inte svenska?

# Snälla människors söndag

Episteltext PAULS BREV TILL BERTEL

”Käre Bertel!
Tack för Ditt vänliga tackbrev för den lilla festen hemma hos oss i lördags. Jag måste skriva några rader för att övertyga Dig om att Du inte behöver 'känna Dig som en knöl', som Du skriver. För det första vet Du ju hur mycket vi uppskattar Dig och överser med Dina små originella egenskaper, och för det andra kunde det faktiskt ha varit värre, vet Du. Jag kan lugna Dig med att moster Anna-Magda snarast blev smickrad över det förslag Du framställde – hon är ju inte så van vid sånt vid sina år, som Du förstår – och vad beträffar mormor så hörde hon inte vad Du sa. Tavlan är på översyn, och de säger att vi kanske får tillbaks den till jul, så det ordnar sig också. Arvid är gipsad, och han har det ganska bra, för han gillar ju inte sitt arbete nåt vidare, och nu får han gå med full lön ett tag, och sen får han ju sjukpenning. Hans fru arbetade förut, som Du vet, så de hankar sig säkert fram. Hon har hört på posten om de kan ta tillbaka henne ett tag framöver.

Städfirman blev klar i torsdags, så nu har vi det som förut, i stort sett. Din kostym kommer från kemtvätten i övermorron, så skickar vi den till Dig. Hoppas Du har klarat Dig någorlunda utan den. Du blir väl inte bortbjuden så ofta? Detta sista sagt som ett skämt. Vi är ju goda vänner, så en glirning i all välmening tål Du väl? Va? Gamle kompis!

Beträffande Dina synpunkter under diskussionen vid groggen kan jag lova Dig att inte föra dem vidare. Till och med Fredrik, som ju själv är jude, förstod att det sades i fyllan och villan.

Barnen var vi som Du förstår lite oroliga för de närmaste dagarna efteråt, men de tycks inte ha fått något bestående men av Din entré i barnkammaren. De kände lyckligtvis inte till så mycket om Dracula, och för övrigt var det inte särskilt likt, om Du ursäktar att jag säger det.

Till sist vill jag hälsa från grannfrun att hon bara var glad att Du tittade in, men som hon berättade för Dig, om Du minns, så hade hon sina dagar, så hon hoppas att Du inte misstyckte.

Ha det så bra, Bertel. Du är en prima grabb!

Din vän
Paul

P.S. Taxin som vi fick hem Dig i kom tillbaka sen. 46 kronor gick den på. Dom kan jag väl få vid tillfälle. Vi hoppas få komma och hälsa på hos Dig snart!"

Församlingen sjunger

*Din son får strax en karamell*
*så snart han lovar vara snäll.*
*Hur kan det då som löjligt gälla*
*när vuxna människor är snälla?*

Predikan

Avskum! Där sitter ni och hånler i mjugg åt brevskrivaren Paul för att han är för snäll! Vad är det för löjligt med det? Snällhet är en av de finaste egenskaper som finns. "Men han är ju snäll", säjer ni om rara människor som ni föraktar för att de är det. Är det bättre att vara elak? Ja, det tror jag förbanne mej att ni tycker! Drumlar! Jag är själv snäll. Jag skulle vilja krama om er allihop, men bara för att ni inte ska tycka jag är snäll och löjlig ska jag i stället kasta er i kokande olja. Där kan ni ligga och puttra, och högakta mej för att jag är en jävla buse. Fårskallar!

# Klara ögons söndag

Dagens text — DET FINNS MYCKET VACKERT ATT SE HÄR I VÄRLDEN, OCH EN HEL DEL FULT OCKSÅ, MEN DET BEHÖVER MAN JU INTE DIREKT STÄLLA SIG OCH STIRRA PÅ.

Församlingen sjunger

*Glada och klara*
*skall ögonen vara.*
*Ingen får gråta.*
*Då bli de för våta.*
*Ingen får dricka.*
*Då kunna de spricka.*
*Gå aldrig nakna*
*när ögon är vakna!*
*Ty av den syndiga anblickens kraft*
*ställa sig ögonen gärna på skaft.*

Predikan Vi äro nu framme vid den period i predikoåret då våra fem sinnen äro på tapeten. Vi börja i dag med ögat, så taga vi väl sedan de andra sinnena i tur och ordning, så som det är sagt.

En man och hans broder kommo till ögonläkaren.

"Jo, doktorn", sade mannen, "jag har en bjälke i mitt eget öga, och min broder har ett grand i sitt. Kan man göra något åt detta?"

"Ja, det må jag säga var en stöddig bjälke", sade läkaren. "Kan ni se den själv?"

"Nej, det kan jag inte. Den skymmer ju sikten. Men grandet i min broders öga kan jag se, om jag plirar ovanför bjälken."

"Det var egendomligt", sade läkaren. "Ja, inte vet jag vad vi skola göra åt detta, men ni kan ju alltid ta och läsa på tavlan där. Z U D F S ja. Bra. Då kan ni ta det här kvittot och gå till sjukkassan. Ajö ajö. Brodern med grandet kan väl hjälpa till att lyfta på bjälken så ni inte snavar."

Här är vår liknelse slut. Förmodligen avses den kunna lära oss något om livet. Inte vet jag. Kanske menar man att det inte är bra att ha bjälkar och grand i ögonen. Kanske menar man tvärtom att bröderna voro lyckligt lottade, att de kunde utnyttja sitt minst sagt märkliga utseende i vinningssyfte, tjäna grova pengar på nöjesfält.

The Bjälken & Grandet Brothers. Jag vet som sagt inte. Vissa liknelser äro nästan omöjliga att få någon vettig mening ur, och denna med bjälken liknar ju, om man skall vara uppriktig, ingenting.

# Långa örons söndag

Dagens text MYCKET SKA MAN HÖRA INNAN ÖRONEN RAMLAR AV. INGEN HAR VETERLIGEN HÖRT SÅ MYCKET ATT DE VERKLIGEN GJORT DET.

Församlingen sjunger

*Till örat genom luftens vågor*
*fortplantas livets stora frågor.*
*Men alla livets stora svar,*
*jag undrar vilken väl dom tar?*

From berättelse En man som en längre tid varit lomhörd gick en dag till öronkliniken. Där blåste man in luft i hans huvud, och då hörde han strax mycket bättre, ty de som hava luft i huvudet höra bäst. Mannen gick tillbaka ut i livet och fröjdades åt fåglarnas dånande sång.

Om natten kunde mannen emellertid icke sova. Grannens toalett brusade likt en brusande älv, väckarklockans tickningar slogo som hammarslag mot hans renoverade trumhinnor, och Lars Ulvenstams stentorsstämma mässade genom väggarna sitt öronbedövande kulturevangelium.

Bittida om morgonen steg mannen upp ur sin säng, klampade tassande ut i badrummet, lät tandborsten mala sin entoniga sång över tandraderna, dunsade ned i köket, knastrade i sig ett rungande rostat bröd, svalde sitt kaffe med ett plums och gick ut till en arbetsdag bland vrålande spårvagnskonduktörer, drillborrar, telefonsignaler, musik under arbetet, summertoner, lunchsirener och människoröster som skuro genom märg och ben.

Innan dagen var till ända stod mannen åter inför sin öronläkare och viskade: ”Hjälp mig, ty jag står icke ut! Livets buller är mig övermäktigt! I min lomhördhet trodde jag mig gå miste om väsentliga ting. Jag ville höra allt vad människorna sade. Men de säga ju intet att hänga i julgranen. Tvärtom bedröva de mig med sitt tal, och emedan de leva i den tron att jag fortfarande hör illa säga de gång efter annan bakom min rygg: ”Bry dig inte om Nilsson, han hör ändå ingenting!’ Förfärliga saker viska de sedan varandra, om mig och mina vänner. Hjälp mig! Förut hörde jag ju det viktigaste, vad saker kostade och hurudant väder det skulle bli. Det är nog för mig. Var barmhärtig, sug åter ut luften ur mitt huvud, på det att jag icke må ryckas ur min slummer var gång min granne gripes av köttets lustar! Skruva ned världens larm under bullergränsen! Sug ut luften igen, jag ber på mina bara knän, sug ut luften!"

Läkaren gjorde mannen till viljes, och mannen gick åter ut i livet och gladde sig storligen åt att icke höra läkarens ord: "Nästa galning, syster!"

# Luktsöndagen

Dagens text DET GÅR EN DEODORANTLUKT GENOM MÄNNISKOLIVET.

Församlingen sjunger

*Ingen luktar mänska mera.*
*Husse luktar Aqua Vera,*
*matte luktar Quelques fleurs.*
*Hundar är det hopplöst för.*

Luktpredikan Dofter äga en outgrundlig förmåga att försätta människor tillbaka i minnenas värld. Episoder som alla andra sinnen glömt kunna plötsligt framstå i förklarad lukt när en näsborre träffas av till exempel en rotmosfläkt som vinden för med sig. Strax är man försatt till köket därhemma vid grinden.

Låt oss i dag tillsammans återuppliva gamla luktminnen! Vi ha med hjälp av en sinnrik apparat ordnat det så att en pust av ett antal olika dofter i tur och ordning komma att blåsas ut över församlingen. Under utblåsningen kommer kollekt att upptagas. Pengar lukta ju inte, så känsloupplevelsen behöver inte störas av håvarnas gång.

Låt oss alltså gemensamt liksom känna vårt liv passera revy genom näshålorna! Jag ropar upp en lukt i taget, så vrider vaktmästare Larsson på respektive kranar. Då börja vi från början, Larsson!

Antiseptisk doft av allmän sal med inslag av tulpaner!
Bajsiga blöjor!
Mosade bananer!
Farfars andedräkt, lika delar Hamiltons Blandning och hostmedicin!
Tomtebloss!
Sega gubbar!
Aphuset på Skansen!
Våta vintervantar!
Såpbubblevatten!
Blågult suddgummi!
Skolsal med inslag av examenspomada, nysydda linneklänningar och syren!

Men stäng av aphuset nu, Larsson!
Doft av ny cykel!
Omklädningsrum till gymnastiksal!
Har du verkligen stängt av aphuset, Larsson?
Broadway Blend!
Flickas hår i dammig danslokal!
Jasmin i parkanläggning med en nypa vårdimma!
Parfym på kavaj!
Armol!
Halvrutten halm!
Muckskiva, företrädesvis sill och Port Brandy!
*Aphuset, Larsson!!*
Naftalin i civila kläder!
Mögliga registerkort i bostadsförmedling!
20 rosor med fläkt av 8 meter vit tyll och en aning stärkskjorta!
Rena lakan med lavendel!
Korsika, myrten!
Nymålat kök!
Bajsiga blöjor!
Mosade bananer!

Men vad är det för ljuvlig doft av kaffe och nybakta bullar som tränger på? Ha vi släppt ut den, Larsson? Jaså, från församlingshemmet.

Ja, då gå vi väl över dit, så vi få vädra ut lite.

# Goda smakens söndag

Dagens text OM SMAK SKALL MAN INTE DISKUTERA. MEN SÅ MYCKET KUNNA VI VÄL ÄNDÅ ENAS OM SOM ATT MANNAGRYNSGRÖT MED GÄLLEN MJÖLK SMAKAR PYTON?

Församlingen sjunger

*När du äter mat som smakar pest*
*samlas smakens lökar till protest.*
*Likadant, om man ser rätt på saken,*
*är det med den andligt goda smaken.*
*Ord och handlingar som äro lumpna*
*göra lätt ditt inres lökar skrumpna.*

Predikan En man stod inför sin smakdomare, ty han ville komma in i societeten, och man hade sagt honom att han då först måste försäkra sig om att hans smak var god.

"Smakdomare", sade mannen, "jag har städse förkovrat mig i den goda smakens svåra konst. När jag var yngre åt jag tarvliga saker som blodpudding och potatissoppa, men sedan jag nu lyckats lura av mina medmänniskor en hel del pengar förtär jag intet annat än sjötungsfilé Walewska, kalvfilé Oscar, crêpes Suzette och dylikt förnämligt. Likaså dricker jag icke som i mitt oförstånds dagar pilsner och silvergrogg, utan det blir mest en Château Mouton-Rothschild 49 och en liten Strega till kaffet. Min smak känns mycket bättre nu, och det är min fromma förhoppning att du måtte finna den god nog."

Smakdomaren svarade mannen: "Dåre, gack ut i mörkret där du hör hemma! Inbilla dig icke i din förmätenhet att den goda smaken uppenbaras i mat och dryck allena! Andra och väsentligare ting äro den goda smakens kännemärken! Betrakta din blanka slips med Hawaiimotiv! Tag upp handen ur byxfickan! Sannerligen säger jag dig: så länge du bär bruna skor efter klockan 17 om aftonen är du inte ens värdig att knyta mina svarta skosnören! Gack ut i mörkret till hopens spott och spe, ty här äro vi för fina att spotta och spea!"

Mannen gick ut ur de klara kristallkronornas glans och grät bitterligen.

# Känselsöndagen

Dagens text KÄNN DIG SJÄLV! PETA PÅ DIG DÅ OCH DÅ!

Församlingen sjunger

*Det finns en sällsam kraft i hudens läder.*
*Den sticks, den bränns, den kittlas, den spår väder.*
*En bra stund före åskans hemska dån*
*har farfar känningar i portvinstån!*

Predikan Ofta säga vi om en människa: "Jag känner henne inte." Vi mena då helt slappt att vi icke äro bekanta med denna människa.

Men att känna en människa, borde det inte innebära något mer, något större? Borde vi inte sträva efter att undersöka hur hon verkligen känns, fingra på henne, känna efter om hon är en hård människa, eller en mjuk och öm?

Barn använda sin känsel på ett djupare sätt än vuxna. Måste vår känsel förflackas med åren, som allting annat?

På vägen hit mötte jag en liten gosse. Jag frågade honom hur han, den lille oskyldige, lärde känna omvärlden. Han svarade mycket riktigt att han naturligtvis petade på den och kände efter.

"Mamma känns snäll, och pappa känns rolig för han sticks lite så det kittlar. Potatismos känns inget gott när man lägger handen i. Jag tordes peta på en igelkott men han kändes elak. Mormor känns inge vidare för hon har så vassa knän som man ska sitta på. Vasen på byrån vet jag inte hur den känns för den får jag inte peta på fast det gjorde jag i alla fall och sen kändes den trasig. Glass känns konstigt i magen och Nalle känns bäst, för honom känner jag hela tiden när jag sover."

Så talade den lille. Vad kunna hans ord lära oss? Kanske kunna de förmå oss att lära känna våra medmänniskor liksom närmare, att gå fram och ta i dem, peta på dem! På så sätt kunna vi till exempel få reda på om de ha skjutvapen i innerfickan.

# Sjätte sinnets söndag

Dagens text — ALLTING ÄR JU BARA SEX NUFÖRTIDEN, SÅ DÅ ÄR VÄL SINNENA DET OCKSÅ.

Församlingen sjunger

*Någonstans härinne*
*finns ett sjätte sinne.*
*När vårt tålamod tar slut*
*bryter sjätte sinnet ut.*

Predikan — Den allvisa naturen har satt in ett sjätte reservsinne i oss som en säkerhetsventil. Det är ursinnet, eller vansinnet. Någon gång måste man ju få utlopp för sin uppdämda ilska. Någon gång måste man få ha sönder möbler och rista sitt hår.

En lärare ryter plötsligt till och börjar bombardera barnen med kritbitar. Det är sjätte sinnets verk.

En naken anarkist rusar genom natten och kastar ryska smällare på förbipasserande ståndspersoner. Sjätte sinnet har slagit till igen!

En massa folk i maskeradkostymer flyger omkring och släpper bomber på varandras hus. Sjätte sinnet i kvadrat!

En andans man cyklar fredligt på gatan. Plötsligt ropar han: ”Jävlar i helvetes jävlar, nu gick cykelkedjan av igen!”, och ställer sig och stampar på sin velociped under vilda eder. Ännu ett offer för sjätte sinnet!

Hur bör man nu handhava sitt sjätte sinne? Ja, man ska kanske inte använda det i onödan, för man gör sig ju bara löjlig. Det bästa är att skaffa sig ett madrasserat rum i hemmet, så man kan dunka huvet i väggen mera privat.

# De fåvitska jungfrurnas söndag

Dagens text JUNGFRUR ÄRO STUNDOM SÅ FÅVITSKA ATT DE ICKE FÖRSTÅ SITT EGET BÄSTA.

Församlingen sjunger

*Jag hållit i mina armar*
*så många ljuvliga barmar*
*men ingen, ingen så ljuv och rund*
*som jungfruns på Jungfrusund.*

Predikan En jungfru bodde på Jungfrusund. Om lördagen dansade hon med drängarne på logen, och drängarne funno behag i henne, ty hon var en skön jungfru.

En lördagsafton hände sig att en prästman stod upp på dansbanan och talade till jungfrurna och sade: ”Jungfrur, om I låten drängarne följa med Eder ut i buskarne, ären I fåvitska jungfrur.”

Jungfrun på Jungfrusund gömde dessa ord i sitt hjärta, ty hon var en from jungfru och ville gärna söka vara fåvitsk, så som prästmannen sagt. Sålunda lät hon i nattens timma en av drängarne följa sig ut i buskarne. Vad som där skedde behagade henne storligen, och hon gladdes i sin fåvitskhet.

Om söndagen begav sig jungfrun till prästmannen och sade: ”Jag är Eder stor tack skyldig för att I haven fört mig på rätta vägar och i Eder vishet lett mina steg ut i buskarne. Jag vill i dag avlägga ett löfte inför Eder att alltid vara en fåvitsk jungfru.”

Prästmannen svarade henne: ”Jungfru, vad har du gjort? Har du givit någon av drängarne en sådan mund?”

”Ja, ty jag är en fåvitsk jungfru.”

”Har du också givit honom en sådan stund?”

”Ja, i min stora fåvitskhet.”

”Och din ljuvliga barm, och så vidare?”

”Ja, på det att jag måtte bliva fåvitsk, Eder till behag.”

”Jungfru, du är icke längre någon fåvitsk jungfru. Nu är du endast och allenast fåvitsk.”

”Varen då så god och sägen mig vad I menen med en fåvitsk jungfru!”

”Mitt barn, med en fåvitsk jungfru menar jag en dum piga,

men det säger jag icke, ty jag är en bildad man."

Tårar stego upp i den före detta jungfruns fåvitska ögon, och hon gick dädan och beskärmade sig i sin fåvitskhet.

I fåvitske, vi tron I att I kunnen undfå ordet om I icke kännen till dess innebörd? Böjen Edra verb och pluggen i Eder evangelii glossarium på det att I begripen vad I hören och icke lyssnen i fåvitsko!

# Ombudssöndagen

Dagens text MÄN SOM STYRA VÄRLDENS ÖDEN MEDDELA SIG MED YTTERVÄRLDEN GENOM OMBUD.

Församlingen sjunger

*När arbetsdagen verkar hopplöst tung och svår,*
*när huvudet känns tomt och allt åt pipan går,*
*då lägger man en fuktig handduk över pannan*
*och låter sig representeras av nån annan.*

Predikan En skurk blev ertappad på bar gärning under ett skurkstreck. När rättegångsförhandlingarna togo sin början visade det sig att skurken själv icke var tillstädes, utan att han lät sig representeras av sin advokat. Advokaten talade väl om skurken och skötte sig så fiffigt att det i allmänhetens ögon snarare var advokaten som framstod som en skurk. Advokaten hade tagit skurkens tunga börda på sina axlar. Han var ett gott ombud och en barmhärtig medmänniska, mot skäligt arvode.

På samma sätt är det med denna världens stora. När Lyndon Johnson gjort något galet låter han Björn Ahlander förklara för oss hur det gått till. När statsminister Erlander inte törs komma själv skickar han Olof Palme. Till och med Vår Herre meddelar sig endast genom befullmäktigade ombud.

Det står liksom en gloria kring dessa ombudsmän, som utan tanke på eget anseende modigt stå upp till försvar för tankar som de inte tänkt ut själva och handlingar som de inte bära skulden för. En privatsekreterare som hundratals gånger om dagen lögnaktigt måste påstå att chefen är bortrest upplever givetvis en inre konflikt. Hon dövar sitt samvetes röst för sin överordnades skull. Det är flott gjort av henne, och det är inte mer än rätt om hon får påökt.

Den som skaffar sig ett tillräckligt stort antal ombud behövs överhuvudtaget inte själv. Med en hel del generaldirektörer är det ju så att ingen vet om de alls finnas till.

Låt oss alltså hedra dessa självuppoffrande ombud, dessa samhällets armar och ben som utföra det slitsamma arbetet, medan det kanske högst däruppe, i samhällets hjärnkontor av mahogny, är alldeles tomt!

# Klämkäcksöndagen

Dagens text VAD ÄR DU FÖR EN VISSEN KOMPIS, SOM INTE SJUNGER MED I REFRÄNGEN?

Församlingen sjunger

*Hej hoppsan alla glada gossar!*
*Slå dom i ryggen så dom lossar!*
*Folk i gemen är spralliga,*
*fast dom kan verka malliga!*

Predikan Hejsan träbockar! Vad sitter ni och ser så sura ut för? Ni kan väl vara lite trevliga för faan!

Livet leker. Och leker det för mej så ska det förbanne mej leka för dej också! Vem tror du att du är? Vad ska du sitta där och grubbla för, som nån jävla professor? Jag ska säja dej att jag har träffat professorer i min dar som inte har varit nåra lessna gossar precis! Tror du man är avsågad va? Näru, grabben, opp och hoppa!

Jaså, du tycker man är för enkel va? Du tycker inte det är fint nog att va kompis med en sån som mej va? Jävla överklass. Sitt där du, med ditt förbannade portvin eller vad det är. Här ser du en som inte håller sej för god att förtära en hederlig konjak och sockerdricka!

Jag ska tala om en sak för dej. När man ska ha lite trevligt och spralla opp ett tag så är det jävlit deprimerande att behöva sitta och titta på en sån torrboll som dej. Du förstör glädjen för oss andra förstår du. Det är inte roligt att skåda din svårmodiga nuna. Så att om du ville avlägsna dig och gå och ha tråkigt nån annanstans så skulle vi vara tacksamma för din stora vänlighet att dra åt helvete.

Nåå, kommer du opp ur stolen nån gång, eller ska jag behöva lyfta ut dej med handkraft? Jaja, opp med dej, och fort ska det gå!

Så var vi av med den dönicken. Finns det nåra andra lessna översittare i församlingen? Skratta då för helvete! Sådärja. Skål allihop! Botten opp! Nänä, jag sa botten opp! Inga damfasoner! Nu ska vi sjunga ”Han skulle gå ut efter ol”. Och den som inte tar i ordentligt ska jag slå huvet av!

Fy faan för folk som inte har humor.

# Stora ljugsöndagen

Dagens text LÖGNEN ÄR VACKRARE ÄN SANNINGEN, OCH FRAMFÖR ALLT ROLIGARE.

Församlingen sjunger

*När sanning liksom inte duger*
*blir allting bättre om man ljuger.*
*I livets stora centrifug*
*är mjölken sanning, grädden ljug.*

Predikan Låtom oss i dag slänga alla hämningar överbord och behagfullt ljuga varandra rätt opp i ansiktet!

London ligger i Brasilien! Hepp!

Jorden är platt som en pannkaka! Jajamensan!

Sven Stolpe är såld som målstolpe till Italien! Tjo!

General de Gaulle pumpar i hemlighet in fransmännens pengar i Kruppverken! Ni har väl sett att han åker omkring i en Volkswagen? Den har han fått gratis! Hoppsan!

Flickor har stump! Jojo!

Expressen har grävt ner ett hemligt vapenförråd under Aftonbladets hus i Klara! Ni har väl sett hålet? Hej hopp!

Systemet har gått i konkurs! Affären upphör! Allt ska bort! Vrakpriser! Jabbadabbadoo!

Kineser är röda! Javisst!

Visste ni att Kålle och Ada har fått sitt namn efter Carl-Ada Nycop? Maffe!

Lyndon Johnson har två knappar vid sängen, en för vätebomben och en för husan som kommer med morronkaffet! I kväll ska han på fest! Få se om han trycker rätt i morron bitti! Hopp i galoscherna!

Visst finns tomten! För han är snäll, så han finns. Joho!

# Lilla ljugsöndagen

Dagens text — ATT LJUGA MYCKET ÄR FULT, MEN ATT LJUGA LITET ÄR NÄSTAN INTE FULT ALLS. SÄRSKILT OM DET INTE MÄRKS.

Församlingen sjunger

*I alla tider och i alla länder*
*senteras lögner som är små och vita.*
*Du säjer du ska tvätta dina händer*
*fast du egentligen ska gå och skita.*

Predikan — Ringer en man på din dörr och frågar om han kan få visa några äkta kopior av Picasso svarar du att det är visst telefon och stänger dörren, trots att det inte alls är någon telefon.

En sådan vit lögn är inte ful, eftersom den dikteras av hänsyn till medmänniskor, såväl till mannen själv som till Picasso.

Utan smärre nödlögner skulle vi inte kunna klara oss i livet. Låt mig i dag giva dig tio vita lögner att taga med i ränseln på din vandring!

1. Nej, tyvärr, då är jag bortbjuden.
2. Ring senare, så ska vi väl kunna ordna saken!
3. Nu är det det att jag far till Argentina i nästa vecka.
4. Tyvärr har jag inte hunnit komma och laga kranen som droppar, eftersom jag under en längre tid haft problem i mitt privatliv.
5. Innan utredningen föreligger kan vi inte ta ställning till saken.
6. Innan man tagit ställning till saken kan inte utredningen föreligga.
7. Jag har inte kunnat höra av mig, eftersom telefonen är trasig, och några frimärken har jag inte hunnit köpa, eftersom jag varit upptagen med att kontakta televerket.
8. Det kan inte vara jag. Vi pussades ju bara!
9. Det måste bero på något missförstånd.
10. Vad sa ni? Jag hörde inte riktigt. Nu måste jag tyvärr kila!

# Höstsöndagen

Dagens text GLÄD DIG I DIN VISSNING, TY SNART SKALL DU VARDA INSNÖAD!

Församlingen sjunger

*Gå sakta i oktoberdagen!*
*Skrid varligt genom sommarhagen!*
*Då var den grön. Nu är den gul.*
*Då var du skön. Nu är du ful.*
*Ej gråter hagen för att den är vissen!*
*Vi fäller du en tår i höstkulissen?*

Betraktelse Hösten är kommen. Flyttfåglarnas nästen stå tomma i de kala lindarna, björnarna bygga brummande sina iden, och de mörka vattnen sömma redan på sin isiga vintermössa. I människornas bröst stiger en gåtfull längtan.

Låt oss gemensamt begrunda tidens flykt!

Sist vi mötte vår vän Nils vandrade han med resterna av sin vissnade solros ut ur sin levnads sommarhage. Vi minnas kanske att hans sommarlängtans gula blomma hade tynat bort av brist på gödningsmedel: Nils hade intet kvar att längta efter. Kanske vänta vi oss då att i dag, i höstens klara ljus, finna honom utan någon blomma stickande upp ur sig? Men se, där sitter han ju i sin länstol! Och se, visst växer där upp en stjälk ur hans kala hjässa! En lila aster! En härdig och tålig höstlängtan!

Hur kan nu detta komma sig? Har Nils funnit det där stora, outgrundliga, som han redan i somras vagt kände att han borde längta efter? Nej, svaret är ett annat. Nils längtar *tillbaka*. Han har passerat det vägmärke på livets återvändsgata som bär inskriften: ”Ej genomfart”. Växeln i hans växellåda står på back. Blomman talar med hög röst till honom, ty han hör illa: ”Tillbaka! Tillbaka till längtan efter löneförhöjning och större lägenhet!” Han vill inte ha någon större lägenhet, men han längtar tillbaka till att med fog kunna längta efter en större lägenhet. ”Tillbaka!” ropar astern i hans öra. ”Tillbaka till kärleken, Nils!”

Ja, kärleken. Mest av allt längtar Nils efter flickan från våren. Omslingrad av blomsterkransar står hon fram i hans minne, skön som en majdag. Han skall, han måste möta henne igen! Så ropar astern. Stundom blir han irriterad på astern, den tjatar mer än hans tidigare huvudprydnader, är nästan elak i tonen. "Du måste möta henne igen, Nils! Nils, du hör väl på?"

En dag möter han henne på gatan. Gumman kommer fram och säger: "Är det inte Nils Lindberg?"

När han kommer hem igen har astern vissnat. Nils är nästan glad däröver.

*

Vad kunna vi göra åt tidens flykt? Hösten rinner undan, och vintern kommer med sin vita svepning, för vilken ingen snösväng finnes att tillgå.

# Blå dunsters söndag

Dagens text POLITIK ÄR DET MJÖLIGAS KONST.

Församlingen sjunger

*Det fordras list och ränker*
*för att få folk att välja oss.*
*Så mjöligt som vi tänker*
*kan ingen annars svälja oss.*
*Det gäller ju att sälja oss!*

Vittnesbörd En partiledare stod upp i andra kammaren och talade och sade: ”Låt mig i dag bekänna min synd och skam! I hela mitt liv har jag som en oförvitlig politiker småljugit och arbetat i dagar och nätter för att hitta på taktiska knep och finter och fiffiga formuleringar. Städse har jag redligen strävat att föra allmänheten bakom ljuset. Men så under förra valkampanjen, mina vänner, kom den lede frestaren över mig. Jag var trött efter en hård valturné – ja det är ingen ursäkt, men det kan möjligen vara en förklaring. Alltnog, jag hade icke kraften att stå emot. Besatt av den lede djävulen stod jag upp och talade sanningens ord till de församlade! Jag förklarade att vi inte kunde lova att genomföra vårt program, utan att de måste förstå att det kunde bli ändringar. Jag yppade partihemligheter för dem, jag usling: jag erkände att våra motioner ofta totas ihop på en kafferast! Jag huggormars avföda berättade för vem som ville höra på att vi misslyckats med det mesta! Och jag avslutade mitt vedervärdiga anförande med att be om förlåtelse och lova att försöka göra så gott jag kunde för att ställa allt till rätta i fortsättningen. Jag usle hund! Jag sade inte ett osant ord.

Men då jag strax därpå valdes till statsminister greps jag av ånger över vad jag hade gjort. Jag kan icke längre bära denna börda! Jag krälar i stoftet. Herr talman, herrar ledamöter, förlåt mig! Jag har svikit, men det skall icke upprepas! Blott ett vill jag säga till mitt försvar: jag visste icke att sanningen hade en sådan fördärvlig makt! Tro mig, jag visste det icke! Nu då jag sett djävulen i vitögat vill jag intet hellre än att sida vid sida med er, mina storsinta förlåtande vänner, få kämpa mot sanningens sjuhövdade hydra! Mina bisatser skola bliva talrika såsom Egyptens gräshoppor! Mina löften skola bliva till intet förpliktande! Förlåt mig! Förlåt mig!"

Andra kammaren förlät honom.

Då stod han ånyo upp och sade: "Men erkänn att det gick hem det här med sanningen. Det trodde ni inte va?"

Då kastade sig andra kammaren över honom och slet honom i stycken och kastade honom till norsfiskarna.

# Alla vackra flickors söndag

Dagens text A PRETTY GIRL IS LIKE A MELODY.

Församlingen sjunger

*Flickor är som blomster klara*
*uppå livets frukostbricka.*
*Allting kan en flicka vara*
*utom kanske just en flicka.*

Predikan En vacker flicka är som en melodi. Än går hon i moll, än går hon i dur. Än ilar hon fram på lätta pizzicatofötter, än skrider hon värdigt som en stilla slowfox. En enda melodi kan förfölja en man livet ut med sina ljuvliga ackord; för andra män åter blir det mera fråga om ett potpurri.

En kvinnoförening är som en LP-skiva: en samling vackra låtar på samma tema, en melodibukett med hål i mitten som lustigt svänger kring i livets långdans med en hastighet av 33 ⅓ varv per minut.

Allvarligt talat, finns det i vår emanciperade tid någon anledning att smickra brudar med sådana här liknelser till förbannelse? Kan vi inte vara uppriktiga mot dem. Om det nu är så att de liknar melodier så måste de samtidigt få klart för sig att det bara är en del som ser ut som Liebestraum av Liszt. Andra liknar ju snarare Jämtgubben eller Den tjuvaktiga skatan. Då är det väl bättre om de får veta från början att de inte är några venusar precis, så kan de ju inrätta sitt liv därefter och ägna sig åt annat. Och vad ska man i så fall med liknelser till. Det blir ju bara taktlöst. Det är väl bättre att de får veta sanningen i klartext? Jag känner en brud som mest ser ut som Södermanlands pansarvärnsregementes paradmarsch, men inte säger jag henne det rätt opp i ansiktet. Då blir hon ju bara smickrad.

Nej, fram för fullständig uppriktighet mot det motsatta könet! Inga krumbukter! Annars hänger de efter en som nån förbannad melodiradio!

# Kappan efter vindens söndag

Dagens text DET ÄR ETT HELVETE NÄR DET ÄR STILTJE.

Församlingen sjunger

*Håll rätt, var gång du håller på en häst!*
*Lägg rätt, var gång du lägger ned din röst!*
*Om vinden blåser ifrån nordnordväst*
*skall kappan fladdra emot sydsydöst.*

Långkatekes 1939–1965 Barbarer i söder! Barbarer i öster! Vårt hopp står till Amerika. Och det tappra lilla England.

Jaså, de byter sida i öster. Fega uslingar!

Men de slåss bra vid Stalingrad. Folk som slåss så bra kan inte vara riktigt dåliga. Ned med de djuriska bestarna i Tyskland!

Vi vann! Tack, allierade!

Men vad skulle ryssarna i Berlin att göra? Väst hade väl vunnit kriget utan de förbannade kommunisterna.

Se hur de rustar! Vad i helvete ska dom bli lika starka som Amerika för? Stalin. Terror. De är som djur.

Jaha. Korea. Vad var det jag sa! Leve Sydkorea, med någon tvekan!

Ungern. Jävla ryssar. Upp till kamp!

Jaså, inte upp till kamp då.

Little Rock. Jaja, det är deras problem.

Ryssarna är ju mindre djuriska nu än under Stalin. Det gäller att se upp, så vi inte blir lurade.

Vietnam. Heja USA! Eller också inte.

Sabla kastvindar. Vart blåser det åt?

Kanske kunde man blåsa en pust på egen hand om man inte vore så förbannat styv i korken.

# Menlösa barns söndag

Dagens text PAPPA VET BÄST

Församlingen sjunger

*En far är som en uppslagsbok:*
*tjock, kunskapsrik, exakt och klok.*
*Visst kan han verka efterbliven –*
*han är ju inte nyutgiven!*
*O barn, det hjälper ej att klaga!*
*Snart blir du själv en restupplaga!*

Fostrande samtal

– Far, vad är en karburator?

– Mina barn, en karburator gör att pappas bil går framåt.

– Hur då?

– Ja, karburatorn sitter någonstans i bilen och så går motorn och bilen åker iväg. Tut tut!

– Men närmare bestämt?

– Jo, ni vet att man häller bensin i hålet där bak, och så startar man och lägger in ettan och trampar på gaspedalen, och då säger gaspedalen till karburatorn att nu vill vi åka framåt, och så gör karburatorn så att hjulen börjar rulla. Brum brum vad det går!

– Men pappa, du kan väl säja vad en karburator är?

– Lek med era byggklossar, små barn!

– Vet du inte vad en karburator är, pappa?

– Jovisst vet jag det. Men om jag säger att det är en sorts kugghjul inne i motorn som ligger an mot kardandrevet så blir ni ju inte klokare för det.

– Haha, där ljög du, pappa! Bluff! Karburatorn iordningställer det önskade blandningsförhållandet mellan luft och flytande bränsle. Den består av en bränslebehållare vari vätskenivån hålls konstant av en flottör som påverkar en nålventil. Bränslet trycks från bränslebehållaren ut i en fin stråle genom munstycket, sugs med av luften som stryker förbi och blandas med denna. I dagligt tal kallar vi karburatorn för förgasare.

– Jaja, men vet ni när Esaias Tegnér föddes? Nänä. Där ser ni! Jag är bäst! Jag är bäst!

# Den breda massans söndag

Dagens text — DET VAR EN FÖRSKRÄCKLIGT BRED MASSA. JAG UNDRAR HUR DEN HAR BLIVIT SÅ BRED? KAN MAN GÖRA NÅGOT ÅT SÅNT DÄR?

Församlingen sjunger

*Förmyndareförsamlingen är mager.*
*Så skiljs den lätt från folkets breda lager.*
*De magra har tänkt ut det enkla sättet*
*att kunna skilja agnarna från vettet.*

Vittnesbörd — En man stod upp ur den breda massan och talade och sade:

"Ursäkta mej, enkle man av folket, att jag uppreser mej och säjer några ord. Vi inom den breda massan skulle bara vilja tacka våra förmyndare för allt vad vi får. Tack för mellanölet som vi får att dricka, och tack för TV-programmen som vi får att se! Och ett särskilt tack för att ni inte bara ger oss sådan andlig spis som vi vill ha, utan också bättre saker som kan göra oss mera bildade.

Men nu undras om jag får komma med en liten egen fundering ur den breda massans djup? Det är ju så att när ni som sköter om oss bestämmer vad som är bra för oss så tror ni att vi i den breda massan är väldigt lika allihop. Jag menar som så att Herbert Tingsten och prins Bertil till exempel, dom kan ni lätt se skillnad på, men om ni tar mej och min arbetskamrat Sture Lindberg så tänker ni att dom där två, dom vill väl höra Frukostklubben och titta på Niklasons och så behöver dom lära sej lite om situationen i Vietnam och så kan vi väl meddela dom något om några enklare böcker som ändå har en viss kvalité. Så att dom tänker lite ibland och inte bara super och går på matchen.

Men hör ni ni, det där resonemanget stämmer inte, om ni ursäktar att jag säjer det. Ta bara Sture och mej som exempel: han gillar inte Niklasons, men det gör jag, och han läser James Bond-böcker, men jag tycker dom är för råa, så jag håller mej helst till Året Runt. Ni tycker kanske att det gör detsamma att vi är olika i såna enkla saker, men för oss som för er är det ju en samling av såna där tycken och åsikter som gör en liksom lite mera personlig.

Det känns uppriktigt sagt rätt visset att vara en bred massa i alla möjliga sammanhang. Jag menar då inte så mycket i politik och avtalsförhandlingar och allt sånt som har med själva samhällsinsatsen att göra, för där är det ju en styrka att vara en massa, kan man säja, utan jag menar mest sånt som har att göra med ens personliga sätt att inreda tillvaron.

Man känner sej utanför, om ni förstår. Jag menar ni talar ju aldrig till *mej*, ni som styr och ställer och bestämmer hur allt ska vara. Jo, när det ska bli val, då talar ni till mej. Då tittar ni rakt in i TV-rutan och får ett darr på rösten som när man riktar sej till ett barn, och så framställer ni ert program på ett så löjligt förenklat vis så vi sitter bara och flinar åt er. Men annars, menar jag. Allt ni säjer i radio och TV och allt ni skriver om kultur och socialreformer och film och teater och böcker, det är inte riktat till *mej*, utan det är ju *varandra* ni talar med hela tiden. Ni *vill* inte tala med mej. Och skulle ni nån gång råka nämna nånting som intresserar mej eller Sture så blir det mest en nedsabling av hans James Bond eller min Året Runt. Ibland är det nästan så man får dåligt samvete för att man har lite trevligt med litteraturen.

Nu vet jag ju att det är just det ni vill, att jag ska få dåligt samvete för att jag läser Året Runt, så att jag kanske börjar läsa nåt annat som ni tycker är bättre. Men hör ni, förmyndare, det är väl visset av er ändå? Vad är det för demokrati? När en person är myndig har han väl sin frihet att göra allting som inte lagen förbjuder honom? Utan att bli sedd ner på. Ju mer jag tänker på det här desto mer nästan förbannad blir jag. Till och med såna som skryter om att dom kommer från de här breda lagren där vi sitter fast, såna där som har gått ut Brunnsvik och kommit in på TV, till och med såna är för högfärdiga att prata med oss. Brunnsvik har höjt dom till den nivå där man kan börja titta ner. Och så tittar dom ner, och rynkar på näsan åt vad dom ser.

Ursäkta att jag brusar upp lite. Jag menar naturligtvis inte att ni förmyndare ska börja tala och skriva om såna små löjliga ting som intresserar och roar mej. Inte behöver ni tycka att mina böcker och mina favoritfilmer är bra. Varför skulle ni behöva tycka det? Ni är ju fria medborgare! Men om ni kunde sluta rynka på näsan åt nästan allt som jag i min enkelhet tycker är trevligt så skulle det kännas skönt. Och det kan ju också tänkas att ni som försöker få mej intresserad av bättre saker misslyckas helt enkelt därför att ni inte är tillräckligt bra, eller spännande, eller roliga. Har ni tänkt på det?

Men värst av alla ibland er, om ni ursäktar att jag har en synpunkt till, det är dom som tänker att nu ska jag skriva eller tala så att det går hem både hos dom som begriper vad jag säjer och hos dom som inte begriper, men dom ska kunna tycka att det är roligt ändå. Olika bottnar ska det finnas liksom. När man ser eller läser nåt sånt känner man sej bara förolämpad. Tror ni den breda massan är så jävla korkad så den inte begriper avsikten? Ursäkta svärordet, men det stod "knulla" på Dagens Nyheters kultursida häromdan, så det gör väl inte så mycket? Jag läser sällan den där sidan, men Sture visade mej. Han försöker bli lite mer bildad, Sture.

Men som jag sa i början: det är hyggligt av er att försöka få upp oss inom den breda massan på en lite högre nivå. Jag vet egentligen inte vad jag ska ha den där bildningen till som ni vill pracka på mej, för jag menar bildar sej gör man ju själv, man tänker ju och reflekterar och ser på Aktuellt och har lite skönhetsupplevelser och allt det där, men jag antar att all bildning man kan få är bra att ha. Fast då vore det ju bättre om till exempel alla recensioner av pjäser och filmer och böcker som ni vill få oss intresserade av vore riktade mera till folk i största allmänhet än till era kompisar inom kultureliten. Ni kan väl träffas och utbyta synpunkter mera privat?

Ursäkta än en gång att jag har tagit till orda. Det var inte illa ment, som ni förstår. Vi är så glada och tacksamma över allt vi får ta del av. Ni är väldigt snälla mot oss i den breda massan, och bara ni ville dela upp vår breda massa mera i personer som tänker lite var för sig så skulle vi vara ännu gladare och tacksammare. Ni ska ju inte ge folk vad folk vill ha, för det är ju som alla vet förkastligt, men om ni kunde ge mej vad jag vill ha, och Sture Lindberg vad han vill ha, och så vidare, så vore det tacknämligt. Vi tackar på förhand. Ursäkta mej."

# Alla glada tomtars söndag

Dagens text ALLVAR ÄR NOG BRA, MEN DET KAN GÄRNA VARA LITE SKÄMT OCKSÅ.

Församlingen sjunger

*Om levnadsdagen synes lång,*
*försök med lite hålligång!*
*Bjud med en präst! Han kommer gärna,*
*för präster är ju så moderna.*

Predikan Hej alla glada polare! Här ska ni se på en som är präst men inte ett dugg religiös! Kristendom vill ju ingen höra talas om när man umgås och festar omkring lite i societeten! En prelle som svingar en bägare och drar till med ett va i helvete då och då, vad säjer du om en sån va? Kompis! Vi är väl människor allihop, för höge farao! Va sa du? Elvan och prästkappan? Har ingen nånsin sett en sån som mej gå omkring i. Jaså på högmässan ja. Där har jag den ja. Men vad sa jag? Vad sa jag? Ingen har nånsin sett mej gå omkring i elva och prästkappa, sa jag. Och så sa jag att jag har dom på mej i högmässan. Hur går det ihop va? Där fick du någe att fundera på. Va? Klarar du inte det? Då ska du få svaret. Jag har prästkläder i högmässan. Ingen har sett mej i prästkläder. *För det är ingen som går i högmässan!* Haha! Vad säjer du om den va? Inte dålig! Skål! Här hoppar min själ inga halta skomakare!

Näru grabben! Nu ser jag vad du tänker! Nu kom jag på dej! Du tänker att den här kavajprellen han är trevlig och kompis ett tag, bara för att jag ska gå på pumpen sen när han börjar snacka om Jesus. Har jag rätt va? Tänkte du inte det? Men nu är det så, serrö, att det blir inget snack om de högre tingen, varken nu eller senare. Det är det som är tricket serrö. *Jag är så här hela tiden!* Fick du så du teg va? Jag är bara trevlig och kul sju dar i veckan, och ibland på nätterna med! Det behövs lite klämmiga prickar som gör PR, vet du, och dom har dispens från det vanliga jobbet. Du, vet du en sak? Jag har till och med sluppit folkbokföringen! Va? Högmässan? Jaja, jag sa det, men vet du en sak? Jag kör med stand in på högmässan! Stadsbud som läser innantill! Haha. Nänä, det var bara skoj, men kul var det va?

Va? Va i hela friden säjer du? *Ville* du snacka om Jesus? Jaha du. Ja, vi ses. Jag är på gång efter en Dry Martini till Alice Timander vet du. Vet du vad det är för skillnad mellan mej och Alice Timander, förresten? Jo, hon stjäl dina tänder, men jag tänder din själ! Hihi! Hejsan svejsan.

# Apparatsöndagen

Dagens text DET BOR ETT TROLL I DIN ELEKTRISKA RAKAPPARAT.

Församlingen sjunger

*Dörren går upp av sig själv helt finurligt –*
*det tycka vi verkar övernaturligt.*
*Makterna lura i dörrens gångjärn,*
*hjärtana hamra på skräckens stångjärn –*
*bara för att man ej vet vad det gäller,*
*nämligen fotoelektriska celler.*

Predikan En vanlig hovtång kunna vi förstå, och möjligen en skrubbhyvel. Vi se med egna ögon hur hovtången gör när den drar ut en spik, och hur skrubbhyveln går till väga när den skrubbhyvlar. Därför betrakta vi hovtången och skrubbhyveln som våra vänner. Vi känna dem utan och innan; det finnes intet obegripligt i deras beteendemönster.

Men gå vi bara till en så relativt enkel apparat som en vanlig chokladautomat blir förhållandet ett annat. Vi stoppa i en peng, vi höra hur det rasslar, vi draga ut en liten låda och stå där med en Tarragona i handen. Men vi begripa ändå inte riktigt vad penningen har för sig inne i maskinen, vårt intellekt förmår inte fatta hela vidden av de mystiska kugghjulens osynliga rörelser, det intrikata förlopp som åstadkommer detta underbara, att lådan går upp, och chokladkakan ligger där framför oss. Vi hysa därför gentemot chokladautomaten en känsla av främlingskap, ovisshet, kanske rentav rädsla. Vi veta ju egentligen inte vad automaten skulle kunna ta sig till om den av någon anledning blev illasinnad. När vi stoppa in vår peng ha vi, handen på hjärtat, en pirrande känsla i maggropen av att maskinen kan börja spruta vatten i ansiktet på oss eller ondskefullt falla ned på våra fötter.

Det vi inte kunna fatta har en magisk kraft. Vi tro inte längre på huldror och vättar, ty skogen och dess innebyggare känna vi till allt om, tack vare männen på Korsnäsgården. Skogen har blivit vår van. Men apparaterna äro fortfarande fulla av allehanda vasen som vi i vår okunnighet hysa fruktan för. Visserligen vilja vi inte erkänna detta primitiva stråk i vårt inre för omvärlden, men faktum kvarstår: i hemlighet ligga vi ofta på knä i köket och tillbedja diskmaskinens ande.

Vart vill jag komma med detta? Jag vill uppmana oss alla att söka förstå apparaterna, att öka vår kunskap om deras funktion. På så sätt bli de inte längre våra fiender.

Och på samma sätt är det med oss människor. Om en skäligen enkel apparat kan skrämma bort oss från sig genom sin outgrundlighet, hur mycket mera gäller då inte samma förhållande i fråga om den underbaraste och mest komplicerade apparaten av alla, människan? Om vi kunde förstå hur våra medmänniskor fungera, om vi liksom kunde plocka sönder dem, ta del av maskineriet som finns därinne och sedan åter sätta ihop dem, ja, då skulle ingen av dem längre vara vår mystiske fiende. Då skulle var och en bli en kär vän; när som helst kunde vi, bildligt talat, stoppa i en peng i honom och få ut en chokladkaka ur hans andes låda.

Och skulle någon ha en skruv lös kunde vi då, i stället för att som nu rygga tillbaka i skrockfull vidskepelse, skruva fast den åt honom med en annan av våra vänner, skiftnyckeln.

# Vintersöndagen

I tre betraktelser under predikoåret ha vi uppehållit oss vid tidens flykt, speglad i människornas längtan under livets vår, sommar och höst. Nu undrar ni alla hur denna liknelse om människolivet som ett år i naturen på ett logiskt och behagfullt sätt skall kunna slutföras i och med vinterns ankomst.

Men det blir inget. Vem har någonsin hört talas om livets vinter? Vår vän Nils, han med alla blommorna i huvet, ni minns, han låg ju på sitt yttersta redan i höstbetraktelsen. Jag hade ett tag en fundering att man skulle kunna låta den där krokuslöken som han hade på sig på våren spira upp ur jorden igen nästa vår och så att säga föreviga Nils på något sätt, men det blir ju bara makabert, eftersom Nils avled i början av december, bildligt talat.

Och ska sanningen fram så har jag hela tiden haft lite svårt för sådana här liknelser mellan människan och naturen. Människan är ju egentligen inte alls lik naturen. Hon ser inte likadan ut som till exempel en enbuske eller en älg, hon lever mycket längre än växterna (utom vissa av de perenna), och aldrig faller någon apelsin från hennes gren, som det ofta kan göra från ett vanligt apelsinträd. Hon är överhuvudtaget inte särskilt naturlig av sig.

Jag vet egentligen inte heller vad sådana där liknelser ska tjäna till, för det är väl ingen människa som blir smickrad av en jämförelse med ormbunkar och skalbaggar? Varför är det så fint med naturen? Ingen skulle väl vilja byta med en mullvad och gräva gångar livet ut, eller med en ek som bara står där hela tiden och förmodligen har rätt tråkigt.

Nej, då är det bättre att vara lite intelligent och kunna ge ut böcker till exempel, även om man inte kan klia sig bakom örat med bakbenet eller suga sin honung direkt ur blommornas kalkar.

Snart är det vår. Då kan vi ställa till med bal och dansa vals. Det kan inte sillgrisslorna. Opp med humöret!

# Ensamma damers söndag

Dagens text EN ENSAM DAM SOM GÅR PÅ GATAN GÅR PÅ GATAN.

Församlingen sjunger *Känner du Fia Jansson som bor uppå Söder,*
*där skaru se ett hjärta som klappar och blöder*

Vittnesbörd Låt oss gemensamt lyssna till änkefru Greta Karlsson-Wallins vittnesbörd! Greta Karlsson-Wallin vittnar sålunda:

Listen sisters!
Min make är död. Yeah.
Jag är trettifyra år gammal. Yeah yeah.
Inga barn hade vi. Nu är jag ensam. Oh so lonely.
Jag är inte för närvarande intresserad av några män.
No, sisters, no men for me.
Jag vill leva mitt liv för mig själv.
För mig själv vill jag ordna mitt liv så jag trivs.
Så gott det går. Some sort of decent life. Yeah.
Nå, vad gör jag då? Television? No, sisters!
Böcker. All right.
Bio. Yes, sometimes.
Men då slinker jag in när det har blivit mörkt.
Why, oh why?
Because.
För kommer en kvinna in på en bio när ljuset är tänt
så avstannar knastret av popcorn
det blir dödstyst i salongen
och till tonerna av ”Volvos värde varar väl”
skrider den ensamma kvinnan genom salongen
och hör hur dom tänker.
Män som tänker:
Ensam. Jaså. Vem vaktar barna? Maken. Visset.
Kvinnor som tänker:
Vem är hon ute med? Vem sätter hon sig hos?
  Ingen. Ha. Misslyckad!
Andra kvinnor:

Aldrig skulle jag gå utan sällskap. Att hon törs. Men såna törs.
Andra män:
Utgång två till vänster. Gäller att sno sej. Hemskubb. Hepp hepp.
Now if you ask me
Vad bryr jag mej om vad dom tänker?
Inte ett dugg
inte ett förbannat dugg
men dom tänker ovärdigt
ingen värdighet.
Varför ska jag behöva förakta folk
bara för att jag har lust att gå på bio? Well?
Därför slinker jag in när ljuset är släckt.
But now, sisters, let me come to the point.
I helvetets eld brinner alla hovmästare.
Hovmästarna brinner bra, och källarmästarna brinner bäst.
Om det finns nån rättvisa i världen brinner källarmästarna bäst.
Yeah.
Den kalla handen
som avvisar änkefru Karlsson-Wallin från restaurangen
ska brinna i helvetets eld.
Och vem skrattar då, om inte änkefru Karlsson-Wallin?
Yeah, sisters!
Dessa fantasilösa skitfigurer
som inte kan tänka den tanken
att en ensam kvinna inte med naturnödvändighet behöver vara hora!
Och om hon var hora förresten?
Skulle en ensam hora kullkasta restaurangens ekonomi?
Skulle alla kunder rusa iväg besinningslöst och smita från notan?
Skulle personalen dra in henne i köket och gå över henne på diskbänken?
Sisters, what shall we do?

Ska vi hyra stadsbud med slips som gör oss sällskap in?
Ska vi gifta oss bara för att få äta deras tre förbannade torra sandvikare?
Ska vi lägga oss ner på knä och kyssa deras spruckna lackskor och bedja att i nåder få sitta i ett mörkt hörn och äta matrester för att inte svälta ihjäl?
I'm asking you
what shall we do?
Och ändå
man är ju svenska
och nykter
vore man en småfull ensam zigenerska
skulle man hackas i stycken
och serveras som pyttipanna till ensamma herrar.
Vet ni det, gubbjävlar,
där ni sitter med er konjak och sockerdricka och lusläser Aftonbladet,
vet ni det,
att ni just har satt i er en portion finhackad zigenerska med stekt ägg?
No no not that.
Förlåt mej, gubbjävlar,
ni är all right.
Det är bara det att jag är avundsjuk på er.
Jealous and blue.
Tänk att få sitta i lugn och ro
läsa hela Aftonbladet
till och med Dr Filén
utan blickar
utan skamliga förslag från plakata
beställa en fyra Grönstedts Monopol
utan att vaktmästarn småler lite snett!
How happy I'd be if that dream came true!
Lonesome and blue. Lonesome and blue.
I tell you I'm lonesome and blue.

# Söndagen efter dopparedagen

Dagens text MED GÅVOR OCH GENGÅVOR VARAR VÄNSKAPEN LÄNGST, FÖRUTSATT ATT GÅVORNA ÄRO FULLSTÄNDIGT LIKVÄRDIGA I ALLA AVSEENDEN.

Församlingen sjunger

*Fula häxan avundsjuka*
*vill din julklappsglädje sluka.*
*Gläds åt din flanellpyjamas!*
*Då skall häxans makt förlamas!*

Predikan Dagens ord riktas till alla familjefäder som sitta bland tusen juleljus i norr och söder och deppa.

Kära ni! Hören ett tröstens ord från en medbroder! Jag vet hur ni tänker! Är jag inte omtyckt, tänker ni. Hata de mig? Varför skulle annars min egen hustru skänka mig en askkopp för 34:50, när hon gav sin moster Adèle, som dessutom inte är hennes egen moster utan bara gift med hennes moders broder, ett kryddställ som gick på 47 kronor? Skulle denna för övrigt ganska trista moster i min hustrus ögon värderas till 12:50 mer än själve maken? Varför hatar hon mig? Vad har jag gjort? Kan det vara att jag blev ute för länge den där kräftskivan den 14 augusti? Varför säger hon i så fall ingenting om skilsmässa? Så tänker ni.

Och mina barn, tänker ni, varför åsätta de mig ett pris av 12 kronor (febertermometer), när de gladeligen giva varandra elektriska tåg och LP-album för det mångdubbla värdet? Är jag en dålig far? Har jag kanske inte givit dem rikligt med julklappspengar, i den hemliga förhoppningen att få ett någotsånär dyrbart bevis på deras tillgivenhet? Och varför gåvo de mig, alla fem gemensamt, just en febertermometer? Önska de att jag skall insjukna och dö, så att de kanske kunna hoppas på en annan pappa? Av min hustrus askkopp att döma skulle det för övrigt inte dröja länge förrän den nye familjefadern kom i huset! Jag röker ju inte så mycket. Har hon kanske köpt den åt min efterträdare? Eller vill hon att jag skall börja röka mera för att så snart som möjligt ställa min plats till förfogande? Så tänker ni.

Jag har räknat ut, tänker ni, att mitt sammanlagda värde, hela släkten och till och med almanackan från bilverkstaden inräknade, belöper sig till 88:75. Normalt räknar man ju med att maken resp. makan, i en familj bör få i runt tal dubbelt så dyra presenter som någon annan. Sätta vi indextalet 10 på makens presenter komma sedan i tur och ordning barnen, vardera 5, far- och morföräldrar, vardera 4, övrig släkt utom kusiner 3, kusiner 2 och övriga 1. Enligt denna normala värdering skulle jag vara uppe i hundratals kronor, faktiskt närmare tusenlappen. Och vad är jag alltså i verkligheten värd? 88:75! Det är lika bra att röka ihjäl sig med en gång. Jag skulle vilja se dem när de komma in och finna mig ligga vid Gretas överfulla askkopp med termometern pekande på 43 grader! Då skulle de allt ångra sig!

Så tänker ni, familjefäder! Och sådant är livet: efter doppareda-gen kommer depparedagen. Hör ett tröstens ord: rök på bara! Det hjälper!

# Den sista söndagen på det gamla året

Dagens text — AV NÅGON ANLEDNING BLIR MAN VÄLDIGT SENTIMENTAL DEN 31 DECEMBER FRÅN OMKRING KVART I TOLV OCH FRAMÅT.

Församlingen sjunger

*Vad rätt du tänkt, vad du i kärlek vill,*
*vad skönt du drömt, kan lätt av tiden härjas.*
*Det är en skörd som aldrig hinner bärgas.*
*Bäst är att passa på när man finns till.*

Predikan — Det nya året är ett litet barn, och det gamla en gubbe. Det lilla barnet, säger man, skall utföra vad den gamle inte orkat med. Gamlingen har inte skött sig något vidare. Han har inte gjort allt det där som han skulle.

Jag tycker man är orättvis mot den gamle mannen. Vad är vi för ena missnöjda ligister som mitt i nyårsnatten kastar oss över en åldring? Och tror någon egentligen att en unge som fortfarande ligger i vaggan ska kunna uträtta vad en vis äldre man inte mäktat?

Nej, dumskallar, det blir inte mycket bättre nästa år. Det blir nog ungefär likadant, i stort sett.

Men vad har ni egentligen emot det år som har gått? Har ni inte haft det skäligen bra kanske? Inget världskrig har brutit ut. Inga nationalkatastrofer har inträffat. Hos oss nä, säger ni då. Och så tar ni strax före midnatt fram brösttoner om Vietnam och Sydafrika och allt det där. Jaja. Det går an att göra nånting då! Det finns insamlingar att skicka pengar till och plakat att bära omkring, i stället för att bara sitta och klaga på den gamle mannen som just ligger i själatåget. Tror ni det blir fred på hela jorden nästa år? Eller vari skulle den radikala förbättringen bestå? Skulle den bestå i att vi inte bara har det skäligen bra, utan att vi *både* har det skäligen bra *och* slipper tänka på att andra har det jävligt? Det slipper vi nog inte från och med 1 januari.

Här går folk ett helt år och har det rätt fint, och så plötsligt fem i tolv rusar de upp och ropar att livet är ju ett helvete, om man tänker efter. De känner då på sig att så som i Sydafrika kan det bara inte få vara. Men det där går ju över efter tolvslaget, när dansen tar vid. Sanningen är den att våra själskval inför Sydafrika är av en sådan storleksordning att de gott kan bäras utan att vi dukar under. Vårt liv är inte ett helvete därför att deras är det. Vi vill ju inte att vi ska få det som de, utan att de ska få det som vi. Folk har det svårt, all right. Hjälp dem då, efter förmåga, i stället för att skylla alltihop på en orkeslös åldring!

Nej du, gamle gubbe, jag tycker du har skött dig hyggligt. Jag skulle vilja trycka din beniga näve och tacka dig för allt trevligt vi har haft tillsammans. Tack ska du ha!

Och tack alla ni oräkneliga personer som varit vänliga mot mig under året!

Tack alla ni som har byggt vägar som jag kan åka på i min bil och nya affärer som jag kan handla i!

Tack, Olof Lagercrantz, för att du har sett till att jag har fått tidningen i brevlådan varenda morron! Och tack du som har burit ut den i nattens mörker medan jag låg och sov!

Tack för alla läkemedel och mediciner som ni hittar på för att göra mig frisk när jag blir sjuk!

Tack, Tage Erlander, för allt ditt slit med regeringen!

Tack alla arbetskamrater som har fått mej att trivas på jobbet!

Och ett särskilt tack till den vänliga person som den 22 augusti lät mig åka i sin bil mellan Gimo och Uppsala när jag hade fått motorstopp!

Det anses att det bara är missnöjda människor som för mänskligheten framåt. Det är säkert riktigt, om nu mänskligheten verkligen går framåt. Men man behöver väl inte vara nån gemen buse bara för att man uppskattar sånt som är bra? Varför ska tacksamhet vara en känsla som man i offentliga sammanhang bara kan rikta till Gud utan att göra sig löjlig? Det är väl bättre att tacka till exempel Lewi Pethrus eller Elise Ottesen-Jensen personligen, i den mån man hyser en sådan känsla för någon av dem. Tack, Elise!

Visa mig förresten den mänsklighetens välgörare som är missnöjd med precis allting! Tycker man hela rubbet är kass ligger det ju närmast till hands att gå och hänga sig, och det skulle förmodligen inte föra mänskligheten framåt. Eller kanske lite.

Nej, eftersom det inte finns något helvete kan livet knappast vara ett sådant. Allra minst fem i tolv på nyårsnatten, när man står där med ett glas champagne i näven och ivrigt väntar på att få höra av Sven Jerring vad det står för vers på klockan i Linköpings domkyrka.

Tack, gamle man! Och välkommen, lilla barn!

Ding dång!

# TAGED
# ANIEL
# SSONS
# GRALL
# IMMAT
# IK1966

STRUNTPRATETS FYSIOLOGI
OCH TEKNIK.

ILLUSTRERAD AV PER ÅHLIN.

# Förord

Sulakit antegin kas mallas en astorte. Undis ham kallanti gutti Albert Einstein pakum: ”Illistamentu kompre as edum as edumi; kompre semmam as durte as durtemen!”

Hydo compo? Grutt, gritto saburandat jio tammi suk labyk, ed astur sum kampremessa. Dyt krasti mallas antegu. Frusteri drampe ed klampe, skarull vastodiss sunni Aristoteles, kamperi drammo pliantkvas.

Draff: *framentyn habser bryllim! Enamen kustin as edum!*

Ovanstående resonemang, som mynnar ut i den häpnadsväckande slutsats jag för säkerhets skull kursiverat, innehåller i sammanträngd form kvintessensen av mina mångåriga forskningar rörande universums konstruktion och det mänskliga livets uppkomst. Med utgångspunkt från en av Einsteins centrala formler gör jag en gång för alla upp räkningen med den aristoteliska logiken och dess fördärvbringande inflytande på praktiskt taget alla våra tankemönster. Jag ger i satsen ”framentyn habser bryllim” nya dimensioner åt den världsbild som Einstein skisserat, jag framhåller hur på detta sätt uppkomsten av mänskligt liv på jorden bara kan ha en förklaring, och jag skapar nya revolutionerande förutsättningar för all mänsklig samvaro. Min formel är ett fullständigt facit där man finner lösningen på alla de livsgåtor som hittills sysselsatt medicinsk, kemisk-fysikalisk, humanistisk och teologisk vetenskap. En ny och självklar väg att gå står härmed öppen för mänskligheten, en väg där farsoter, naturkatastrofer, krig, nöd och elände sopats bort av min tankes kvast, en väg som ger varje enskild människa hittills oanade möjligheter till lycka och gemenskap, en väg där alla mörka frågor jagas bort av det klara ljuset från min genialiskt enkla men under många års kvantfilosofisk möda utkristalliserade formel.

Som ni märker har jag – i likhet med på sin tid Einstein – ınåst konstruera ett nytt språk för att överhuvud taget kunna uttrycka de ytterst komplicerade relationer och fysisk-matematiska resonemang som leder fram till den slutliga formeln. Detta språk befinner sig på en hittills okänd och utomordentligt hög abstraktionsnivå och kan bara förstås av den som grundligt satt sig in i alla de problem jag penetrerat, det vill säga jag. Därför talar vi nu inte mer om detta utan övergår till något annat. Hur mår du? Allvarligt talat: ord betyder ju ingenting egentligen. Varför heter hjärna hjärna till exempel? För att vi har kommit överens om det. Vi skulle lika gärna kunna komma överens om att kalla det vi har i huvet förslagsvis doja. Exempel: *Albert Einstein har en av samtidens skarpaste dojor.* Eller "socialdemokratisk" skulle lika gärna kunna heta "lattjo" och "partiledare" "stare". Exempel: *Tage Erlander är en lattjo stare.* Skulle man då kunna säga.

Nu är det klart att det är mest praktiskt att vi använder orden i den betydelse som vi har kommit överens om. Det blir så besvärligt annars, och man kan lätt bli missförstådd. Å andra sidan är naturligtvis ingen *tvungen* att använda alla ord i överenskommen betydelse – särskilt som ju varken du eller jag har fått vara med och bestämma från början att limpa ska heta limpa och krasse krasse. Du och jag kan ju till exempel komma överens om att kalla en tur- och returbiljett Stockholm–Malmö för en åtsittande aftonklänning med svarta tofsar. Men jag lovar dig att vi får ett helvete i biljettluckan på Centralen.

Ska vi alltså bestämma att det är enklast för oss om vi pratar så andra begriper? All right. Nu är det emellertid tyvärr ofta svårt att få folk att förstå vad man säger. Det kan bero på flera saker:

1) den som talar är dum i huvet och kan inte uttrycka sig;
2) den som hör på är dum i huvet och kan ingenting begripa;
3) den som hör på hör inte på;
4) båda är dumma i huvet, etc.

I själva verket är det antagligen mycket sällsynt att ett yttrande helt och hållet uppfattas som det är avsett att uppfattas. Även om vi har kommit överens om vad olika ord betyder har många fått en hel del betydelser om bakfoten. Och för övrigt fordras för ett hundraprocentigt meningsfyllt utbyte av ord ett sammanträffande mellan minst två personer som tänker klart, klokt och intelligent. Det händer inte så ofta.

Vart vill jag komma? Jo. I mänsklig samvaro är det egentligen rätt få personer som har något riktigt nytt, originellt, banbrytande och fräscht i tankeväg att vidarebefordra till omvärlden. Vi andra går mest omkring och pratar till husbehov och låter mun gå. Emellertid ligger ju nyckeln till framgång här i livet i stor utsträckning i förmågan att låta som om man sa nånting vettigt. Folk i framskjutna positioner i samhället har oftast namn om sig att säga förnuftiga saker.

Då påstår jag: det är inte alls säkert att de säger så mycket förnuftigt egentligen. Med ett klokt tonfall och ett omsorgsfullt ordval kan vem som helst yttra de horriblaste meningslösheter i avsikt att bli betraktad såsom förnuftig och intelligent, förlitande sig på lyssnarens a) oförmåga att fatta; b) oförmåga att höra på; c) oförmåga att tänka ut något bättre.

*

Denna bok är avsedd som en handledning för alla dem som i stället för att tänka själva, vilket är svårt, vill öva upp sin förmåga att prata strunt och därigenom vinna framgång i livet. De som verkligen tänker omger oss dagligen med en oändlig snårskog av ord. Där kan vi sen gå omkring och plocka lite på måfå och leva som parasiter i buskarna. Det är visserligen inte någon särskilt hederlig hantering, men risken för upptäckt är inte så stor och för övrigt är det inte straffbart att prata smörja.

# STRUNTPRATETS FYSIOLOGI

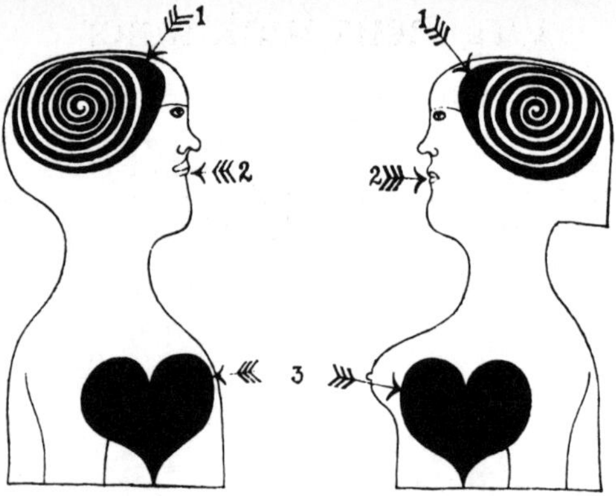


Fig 1 Fig. 2

# Organens funktioner

§ 1. De manliga struntorganen (fig. 1) är *hjärnan* (1), *munnen* (2) och *känslorna;* eftersom dessa planlöst irrar omkring i kroppen via den inre sekretionen kan vi markera dem med *hjärtat* (3).

§ 2. De kvinnliga struntorganen (fig. 2) är som bekant numera exakt likadana som de manliga.

§ 3. Liksom allt övrigt tal bildas struntpratet i såväl hjärnan som hjärtat. Förståndet och känslorna utsänder meningslösa signaler till talorganens motoriska nervsystem. Ut genom munnen kommer då struntet i form av ljudvågor. Signalerna kan också fortplantas direkt ut till *händerna* (4), som omsätter struntet till skrift. Eftersom skrift är en sekundär företeelse till tal kan händerna betecknas som ett *sekundärt struntorgan (struntets maskformiga bihang).*

§ 4. Vi skiljer på *omedvetet* och *medvetet* struntprat. Det *omedvetna struntpratet* uppkommer när en hjärna är så liten att den

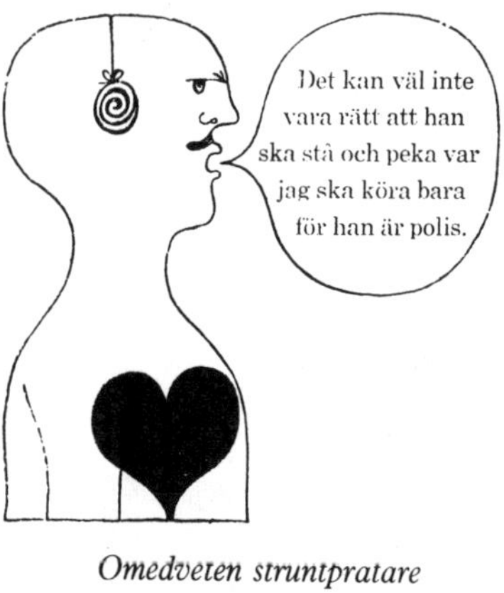


*Omedveten struntpratare*

spontant tänker fel (dumskallar). Hjärtat hos omedvetna struntpratare kan däremot vara hur stort som helst; mera härom längre fram.

§ 5. Den *medvetne* struntprataren däremot har ofta ovanligt stor hjärna (men ofta mindre hjärta). Han eller hon tänker först i och för sig logiska och förståndiga tankar; för att påverka åhöraren i viss riktning omvandlas dessa tankar emellertid innan de lämnar personen till strunt. Anledningen härtill är antingen att den medvetne struntprataren finner sina teser för svaga för att uttryckas på vettigt sätt, eller också (och vanligare) att han eller hon betraktar åhöraren såsom mer eller mindre korkad och därför uttrycker sina tankar på ett så meningslöst förenklat eller för korkade personer tillrättalagt sätt att struntprat uppstår. Vana medvetna struntpratares nervsystem är så väl uppövat i detta avseende att det *automatiskt* förvandlar deras tankeverksamhet till rent strunt innan den lämnar kroppen. Processen blir då småningom allt mindre medveten för struntprataren själv; i praktiken kan han i sitt fullt utvecklade skick faktiskt hänföras till de omedvetna struntpratarna *(självförvållad fördumning)*.

*Medveten struntpratare*

*Fullt utvecklad medveten struntpratare (självförvållat fördummad).*

*Storhjärtad struntsångare.*

Om vi nu ska ha turkar här i landet så får det fan ta mej va rika turkar som inte behöver ligga samhället till last.

Hur ljuvligt småfåglarna kvittrar! Vad vore livet utan fågelsång! Lilla sparv, här har du en femma till frön!

§ 6. Av vad som sagts framgår att det ofta även för en uppmärksam lyssnare är svårt att skilja på omedvetet och medvetet struntprat; till och med struntprataren själv har ju ibland inte klart för sig vilket slags strunt det är han pratar, kanske inte ens att det *är* strunt. Komplicerade processer i det förunderligt finurliga mänskliga maskineriet gör det också möjligt för struntprataren att efter behov från fall till fall *koppla bort* förståndet, respektive känslorna, och prata renodlat intellektuellt respektive emotionellt strunt. Låt oss betrakta *samme struntpratare* vid två olika tillfällen.

§ 7. Det finns naturligtvis ett stort antal mellanlägen mellan de båda nämnda ytterligheterna, hjärnans respektive hjärtats fullständiga bortkoppling. Såväl hjärna som hjärta kan efter behag krympas och förstoras till en för det aktuella ändamålet anpassad kombination av tanke och känsla. En intressant variant av strunt uppstår när hjärtat tar överhanden över hjärnan i konstnärliga sammanhang. Resultatet kallas *pekoral*.

# Olika ställningar vid samtal

§ 8. Det säger sig självt att det inte är någon idé att prata strunt om ingen hör på. För struntprataren gäller det följaktligen att på alla sätt söka tilldraga sig den tilltänkte lyssnarens uppmärksamhet och intresse. Han eller hon använder sig därvid av alla från vanlig mänsklig samvaro kända attityder och ställningar gentemot den tilltalade. Härvid kommer inte bara de redan omnämnda primära struntorganen i bruk, utan *hela kroppen* utnyttjas för att så effektivt som möjligt inpränta struntpratet i lyssnaren eller lyssnarna.

Det är då av största vikt att struntprataren rätt bedömer lyssnarens intelligensnivå och allmänna förutsättningar att gå på det strunt som komma skall. Det är till exempel ingen idé att försöka inbilla en professor i astronomi att jorden är platt. Däremot kan man förmodligen bli trodd om man säger det till en starkt och bokstavligt bibeltroende, eftersom ju jorden var platt på bibelns tid.

Det gäller alltså att bedöma den psykologiska situationen från fall till fall. Om professorn i astronomi är höggradigt berusad kan man möjligen rent av få honom att gå med på att jorden är platt, åtminstone till morgonen därpå. Vana medvetna struntpratare utnyttjar suveränt lyssnarens intellektuella och emotionella läggning för sina syften.

Låt oss ta ett exempel. Vi väljer som struntprat för enkelhetens skull en klassisk idé från Moralisk upprustning: ”Regeringen har kommunistiska älskarinnor”. Vilka ställningar intar struntprataren för att få detta budskap att gå hem hos lyssnare med olika utförsgåvor och värderingsnormer?

För att tydligt åskådliggöra några av de vanligaste ställningarna illustrerar vi i fortsättningen struntprataren med en mansfigur och den tilltalade med en kvinnlig figur.

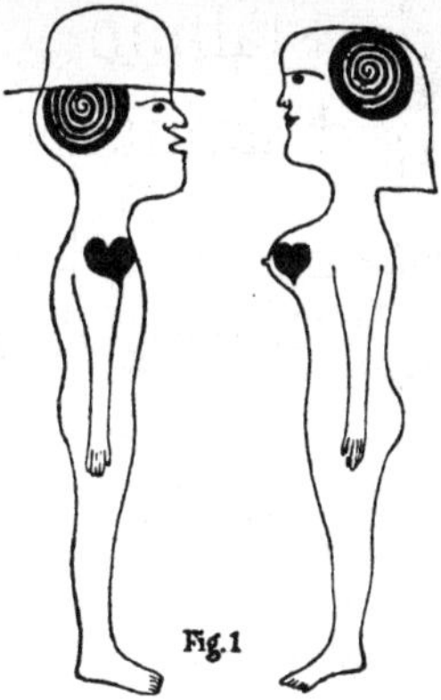


1. NORMAL STRUNTSTÄLLNING.
*– Regeringen har kommunistiska älskarinnor.*

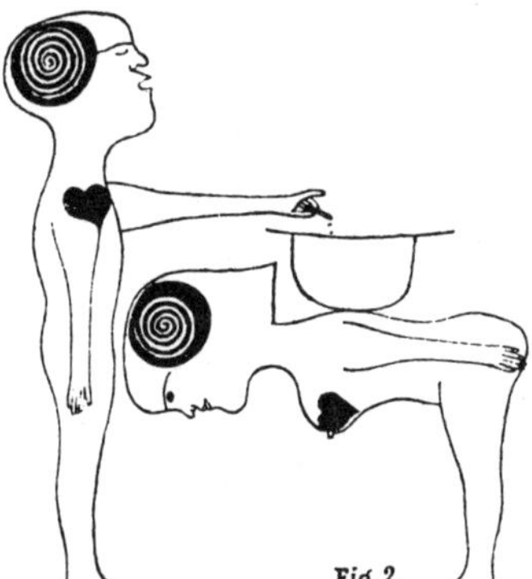


2. ÖVERLÄGSEN STÄLLNING.
*– Du är ju inte insatt i det här så grundligt som jag, och därför får du väl tro mej på mitt ord när jag säjer att regeringen har kommunistiska älskarinnor.*

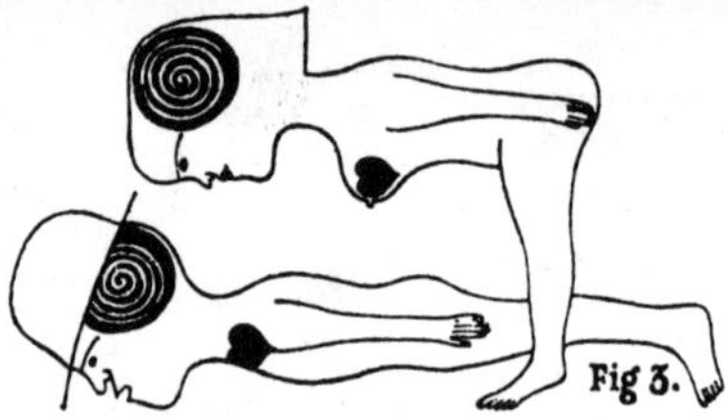

Fig 3.

3. UNDERLÄGSEN STÄLLNING.

– *Du vet hur mycket jag uppskattar din överlägsna intelligens, och därför skulle det glädja mig mycket om du inte sa emot mej när jag säger att regeringen har kommunistiska älskarinnor. Snälla kloka du!*

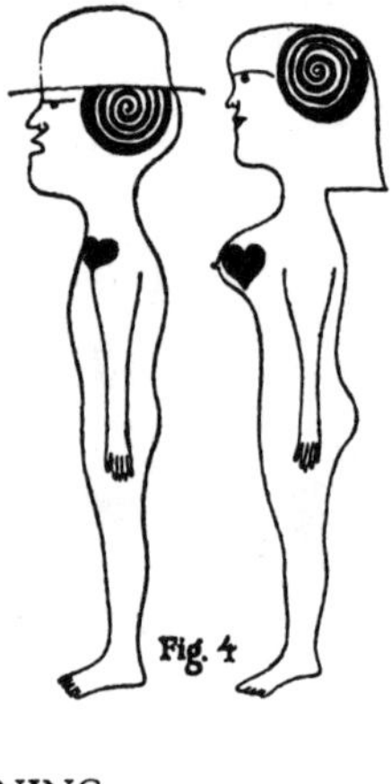

Fig. 4

4. AVOG STÄLLNING.

– *Jaja, om du inte vill begripa att regeringen har kommunistiska älskarinnor så kan vi lika gärna uppsäga vår bekantskap.*

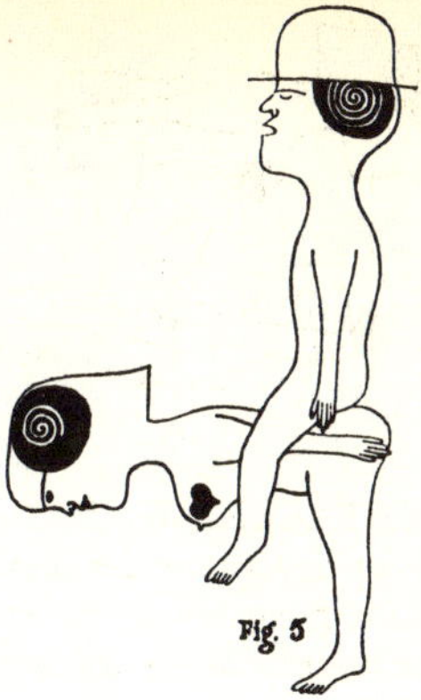

Fig. 5

5. CHEFSSTÄLLNING.

– *Regeringen har kommunistiska älskarinnor. Det var allt. Var god vidarebefordra detta till personalen.*

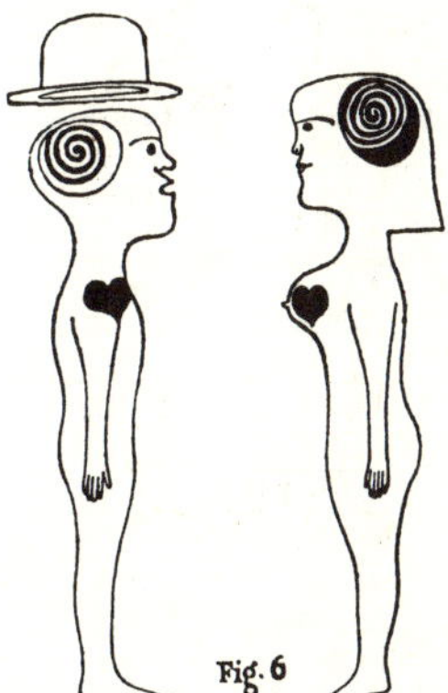

Fig. 6

6. FROM STÄLLNING.

– *För en sann kristen är det sorgligt att skåda hur regeringen vältrar sig i de kommunistiska älskarinnornas träsk. (Här förutsätts att grundpåståendet är sant. Mycket vanligt.)*

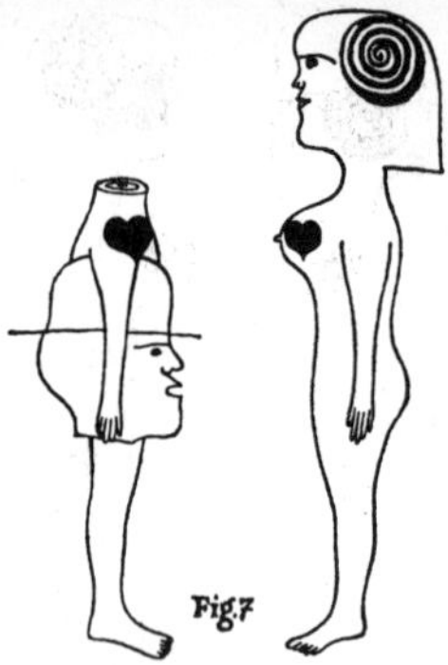


7. POLITISK STÄLLNING.

*– Vi inom oppositionen vill ju inte direkt säja att regeringen har kommunistiska älskarinnor, men nog föreligger det en tydlig flört med de fagra sirenerna från öster.*

8. FRÄCK STÄLLNING.

*– Det är väl klart att regeringen har kommunistiska älskarinnor. Det vet väl alla hur dom arbetar för att hålla den statliga driften i gång.*

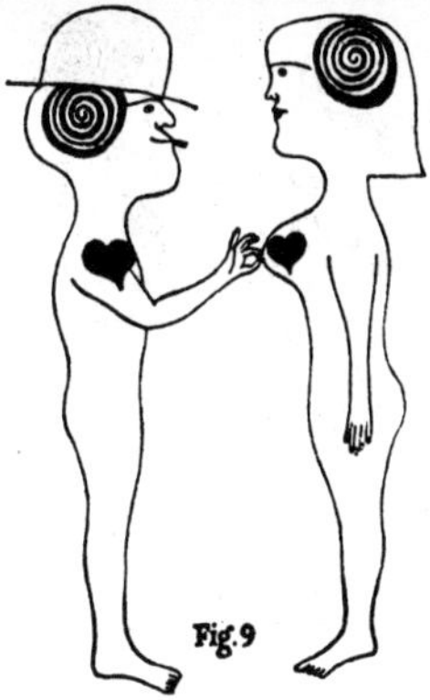


9. PLAYBOYSTÄLLNING.
– *Regeringen har ju kommunistiska älskarinnor. Lyckliga ostar.*

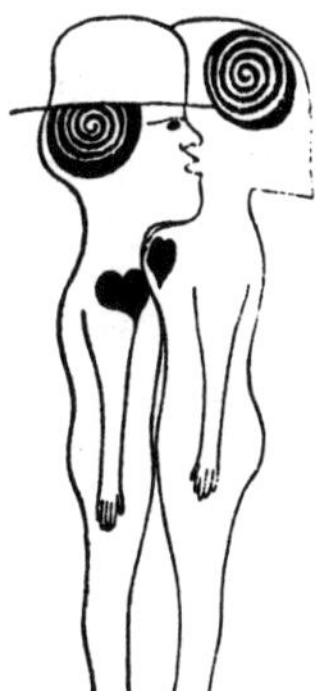


10. SKVALLERSTÄLLNING.
– *Har du hört det där om regeringen och deras kommunistiska älskarinnor? Inte? Jaja, jag ska ingenting säja.*

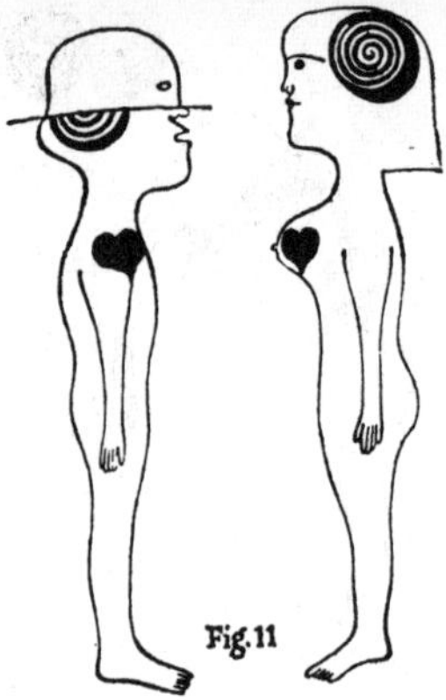


11. VOYEURSTÄLLNING.
*– Dom säjer att regeringen skulle ha kommunistiska älskarinnor, men det tror jag inte på förrän jag får se det med egna ögon.*

12. LÅTSAT OINTRESSERAD STÄLLNING.
*– Jag har inga barn med regeringen, men jag vet kommunistiska älskarinnor som har.*

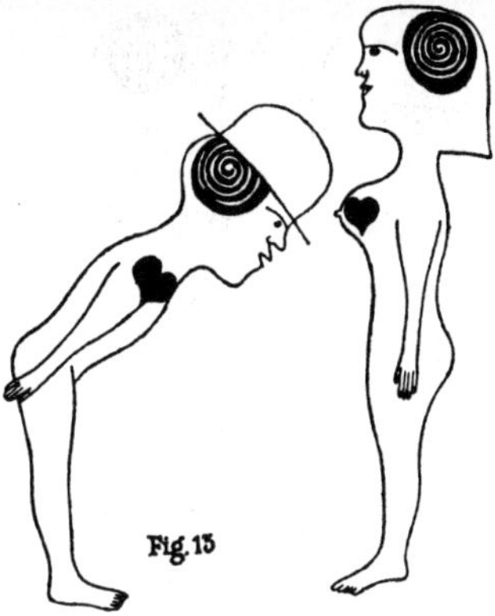

Fig. 13

13. INTRESSERAD STÄLLNING.
*– Det är ju väldigt intressant detta med regeringens kommunistiska älskarinnor, jag undrar varför det har blivit så och hur dom egentligen gör?*

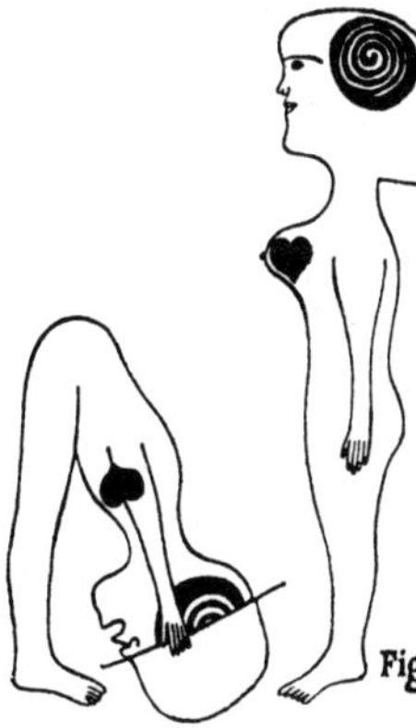

Fig. 14

14. PATETISK STÄLLNING I.
*– Här ligger jag för dina fötter och bönfaller dej. Tro mej! Tro mej! Regeringen har kommunistiska älskarinnor!*

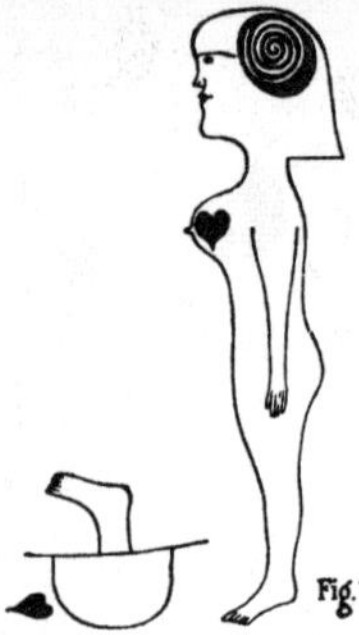

Fig. 15

15. PATETISK STÄLLNING II.
*– Jag är olycklig, chockad, förtvivlad. Regeringen har kommunistiska älskarinnor! Jag kan bara inte stå ut med tanken! Jag går och hänger mej! (Om man verkligen går och hänger sig blir man ofelbart trodd.)*

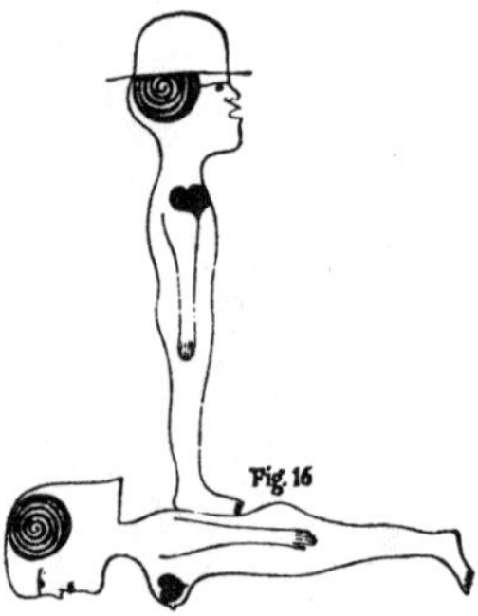

Fig. 16

16. PSYKOLOGISK STÄLLNING.
*– Var inte olycklig för ert lilla snedsprång. Sånt händer i de högsta kretsar. En olycklig barndom, ett stressat känsloliv, samhällets allmänna översexualisering, allt sådant kan bidra till att till och med en regeringsledamot skaffar sig till exempel en kommunistisk älskarinna. Det är fullt förståeligt och ingenting att vara orolig för.*

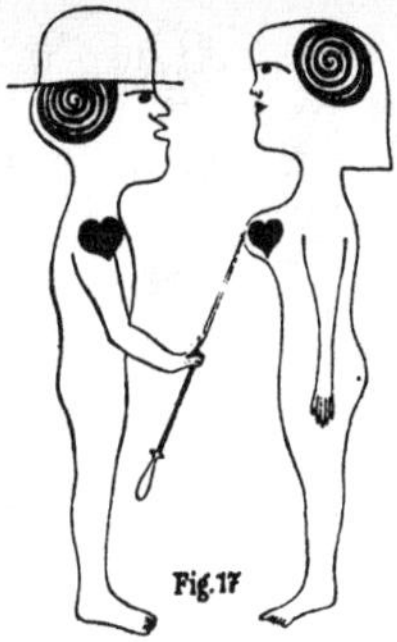

Fig.17

17. PEDAGOGISK STÄLLNING.
*– Nu ska vi ta ut satsdelar i en vanlig påståendesats. "Regeringen" är subjekt, "har" är predikat, och "kommunistiska älskarinnor" är ackusativobjekt.*

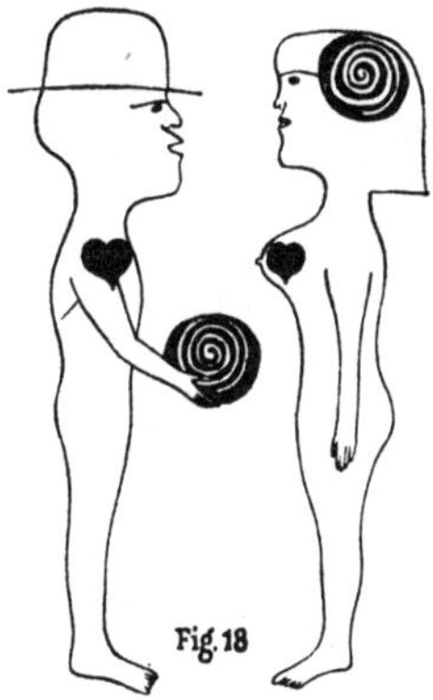

Fig.18

18. VIS STÄLLNING.
*– I evighetens perspektiv är regeringens kommunistiska älskarinnor blott en parentes.*

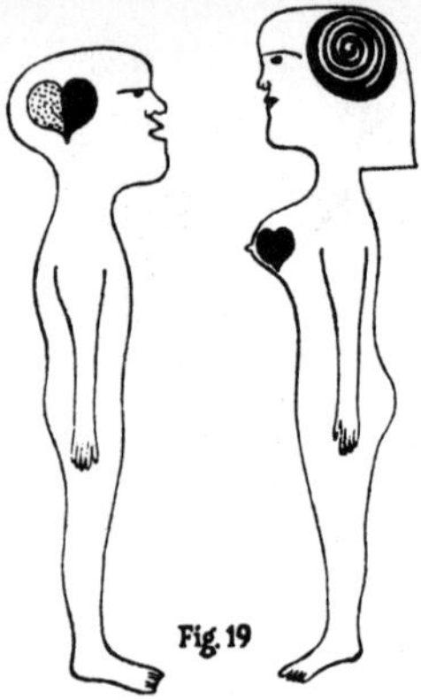

Fig. 19

19. DEMENTERANDE STÄLLNING.

*– Regeringen har inga kommunistiska älskarinnor. Men det är naturligtvis bara min personliga uppfattning.*

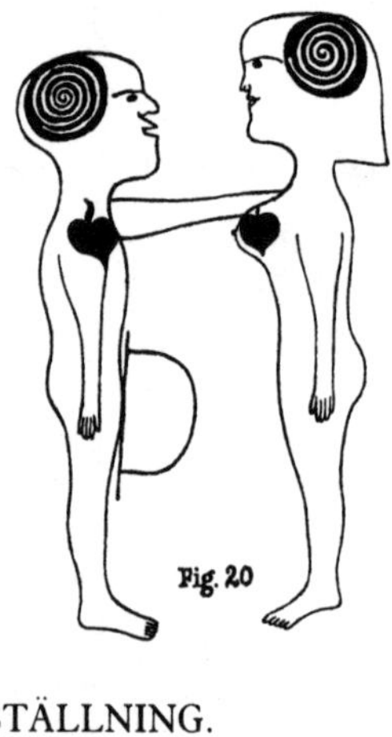

Fig. 20

20. SEXUELL STÄLLNING.

*– Älskade! Du är underbar! Regeringen har kommunistiska älskarinnor, men jag har dej! Rosenknopp!*

# STRUNTPRATETS TEKNIK

# Formlära

## Substantiv

§ 9. Substantiv på *-ism, -het, -skap* och *-i* kan lugnt användas utan risk för att någon fattar något.

EXEMPEL:

– Jag gillar *socialism*.

– Jaså du. Jag för min del håller på *konservatism*.

– Då är du emot *jämlikhet* och *broderskap* då?

– Nej nej, en sann *konservatism* främjar *jämlikhet* och *broderskap*. Men i motsats till dej anser jag *demokrati* vara grundläggande.

– Där tar du fel. Jag håller också styvt på *demokrati*. Huvudsaken är ju att man får säga vad man vill.

– Jaha du. Då är vi överens då. Hej du.

– Hej hej.

OBS: För att riktig meningslöshet skall uppstå fordras att man noga undviker att definiera dessa abstrakta termer. Om någon frågar vad man egentligen menar med t.ex. demokrati bör man svara: ”Det är väl självklart”, eller: ”Jag menar givetvis *riktig* demokrati”, eller: ”Fattar du inte det så är det ju meningslöst att tala vidare om saken”, eller dylikt. Ger man sig in på definitioner kan man lätt råka säga något vettigt.

§ 10. Substantiven *livet* och *människan* är alltid bra att ta till.

EXEMPEL:

Vi måste göra något vackert av *livet*. (Yttrandet har en vettig mening endast för snörlivsfabrikanter; se f.ö. kap. ”Rent andligt strunt”).

Vi måste sätta *människan* i centrum. (Se kap. ”Politiskt strunt”).

OBS: Sistnämnda yttrande blir inte meningslöst i följande undantagsfall:
Arbetsförmedlaren: Den här människan kan egentligen ingenting. Var ska vi placera henne? Personalchefen i snabbköpskedjan: Vi måste sätta människan i Centrum!

§ 11. *Egennamn.*

EXEMPEL:

Dessa nationalekonomiska kalkyler är nog i och för sig all right, men de stämmer illa överens med *Leonard Smith-Ljungquists* beräkningar.

I själva sakfrågan kan jag endast hänvisa till *Leonard Smith-Ljungquist.*

*Leonard Smith-Ljungquist* skulle ha vänt sig i sin grav om han fått bevittna detta, herr Ohlin!

Tror vår ärkebiskop att han är en ny *Leonard Smith-Ljungquist?*

Har inte *Leonard Smith-Ljungquist* skrivit på denna insamlingslista till vår avgående kassörska så gör förbanne mej inte jag det heller.

Är du inte klok? Vad ska *Leonard Smith-Ljungquist säja?*

Tyvärr kan jag inte konfirmeras i dag eftersom jag har ett viktigt sammanträde med *Leonard Smith-Ljungquist.*

Jag trodde på kommunismen tills jag mötte *Leonard Smith-Ljungquist.*

Här har vi i timtal diskuterat hur vi ska hjälpa u-länderna, men ingen har nämnt ett ord om hur *Leonard Smith-Ljungquist* har det ställt.

Studenter! Våren är kommen! Men *Leonard Smith-Ljungquist* syns inte till!

Han är påverkad av *Leonard Smith-Ljungquist.* Då förstår ni själva.

Det var inte jag. Det var *Leonard Smith-Ljungquist.*

Jag har bara ett ideal, bara en livsinställning, och det är allt vad *Leonard Smith-Ljungquist* står för. Det är heligt för mig.

Ursäkta mej, men en som inte känner till *Leonard Smith-*

*Ljungquist* finner jag det meningslöst att vidare diskutera med.

OBS: *Leonard Smith-Ljungquist* kan efter behag bytas ut mot riktiga egennamn, såsom Winston Churchill, Thomas av Aquino, Georg Nilsson etc, men bara i sällskap där man är förvissad om att ingen vet något om dem. Annars kan någon begripa något.

§ 12. *Sanning* och *lögn*. Med dessa båda substantiv kan man behändigt förvandla varje meningsfyllt resonemang till rent nonsens.

EXEMPEL:

(Under samtal om nazismen) I *sanningens* namn vill jag bara påpeka att Himmler faktiskt var en stor djurvän.

(Under samtal om Köpenhamn) Jaja, du påstår att Köpenhamn ligger i Danmark, och jag påstår alltså att Köpenhamn ligger i Norge. *Sanningen* ligger väl som alltid någonstans mittemellan.

(Under samtal om det eviga) Om du vill påskina att det inte finns något liv efter detta, så vill jag bara upplysa dej om att detta är *lögn*.

(Under samtal om universum) Med *lögner* om det krökta rummet kommer man ingen vart, herr Einstein!

§ 13. *Ord* är ett bra ord att ta sin tillflykt till när man känner på sig att ett resonemang börjar bli meningsfyllt.

EXEMPEL:

Jaja, *ord, ord, ord. Ord* i all ära, men nog finns det viktigare saker här i livet. Tack för i kväll. God natt.

**Huvudregel:** Ta alltid i med stora abstrakta substantiv! Låt samtalet flyga så högt upp i himmelen (bra ord!) att ingen har möjlighet att få grepp om det! Undvik alla låga substantiv med fastlagd betydelse, t.ex. stol, spårvagn, Skövde!

## Adjektiv

§ 14. *Rättvis* och *skälig* är bra typexempel på adjektiv som innebär värdeomdömen och därför oftast inte betyder någonting.

EXEMPEL:

Vi socialdemokrater kämpar för en *rättvis* fördelning av nationalinkomsten bland medborgarna.

Vi högermän kämpar för en *rättvis* fördelning av nationalinkomsten bland medborgarna.

Vi kommunister kämpar för en *rättvis* fördelning av nationalinkomsten bland medborgarna.

Vi försvarsvänner vill avsätta en *skälig* summa till vårt försvar.[1])

Vi pacifister vill avsätta en *skälig* summa till vårt försvar.[2])

§ 15. *Transcendental* är också ett bra adjektiv som jag inte har en aning om vad det betyder.

EXEMPEL:

Det var en trevlig *transcendental* mössa du har köpt dej.

Det är ju fullständigt *transcendentalt* vad dyrt allting har blivit.

I lördags kväll var prosten *transcendental* som en alika.

§ 16. *Diffus* kan man klämma till med när man inte kan hitta på något annat strunt.

EXEMPEL:

– Vi har för närvarande en omsättningsskatt på 10 %...

– Ursäkta att jag avbryter, men det där var väl *diffust* sagt...

[1]) 5 miljarder kronor; [2]) 12:50 (till en blommig slips åt ÖB).

– Hur då *diffust?*

– Ja, otydligt uttryckt... *diffust*...

– Har vi inte en omsättningsskatt på 10 %?

– Jo, men det låter så *diffust*. Hela tankegången verkar *diffus*.

– Vad i herrans namn kan det finnas för *diffust* i att vi har en omsättningsskatt på 10 %?!

– Ja, i mina öron låter det i alla fall *diffust*...

– Äh! Kan jag möjligen fortsätta nu...

– Vasa?

– *Kan jag möjligen fortsätta nu?*

– Vadå?

– KAN JAG MÖJLIGEN FORTSÄTTA NU? HÖR NI INTE MÄNNISKA?

– Njae, jag hör tyvärr väldigt dåligt. Det låter *diffust* alltihop...

– Är det överhuvud taget någon idé att fortsätta denna diskussion?

– Nej helst inte faktiskt. Inte om ni framhärdar i att uttrycka er så väldigt *diffust*...

Struntprataren har här nått sitt mål: samtalet avstannar, och den tystnad som uppstår kan fyllas med nya meningslösheter.

§ 17. Om *adjektivets komparation* (säker, säkrare, säkrast) gäller att särskilt komparativformen (säkrare) är användbar för en struntpratare.

EXEMPEL:

Ni kan bli *säkrare* under armarna! (Än t.ex. en rysk kulstöterska eller president de Gaulle.)

*Renare* tvätt på *lättare* sätt! *(Renare* än t.ex. utomordentligt skitig tvätt, på *lättare* sätt än t.ex. att pollettera tvätten på Orientexpressen, fara med den till Döda havet och där söka få den ren i det mycket salta och speciellt förorenade vatten som där finnes.)

Kom till oss, låt oss göra Dig till en *bättre* människa! (Än t.ex. Jack Uppskäraren eller dr Albert Schweitzer.)

**Huvudregel:** Använd adjektiv på ett *riktigt* sätt!

## Pronomen

§ 18. *Personliga pronomen* böjas sålunda:

| | | | |
|---|---|---|---|
| sing. | *jag* | plur. | *vi* |
| | *du din fårskalle* | | *ni era jävlar* |
| | *han den bondlurken* | | *de enfaldiga nöten* |

§ 19. *Frågande pronomen* är bra till mycket.

EXEMPEL:

– I stort anser jag att Marx hade rätt när han hävdade...
– *Vem?*
– Marx.
– *Vilken* av dom?
– Va?
– *Vilken* av dom? Harpo eller Groucho?
– Karl. I stort sett hade han rätt när han...
– I *vilket* avseende?
– Det är ju det jag försöker komma fram till. Marx hade rätt i att...
– *Vem* säjer det?
– Jag säger det!
– *Vad* anser Marx om saken då?
– Jag säjer ju att Marx anser att kapitalismen utsuger arbetarna.
– *Hur* sa? Inte Harpo väl?
– Det här är verkligen ett för allvarligt ämne att skämta om.
– Just det. *Vem* är du att sitta här och ha synpunkter på vad Harpo Marx anser om proletariatets diktatur? Han kan väl inte hjälpa att han kom från ett fattigt hem? *Vad?*

§ 20. *Relativa pronomen* är framför allt användbara för att krångla till i och för sig meningsfulla yttranden till obegriplighet.

EXEMPEL:

Mitt svar på den fråga *som* herr Olsson nyss ställde och *som* rörde sig om huruvida jag anser det skäligt att folkpensionärer *som* åtnjuter vanlig folkpension och *som* har förvärvsarbete med avseende på *vilket* självdeklaration skall upprättas och *varå* inkomstskatt normalt skall erläggas bör befrias från skatt i sådan utsträckning *som* kan befinnas skäligt med hänsyn till den kanske totalt sett minskade behållna inkomst *som* blir följden av en normal beskattning, blir att jag förstår inte vad herr Olsson frågar om. Skatterna går ju till folkpensioner.

**Huvudregel:** Använd pronomen med så oklar syftning som möjligt! Syfta helst inte på någonting!

## Verb

§ 21. *Att struntböja verb* är en konst som vi kan lära av Bertrand Russell. Principen är att 1:a person (jag, vi) är bäst, 2:a person (du, ni) är något sämre – dock inte för dålig, då ju den tilltalade personen finns i närheten och kanske är stark – och 3:e person (han, hon, den, det, de) är sämst. En driven struntpratare kan på detta sätt omärkligt framställa sig själv i en betydligt bättre dager än hans allmänna dumhet annars skulle tillåta. (Se även § 18!)

EXEMPEL:

| | |
|---|---|
| jag anser | jag kritiserar |
| du påstår | du rackar ner |
| han } hon } har fått för sig | han } hon } skäller som en galning |
| jag lånar | jag bär glasögon |
| du knycker | du skelar |
| han } hon } stjäl | han } hon } tittar i november |

| | |
|---|---|
| jag cyklar helst<br>du cyklar<br>han/hon har ingen bil | jag klär mig<br>du tar på dig<br>hon klär ut sig |
| jag började arbeta tidigt<br>du läste inte vidare<br>han/hon har bara folkskola | jag ändrar åsikt<br>du vet inte vad du vill<br>han/hon vänder kappan efter vinden |
| jag tar ett glas<br>du petar i dig<br>han/hon dricker | jag är glad<br>du är sned<br>han/hon är full |
| jag uppträder i Folkets park<br>du reser omkring i landsorten<br>han/hon apar sig i buskarna | jag njuter<br>du tillfredsställer dina drifter<br>han/hon vältrar sig i smutsen |

## Adverb och adverbiella uttryck

§ 22. Särskilt två slags adverbiella uttryckssätt kan göra vilken mening som helst fri från all innebörd.

a) Odefinierade värdeomdömen som *skäligen* (se även § 14), *normalt*, *tillräckligt*, *på tillfredsställande sätt* etc.

EXEMPEL:

Det åligger statsmakterna att se till att zigenarfrågan löses på *tillfredsställande sätt* (Nämligen hur? Genom att de får licens att spå i våra händer? Genom att de får bo nånstans? Genom att de skickas hem till pustan? Det aktar sig struntprataren att svara på.)

b) Ord och uttryck som upphäver satsinnehållet i dess helhet.

EXEMPEL:

*I dagens läge* är inga nya skatter aktuella. (Men i morron!)

Jag är överens med herr Hermansson *i vissa avseenden* (t.ex. att det är vackert väder, om det är det).

*I princip* anser jag att Hitler hade fel (men jag är väl inte den som tjyvhåller på principer).

Jag tycker om dej *på sätt och vis* (men på det hela taget är du en jävla tråkmåns).

*Under vissa betingelser* är jag emot byggandet av en bro mellan Helsingör och Hälsingborg (t.ex. den betingelsen att vattnet rinner undan så man kan promenera över).

**Idiotiska uttryck**

§ 23. Uttryck som ingår som en integrerande beståndsdel i en struntpratares språkbruk kallar vi *idiotiska uttryck*.

EXEMPEL:

Det ordnar nog upp sig i Vietnam, *om Gud vill och skorna håller*.

Det är väl självklart att bönderna ska odla sin torva som fordomdags. Det säjer ju *det sunda bondförnuftet*.

Nä, tacka vet jag vanliga *hederliga* kondomer. *Dög dom åt min far, så duger dom åt mej.*

*Åt helvete med regeringen. Varför ska dom sitta där och bestämma?*

Jaså, ni tycker vi sköter fångvården illa. *Gör det bättre själv då, för bövelen!*

Inget ont om Franco. *Man ska inte lära gamla hundar sitta.*

§ 24. Exempel på tillämpning av vissa idiotiska uttryck:

A. *Kunden har alltid rätt*

– Goddag, jag skulle vilja köpa en smokingskjorta.

– Jaha, här har vi den senaste direkt från Paris.

– Det där är väl ingen smokingskjorta. Det är ju ett par hängslen.

– Hur sa min herre?

– Jag sa att det där är ju ett par hängslen. Jag skulle ha en smokingskjorta.

– Vad menar...

– Tyst när jag talar. Det är till och med ett par ganska vissna hängslen. De är ju inte ens elastiska.

– Det är en smoking...

– Nej nej, det är ingen smoking. Jag skulle för övrigt inte ha någon smoking, utan en smoking*skjorta*. Varför visar ni mig då i stället dessa ganska fula hängslen utan elasticitet?

– Min herre har misstagit sig. Det...

– Är jag kund eller inte?

– Joo...

– Har jag då rätt eller inte?

– Joo...

– Säger jag er inte att det är ett par ovanligt smaklösa hängslen?

– Joo...

– Är det inte ett par hängslen? Nå!

– Joo...

– Jaha. Det är ett par hängslen. Med veckat bröst då, och långa vita ärmar. Ni är ju inte klok. Ajö.

B. *För den rene är allting rent*

– Jo hör du du som lever så rent och obefläckat, hur kommer det sig egentligen att du luktar så illa?

– Det beror på att för mig framstår aldrig underkläderna såsom smutsiga.

– Vad ser jag? Sitter du renlevnadsman och läser Sänghästen?

– Du som vältrar dig i synd har kanske svårt att förstå mig när jag säger att jag uppfattar denna bok som ren litteratur. Men nu får du ursäkta, nu tänker jag avlägga ett besök på horhuset. Nej, du får inte gå med. Du som dignar under lustans ok skulle bli snärjd uti djävulens garn. För mig däremot är det ett rent nöje.

C. *Vad var det jag sa?*
Titta då, nu har vi fått barn i alla fall. *Vad var det jag sa?*
Unge, nu har du svalt tioöringen. *Vad var det jag sa?*
Titta mamma, nu har tioöringen kommit ut igen. *Vad var det jag sa?*
Överste, nu har jag legat inne ett helt år men inte har det blivit nåt krig inte. *Vad var det jag sa?*
Ser du det då, nu är det jul igen. *Vad var det jag sa?*
Titta nu då att du dör till sist i alla fall. *Vad var det jag sa?*

D. *I krig och kärlek är alla medel tillåtna*
Flygöversten: Dagens övningar består av ett bombanfall mot Vällingby. Vällingby skall jämnas med marken klockan fjortonhundra. Det är nämligen en jävel som bor där som är nere i samma servitris som jag. Verkställ!

E. *Undantaget bekräftar regeln*
Med hjälp av detta idiotiska uttryck kan man uppställa vilken regel som helst och därpå bekräfta den med valda undantag.

*Regel:* Det regnar alltid om somrarna.
*Undantag:* Det är vackert väder ibland.

*Regel:* I Sovjetunionen vårdar man sig om sina kulturpersonligheter.
*Undantag:* De som sitter i fängelse.

*Regel:* Människorna är av gudomligt ursprung.
*Undantag:* De som härstammar från aporna.

*Regel:* Män som styra världens öden bära Rolex armbandsur.
*Undantag:* Män som styra världens öden.

*Regel:* Alla efterlysta har lätt framåtlutande gång.
*Undantag:* Bakåtlutande efterlysta.

*Regel:* Sveriges försvar är bäst i världen.
*Undantag:* Andra länders försvar.

*Regel:* Sveriges konung heter Axel Liffner.
*Undantag:* Att han inte heter det.

Samtliga dessa regler har således undantag och är följaktligen sanna.

# Syntax

Struntpratets betydelselära och dess praktiska tillämpning är oerhört komplicerad. I denna grundbok kommer vi endast att kunna uppehålla oss vid några av de vanligaste och viktigaste metoderna att prata smörja. Vi skall gå igenom ett antal olika kategorier av struntprat, men först lär vi oss utantill några allmänna regler.

§ 25. *All gammal visdom är sann.* Dagö och Ösel tillhör egentligen Sverige. Vi måste ha slips. Mödrar med mer än femton barn ska ha medalj.

§ 26. *Var och en är sig alltid lik.* Är man tjuv så är man. Har man stulit så har man. Är man av den sorten så är man. Har man anlagen så har man. Är man inte tjuv så blir man. Där ser man.

§ 27. *Det som inte är vitt är svart.* Dom som inte är medpojkar, dom är motpojkar. Den som inte tror på Gud, han kan fara åt helvete. Den som inte är toppen, han är botten. Ska du börja få rynkor kring ögonen så begär jag skilsmässa.

§ 28. *Inga slutsatser är förhastade.* Jag mötte ärkebiskopen i Kungsträdgården, inte visste jag att han var ligist. Jag såg Greta äta lunch med en främmande herre, så hennes man är tydligen impotent. Jag såg Harry äta lunch med en främmande herre, inte visste jag att han var på det viset. Jaså du har varit på Mallorca din jävla fascist.

§ 29. *Skenet bedrar aldrig.* Birger Ekstedt är politiker.

# Det onaturliga urvalet

§ 30. När man vill beskriva något för någon gör man alltid ett *urval* av fakta. Folk som inte kan prata strunt beskriver saker och ting genom att välja ut karakteristika som kan ge en vettig helhetsbild av det beskrivna. Gör aldrig det!

EXEMPEL:

Churchill var en tjockis som målade dåliga tavlor och rökte för mycket och såg ut som en oskälig hund där han stod och spretade med sina två fingrar i vädret.

Den blekgula färgen på väggarna ger en rogivande effekt. Sängarna är inte som så ofta annars för mjuka. När solen lyser in genom de pittoreska fönstren bildas ett lustigt rutmönster på golv och väggar. Och runt omkring de gedigna murarna Långholmens underbara natur!

Köpenhamn är en ogästvänlig stad där det inte ens finns en toalett i närheten när man behöver.

Shakespeare var glosögd.

# Samtalssabotage

§ 31. Struntpratarens ambition är att göra vettiga samtal meningslösa. Några vanliga metoder:

a) *Ideliga frågor* (se även §§ 16, 19).

– Jag tycker inte vi ska köpa några dyra julklappar i år.
– Hur menar du då?
– Jag menar att allting har ju blivit så dyrt, och...
– Har det?
– Ja, det vet du väl, och vi måste köpa ny soffa..
– Kan du säja mej vad klockan är?
– Kvart över tio. Och vi behöver...
– Går den rätt?
– Ja, jag ställde den efter radion. Vi måste skaffa...
– Börjar inte den här soffan bli för gammal förresten?
– Jo, jag sa ju det, vi måste köpa en ny, och så är det...
– Mår du bra?
– Jaa då, men det är barnens kläder, och...
– Du känner inte av din migrän längre?
– Nejnej, men jag ville tala med dej om att...
– Och barnen har varit snälla?
– Jaadå, men nu var det det här med...
– Borde du inte gå och vila ett tag, med din migrän?
– Jo, men jag ville först tala med dej om att vi ska inte köpa några dyra julklappar i år.
– Hur menar du då?

b) *Ombyte av samtalsämne.*

– Kulturrevolutionen i Kina är ytterst intressant som ett tecken på att...
– Apropå det ja, så mötte jag Algot i morse.

c) *Avbrutet samtal.*

Det är ofta lämpligt att få ett samtal att helt avstanna för att bereda plats för eget vidare svammel.

A (uppriktigt intresserat): Vad hade din far för yrke egentligen?
B: Om du med det menar att man behöver skämmas för att man kommer från ett vanligt arbetarhem, så kan du fara åt helvete.
*(Tystnad)*

A: Vad ska jag ta mig till? Ge mej ett råd, jag vet ju varken ut eller in!
B: Jaja, det blir väl en dag i morgon också.
A: Jamen det är ju i morgon jag måste betala, och jag har ju inte pengarna!
B: Jaja, den dagen den sorgen.
A: Det blir katastrof! Konkurs! Utmätning!
B: Jaja, kommer tid kommer råd.
A: Jag står inte ut med skammen! Jag tar livet av mig!
B: Jaja, det ordnar sig alltid.
(A skjuter sig)
B: Pang, sa Gravander.
*(Tystnad)*

A: Vilken strålande vacker morgon! Livet leker!
B: Tycker du verkligen det?
A: O jaa, alla bekymmer är som bortblåsta!
B: Jaha du. Visserligen står tusentals hemlösa i bostadskön, och alkoholismen blir ett allt värre samhällsproblem, och folk svälter i Indien, och världen är uppdelad i två maktblock som när som helst kan braka ihop och utplåna mänskligheten, men det är klart. Förresten lovar väderlekstjänsten regn i eftermiddag.
*(Tystnad)*

HAN: Skulle du vilja gifta dej med mej?
HON: Varför frågar du det?
*(Tystnad)*

# Generaliseringar

§ 32. *Om Nils Andersson är enbent, så följer därav att även Rune Andersson är enbent, eftersom alla Anderssöner är enbenta. Titta bara på en sån som Nils Andersson!*

Alla slag av generaliseringar är ovärderliga för en struntpratare. Öva dagligen hjärnan med nya generaliseringar!

*Exempel på generaliseringsövningar:*

OM NEGRERS LÄTTJA:
Vissa människor är lata
Vissa negrer är lata
Vissa vita är inte lata
Vissa negrer är mycket lata
Vissa vita är lite lata
Negrer är i allmänhet lata
Vita är sällan lata
Det finns lättingar här i världen, mest negrer
*Negrer är lata*
Vad du verkar lat. Är du neger?
Det var mig en flitig neger. Han måste vara vit.

OM UNGDOMENS BROTTSLIGHET:
Nu har dom brutit sig in i en kiosk igen
Det blir bara värre och värre
Föräldrarna tar inte hand om dom
Tacka vet jag skötsamma ungdomar
Men dom har ju ett hem att gå till
Hemmen upplöses ju nuförtiden
Skötsamma ungdomar drivs ut på gatan
Då vet man ju hur det går
Dom bryter sej in i kiosker
Alla ungdomar bryter sej in i kiosker nuförtiden
*Ungdomen är brottslig*
Hur gammal är du? – 15 år. – Mördare!

OM SEXUALMORALEN:
Kärleken är vacker
En man går till sängs med en kvinna
Samme man går till sängs med en annan kvinna
Det är inte vackert
Och kvinnorna är inte bättre
Dom går till sängs med vem som helst
Det finns ingen riktig kärlek längre
Allting är fullständigt upplöst
*Alla svenskar ligger med varandra*
Hej, vad gör du oppe? – Jag ska bara röra på mej lite.

OM FLYGPLANS AVGÅNGSTIDER:
Nu har jag fått vänta sex timmar på Arlanda
Och för tre år sen satt jag infrusen på Mallorca
Det är likadant jämt
Flygpersonalen är inkompetent
Likadant var det när jag skulle till Vagnhärad
Fast det var med SJ
SJ-personalen är inkompetent
All samfärdsel sköts åt helvete
*Allmänna fortskaffningsmedel är alltid sex timmar försenade*
Var är planet jag ska med? – Det gick enligt tidtabellen för sex timmar sen. – Vet ni inte hut!?

OM ETT BARNS MÖBELHAT:
Aj, nu slog jag tån mot stolen.
Stolen är dum.
Stolar är dumma.
Bord är ännu dummare, för dom är större.
Skänken är jättedum.
*Möbler är det dummaste som finns.*
Farbror som är snickare gör väl mycke dumheter.

OM EN VUXENS DIREKTÖRSHAT:
Jävlar, nu körde han på bakre stänkskärmen.
Och den ska va direktör.
Förbannade överklass som kör omkring.
Alltid ska dom på oss som har mindre betalt.
Direktörer är dumma.

Överdirektörer är jättedumma.
*De besuttna kör alltid på löntagarnas bakre stänkskärmar.*
Stanna för all del inte i god tid så där, utan kör bara in i stänkskärmen, jävla utsugare!

OM MÄNNISKANS ONDSKA:
Landru mördade en massa folk.
*Människorna är onda.*

OM MÄNNISKANS GODHET:
Franciskus av Assisi gav fåglarna mat.
*Människorna är goda.*
Du som är massmördare ska väl inte stå och mata fåglar.

# Föräldrastrunt

§ 33. En ovan struntpratare kan lämpligen börja öva sig på barn. Det är lättast. Vill man göra sina barn till duktiga struntpratare bör man börja säga dumheter till dem så tidigt som möjligt. Det kan de ha glädje av hela livet. Det skall böjas i tid det som tokigt skall bli.

EXEMPEL:

– *Mamma, varifrån kommer jag?*

– Jo min lilla ängel du kommer från himlen där storken var och hämtade dej och flög med dig hit ned till denna jämmerdal.

– Pappa har köpt dej på Epa.

– Vi klippte ut dej ur Allers och klistrade ihop dej till en liten baby.

– Där frågar du mig om själva livets gåta, och den kan inte ens de lärdaste farbröder och tanter svara på. Vadan? Varthän? Livet är outgrundligt. Ack ja. Snyt dej.

– Jo ser du det finns ett litet hus i mammas mage där små barn får bo om dom är snälla, och så när barnet vill ut i stora världen så knackar det på dörren och tittar fram. Tittut!

– Vem har lärt dej att va så fräck i mun?

– Du kommer från ett barnhem, och förresten är jag inte din riktiga mamma.

– Det får du fråga pappa om.

– Håll tyst och ät!

– *Mamma, varför har Pelle så utstående tänder?*

– Det är för att Gud har skapat honom så. Och om du inte gör som jag säjer och äter opp din gröt och alltid lyder när jag säjer till så kan det hända att Gud skapar lika utstående tänder på dej också.

– *Mamma, varför har inte du nån stump?*
– Det skulle just se snyggt ut.

– Gör inte så där, pojke. Kärleken är vacker. Om du gör så där förstör du ryggmärgen på dej.

– *Pappa, vad röstar du på för parti?*
– Det har jag ingen skyldighet att tala om för dej. Det är vars och ens ensak. Det är straffbart att försöka ta reda på den saken. Det kan man få fängelse för. Passa dej, så inte polisen kommer och tar dej!

– *Mamma, vad är klockan?*
– Det ska jag tala om för dej när du har torkat dej om fötterna och läst dina läxor och städat opp efter dej i hobbyrummet och gått och lagt dej i tid för en gångs skull.

– *Pappa, tror du på Gud?*
– Det gör du som du vill, min gosse.

– *Pappa, kan inte jag få en moped?*
– Ut ur mitt hus, ligistyngel!

– *Pappa, vad anser du om Vietnamkriget?*
– Ja, vad jag anser... jag tycker det är för jävlit att dom ska bära sej åt så där. Dom är lika goda kålsupare allihop. Någon borde stoppa dom. Nu vill jag se på TV.

– *Mamma, här står om den babyloniska skökan. Vad är det?*
– Det var en tant från Babylon. Och så talar vi inte mer om den saken.

– *Pappa, vad är kommunism?*
– Jo det är en massa ryssar och kineser som kommer och tar ens pengar.
– *Kapitalism då, vad menas med det?*
– Det är sånt som dom har i Amerika.

– *Pappa, varför finns det krig?*
– Det är för att du ska få nånting att fråga om.

*– Hur många gånger ska jag behöva säja till dej att du inte får leka med Fredrik förrän hans pappa har betalt tillbaks hundralappen som han lånade i julas?!*

– Snälla pojkar äter inte maskar, det är bara dumma pojkar som äter maskar. Om man äter maskar kan man bli blind. När jag var ung gick man minsann inte omkring och åt maskar. Stackars lilla masken, hur tror du han tycker om att bli uppäten? Tänk om nån skulle äta opp dej, då vore du nog inte så glad inte. Maskens mamma gråter när inte masken kommer hem till middan och äter opp sina myror. Jag kände en liten pojke en gång som åt maskar, och då kom det en häxa och tog honom. Polisen tycker inte om pojkar som äter maskar. Vad säjer magen när det kommer maskar nerramlande i magen? Usch, säjer magen. Nu blev jag lessen. Jag vill inte vara mage åt en sån dum pojke som äter maskar inte. Om den här dumma pojken som jag är mage åt äter maskar en gång till så vill inte jag vara mage åt honom längre, utan då hoppar jag ut när han sover, så har han ingen mage i morron bitti. Så kan det gå för pojkar som äter maskar. Det är inte roligt att inte ha nån mage inte. Maskar som är så snälla och flitiga. Dom gräver gångar i jorden och luckrar upp så gräset kan växa. Hur skulle det gå om alla pojkar gick och åt upp alla maskar? Då skulle det inte växa något gräs längre, som små pojkar kunde göra kullerbyttor på. Alla träd och buskar skulle dö, och så skulle dom komma till himlen och säja till Gud att det var en dum liten pojke som åt opp alla maskar så vi dog. Då blir nog inte Gud glad inte. Då kanske han gör så vi inte får åka till Vaxholm på söndag. Det som ska bli så roligt. Tänk om vi inte får åka till Vaxholm bara för att du är dum och äter maskar. Tänk om maskarna gör så att du blir sjuk och dör. Då kommer du nog inte till himlen inte. Pojkar som äter maskar får inte komma in i himlen. Om pappa vore hemma så skulle du nog få se på annat. Alla pappor blir arga på pojkar som äter maskar. Hur kan du äta maskar och göra mamma så lessen? Mamma kanske inte vill vara hemma längre hos en pojke som äter maskar. Mamma kanske reser sin väg. Då bleve du inte glad inte. Då skulle du nog ångra att du hade ätit maskar så du inte hade nån mamma längre. Om du lovar att inte äta fler maskar i dag så ska du få en ny cykel. Spring nu ut och lek, lilla älsklingen min, så ska mamma sätta på potatisen och grodlåren!

# Jagstrunt

§ 34. Den förmodligen djupaste driften hos de flesta människor vid samtal med andra är den att ideligen framhålla hur bra man är. Eftersom A framhåller att A är bra, B att B är bra osv. föreligger ingen korrelation mellan vars och ens yttranden; följaktligen uppstår strunt.

EXEMPEL:

Nu har jag druckit femton groggar, *och ändå syns det inte på mej.*

Jaja, det är möjligt att jag hade fel när jag sa att Gustaf II Adolf dog 1633, men *när jag har sagt en sak, då står jag för den. Sån är jag.*

Norge vann med 18–0, *men våra svenska pojkar hade hela tiden initiativet.*

Nej då, jag är inte flintskallig. *Det är bara det att jag inte har något hår.*

*Churchill och jag är förresten födda samma år.*

Goddag på dej du, *som Jarl Kulle sa till mej häromkvällen på Operabaren.*

Inte för jag vill skryta med min skolutbildning, *men jag hade faktiskt stort A i ordning och uppförande.*

Jag har tänkt på det där med Hamlets monolog, det är precis som om man skulle ha skrivit den själv. *Det är lustigt vad folk tänker lika i alla fall.*

Mina mångåriga akademiska studier har lett mig fram till den för hela den vetenskapliga forskningen epokgörande slutsatsen att jag är bäst. *Jag vill därför underdånigst anmoda Eders Majestät att utnämna mig till professor.*

Jag härstammar från Korsika. Det var jag som såg till att franska revolutionen slutade på ett för Frankrike utomordentligt ärofullt sätt. Jag är världens störste fältherre. Jag har snillrikt besegrat väldiga arméer. Jag är också en utomordentlig administratör och har sett till att det blivit ordning på folk. Kvinnorna älskar mig för mitt snille, min styrka, min charm och min virilitet. Sedermera har jag på grund av omständigheter varöver jag icke rått blivit förpassad till Sankta Helena, där jag tänkt djupa tankar som världen aldrig fått veta. Numera ligger jag begravd i Paris. Det enda jag inte riktigt begriper är hur jag då kan sitta här och tänka detta och heta Evert Larsson. Jag är väl förmodligen lite vrickad.

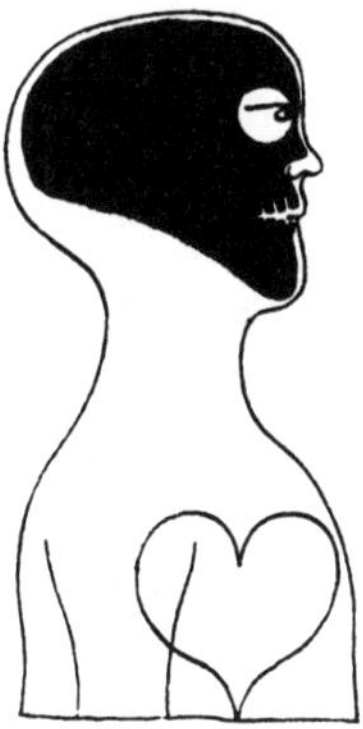

# Fagert strunt

§ 35. En förförisk slöja av stora vackra ord kan få folk att gå på de enklaste pumpar.

EXEMPEL:

Himlen välver sitt blå majestät över våra huvuden. Träden, dessa underverk av naturens egen skapande ingenjörskonst, suger must ur den mörka myllan och vidarebefordrar näringen till de vackra gröna bladen som liksom föds på nytt varje ljuvlig vår som vi får lyckan att uppleva. Blommorna talar sitt färgsprakande språk om glädjen i att växa upp mot den livgivande solen; fåglarna sjunger sin jublande sång till skönhetens lov; kaprifolen andas ut sin eteriska doft om sommarens löften; skira smultron och blodröda körsbär låter oss smaka naturens safter; det gröna gräset kittlar våra soldyrkande kroppar i en skojfrisk hymn till allt som växer och frodas. När alla våra sinnen, hela vår varelse anammar detta vidunderliga som vi människor fått till skänks – hur kan man då anse att kyrkan bör skiljas från staten?

*

Dina ögon är två klara kristallkulor där jag kan utläsa framtiden, ja evigheten. Bara du går över markerna sjunger var källa. Likt en glimt av sommarsol flammar du i mitt hjärta. Du ger en ren och himmelsk urbild av skönhet och behagen. Min själ är beck och kåda. You are the promised kiss of springtime. Nej, sweeter than springtime are you. Sweeter than the roses in May. Du är min hela värld, min längtans mål, mitt liv, mitt allt. Shall I compare thee to a summer's day? Gullegulla. Du bist wie eine Blume, en nyutsprungen, skär. You walk in beauty, like the night. Jag såg dig, och från denna dagen jag endast dig i världen ser. Men du, måste vi stå här i porten? Vi kan väl gå opp på rummet?

§ 36. *Retoriska frågor* är inte avsedda att svaras på, utan struntprataren förutsätter att lyssnaren tiger och samtycker eftersom orden är så vackra.

EXEMPEL:

När vi dagligen ser hur onda makter driver sitt spel runtom i världen, när brottslighet och dryckenskap talar sitt tydliga språk om fortlöpande förfall och allmän upplösning, när de primitiva drifternas hydra sticker upp sitt vedervärdiga huvud ur vår egen älskade fosterjord, säger då inte vårt samvete klart ifrån att vi måste aktivt medverka till ett snabbt positivt beslut om fria uniformer till unglottorna?

OBS: En struntpratare av annan åsikt kan lätt anlägga moteld genom att helt enkelt *svara* på de retoriska frågorna.

EXEMPEL:

– Handen på hjärtat, har vi det inte bra i vårt folkhem? *(Nää.)* Kan vi inte glädja oss åt den högsta levnadsstandarden i världen? *(Nää.)* När vi med gemensamma ansträngningar har åstadkommit detta fantastiska att alla medborgare lever i trygghet, från det ögonblick de slår upp sina blå ögon och för första gången ser vårt vackra land breda ut sig framför dem, till det ögonblick då de efter en tryggad ålderdom stilla slutar denna jordiska vandring, när vi nu har åstadkommit allt detta, säger jag – kan då någon enda svensk efter att verkligen ha rannsakat sitt inre ställa sig upp och säga: jag trivs inte? *(Jodå.)* Hur kan man rimligen motivera en sådan inställning? *(Tja, jag har varit lite hängig på sista tiden, det kanske är därför.)*

HON: Finns det något skönare på jorden än att älska varandra som du och jag?
HAN: *Jaadå.*

# Statistiskt strunt

§ 37. Att prata smörja med hjälp av statistik är lika vanligt som effektivt. Man utgår då från den statistiska grundsanningen: *100 % vet inte.*

EXEMPEL:

*Om äppleinnehavet i Sverige.*
Vi har genom en stort upplagd gallupundersökning funnit att Lars har två äpplen, medan Karl bara har ett äpple.

Härav följer att:

50 % av befolkningen har två äpplen;
50 % av befolkningen har ett äpple;
66 ⅔ % av alla äpplen ägs av en gynnad grupp på 50 %; den missgynnade gruppen är lika stor men äger bara 33 ⅓ % av äpplebeståndet;
100 % av 1 äpple tillhör Karl;
200 % av 1 äpple tillhör Lars;
16 ⅔ % av alla äpplen ägs av 50 % av Karl-gruppen;
8 miljoner % av ett äpple ägs av de 100 % som innehar antingen 1 eller 2 äpplen;
1 äpple tillhör 50 % av Lars;
1 % av Karl äger endast 0,01 äpple.

Undersökningens resultat ger vid handen att alla som heter Lars bör ge ett halvt äpple till alla som heter Karl, vidare bör vi införa kommersiell TV, sluta röka samt övergå till högertrafik.

# Rubrikstrunt

§ 38. En hel del struntpratare väljer tidningsmannabanan och har då stor användning för allt som står i denna bok. Några särskilda ord bör emellertid sägas om tillverkningen av barocka meddelanden i fetstil.

EXEMPEL:

*Verklig nyhet:* En tromb har dragit fram över östra Florida. Enorma skador har anställts. Ett dödsoffer: en man som rycktes ned från sitt tak där han var sysselsatt med att reparera sin TV-antenn.
*Rubrik:* TV-MAN I BLÅSVÄDER

*Verklig intervju:* – . . . och så när arbetet är slut för kvällen så blir det väl lite hålligång nånstans, Owe Thörnqvist?
– Nänä, det orkar man inte. Utan det blir hem direkt och klä av sig och ta en öl i kylskåpet och läsa en stund i sängen och så domnar man bort . . .
*Rubrik:* NAKEN POPSÅNGARE DRICKER SIG MEDVETSLÖS

*Verklig nyhet:* Revolution i Portugal.
*Rubrik:* HELA DRAGNINGSLISTAN!

# Militärstrunt

§ 39. Befälspersoner blir så glada när någon rapporterar något att de alltid svarar med ordet *bra*.

EXEMPEL:

– Sergeant, vi är omringade.
– *Bra!*

– Major, mannarna klagar på att maten är dålig.
– *Bra!*

– General, det är krig!
– *Bra!*

# Spåstrunt

§ 40. För en struntpratare var allting egentligen bättre förr, då det fanns ännu fler horribla fördomar och vidskepelser än nu. Det enda tänkbara sättet att numera få folk att tro på spådomar i kaffesump och astrologiska förutsägelser är att hänvisa till att spåkäringar och astrologer ju är en gammal fin *tradition* och följaktligen sanna och äkta.

Struntprataren har emellertid ännu en möjlighet att med lyssnarens intresse i behåll prata dumheter om framtiden. Han kan, med utgångspunkt från sina egna åsikter om hur det borde vara nu, måla upp skräckbilder av framtiden och på så sätt lura folk att tro att det skulle bli för jävligt om inte världen om femti eller hundra år såge ut som han tycker att den borde se ut i dag. Om han spelar tillräckligt skickligt på folks förutfattade meningar och moderna vidskepelser så kommer dom att säga: "Så sant det är! Just så kommer det naturligtvis att bli om utvecklingen får hålla på! Vi måste stoppa den omedelbart, för så här som du säger kan ju inte våra barn och barnbarn ha det!"

EXEMPEL:

Om avkristningen av våra skolor får fortsätta kommer vi om femti år att vara en nation av vildar och barbarer.

Om skatterna ska höjas nu igen, ja då vill inte jag vara med längre. Då blir det som i Ryssland.

Den här jävla enhetsskolan vill jag inte utsätta mina barn för. Dom lär ju bara ut en massa snusk. Det dröjer väl inte länge förrän dom ligger med varandra i bänkarna. Hur ska det bli när dom växer opp och håller på så där? Upplösning och förfall, det är vad det blir. Kaos. Det är bara en förbannad tur att man aldrig har fått lära sej hur man ska få några barn som skulle ha fått en sådan framtid.

Vi måste genast förstöra alla TV-apparater, för annars kan det bli som i "1984", att statsmakterna ser allt vi gör hemma, och det vore ju för skamligt. (Man utgår här från att vi inte kommer att kunna behärska de nya grejer som vi hittar på och att ingen ansvarig person tänker nånting vettigt från nu och fram till 1984.)

# Fegstrunt

§ 41.

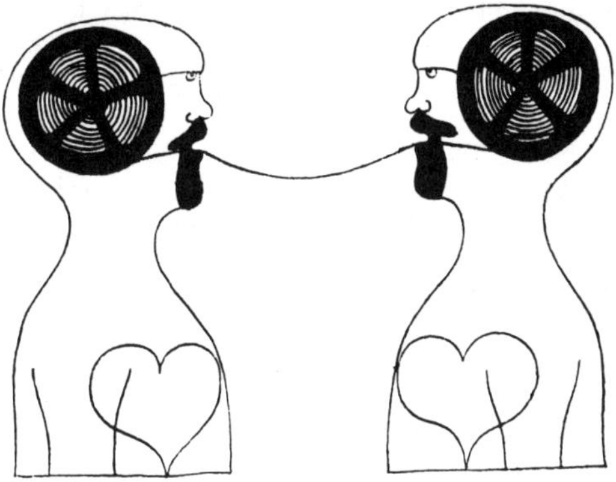

– Det var väl en jättebra film.
  – Tyckte du?
  – Nää.

– Jag lämnar inga pengar till obekanta på gatan.
  – Skaru ha en snyting?
  – Varsågod, här är hundra kronor till en kopp kaffe.

# Reklamstrunt

§ 42. Reklamen är det enda område av samhällslivet där uppenbart osant struntprat är fullt legitimt. För en struntpratare är det som att komma in i helgedomen. Talande med tungor tillber man Mammon.

EXEMPEL:

*Protokoll från brainstorm på reklam- och annonsbyrån "Reklam- & Annonsbyrån", stormavdelningen.*

– Jaha herrarna, vi ska alltså gripa oss an med creative campaign design till de tre objekt som vi har fått contracts på och som ska livnära oss 78 visualizers och våra families de närmaste 7 åren. Det är alltså

1) *filtercigarretten "Washington"*, som har visat sej innehålla så mycket livsfarlig tjära att dom inte längre kan sälja den i USA. Dom tänker alltså göra en switch-over till Scandinavian market.
2) *Bolinder-Munktells nya skördetröska.*
3) *"Morning Dew"*, det nya medlet från Södertälje för borttagande av finnar.

Ja, då får vi höra vad herrarna har för ideas. Låt hjärnorna storma!

*78 visualizers i mun på varandra:*

Jo, att en man med bar överkropp kastar sin halvnakna fru på en leopardsoffa, pekar på en brinnande cigarrett i askfatet och säger: "Du älskar en annan!" – "Ja", säjer hon, "Washington!" – Eller kan man ta fram en bild av George Washingtons fru, och så printar man in en cigarrett i handen på henne, och så säjer hon: "Har ni provat Washington? Det har jag! Goodie-goodie!" – Bolinder kan göra bra skördetröskor. Munktell kan göra bra skördetröskor. Tillsammans kan dom göra jävligt bra skördetröskor. Känn er *säkrare* på åkern! Kör Bolinder-Munktell! Morning *Dew fräter* bort finnar! Nä, Morning Dew är ett *svenskt* preparat. Morning Dew *hatar* finnar. Eller så här. Morning Dew gör edra golv otroligt blanka. – Du är inte klok. – Hur så? Hur vet du att man inte kan bona golv med finnkräm? Har du försökt? – Herrarna flyter ut. Stick to the point, please. – Schakta bort de fula kullarna i hudens vackra landskap! Använd Morning Dew! Bolinder-Munktells skördetröskor är ett med naturen! – Det är dom väl inte. Bolinder-Munktells skördetröskor förstör naturen för er – men de ger er bröd! De fyra sädesslagens skräck: Bolinder-Munktell! Den svenska rågen går inte av för hackor, men för Bolinder-Munktells skördetröskor går den av. Svenska bönder! Använd Morning Dew! En finnig bonde utan skördetröska är så olycklig att han måste röka Washington. Är livet ett helvete? Rök då Washington! Så blir det kortare. Nänä, förlåt. Ni som samlar gamla fimpar, har ni märkt skillnaden på vanliga fimpar och Washingtonfimpar? Blir ni aldrig uppbjuden? Då har ni finnar. Då ska ni ta bort dem. Då ska ni använda Morning Dew. Har er pojkvän gått ifrån er? Då behöver ni en Bolinder-Munktell. I familjestorlek. Bolinder-Munktell säger mer än ord. Känt folk röker Kent, men vanliga människor röker Washington. Lillprinsen smygröker Washington. Kvinnor älskar män som älskar kvinnor som inte har finnar. Finnar älskar att bli kyssta, men de blir det aldrig. Män som styra världens öden har inga finnar. Men Gevalia ska det va. Nävisstnä. En kopp kaffe utan en Washington är som en snickare utan såg. Snälla ni, köp Washington och Bolinder-Munktell och Morning Dew, så gör ni oss på annonsbyrån glada! Bolinder-Munktells skördetröskor har *det!* Har ni finnar, så har ni inte *det!* Morning Dew mot finnar, nämligen. Finnar älskar brännvin och gurka, men Morning Dew gillar de inte. Vi får ha in mera whisky och soda här, fröken Larsson. Hur i helvete kan man få folk att köpa en skördetröska? Har vi inget tvättmedel i år? Får vi ha tävlingar? Jaså. Om folk får skriva och säja vad dom tycker om Bolinder-Munktells skördetröskor på högst tio ord, och den som tycker bäst får Morning Dew ett år framåt, hur är det? Vadå? Om segraren inte har finnar? Alla fåntrattar som svarar på såna här idiotiska

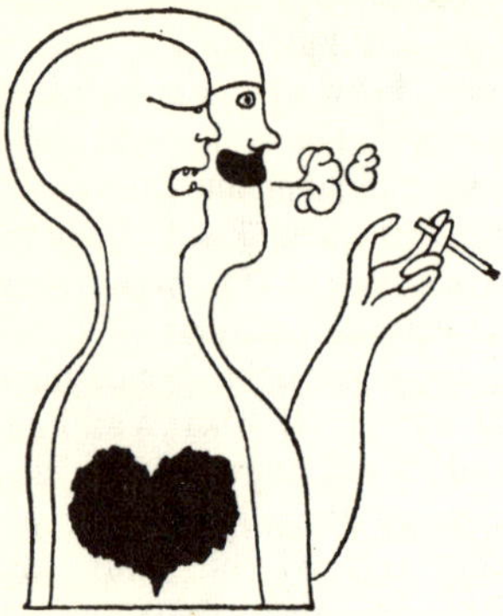

**Jag har gått tillbaka till John Silver**

tävlingar har finnar. Har ni varit i Washington? Nå, ta av papperet på nåra hundra Washingtoncigarretter då och klistra ihop dom till en liten hydda och kryp in i den, så har ni varit i Washington. Billigt! Bra! Rök ihjäl er – rök Morning Dew! Förr i världen förpestades luften på landet av traktorernas oljiga utdunstningar, men Bolinder-Munktells skördetröskor ser man inte röken av! Köp dom! Om ni köper tio skördetröskor får ni en bild av Nacka Skoglund! Folk som röker Washington ser hägringar! Vill ni bli översållad av finnar? Undvik då att i tid skaffa er Morning Dew! Visste ni att huden andas? Visste ni att finnarna är hudens dåliga andedräkt? Visste ni att den som har dålig andedräkt bör tala med sin tandläkare? Visste ni att hudens tandläkare är hudläkaren? Använd därför Morning Dew med irium! Gör huden skinande vit och tar bort den gula hinnan. Allt ska bort, utom Bolinder-Munktells skördetröskor. Dom vill vi ha kvar. Bolinder-Munktell glider som en smekning över markens lena hud. Morning Dew uttalas mårning djo. Washington uttalas oåsjingtån. Men Bolinder-Munktells skördetröskor, dom låter som dom stavas. Ska vi göra filmer också? Då får vi ha Alice Babs. Men hon som är så frisk i mun av Toy röker väl inte Washington? Nä, men hon kanske har finnar? Nä, men hon kanske vill sitta och joddla en bit på Bolinder-Munktell? Om man smetade Morning Dew över hela jordklotet så bleve det lent som en persika. Damer! Nu har ni chans att få en Bolinder-Munktell *gratis!* Er man betalar! Washington har ett garanterat hundraprocentigt filter! Inget nikotin passerar! Det är heltäppt! Hurra för Bolinder-Munktell! Fan det står still i huvet. Kan man inte få veta nåra *fakta* om dom här förbannade osäljbara föremålen? Nänä, inget sånt snack. Du är full Jonsson. Nu går vi hem och läser Playboy, grabbar, så vi får lite idéer.

# Rent andligt strunt

§ 43. Så snart man använder logik och förståndsmässiga resonemang i trosfrågor uppstår *religiöst rundsnack.* (Se även kap. ”Fagert strunt” och hör på radions morgonandakter!)

EXEMPEL:

En dag när jag gick gatan fram tänkte jag denna tanke: ”Är inte alla människor dagligen helbrägdagjorda genom tron?” Och jag svarade: ”Jo, det är faktiskt sant.” Jag vill nu förklara vad jag menar härmed. Jesus sade: ”Stå upp, tag din säng och gå.” Han utövade således helbrägdagörelse. Och han gör det fortfarande, dagligen och stundligen. Dem som äro friska helbrägdagör han genom att inte göra dem sjuka. Varje dag, varje stund sitter en högre makt och tänker just på dig som fått hälsans oerhörda gåva, och han tänker att nu skall jag inte göra dig sjuk i dag heller. Vad är det annat än en ständigt ny helbrägdagörelse? Och till dem som äro sjuka skickar han utbildade läkare och specialister för att även de skola helbrägdagöras. Läkarna äro Guds egna helbrägdagörare på jorden, och dem låter han hålla på och arbeta i sin tjänst så länge de inte operera sådant som det står i den heliga skrift att människor inte få operera. Göra de det få de genast ett brev i sitt samvetes brevlåda från den himmelska medicinalstyrelsen, och bättra de sig ändå inte så kan det hända att de bli sjuka själva. Jag vet att jag talar sant, ty jag känner personligen en läkare som ligger i svårartad influensa. Vår Herre har dock i sin oerhörda godhet sänt honom en kollega som utskrivit preparat för att göra honom frisk igen. Även denne läkare, som själv ej är troende, blir således utan egen förskyllan helbrägdagjord: Gud låter honom ostraffat ringa i telefonen, denna himmelska gåva till människor i nöd, och tillkalla sin kollega för undersökning och diagnos.

När det nu är så att Gud i sin godhet helbrägdagör oss genom att till exempel låta oss uppfinna penicillinet och röntgenfotograferingen, hur kan då någon tvivla på att vi, Herrans utvalda pastorer här i tältet i kväll, kan bota sjuka med bibelns egen originalmetod, handpåläggningen?

# Politiskt strunt

§ 44. I det politiska propagandaspråket ingår trosförkunnelser och reklamslogans en förening som vi kallar *en salig röra*. Till och med i vårt land med dess höga bildningsstandard, som gör det relativt svårt att lura folk, förekommer på valaffischerna kvalificerat strunt i stil med "föryngring, förnyelse, förmåga" och "tänk framåt". På det hela taget tvingas emellertid våra politiker att i stor utsträckning hålla struntprataren inom sig i schack, eller att i varje fall utforma sitt struntprat så intrikat och trovärdigt att det nästan helt liknar klokt tal.

De flesta politiker är emellertid beredda att för den stora sakens skull prata tydligare strunt än vanligt när förhållandena så medger. För att något renodla det politiska struntets metodik kan vi till exempel tänka oss att nyval utlysts direkt efter höstens val 1966. Det hade då gällt för socialdemokraterna att till varje pris vinna tillbaka förlorade röster och för oppositionen att behålla dem. Vidare tänker vi oss att man på grund av tidens knapphet inte hann med några mera omfattande förberedelser för TV-debatten, utan partiledarna sattes att tänka själva utan lappar från planket bakom. Slutligen utgår vi från att det gäller att försäkra sig om relativt oupplysta marginalväljare, och framför allt om de unga förstagångsväljarna.

*Rydbeck:*
Välkomna hit igen. Först är det Hedlund.

*Hedlund:*
Ja det gick ju bra för oss, vi hamnade ju högt opp på hitlistan för vi för ju en vettig politik. Vi vill skapa bättre förhållanden även för de eftersatta grupper i samhället som inte förstår sig på politik, och ungdomen tycker vi om. Man har väl själv varit ung.

*Erlander:*
Men nog var det bra längesen, herr Hedlund?

*Hedlund:*
Herr Erlander är väl inte särskilt purung själv.

*Erlander:*
Nä men Palme, herr Hedlund, Palme. Jag skulle vilja berätta för alla trevliga ungdomar som ser på det här att jag alltid frågar Palme om allting, för han har ungdomens friska syn på politiken.

*Holmberg:*
Vi är särskilt glada att det gick så bra i valet därför att det visar att ungdomen tycker det är kul att vara kristen. Om vi står på kristen grund kommer ekonomin att bli stabilare så att vi får råd att köpa fler elektriska gitarrer.

*Erlander:*
Jag är den förste att hålla med om att popmusiken är dödsskön.

*Ohlin:*
Herr Erlander ska akta sej för att tala om gitarrmusik. Med bara en Sträng, och en dålig sådan, kan man inte spela den musik som väljarna vill höra, herr Erlander.

*Holmberg:*
Dessutom är det inte en *ta*-sträng vi behöver, herr Erlander, utan en *ge*-sträng. Vi måste sänka skatterna.

*Hermansson:*
Herr Holmberg kan kanske säja var vi i så fall ska ta pengarna ifrån? Från anslagen till den unga arbetande generationens ungdomsgårdar kanske?

*Holmberg:*
Nej då, herr Hermansson, men vi kunde till exempel ta från herrar Hermanssons och Erlanders egna rikligt tilltagna hyresbidrag. Ungdomen tycker nog inte man ska ha så mycket pengar som herr Hermansson har när man är kommunist.

*Ohlin:*
Dom blev väl glada i öststaterna, herr Hermansson, över att ni lyckades lura ifrån socialdemokraterna en hel del röster?

*Hermansson:*
Det känner jag inte till, herr Ohlin. Jag vet ingenting om öststaterna. Jag vet inte ens var dom ligger. Däremot vet jag att ungdomen inte har någonstans att bo.

*Erlander:*
Har ungdomen i Moskva flera och större lägenheter, herr Hermansson?

*Hermansson:*
Moskva? Var ligger det?

*Hedlund:*
Herr Erlander ska inte försöka prata bort bostadsbristen nu. Tänker herr Erlander vidta några åtgärder för att skaffa vår friska käcka ungdom bostäder, eller ska idealet vara som Beatles sjunger: ”We all live in a yellow submarine”. En gul undervattningsbåt, är det herr Erlanders bostadsprogram?

*Erlander:*
Jag ska säja herr Hedlund att jag har legat vaken om nätterna och tänkt på det där stackars unga paret från Stockholm som jag bara kunde ge rådet att vänta en tie femton år eller också försöka skaffa lägenhet på annat håll.

*Ohlin:*
I Norge, kanske?

*Erlander:*
Jag har legat vaken om nätterna, säjer jag, och i natt väckte jag min hustru Aina och dryftade saken med henne, och vi kom överens om att det här unga paret kan få bo hemma hos oss, i två av rummen, tills dom kan hitta nånting bättre. Så angelägna är vi, herrar Hedlund och Ohlin, så angelägna är vi om ungdomens välfärd inom socialdemokratin.

*Holmberg:*
Jag ställer gärna hela övervåningen i min villa till förfogande. Där får ni det säkert bättre, ni lyckliga unga tu, jag hoppas ni ser mej just nu. Där kan ni uppfostra era barn till ansvarskännande medborgare i ett hus som står på kristen grund.

*Erlander:*
Men hemma hos mej får ni bo gratis, kära ungdomar!

*Holmberg:*
Det kostar ingenting hemma hos mej heller. Och tre lagade mål mat om dagen bjuder vi på.

*Erlander:*
Nu kan ni se, kära väljare, särskilt ni unga och ni som inte vet hur ni ska rösta, nu kan ni se hur herr Holmbergs samhälle fungerar. Här sitter han och kan utan att skämmas bjuda över mej för att han är rikare än jag. Är det så vi ska ha det i vårt framtida samhälle, att de besuttna ska erbjuda gratis logi till vår växande ungdom och med berått mod undertrycka det arbetande folkets lägenhetserbjudanden?

*Ohlin:*
Ja, nu har jag en halv minut av min tid kvar här, men jag har inte hittat på nåt särskilt att säja så jag ska i stället läsa opp en skämtbit ur den populära ungdomstidningen Hjälp. ”Hur roar sig en elefant? Han gömmer sig bakom ett träd och lägger kroksnabel för myrorna.” Vi inom folkpartiet gillar den sortens humor som ungdomen har.

*Rydbeck:*
Tiden är ute. Dags för slutappeller.

*Holmberg:*
Kära unga väljare! Det är ju ofta så att ungdomar rasar och stormar och vill göra nytt och riva ner det gamla. Men när de sedan blir äldre visar det sig att de lugnar ner sig och förstår att de gjort fel. Då vill jag säja till er unga: eftersom ni från början vet att ni kommer att bli klokare när ni blir äldre, varför inte bli klokare med en gång? På så sätt kommer ni att kunna stödja högerns politik *hela* ert liv, och inte bara vid mogen ålder. Vad det skulle innebära för vårt land om alla från början röstade på högerpartiet förstår vi alla. Vi vet ju redan nu att högerns väljare i genomsnitt har högre inkomster än de andra. Finge vi allas röster skulle vi kunna nå vårt slutliga mål: *alla* medborgare skulle få högre inkomster än de andra. Rösta på oss!

*Hermansson:*
Ja jag är ju ung som ni ser och ser bra ut och jag tycker så väldigt mycket om den svenska ungdomen. Jag vill bara vänligt och charmigt uppmana alla som röstade på oss förra gången att göra det nu igen. Ni kan ju inte rimligtvis ändra åsikt på ett par månader. Till er som inte röstade på oss vill jag bara säja att ni borde tänka om. Vi är inte kommunister egentligen. Rösta på oss!

*Hedlund:*
Ja vi ska väl inte bara rikta oss till ungdomen utan vi riktar oss väl till alla väljare, men alla väljare som det är nåt med är ju unga om inte till åldern så i alla fall till sinnelaget, och är man ung till sinnelaget så röstar man på oss för vi står i mitten. Ni som är unga och sparkar boll vet ju att centern står i mitten. Det är han som dirigerar spelet och ser till så att inte motståndarlaget gör nåra nya djärva mål. Ni vet också att om bollen kommer för långt ut på höger- eller vänsterkanten så blir den död. Och nu vill jag säja till er alla: döda inte bollen! Spela på centern! Rösta på oss! Vi passar!

*Ohlin:*
Ett gott samhälle förutsätter ett visst mått utav värdegemenskap hos flertalet medborgare. För den liberalism som folkpartiet företräder är det klart att de ideal som framgår ur kristendom och humanism, osjälviskhet och mänsklig hänsyn måste vara grundvalen i vårt samhällsbyggande. Det här är samma sak som jag sa i förra valdebattens slutappell, och det gick ju bra då, så det ska väl gå i er nu också. Rösta på oss!

*Erlander:*
Vi socialdemokrater diggar Beatles, Gitte Henning, Frukostklubben, Tjorven, AIK, Djurgårn och Hylands hörna och tycker i smyg via Aftonbladet att det är ruter i Clark Olofsson. Rösta på oss!

# Jämförelsestrunt

§ 45. Recensenter av alla slag älskar att recensera något som något annat är bättre än.

EXEMPEL:

Shakespeare är bättre än Lill-Babs.

Jag föredrar avgjort Nicolai Gedda framför AIK.

Dramatens uppsättning av ”Vi väntar på Godot” är långt mera nyansrik än Hylands Hörna.

Nya testamentet är faktiskt mycket bättre än sitt rykte.

Jaja, renat är ju bättre än ingenting.

# Sportstrunt

§ 46. Radiointervju med svensk landslagsspelare efter ett nederlag mot Västtyskland:

*Intervjuaren:*
Nå, vad har du nu att säga om den här matchen? Hur kom det sig att vi fick stryk?

*Fotbollsspelaren:*
Ja vi hade ju fått dålig inkvartering och vi kunde ju inte sova ordentligt och då vet man ju hur det går när man inte får sova ordentligt. Och sen var det ju att publiken här i Västtyskland den är ju protysk kan man säja och den är ju irriterande och ropar mycket som man inte begriper, men det är väl inga vackra saker dom ropar, tänker man, och det blir man ju inte på bättre spelhumör av. Sen är det ju också att skorna var lite trånga, särskilt den vänstra, och det är ju min bästa fot annars, så att om man haft en lite rymligare vänsterdoja så skulle dom nog ha fått se på. Vidare kan man ju fråga sej om vi verkligen förlorade för åtminstone fyra av deras mål var tveksamma därifrån jag stod. Eller sprang, menar jag. Jag har för övrigt vid flera tillfällen påpekat för ledningen att blomkål inte är lämpligt till lunch före en sån här match. Gärna mot Norge eller Danmark, men på kontinenten är det direkt olämpligt med blomkål. Sen tyckte jag nog att gräset lutade lite åt vårt håll, och då blir det ju gärna lite strävt i anfallen.

Centerhalvens fru ringde i halvtid och sa att hon sett på TV att hans byxor satt snett, och det gjorde ju inte honom spelsugnare direkt. Våran målvakt är allergisk mot lukten från det bayerska träslaget som dom har i sina målstolpar härnere. Han får bulor av det när han ramlar mot det. Och sen var ju vädret för vackert, det var ju till tyskarnas favör, för vi spelar ju helst när det regnar så det blir halt så man inte behöver skämmas när man ramlar omkull. Våran lagkapten var på dåligt humör hela matchen för han hade

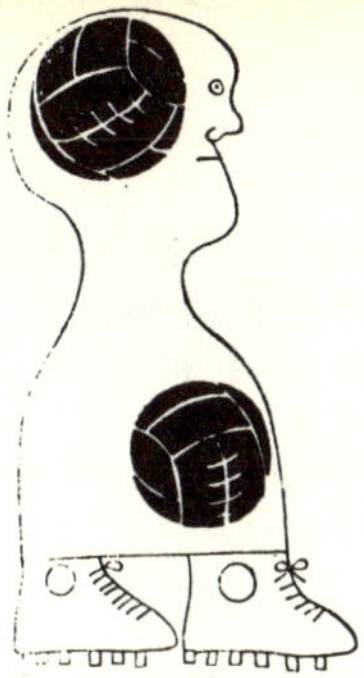

glömt att se trevlig ut vid slantsinglingen då det är närbild på TV, och då vet han att han får bassning när han kommer hem.

Och så var vi ju elva i laget, och det råkar tyvärr vara vårat olyckstal.

Lägg därtill att jag på sistone har känt mej lite hängig och håglös på grund av privata bekymmer som jag inte kan redogöra för här, så kanske ni begriper varför vi fick stryk fast vi var bäst.

# Gubbstrunt

§ 47. Bland äldre herrar (som gärna tänker även åt äldre damer) cirkulerar ett utmärkt meningslöst uttryck som heter *fasta normer*. Det kan med användande av abstraktioner utan fastlagd innebörd byggas ut till ett helt tankesystem, varmed man kan fördriva mörka vinterkvällar när man har tröttnat på att spela canasta.

EXEMPEL:

Vi måste slå vakt om traditionerna.

Mänskligheten kommer att gå under om vi inte låter allting vara som det är, eller ännu hellre som det var förr.

Vi måste bli medvetna om vårt ansvar gentemot hädangångna generationer. De har väl också rätt att leva.

Sanning, rätt och allmän hyfs bör man hålla styvt på.

Gör som vi säjer! Har ni ingen respekt för gamla människor?

I en föränderlig värld gäller det att hålla på de gamla hederliga idealen.

Ett fyrfaldigt leve för Karl XII!

Utvecklingen går framåt i så snabb takt att själva människan glöms bort.

Vi får inte ha datamaskiner som tänker åt oss, då kan vår förmåga att tänka i stil med en datamaskin avtaga.

Vi måste se till att månen blir evangelisk-luthersk.

Det är ju fan också att man ska dö snart, för sen går naturligtvis allting åt helvete, när det inte finns nån som säjer ifrån.

# Ungstrunt

§ 48. Bland yngre herrar och damer cirkulerar ett lika utmärkt mångtydigt uttryck som heter *normlöshet*. Det har en lika underbart förödande inverkan på all vettig tankeverksamhet.

EXEMPEL:

Jag tror inte jag borstar tänderna i dag, normlös som jag är.

Ska vi säja att vi är emot våld och förtryck i dag då, så kan vi ju ändra oss i morron.

Eftersom jag inte har några fasta normer beträffande människans konstruktion så bär jag huvet under armen.

Min inställning till normlösheten är normlös, så jag kan efter behag ha så många fasta normer jag vill. Vi lever väl i ett fritt land.

# Den tigande opinionen

§ 49. För att belysa de båda föregående paragraferna har jag härnedan gjort en utomordentligt kondenserad sammanställning av ett fantastiskt långt samtal om trolöshet och normlöshet som under våren 1966 förts i tidningspressen. Detta samtal mellan eliten av svenska topphjärnor kommer säkerligen att bli klassiskt inom den grallimmatikaliska forskningen.

Det som står inom citationstecken är ordagrant återgivet. Resten är en adekvat sammanfattning av artiklarnas innehåll.

*Professor Gunnar Biörck:*
Jag gör mig härmed till tolk för en tigande opinion som ogillar normlöshet och trolöshet och den junta av kulturradikaler som skriver om sånt.

*Fil. dr Olof Lagercrantz:*
Det är farligt med okunniga professorer.

*Fil. lic. Johan Asplund:*
Naturvetenskaparna borde någon gång säga något.

*Författare Per Olov Enquist:*
Biörck har inte förstått vad som menas med trolöshet. Jag gillar inte auktoritetstro.

*Fil. lic. Göran O. Eriksson:*
Det är inte tidningarnas fel att inte naturvetarna skriver i dem.

*Redaktör Allan Fagerström:*
Det var väl rätt bra sagt av Biörck. Men Lagercrantz är dum.

*Professor Torgny Segerstedt:*
Respekten för människans värdighet har försvunnit. Äldre förstår inte yngre.

*Fil. dr Olof Lagercrantz:*
Segerstedt står på murkna skansar och är dum.

*Ledare i Södermanlands Nyheter:*
Biörck är bra. Lagercrantz är dum.

*Ledare i Västerviktidningen:*
Naturvetare måste få lära sig skriva svenska.

*Redaktör Hemming Sten:*
Det var bra att Biörck sa något, och en del andra har också sagt bra saker.

*Fil. dr Bertil Söderberg:*
Visst finns det normer överallt, till och med bland dajakerna på Borneo.

*Häradshövding Bertil Adéll:*
Biörck är bra. Enquist vet inte vad trolöshet är. Ungdomsbrottslingarna har blivit viljesvagare och slappare än förr.

*Professor Gunnar Biörck:*
Tacka vet jag hur vi kände oss under andra världskriget. Jag har inte tid att tänka. Det är jag som vet vad trolöshet är.

*Fil. lic. Åke Janzon:*
Folk förstår inte vad vi skriver. Det finns så mycket normer så. De normlösa har flest normer.

*Fil. dr Olof Lagercrantz:*
Åke Janzon är också korkad.

*Fil. lic. Göran O. Eriksson:*
Nu får vi sluta prata om det här med normlöshet, för det finns inte.

*Biskop Ruben Josefson:*
Vi kristna har normer, men de kan gärna vara lite rörliga.

*Fil. lic. Åke Janzon:*
Lagercrantz anser att jag är dum. Jag vill på ett par punkter förtydliga hans uppfattning.

*Redaktör Bo Strömstedt:*
Biörck är det konservativa Sveriges Snoddas.

*Redaktör Gunnar Unger:*
Oj vad fånig Strömstedt är.

*Fil. dr Göran Schildt:*
Det är väl bra att det går framåt. Andra världskriget var förresten inte så lyckat som Biörck tycker.

*Redaktör Torsten Tegnér:*
Biörck *är* BRA! FÖR att inte – TALA om... Erik AXEL: KARL*F*eLdT!!!§½&% (=–)/ü!?

*Professor Robert Braun:*
De här liberalerna pratar ju nästan som nazister. Det är lättare att diskutera i Tyskland.

*Fil. lic. Lars Gustafsson:*
Biörck vet inte vad han talar om. Redan de gamla grekerna körde med trolöshet.

*Författare Ingvar Högman:*
Det är väl inget modigt att inte köpa sydafrikanskt vin. All etik är snodd från kristendomen. Kyrkorna blir fullare och fullare. Det bästa är att tänka förståndigt.

*Hovrättspresident Mats Heuman:*
Vi måste göra klart för oss vad det är vi vänder oss mot. Den nya generationen lider brist på stil, smak och hållning.

*Ledare i Aftonbladet:*
Vet hut, Biörck! Läs några böcker nån gång!

*Fil. lic. Bertil Stålhane:*
Nytt är nog bra, Göran Schildt, men det finns gammalt som är bra också.

*Fil. lic. Åke Janzon:*
Jag har inte sagt att jag håller med Biörck. Lars Gustafsson är inte artig mot mig.

*Fil. lic. Åke Bengtsson:*
Det gör väl detsamma om konst är gammal eller ny, bara folk går och tittar på den.

*Fil. dr Alf Ahlberg:*
Vi måste följa spelets regler om vi ska diskutera. Nu säger

jag så här: ”Kulturen är den ljusbåge av förnuftsvärden och rättsnormer, som långsamt stigit fram ur de blinda kaosmakternas kamp.” Vad svarar ni på det?

*Chefredaktör Gunnar Fredriksson:*
Den tigande opinionen pratar i ett kör i radions och TV:s andaktsstunder. Biörck är dum.

*Redaktör Bo Strömstedt:*
Måste man tala med såna som Biörck bara för att låta mun gå?

*Professor Gunnar Biörck:*
Efter att ha läst alla debattinlägg vill jag bara påpeka att ingen utom jag vet vad dom menar med trolöshet.

*Ledare i Industriell teknik:*
Vi tekniker sysslar inte med rasfrågor och Vietnam, för vi har ytterst välinformerade utlandskontakter och dom säjer att vi inte ska bry oss om sånt där.

*Direktör Matts Carlgren:*
Kulturradikalerna river ju bara ner allting. Idrott är bra, för där finns det regler som gäller.

*Fil. dr Olof Lagercrantz:*
Matts Carlgren är också dum. Nu håller jag tyst.

*Ledare i Vår Kyrka:*

Det finns två slags trolöshet, en ansvarig och en oansvarig. Men låt oss inte prata, utan arbeta.

*Läroverksadjunkt Gunnar Trygg:*
Otroheten i äktenskapet är mindre nu än förr, eftersom de likställda hustrurna ser till att männen inte springer ute som på kung Oscars tid. Husen är också annorlunda, t.ex. atriumhusen. I en kall värld har familjen blivit värmestugan.

*Teol. dr Martin Lönnebo:*
”Om inte den som upplever troheten som en förmån, som inte har lust att bedra sin hustru eller lura sina vänner och som har barn vilka fortfarande vistas hemma därför att familjen tycks trivas och som är van vid en realistisk och kritisk bedömning inte alldeles skall misströsta om vår ak-

tuella kulturdebatt behöver den ytterligare koncentreras på frågor och problemlösningar han anser vara väsentliga."

*Professor John Landquist:*
"Aristoteles sade, att människan var ett socialt väsen. Några årtusenden senare bekräftade Charles Darwin, utvecklingsforskningens största namn, denna tes. Det är givet, att människan skapar normer för sinnelag och handling enligt detta sitt väsen."

Jaha om alla har pratat färdigt då, så kanske vi kan sammanfatta:

1) Var och en av debattörerna har sin egen definition på normlöshet och trolöshet.

2) Ingen av debattörerna känner till eller vill lära sig de övrigas definitioner.

3) Vi kan i alla fall vara rätt säkra på att människan är ett socialt väsen.

Tack för den upplysningen! Den kostar 24 kronor plus oms. på Natur och Kultur (Trolöshet – normlöshet. Repliker ur aktuell kulturdebatt. 203 sidor.)

# Inombordsstrunt

§ 50. Inbitna struntpratare pratar strunt även till sig själva.

EXEMPEL:

*Gustaf:*
Ta dej en grogg du Gustaf, det kan du behöva. Du har haft en arbetsam dag, och det är ju i alla fall du som bestämmer om du ska ta en grogg eller inte. Doktorn har visserligen sagt att du inte ska dricka sprit, Gustaf, men doktorer är ju inte allt här i världen. Dom har ofta fel, Gustaf. Och doktorn kan ju inte veta hur mycket bekymmer du har haft i dag, Gustaf. Du har gjort ett fint jobb, Gustaf, och att dom måste göra om alltihop var inte ditt fel. Faan du hörde ju tydligt att dom sa Drottninggatan, Gustaf. Du gjorde ju bara vad du skulle, Gustaf. Är man kommunalarbetarbas och dom säjer Drottninggatan så gräver man givetvis opp Drottninggatan. Och har dom då menat Hamngatan så får dom förbanne mej prata ut ordentligt så att det inte låter som Drottninggatan. Och det kan ju inte vara så som dom sa till dej, Gustaf, att du borde inte ha druckit nån grogg i går kväll, Gustaf, för den groggen kunde du verkligen behöva, Gustaf. Faan du hade ju ett likadant helvete i går också, Gustaf. Då sa dom Sergels torg, fast dom menade

Strandvägen. Dom *sa* Sergels torg, Gustaf! Och det kan inte va det att du tog dej en grogg i förrgår kväll också, Gustaf, för i förrgår vet du *bestämt* att dom sa Lejonbacken, och inte Hagagatan, som dom senare påstod. Ta dej en grogg du, Gustaf, det kan du behöva.

# Pratstrunt

§ 51. Till glädje för den som inte kan inräkna sig i någon av de föregående kategorierna av struntpratare ska vi bara till sist konstatera att man också mycket väl kan prata strunt i största allmänhet bara för att låta mun gå.

EXEMPEL:

Det är inte så mycket folk på tåget i dag. Ovanligt trevligt tåg det här. På lördagarna är det nog mera folk. De flesta arbetar ju så här mitt i veckan. Det var ju intressant att socialdemokraterna gick tillbaka. Det ser ut att regna över Södertälje. Jaja, livet är inte så lätt många gånger. Ibland si och ibland så. Och i år ska det vara långbyxor även för damer. Hylands hörna missar man inte gärna. Annars är det inte mycket med TV. Jag mötte förresten Evert Taube på Sturegatan för några år sen. Han såg trevlig ut. Han är nog trevlig privat också. Ack ja, tiden går. En kusin till mej som heter Eva Larsson har fått en pojke i veckan. Fyra kilo. Prima liv. I Sydafrika har dom det inte roligt inte. Ovanligt trevligt tåg det här. Jag köpte ut en massa brännvin och så blev det ingen strejk. Och ungdomen den lever loppan och protesterar och bär plakat. Ack ja, den ungdomen. I går kom det en skur vid halv tiotiden. Livet är kort, det gäller att ta vara på tillfällena. Men dom här datumstämplarna dom har på mjölken, dom ska man inte lita på. Och i Kina har dom kulturrevolution. Är det inte det ena så är det det andra. En hund skulle inte vara dumt att ha. Det enda jag kan spela är munspel, men det har jag inte gjort på flera år, så det skulle nog inte låta något vidare. Livet är en strid. Det var kanske dumt att inte ta med paraply. Man vet ju aldrig. Jag gillar inte svensk film. Enda felet med heltäckande mattor är att de luddar av sej första tiden när man går på dom. President Johnson verkar inte så bra som Kennedy. Men konduktörn har kanske inte tid att stå och prata med mej längre? Varsågod, här är biljetten. Lustig tång det där.

Var köper man såna? Titta sånt fint runt hål det blev. 1948 hade jag blindtarmsinflammation. Det var roligt att språkas vid. Ajö, konduktörn, och trevlig resa!

# Bihang

*Vittnesbörd från struntpratare enligt stenografiskt protokoll från Internationella struntpratarkonferensen i Saltsjöbaden i oktober 1966.*

*Underofficersaspirant Karl Johan Wollmin, 27 år:*
Är det en sak jag har fått lära mig veta, så är det *hut*. För mig är hut det vackraste livet har att bjuda att veta. Ibland säger jag till mig själv: ”Varför vet du egentligen så mycket hut, Karl Johan? Andra människor vet ju betydligt mindre hut än du.” Och då brukar jag svara mig: ”Jo, Karl Johan, det beror kanske på att hut är egentligen det enda du har fått lära dig veta i hela ditt liv.” Förstår ni mej? För en människa som kommer från ett fattigt hem, som inte har fått nåra vidare utgångsmöjligheter, som aldrig har fått studera vidare, för en sådan människa känns det befriande att åtminstone veta *något* riktigt ordentligt, till exempel hut. I folkskolan fick jag visserligen veta vad Hallands floder hette, men annars var det mest hut jag fick lära mej veta där

också. Och det militära bygger ju helt och hållet på detta med hut.

Det var därför jag valde den banan: att få lära ut till andra något som man själv vet riktigt ordentligt – hut i mitt fall – är inte det något stort och riktigt? Men visst blir man utsatt för trakasserier, som alltid när man slåss för en stor sak. Elaka människor kan komma fram till mej och säga: "Du Karl Johan som vet så mycket hut, du känner väl andra berömda hutvetare, som Himmler och Göring och dom?" Så orättvist kan man bli hånad. För visst är det klart att nazisterna visste en massa hut av olika slag, men det var ju *tysk* hut. Vad jag vet är ju rent *svensk* hut. Det är ju en helt annan sak.

Hut är det vackraste jag vet. Hut kan ju betyda så mycket. Hut kan vara som en liten silverklocka som ringer i mänsklighetens ödestimme. Men för mej betyder hut helt enkelt och vardagligt att uppföra sej som folk. Fast inte som vilket folk som helst, givetvis, utan som folk som lärt sej veta hut.

*President Charles de Gaulle, 76 år:*
Jag skulle vilja tala en bra stund om *äran*. Äran är för mig det högsta i livet. Att kämpa med ära, att dö med ära – finns det något värdefullare? Vem har vår nation att gratulera för gångna hjältedater? Har den *äran* att gratulera? Ja! Man mot man, Atos, Portos, Aramis – äran framför allt! Jag talar nu givetvis om den *franska* äran. Tyskarna har sin ära, amerikanarna sin, ryssarna sin. Bara vi får lite större atombomber ska ni nog fan få se vems ära som är störst! Låt oss bara komma överens om att släppa ner dem på ett ärofullt sätt och inte som några medeltida barbarer! Två saker sätter vi högst här i livet, vi franska nationalhjältar, jag och Cyrano de Bergerac: vår tro på äran och vår långa näsa! Leve Frankrike!

*Redaktör Torsten Ekbom, 28 år, Dagens Nyheter:*
Jag skulle vilja nämna några ord om *pseudohändelser*. Jag upptäckte i våras att Tvekampen i TV var en dylik pseudohändelse och alltså hade med konst att göra på något sätt. Vi

inom popkonsten menar med en pseudohändelse en händelse som ser ut som en händelse men egentligen inte är någon händelse. På detta sätt kan man till exempel karakterisera mina artiklar i Dagens Nyheter.

*Insändare Kurt Herman Hult, 46 år:*
Man tar för liten hänsyn till *den enkle mannen på gatan*. Den enkle mannen på gatan har ju också åsikter om lite av varje. Man snackar med sina kompisar och har ju sin röst i facket och det, men jag menar varför ska man inte få föra fram sina åsikter via massmedia, som Olof Lagerkvist och Lars Ulvenstam till exempel? Före valet var det bild i tidningarna på Ulvenstam att han var socialdemokrat. Jag har varit socialdemokrat i hela mitt liv, men inte faan var det nån bild på mej inte. Jävla tjyvsamhälle. Dom kan skylla sej själva att jag rösta på högern den här gången. Varför frågar dom aldrig en annan? Den vanlige enkle mannen på gatan har oftare sundare åsikter än andra, för han tänker inte så länge på allting, utan det blir mera direkt liksom. Faan man ska väl inte behöva ha *läst* Dante för att tycka att det är nån jävla smörja. Det vet man ju hur dom där gnetarna skriver. Och man har ju själv läst en hel del, Albert Engströms kolinggubbar till exempel, och han var ju med i akademien, så nog har man läst alltid. Men han var ju också som en enkel man på gatan och kunde ta sej en jävel utan att hymla med det. Annars törs dom ju inte va som vanlit folk dom där som skriver och har åsikter om både politik och filmer och hur man ska göra med allting. Nä, vänd er till den enkle mannen på gatan, så ska ni få höra vad vanligt folk *verkligen* anser om saker och ting. Kulturen kan fara åt helvete. Det är jävlit tröttsamt det här med Vietnam. Sätt en kula i dom där förbannade ligisterna, så ska ni få se på ordning och reda. Detta är vad jag anser, och jag talar för alla enkla män på gatan, och jag är den rätte att tala för dom, för jag är nämligen enklast av dom allihop. Jag är så jävla enkel så jag tänker nästan inte alls. Men min hustru läser Se för mej varje vecka, så jag vet förbanne mej vad jag ska tycka. Det finns en massa enkla män på gatan som ska föreställa lite finare och läsa och fundera utav helvete. Det är ju förräderi mot kollektivet. Hur fan ska man kunna va en enkel man på

gatan om man sätter sej in i saker och ting som nån jävla professor? Nänä, man hör vad som står i Se, och sen får det va nog. Sen har man bildat sej en uppfattning om det mesta, och den uppfattningen har jävlar i min själ samma rätt att få programtid i TV som dom här förbannade skitpratarna som sitter där och smajlar opp sej och vet allting.

*Kompositör Bo Nilsson, 29 år, Malmberget:*
Jag vill i all korthet påpeka att jag är bäst i världen.

*Taktiker John Erik Lagergren, 55 år:*
Ni frågar mig om detta vita kupiga föremål som jag håller i handen är ett ägg. På den frågan kan jag inte ge ett direkt svar. På grund av den mänskliga perceptionens allmänna bristfällighet och med hänsyn tagen till de felmarginaler som alltid uppstår vid betraktande av föremål varom vi vet för litet för att egentligen uttala oss kan jag i dagens läge inte med bestämdhet hävda att detta är ett ägg. Det enda jag möjligen med reservation för eventuella justeringar senare kan säga om detta föremål är att det *förefaller att vara* ett ägg. Detta sagt utan att jag på något sätt vill binda mig för att det skulle vara riktigt. Följaktligen kan jag inte heller uttala mig om rimligheten i en framtida produktion av detta eventuella ägg (jag såg visserligen själv att det värptes av en höna i morse, men sådant är ofta bedrägligt), och ännu mindre kan jag uttala mig om jordbrukets strukturrationalisering i stort. Utan det bästa är att vi tillsätter en utredning med mig som ordförande, så ska vi nog se till att den inte blir färdig på de närmaste hundra åren. Varför vill ni inte låta oss bönder vara i fred på våran torva?

*Grängesbergsbolagets PR-delegation, inalles 1768 år, i korus:*
Det föreligger visserligen en viss undernäring bland alla arbetare i Liberia. Bland Lamcos arbetare föreligger mindre undernäring än bland andra liberianer. Detta gäller de arbetare som bor inom området. De arbetare som bor utanför området lider av undernäring. De arbetar hos oss, men de

bor inte inom området, och därför lider de av undernäring. Inom området lider de också av en viss undernäring, men de får komma till doktorn när de blir sjuka. Utanför området kan vi inte göra så mycket, för det är ju utanför området. Det måste ju i fridens namn bära sej om man ska anlägga fabriker i ett sånt land som Liberia. Vadå? Är det TV? Å fan. Nejnej, det är ingen undernäring inte. Inte inom området. Utanför området är det nästan ingen undernäring, jo det är klart bland dom som inte är anställda hos oss, där är det undernäring, men bland dom som är anställda hos oss och bor i bushen, där är det lite undernäring, men inom området är det ingen undernäring. Vi vill gärna göra detta klart för TV-tittarna utan inblandning från någon från TV.

*Skald Ulrich Wedhagen, 47 år:*
När jag satt i den frustande elektriska hästen vars flinka ben markerade ett taktfast dunk-dunk mot skenskarvarna på väg till denna konferens här i Saltsjöbaden tänkte jag: ”Vad vore vårt liv, vårt språk, hela vår värld utan de *poetiska bildernas* underbara målning av tillvarons outtömliga motiv?”

Visst vore väl tillvaron gråare om en ölöppnare bara vore en ölöppnare och inte jämväl en liten behändig inbrottstjuv som med ett gordiskt hugg bryter igenom burkens metallglänsande pansar, hänsynslöst jagar innevarande luftkub på flykten och jämnar vägen för den fradgande gudadryckens Eriksgata ned i glasets törstiga buk?

För mig som skriver poesi är den poetiska bilden ett livsvillkor: dels blir dikterna vackra utav dem, dels upptar de så mycken plats att det blir till en liten bok då och då. Utan bildernas hjälp skulle mina dikters innehåll få rum på en bit av den mjukt småkrulliga hälsning från våra susande milsvida skogar som de prosaiske kalla dasspapper.

*Redaktör Ria Wägner, Sveriges Radio, Stockholm:*
Vi kvinnor har *instinkt*. Vad instinkten säger oss är rätt det gör vi. Instinkten säger ofta till mej att laga mat och då lagar

jag mat. Man måste lyda sin instinkt. Det här med könsroller har jag ingen instinkt att lägga mej i. Om andra kvinnor har den instinkten att dom vill bråka om det där så ska dom naturligtvis göra det. Men min egen instinkt säjer mej att jag ska ha något mindre betalt än herrarna på Sveriges Radio. Och dom tror på instinkten hos mej.

# Minnesregler

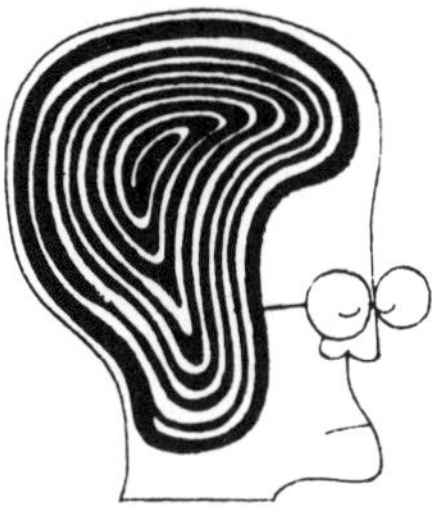

1.
Ingen är för klok att börja
lära sig att prata smörja.

2.
Om du till professor stiger
kan du börja med intriger.

3.
Om till docentur du faller,
pröva då med bildat skvaller!

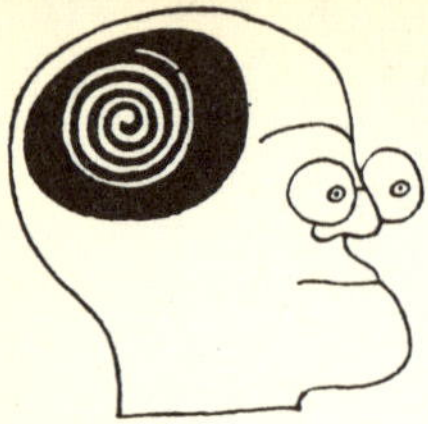

4.
Är förståndet mera tunt
går det bra med vanligt strunt.

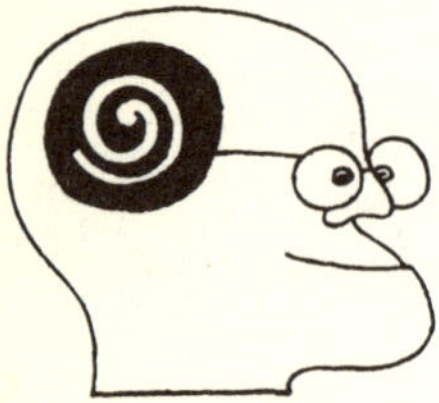

5.
Har du ej ens mössa vit,
prata mera folklig skit!

6.
Skulle detta inte duga
kan du rentav börja ljuga.

7.
Tror dej ingen är det bäst
att du talar som en präst.

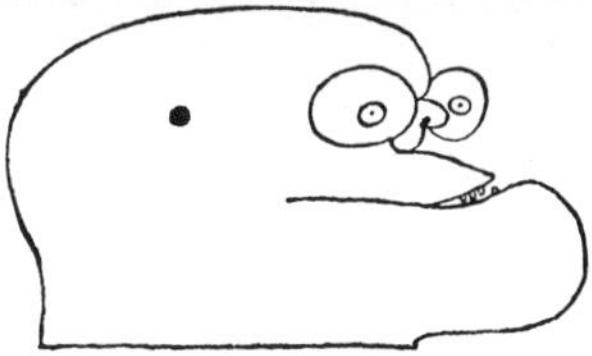

8.
Om ens detta inte håller,
prova med bla-bla och joller!

9.
Vill ändå ej folk förstå dej
bör du hålla käften på dej.

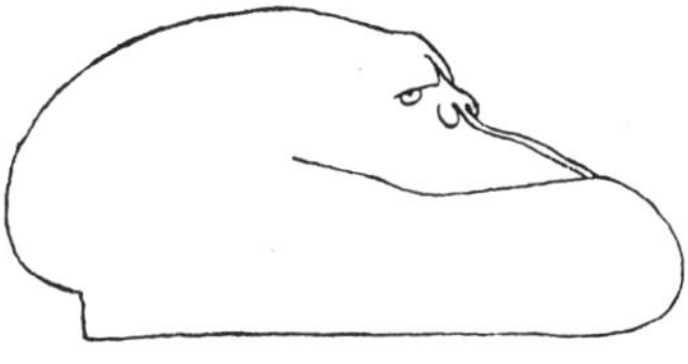

10.
Är du inte riktigt klok,
tala då som denna bok!

# Tage Danielssons Samlade Dikter 1967–1967

Teckningar av Per Åhlin

# Analys av min diktning

Jag kan betraktas som portalfiguren
för medelmåttig dikt från 60-talet.
Den flora som har följt i mina spår
är obegåvat epigoneri.
Den friska, rena medelmåttigheten,
den är mitt verk. Ska någon ha Nobelpris
så är det jag, och inte Thore Skogman.

Min diktning kan betecknas såsom svår.
Ibland förstår jag inte vad jag menar.
Jag har ett ytterst komplicerat psyke
som kämpar i mitt rika inre liv.

Men låt oss rota lite i mej själv
och kanske hitta något av intresse.

Min bana tycks ha börjat av en slump.
I februari 1967
undfick jag denna dikt:

*Bo*
*nöjt.*
*Tjo*
*flöjt!*

Vad menar jag med den? Det vet jag inte,
men kanske kan man tolka den så här:
"Har man nånstans att bo så är man glad,
då ropar man tjo flöjt. Men har man det?
Tjo flöjt! (Betyder då: jo pyttsan heller!)"
I diktens ytterst sammanträngda form
påpekar jag för våra styresmän
att här finns ett problem. Hur det ska lösas,
ja, därom tiger jag, såvitt jag ser.
Det är väl knappast heller skaldens uppgift

att lösa alla världsproblem med ens.
Då finns ju inget kvar att skriva om.
Dessutom får man inte glömma bort
att skalder har problem med rim och meter
som gör det, rent ut sagt, förbannat krångligt
att säga nånting vettigt i en dikt.

## DEN GLADA PERIODEN

*(16–28 februari)*

Nå, nu skiter jag i blankversen, som Shakespeare sa. Jag hade i alla fall blivit klar på att jag var född (1928) till skald. Jag skriver då några dikter som inte går av för hackor. Jag slår bakut som en yster hästapålle på vårkanten, åmar mej och kråmar mej och fixar och donar. Det är ett rent joie de vivre:

*Underbara timmar!*
*Allt är guld som rimmar!*

Jag verkar nästan fnoskig, tycker jag. Men sen, längre fram i februari, smyger det sej in i allt ståhejet en biton av en viss tvekan, en lyrisk eftertanke. Låt oss gemensamt lyssna till några rader ur ”Här hoppar inga halta skomakare” (27 febr.), där jag frågar mej:

*Har du ej respekt för gikt ens?*
*Gläds skomakaren åt diktens*
*kanske alltför salta soppa?*
*Varför skulle halta hoppa?*

Vad är det nu som har hänt med mej? Är det till äventyrs en spirande känsla av socialt ansvar, medmänsklighet? Eller kan det vara nån längtan efter förändring, förnyelse och dylikt? Det lär ingen annan kunna svara på än jag, och jag vet inte. I alla fall blev det en förskräcklig kris som hände med mej på kvällen den 28 februari 1967. Antagligen var det mycket Vetenskapsakademiens fel (”Förlorad dag”, sid. 28).

På morron den 1 mars var livet läbbit, motbjudande, och dikteriet var inte längre livets höga visa, utan dess avträde:

*Jag sitter krystande på dass, men*
*borta är entusiasmen.*

Här blir jag ju direkt gripande i all min enkelhet. Jag deppar, all right. Men här ser ni en som inte ger opp. Redan frampå förmiddan samma dag blir det en annan ton i skällan:

*Mitt huvud är en smärtsam knopp*
*som sorgset spirar ur min kropp.*
*Visst gör det ont när knoppar värka.*
*Var glädjen blott en tom fasad?*
*Nu är jag glad liksom en lärka*
*som inte är så särskilt glad.*

Har ni hört på maken? Här bryter en fruktbar resignation fram ur det raserade glädjehusets ruiner, så att säga. Det ni. Och det var ändå min första kris, och kanske den värsta utav allihop. Redan efter lunch den 1 mars är jag parat för en ny serie dikter, med en underton av glad sorgsenhet. Kör hårt, snabba ryck:

## EFTERTANKENS TID

*(1–20 mars)*

Det är här ingen tvekan om att jag har mognat. Den ungdomliga entusiasmen från min glada period har omsatts i eftersinnande klokhet och klarsyn. Det finns ju så mycket i världen som borde rättas till, tycks jag säja till mej själv. Som till exempel det här med att spritskatten går till försvaret:

*Ett litet glas bananlikör*
*kan göra så att någon dör.*
*Här hjälper inga undanflykter:*
*en pacifist ska vara nykter!*

Det här är ju som ni ser både socialmedvetet och samhällstillvänt. Men vänta bara, det kommer andra grejer. Djupdykning i historiens perspektiv. Saker som är flera hundra år gamla kan det hitta på och handla om. På dom bara, spela spelet, bollen är rund:

*Galileo, dömd från kyrkligt håll*
*för han fann att jorden var en boll,*
*lär ha viskat i sin sista suck:*
*"All right, hon är platt. Hon är en puck."*
*Ingen hörde. Dom högg huvet av'en.*
*Nu står vi beundrande vid graven.*

Men vid femtiden den 19 mars blir jag konstig igen och känner på mej att det är en kris på gång. Jag har ätit raggmunk med fläsk, och det tål jag inget vidare, men det var nog inte därför. Utan att det var snarare det att tvivlet hade satt sina ruskiga klor i huvet på mej. Hur länge kan rimmen räcka egentligen? sa tvivlet då. Det är ju vid närmare eftertanke inte så många ord som rimmar på varandra. Ta till exempel Arvidsjaur och Port Salut. Där är det ju knappast fråga om nånting i rimväg överhuvudtaget. Vad händer när rimmen tar slut? Vad ska jag göra då? Jag har ju inget yrke. Jag kan ju ingenting.

Jag ska tala om för er att jag blev nedbruten psykiskt av allt det där grubblet. Jag tänkte att jag kan kanske skriva fri vers, mera up-to-date-prylar, men det var lögn. Det rimmade och rimmade så fort jag öppna mun.

Min mänskligt gripande "Beundrardikt till författare av orimmad vers" (sid. 41) blev min sista hälsning till yttervärlden före en bedrövlig period av

## VANMÄKTIG TYSTNAD

*(21 mars–25 maj)*

som möjliggjordes av att jag fick ett författarstipendium och alltså inte behövde skriva mer.

# EFTER RIMKRISEN

*(26 maj–5 juni)*

Våren med sina skira dagrar tycks ha tagit mej i kragen och skakat om mej med sin blommiga grabbnäve. Jag tog mej tydligen samman och tänkte att det kanske inte är så omöjligt i alla fall att lära sej att inte rimma. Dold mellan furorna strövade jag omkring och övade mej på att orimma gamla klassiker:

*Jord, som mig fostrat har och fädrens aska gömmer,*
*bygd, som ärvt hjältars land men inte kommer ihåg*
*deras dygder.*

*Vi spelade kula i Torget en dag,*
*en liten folkskolegrabb och undertecknad.*

*Ur svenska hjärtans djup en gång*
*en samfälld och en enkel trudelutt.*

Så småningom måtte jag ha känt en viss intre säkerhet växa fram, för fredagen den 26 maj kl. 8.45 satte jag mej tillrätta framför skrivmaskinen med vässade fingrar. Den orimmade versens guldålder var inne.

# DEN REAKTIONÄRA HÄNFÖRELSENS TID

*(6 juni)*

Om man nån gång i mitt liv som diktare kan tala om en *väckelse* så skulle det väl snarast vara det där som hände med mej den 6 juni, Svenska Flaggans Dag.

Jag brukar alltid ha melodiradion på när jag diktar (jag tycker den skingrar tankarna på ett fruktbart sätt), men just den här dagen knäppte jag i mishugg på kulturkanalen, och vad fick jag höra? Jo, Hans Majestät Konungen som överlämnade en svensk fana till en representant för lottakåren i Uddevalla! Jag blev djupt gripen. Det var som om en högre makt hade fört mitt pekfinger till fel knapp.

Vårt fäderneslands stolta traditioner från fornstora dagar tycktes mej på ett nästan religiöst sätt förkroppsligade i dessa två svenska män och kvinnor: å ena sidan Konungen, sinnebilden för arvet från fäderna, vördnaden för övermakten, the Swedish way of life; å andra sidan representanten för lottakåren, en symbol för det kämpande folket, för tron på framtiden och på nyare generationer av unglottor som håller fanan högt tills den blir utsliten och de får komma till Stadion och få en ny.

Efter de första svindlande sekunderna nyktrade jag till. Jag började resonera med mej själv: all right, du har just genomgått en reaktionär väckelse, grabben. Vad ska du nu med den till? Kan man ha en sån till något?

Mitt svar blev ja. På grund av min orädda kritik av allting hade jag fått namn om mej att vara kulturradikal, och det är ju inte så bra i en tid då konservatismen gör sej allt bredare, då Yngve Holmberg knäpper upp skjortan och spottar i nävarna, och då professor Biörck stormar an med sin operationskniv i högsta hugg. Nu såg jag min chans att framtona som baksträvare ett slag; det kunde vara lämpligt att ha nånting att stoppa till truten med på alla dem som skällde mej för vänstervriden. Bra bra.

Men såna här mera krassa synpunkter spelade naturligtvis en underordnad roll när jag skrev mina reaktionära dikter; deras hisnande effekt åstadkommes som ni begriper av högre värden inom mej: fosterlandskärleken, försvarsviljan enligt ÖB-planen och förståndet om att veta hut. Min livssyn under den här tiden kan sammanfattas i dikten ”Till Sveriges ungdom”:

*Hör oss, Svea, hör!*
*Gå till en frisör!*

## DEN TJUSIGA PERIODEN

*(7 juni–31 aug.)*

Sommaren stod i sitt flor och trängde in i min själ med sina eggande dofter av klöver, krusmynta och (senare) vålmat hö:

*Att vandra i andakt på sommarens ängar,*
*ja det kan väl inte betalas med pengar.*
*Men har du ett inre behov att betala,*
*beträd då gräsmattor som är kommunala!*

Men det blir inte bara naturlyrik av. Jag diktar överhuvudtaget om charmiga saker och söker vara tjusig på alla sätt. Också kärleken får sej en släng av sleven; tankarna slinter ju lätt iväg åt det sexuella hållet under en årstid då minibikinin sitter på högsätet:

*Oj då, såna vesna bröst.*
*Men vi kanske ses i höst.*
(Ur "Ett topplöst fall", 4 juli)

Litteraturhistorikerna är oense om vad det kan ha varit som åstadkom min kris i slutet av sommaren, närmare bestämt den 31 augusti frampå kvällen. Jag är inte själv säker på det, men jag har för mej att det var en surströmmingsskiva. Från klockan elva ungefär och fram till tvåtiden var jag anarkist, mellan två och halv tre hade jag min misantropiska mellanperiod, och sen blev jag religiös fram till fyrasnåret. Allt det här ägde som ni ser rum utom arbetstid och har alltså inte satt några spår i min diktning. Men den här läskiga krisen fick sin direkta fortsättning i min allmänt aviga syn på tillvaron under

## TROTSÅLDERN

*(1–15 sept.)*

Den karakteriseras av allmän grinighet och dåligt humör. Ni behöver bara jämföra den tjusiga periodens oemotståndligt sinnliga kärleksdikter med trotsålderns misslynta "Ej om kärlek" (sid. 74), så förstår ni vad jag menar. Sinnelagets karaktär kommer kanske tydligast till uttryck i den oförblommerat sköna "Till min hustru och mitt fosterland":

*Håll käften, gamla skrälle.*
*Jävla tjyvsamhälle.*

Det förefaller mej som om den här poetiska vresigheten skulle ha börjat värka ut och efterträdas av ett stort inre lugn omkring mitten av september när jag vann 200 kronor på penninglotteriet. En av dikterna från denna brytningstid tyder på att just ekonomiska omvälvningar i hjärnkontoret kan ha spelat in:

*Jag är socialist, som varje tänkande person,*
*jag tror på Marx och Lenin och på världsrevolution.*
*Samtidigt tror jag på kapitalism, i någon mån.*
*Var skulle annars vanligt folk få pengarna ifrån?*

## DEN DJUPA PERIODEN

*(16–27 sept.)*

En störtflod av tankar och känslor tycks ha vällt över mej när väckarklockan pinglade den 16 september. Det är som om mina tidigare skriverier skulle ha fungerat som testborrningar ner mot vishetens brunn, och som om borren just den här morgonen hade råkat stöta på själva livets oljekälla. Det var inte småpotatis precis. Jag kände mej rik och lycklig. I ett obetvingligt glädjerus över att ha undfått sanningen skrev jag en serie djupt pessimistiska dikter. Jag gick helt upp i mitt arbete, åt inte, sov inte, lät skägget växa. Det resulterade i fyra dikter: ”Att helt gå upp i sitt arbete”, ”Att inte äta”, ”Sömnlöshet” och ”Varför konstnären låter skägget växa”:

*När åskorna från livets strid*
*omskaka oss,*
*har vi helt enkelt inte tid*
*att raka oss.*

Jag fortsatte allt introspektivare med dikterna ”Varför jag skrev Varför konstnärer låter skägget växa”, ”Varför jag skrev Varför jag skrev Varför konstnärer låter skägget växa” och ”Varför jag skrev Varför jag skrev Varför jag skrev Varför konstnärer låter skägget växa”.

Sen rakade jag mej. Jag får klåda av att vara djup.
Det var säkert nån psykologisk försvarsgrunka i min inre apparat som efter det här skedet av oändlig men smärtsam klarsyn fick mej att konstnärligt svida om och träda in i

## BLA-BLA-PERIODEN

*(28 sept.–2 okt.)*

Den karakteriseras framför allt av att jag tänker som en påse nötter. Målsättningen, i den mån sådan föreligger, sammanfattas i dikten ”Bekännelse”:

*På tomgång mal min diktarkvarn.*
*Men alltid duger det åt barn.*

Tricket ligger i att uttrycka sej som en tvååring och samtidigt hoppas att tvååringen ska tycka att man gör det:

*Å tuta-li å tuta-lat,*
*nu ska lilla du ha mat.*
*Å tuta-lu och tuta-lajs,*
*nu har det kommit lite bajs.*
*Å tuta-hej, när du blir stor,*
*då kan du prata som din mor.*
*Å tuta-hi å tuta-hot,*
*då klassas du som idiot.*

Från denna period, som jag, enligt vad jag har hört mej försäkra i den trängre vänkretsen, helst vill glömma, var steget inte långt till

## EXPERIMENTDIKTENS TID

*(2 okt. kl. 19.30–omkr. 21.00)*

Dessa dikter liknar vid första anblicken helt vanliga dikter men har den egenheten att de är skrivna på lackmuspapper, vilket gör dem oläsliga så snart de doppas i en syra eller en bas.

## HÖSTDAGARS KLARHET

*(3–16 okt.)*

Mina sista dikter genomlysas av den stilla klarheten hos en oktoberdag då vädret är hyggligt. Ändå finns där skuggor och mörka stråk som får mej att ana att jag kanske inte är så helt okomplicerad som jag annars förledes att tro när jag läser mina skrifter. Kanske skall en dag det hotande lågtrycket över Färöarna tvinga mej att släppa mitt ljusa väder, om ni förstår hur jag menar.

Det är en på samma gång lätt motbjudande och vekt poetisk tanke att min storhet som skald skulle bero på vädret. Och ändå: kan inte litteraturhistoriens stora poetiska visioner liknas vid känningar i en portvinstå? Eller vad tycker ni?

Min diktning tonar ut i resignerad klokhet. I min allra sista dikt har jag på ett rörande sätt övergett allt utom själva diktningen med dess inneboende glädje och praktiska bestyr:

*A och O för poesin*
*är en felfri skrivmaskin.*
*Livet verkar mindre trasit*
*när man rimmar på en Facit.*

# NÅGRA ORD OM MIN BETYDELSE FÖR EFTERVÄRLDEN

*(17 okt.–24 dec.)*

Jag är uppriktigt sagt inte alls säker på att mina dikter är vidare bra. För säkerhets skull har jag bett min förläggare att ge ut dem under pseudonymen Pär Lagerkvist. Och i så fall.

Nå, när manuset är lämnat den 18 oktober ska jag gå på bio. Det kunde inte ens Goethe.

16 - 28 Februari
Den Glada Perioden

# Flower Power

I blommor finns en vänlig blomsterpraktmakt,
en skaftkraft
som ger nytt rosenknopphopp
åt gullvivelive.

Flower power.

Av blommor blir man blomfrom.
Krig för man med violpistol
och pelargonkanon
och bomb av tulipanuran
i en konvaljbatalj.
Sen skickar man en kattfotnot
och pratar anemonreson
med fiendernas ljungkung
och sen går kriget upp i vårlökrök.

Flower power.

Och skulle någon amaryllisfyllis
bli redlöst ängsullfull,
få blom- och bladerspader
och bli krysantemumdum
och börja nattens drottningbrottning
med ortens ärenprispolis
så får han sej en mjuk och fin blåklockasmocka.
Sen blir han eternellsnäll.

Flower power.

O ljuva olivliv!
Man tar sej en sipptripp
till blomRom,
livnär sej på rosmos
och nejlikadricka.

I färsk legymkostym
kan man på klassisk mark mimosastrosa
till kaprifoliumCapitolium
och kanske akvilejagreja
en bolmörtflört
med någon florahora
som för en blygsam blomstersängpeng
inbjuder en till timotejtjohej.
Sen bör man artigt caribaccatacka.
Och har man inga pengar klöveröver
så skriver man ett krysantempoem,
en kärlekskrank förgätmigejgrej,
och sjunger för en gulmårasignora
i blus av klorofylltyll
så kanske att hon gratis kamomillvill.
Och när sen fickorna är blommatomma
så far man väl sin roskos
och jobbar i sin botanikfabrik
och väntar på en ny resedafreda
då man får murgrönlön
i sockerärtkuvert.

Flower power.

I blommor finns en vänlig blomsterpraktmakt,
lilla cyklamendamen!
Ta av din kaprifolkjol
och dina rosortrosor
och duscha din fräscha cyklamenlekamen
blomlycklig och bladglad
i vårt blom- och bladbad!

Our flower power shower.

# Dolda glädjeämnen

Om du tänker såsom så att
va ska allt det här va bra för,
kan du säkert finna på att
det finns mycke att va gla för.

Det är visserligen sant att
världen verkar skev och galen.
Dock är livet rosenkantat,
liksom kul i marginalen.

Finner du det rent förfärligt
vad på TV dom har för sej,
tänk i stället: o va härligt,
dom kan göra så dom rör sej!

Suckar du att herr Erlanders
tal ger knappast plats för skratt – jo,
talet kan va rent åt fanders,
men hans byxor är rätt lattjo!

Hör du Birgit Nilsson skrika
Wagners tyska hyllningar,
ta då kikaren och kika
vad hon har för fyllningar!

Gäspar du när Lena Nyman
pratar politik helt naken,
tänk i stället: roligt, ty man
ser hur hon är skapt i baken!

Har du fått din restskattsedel
är du säkert sur och grätten.
Då vet jag ett botemedel:
gör en svala av blanketten!

När det regnar kallt på hösten
kan det på humöret nöta.
Ändå har du då den trösten
att lapplisorna blir blöta.

Får du träsmak i din ända
på högmässan, deppa ej!
Kanske blir det kul. Kanhända
prästen råkar släppa sej.

Vill du bort från stunder bittra,
hänga dej och gå i grav,
medge att du skulle fnittra
ifall repet ginge av!

# Hungrig vår

Det susar i skogen.
Jag sitter på krogen.
Kom, ljusa april!
Smör, ost och sill.
Kom, vårlök, som vintersnöns drivor försenat!
En sexa renat.
Kom, taltrast, vars drill vi fått njuta så sällan!
En TT, mellan.
Kom, sol, utmät våren på solurets visare!
Sen tror jag jag tar en parisare.
Se, spirande sippor bland höstlöven växa.
Kaffe, och Grönstedts, en fyra. Nej, sexa.
Björken står skir i den ljusnande natten.
Konjak och vatten.
Löven de spricka ur grenarna kala,
Får jag betala.
Högre blir himlen och klarare sikten.
Jag har inga pengar, men ta den här dikten.
Björnarna vakna i glad förundring.
Jamen, nog är den väl värd en hundring?
Blåklockor klämta sitt vårliga klämt.
Så där, varsågod, det är jämnt.
Liv i skog och sjö.
Tack. Ajö.

*Publiceras med benäget tillstånd*
*av rest.-vaktm Ramón Jamirez.*

# Kungörelse från Hans Majestät Konungen

Den sjätte juni ska jag bort,
så flaggparaden får bli kort.
Eller kanske att vi kunde
riva av det där den sjunde?

# Förlorad dag

*Tillägnad Kungl. Vetenskapsakademin*
*den 28 februari 1967*

Det uppflammar i mej ett vanmäktigt hat
till Vetenskapsakademin.
En ful samling herrar, oduglig och lat.
När tänkte ni sist, era svin?
Hur vågar ni stjäla ifrån oss, ni råttor,
den dag som går bort när det inte är skottår?

Jag stirrar förgrämd på ert almanacksblad
– för övrigt rent uruselt tryckt –
jag hoppas, jag tror, men där fattas en rad,
och livet blir skevt och förryckt.
Ni vet inte, avskum, hur saknaden kännes.
Vad har ni emot den tjunionde dennes?

Det skulle ha blivit en strålande dag.
Jag skulle ha sovit till sju.
Jag skulle ha tagit igen mej ett slag.
Jag skulle ha lett mot min fru.
En angenäm frukost, grymt bortryckt av ödet.
Ni lurade mej på det rostade brödet!

I brevlådan skulle ha dumpit ett brev
med frimärken från USA.
Det skulle ha varit en släkting som skrev
om pengar som jag skulle ha.
Trehundra miljoner. Ni snöt mej på arvet!
Ni skäms inte ens för det brottsliga slarvet!

Jag skulle ha åkt i en blank limousin
med hustrun och barna till Riche:
rysk kaviar, chokladglass, gåslever och vin
som kostade hundratals krisch.
Ni har ingen hut i er kropp, får man anta:
bedra mina barn på chokladglass och Fanta!

Vi skulle ha tillhandlat oss hos körsnärn
minkpälsar av finaste slag,
vi skulle ha köpt hela leksaksaffärn
på denna fantastiska dag.
Vi skulle ha gått på nån trevlig teater.
Förbannade almanackshomeopater!

Det skulle ha blivit en sprudlande fest,
ett sprakande fyrverkeri.
Men vet ni, ert pack, vad som grämer mej mest?
Jag skulle ha gjort poesi!
Jag skulle ha blivit ett odödligt snille!
Det blev inte av. Var det det som ni ville?

Hur vågar ni stryka min finaste dag?
Hur vet ni att den bör tas bort?
Nej, titta er själva i spegeln ett slag
så ser ni att skallen är kort.
Ni struntar helt enkelt i litteraturen!
Er uppsyn är ful som en maläten apas.
Sitt kvar bland de andra uppstoppade djuren!

Odödliga dikter som aldrig fått skapas!

1-20 Mars
Eftertankens tid

# Att tänka först är störst

Säll är den som har till rättesnöre
att man bör nog tänka efter före.

Går man ut i snön i kortkalsonger
får man både reumatism och ånger.

Adam sa att äpplet som du gav mej
åt jag opp. Det var nog dumt utav mej.

Nero tänkte först på hospitalet
att det där med branden var nog galet.

Tredje riket blev ju aldrig störst.
Hitler borde ha tänkt efter först.

Du, Abel, det var inte illa ment,
sa Kain. Men se då var det för sent.

Vad hade jag på bordskniven att göra,
tänkte van Gogh, som skurit av sitt öra.

Gustaf Adolf med sin värja stacks
tills han dog. Och då var det så dags.

Jag undrar vad jag innerst inne mena
tänkte Napoleon på Sankt Helena.

Den som tar en snaps per klo till kräfter
brukar tänka efter dagen efter.

Först när helvetet gör stjärten stekhet
kommer eftertankens kranka blekhet.

Säll är den som har till rättesnöre
att man bör nog tänka efter före.

# Om

Om fingrarna var hundra
på Käbi Laretei
så skulle det nog dundra
om Schumanns Träumerei.

Om någon gör ett lämpligt antal hål
i näsryggen på general de Gaulle
kan han på näsan spela Marseljäsen
och därmed blåsa kallt på bouillabaissen.

Om människor förökas genom delning
och halva pappan blir en liten telning
och hälfterna fördubblar sin volym,
då blir det rätt så trångt i fars kostym.

Om Yngve Holmberg vore kommunist
och såge allt i rött och inte blått,
så skulle detta framstå som en brist
med tanke på det arbete han fått.

Om konungen grävde för djupt i Italien
så dök han så småningom opp i Australien.
Då skulle nog kängurun knacka på pungen
och säja till ungen:
”Se där har vi kungen!”

Om Per-Martin Hamberg helt sensationellt
kröp fram genom studion i Aktuellt
och kittlade lite på Orups kratta,
så skulle nog till och med Orup skratta.

Om huvet satt så här
på Henrik Ibsen
så hade han besvär
att knyta slipsen.

# Stiltje

Det gives stunder då ens musa liksom inte vill,
då andens rikes produktion av högre konst står still.
För dagen är det driftstopp i mitt snilles diktmaskin.
I stället visas här en bild på den av Per Åhlin.

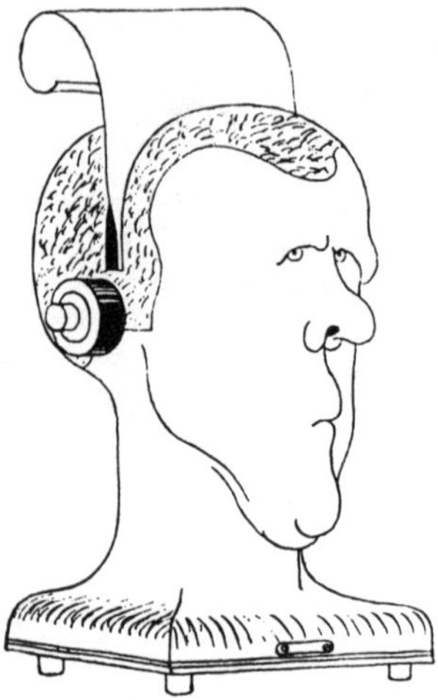

# Svanstankar

Nu har jag länge grubblat på en sak:
om människorna hade svans där bak,
vad borde man då klä den i för kläder?
Charmeuse? Nylon? Tyll? Silke? Kanske läder?
Hur kan man få ett sådant avlångt slut
att verka välklätt och se propert ut?

Om man försummar svansens klädedräkt
blir resultatet synnerligen fräckt,
för eftersom ju svansen hör till baken
så går det inte an att ha den naken.
Jag går som jag är skapad, säjer ni.
Jag svarar: det är ren pornografi!

Man kan väl sy ett separat fodral.
Eller en prolongerad byxfinal
i byxans tyg, lätt bakåtsvängd från grenen,
chict svängande i luften bakom benen.
Härtill en likadant förlängd kalsong
(fast någon centimeter mindre lång).

Nej, separat fodral blir säkert bäst.
Så kan man byta när man ska på fest.
En färgglad påse i säsongens mönster
kan göra svansen till ett sinnets fönster,
a thing of beauty, en charmant ellips.
Det skulle bli liksom en bakre slips.

Hur bör fodralet tagas av och på?
Ett vanligt blixtlås är väl comme-il-faut,
fäst vid ett lagom hål för svansutsläppning?
Mest praktiskt vore kanske kardborrknäppning.
Ett enkelt, billigt och naturligt slut
kan också göras med en vanlig knut.

Det skulle uppstå massor av problem.
Kan man ha smycken, pärlor, diadem?
Bör militärers svans ha gradbeteckning?
Kan damers svans sys in i kjolens veckning?
En dam med denna utväxt ur sin kjol
kan knappast sitta på en vanlig stol.

Nå. Modeskaparna fick tänka om.
Det skulle lösas när den dagen kom,
ty mänskans tanke knäcker alla nötter.
Skon uppfanns när vi såg att vi har fötter.
Nej, tankens örnar går nog inte bet
på denna extra ryggextremitet.

Om modehusens hela skaparkraft
blev koncentrerad på ett sådant skaft
så skulle livets skönhet bli berikad
av varje ivrig blick, i baken kikad.
En damsvans i plisserat azurblått.
En herrsvans, strikt, i randig cheviot.
Ett kärlekspar i silverskimrig majnatt
i svansar Sigvard Bernadotte designat.
En blommig linnesvans för sommarbruk.
En yllesvans att ha när man är sjuk.

En fan-svans med idolnamn kors och tvärs på.
En papperssvans för kräftkalas, med vers på.
En liten gullig virkad babysvans.
En plommonstopsutrustad Täbysvans.
En Buttericksvans som piper när den kramas.
En nattsvans som kan knäppas på pyjamas.

En skräddarsydd modellsvans för en rik
En konfektionssvans för en bred publik.
Så är vi inne på det sociala:
sjangtilast svans får den som kan betala.
Man undrar: måste världen vara så
att somliga har lyxsvans att ta på,
men andra ej kan skyla ens en kort svans,
än mindre köpa sej en fin gåbortssvans?

De män som skipar rätt och stiftar lag
kan kanske ordna något svansanslag?
Vem vill se rika svansar malligt svänga
bland fattigsvansar som i lumpor hänga?
Det måste i så fall bli statens sak:
demokrati åtminstone där bak!

Men – universums gång och tidens flykt
förändras föga av vår ändalykt.
Förmodligen blir världen lika sanslös
om människan är svansprydd eller svanslös.
Oomkullrunkelig är slutets lag.
Men det är skönt att prata ut ett slag.

# Beundrardikt

*till författare av orimmad vers*

Mitt diktarhjärta i beundran bankar.
Hur kan ni ständigt hålla er i trim?
Hur kan ni alltid ha så djupa tankar
att ni kan strunta i att skriva rim?

Orimmad vers. Jag har försökt.
Det gick förskräckligt trögt.
Så fort jag sa hjärta
kom smärta
och fjärta
och färger som var bjärta.
Jag hann knappast säja kär
så kom det en chimär
och allt det där.
När jag bortsåg ifrån formen
Kom det fram en massa norrmän.
Hur kan ni på stjärnor tänka
utan att dom börjar blänka?
Orden ordnar sej i rader
som marscherande arméer.
Det är hopplöst. Jag får spader.
Har ni nåra bra idéer
om hur jag ska komma loss?
För här gäller det att slåss.

Gör mej fri från rimmens bojor!
Nedbränn alla slott och kojor!
Kalla inte skor för dojor!
Gode gud, förbjud
alla ord som har rim!
Bort med hela halvön Krim!

Hjälp mej! Jag är så förtvivlad!
Varför är en skivling skivlad?

Jag ropar ut min hyllning de profundis.
Ni sår i fruktbar matjord, jag på tundran.
Jag hoppas ändå ni och jag är bundis?
Mitt diktarhjärta bankar i beundran.

21 Mars - 25 Maj
Vanmäktig Tystnad

26 Maj – 5 Juni
Efter Rimkrisen

# Reflexioner kring relativiteten

Över en vanlig folkpension
blir farfar mera påtagligt glad
än vi andra.

Helnykteristens glädje över en halva Skåne
kan endast mäta sig med den berusades förtjusning
över en tom sådan.

Om Tage Erlander säjer dra åt helvete till Lyndon B. Johnson
så blir inte Lyndon B. Johnson lika rädd
som Tage Erlander blir
om Lyndon B. Johnson säjer dra åt helvete till Tage Erlander.

Utan Lyndon B. Johnson småler lite tunt
men Tage Erlander han sammankallar utrikesnämnden.

Och då jävlar i min själ blir det inte roligt att heta Johnson.

# Fritidsproblem

Det allt överskuggande problemet
i vår tid
är vad man ska hitta på
på all den här fritiden man har.

Knyta rya.
Spela knack.
Hyvla bräder.
Göra svalor.
Måla porslin.
Dricka grogg.
Bli fet.
Knäcka nötter.
Göra armhävningar.
Fläta korgar.
Återinföra sexdagarsveckan.

# Vetenskapliga fakta

Om man står på själva Nordpolen
så gäller den fysikaliska lagen
att man inte får vara för tunnklädd.

Om man upptager en i vatten nedsänkt kropp ur vattnet
så fylls hålet i vattnet efter kroppen av vatten.

Om Isaac Newton i stället suttit uppklättrad i äppelträdet
och en odygdig gosse kastat upp ett nedfallet äpple
i ändan på honom,
så hade därmed tyngdlagen blivit vänd åt andra hållet.

Om man i experimentellt syfte tänker ge p-piller till en kanin
så måste man i rimlighetens namn först fråga den
om den är intresserad av familjeplanering.

# Besvär förgäves

Det måste kännas ganska snopet
att vara kameleont
och omärkligt smälta in i naturen
utan att någon annan ser på
är kanske en färgblind orangutang.

# Riddarna kring det runda ordet

*Ett sista försök att inte rimma*

Vi är fullvuxna män, vi har kärlek i blicken,
och vi brinner av lust att få visa er tricken.

Vi vill kämpa för fädernas seder och bruk.
Vill ni se när vi hissar vår blågula duk?

I vår svenska natur, ibland vårlök och sippa,
är det ljuvligt för älskande par att få trippa.

Duka upp vårt förråd utav kakor och bullar!
Kom, på detta förråd glatt vi ligger och tullar!

Det är grant som en tavla, den saken är viss.
I beundran betraktar vi mammas skiss.

6 Juni
Den Reaktionära Hänförelsens Tid

# Vi hänger me

Det var en tid då vi reaktionärer
blev skällda för att inte hänga me.
Det var förtal från fulla proletärer
som gick och demonstrerade på sne.
Vi talar varmt för alla slags reformer.
Bland annat vill vi slåss för fasta normer.

Vi verkar för avskaffande av svordom.
Hur går det med den svenska monarkins
så stolta traditioner ifrån fordom
om ungdomen går svärande i jeans?
Grundvalarna för staten börjar skälva
om dom får vara ute efter elva.

Men det är så oändligt mycket mera
vi ha fört in i vårt reformprogram.
Indelningsverket kan vi diskutera
Rösträtt för alla män vill vi ha fram.
Folkskola vill vi ha för alla ungar,
så lär dom sej respekt för våra kungar.

Tro inte vi är mot utvecklingstanken!
Det är tvärtom, som var och en kan se.
Visst tvivlar vi på investeringsbanken,
men vi har börjat gilla ATP!
Vår framtidslinje är ju klar som vatten:
öka reformerna, och sänka skatten.

Och ändå får vi läsa i vår tidning
om anslag ifrån skumma element.
I radion är det bara vänstervridning –
och radiochefen är ändå student!
Allt tvivel på vår sanna framstegsanda
är Kinakommunistisk propaganda!

# Krigssång till svenska lantvärnet

Det duger ej att pruta på försvaret.
Om fienden vill skjuta på försvaret
så måste vi ha kraft att stå emot.
Nu har vi knappast porto till en not
där vi förläget ber att de ska sluta.
Dessutom är det kul att kunna skjuta.

# Fattigpsalm

Var nöjd med din beskärda del.
Tyck inte du behandlas fel!
Det pund du fått är ringa,
men om du det förvaltar väl
så kommer lyckan till din själ
och sorger har du inga.
Sträva,
gräva
med din spade.
Hej du glade,
som är fattig!
Sitt och le där Herren satt dig!

Enfaldigt är att klaga gällt.
Du har det mycket bättre ställt
än vi som äro rika.
Hur avundsjukt betrakta vi
den glädje som du finner i
en enkel slät kopp fika!
Feta
leta
vi i höjden
efter fröjden
som du visar
när du matar våra grisar!

Du kanske vill ha mer betalt.
Det vore rent katastrofalt
för ditt förnöjda psyke
att leva som vi rika gör.
Du skulle ställas utanför.
Du hajar inte klyke.
Bli som
vi som
pengar ösa,

kärlekslösa,
slåss och kivas!
Tror du att du skulle trivas?

Nu kanske du vill fråga oss
varför vi rika plåga oss
med stora penningmängder.
Till dig vi kunde rubbet ge
och sedan gå omkring och le
på fattigdomens ängder.
Jo'ru!
Tro'ru
inte vi vet!
Ljuva livet,
avgrundsdjupen
skulle göra dig försupen!

# Stormaktstidens historia i sammandrag

Kung Karl, den unge hjälte,
han stod i rök och damm,
han drog sitt svärd ur bälte.
Men han kom aldrig fram.

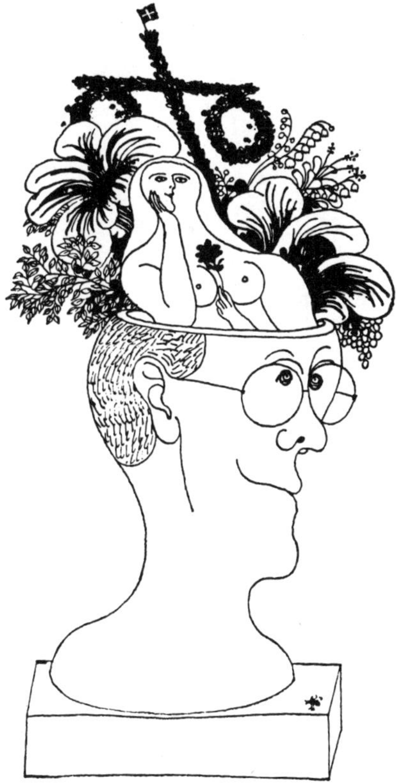

7 Juni - 31 Aug.
Den Tjusiga Perioden

# Sonett

För mej är poesi en sinnesfröjd.
Ett rymdskepp några galningar bemannat
och, för att göra natten till en grann natt,
sänt upp som stjärnebloss i himlens höjd.

En foxtrot som gör foxtrotören nöjd.
En nalle till ett barn som är förbannat.
En snickarglädje, en lövsågningsslöjd.
En lek med ord och tankar, inget annat.

För inga romarblanka stålcitat
går ändå upp mot vanligt vettigt prat.
Poeter faller fort i stridsattacker.

Den som vill slåss för sanning och för rätt
ska inte skriva en sån här sonett,
för den är inte sann. Men den är vacker.

# Tre kärleksdikter

*som kan vara bra att ha*

## Till en blondin

Din skönhet är som dagens
som sommarmolnens, måsens,
den första vårprästkragens,
solväderleksprognosens!
Din färg är elfenbenets,
så ljus, så fast, så fin.
Din blick är majsolskenets.
Bli min i natt, blondin!

## Till en brunett

Din skönhet är som nattens,
som undervattenssportens
kolsvarta, djupa vattens,
åskväderleksrapportens!
Din färg är skuggmorellens,
så mörk, så full, så mätt.
Din blick är vinterkvällens.
Bli min i natt, brunett!

## Till en cendréfärgad

Din skönhet är som dimmans,
den mossbelupna ekens,
grötrockens, skymningstimmans,
gråvädersväderlekens!
Din färg är pappkartongens,
askhögens eldförhärjade.
Din blick är fiskbuljongens.
Bli min i natt, råttfärgade!

# Ett kök är vackrast

Ett kök är vackrast just vid middagstimman,
när frysen villigt lämnat ur sin buk
en tinande förpackning, blank av imman
från kökets värme, som gör fisken mjuk.
När mjölken ivrigt väntar att bli drucken,
nyss tagen ur sin boning, kylskåpskall.
När smörassietten, fastän lite sprucken,
står glad beredd med smör i alla fall.
När pepparn lekfullt duggar över fisken,
när osten släppes lös ur skafferit,
när diskmaskinen längtar efter disken
och när vinägern står och luktar sprit.
När extrabillig korv, på Konsum rallad,
tas fram och söker verka lite fin.
När ur en salladsskål en doft av sallad
far ut i friska luften bak gardin.
När barnamagar står i samlad skara,
när mammas fingertoppar luktar lök,
potatislocket puttrar: ”Dom är klara!” –
ja, då är det som vackrast i ett kök.

# Älskogström

Tack, Elström, som driver projektorns hjul
så att jag får se "Jag är nyfiken gul"!
Tack, alla ni Volt som i ledningen gå
så att jag får se "Jag är nyfiken blå"!
Tack, Glödlampor, som bakom filmen brinna,
så att jag får titta på "Jag, en kvinna"!

Tack, Ström, att du finns! För om spänningen faller
så ser man ju inte när klänningen faller.

Det vore nog slutet
för Filminstitutet.

Elektricitetsverk! Jag ber att få tacka!
Här får du en guldbagge jämte en hacka
för den cineastiska insats du gör.
Det skålar vi för!
*Harry Schein, direktör*

# En sång om skärgården

Jag kan en sång om skärgården.
Så här går den:

Roslag och plankton.
Taube och Carl Ankton.

# Hur en skönhets dag förflyter

Jag vaknar vid nio och dricker mitt te.
Sen gör jag make up till dess klockan är tre.
Sen sminkar jag av mej till framemot nio,
tar på mej min nattkräm och somnar vid tio.

# Den senile Don Juans katalogaria

Tack alla Ni som vilat i min famn!
Jag viskar ständigt Era vackra namn:

Du mörka, satta, vad det var Du hette,
just Du, med stora bysten som vi mätte!
Och Du, min skatt, vars namn jag glömt just nu,
Du vet, med stora öronen. Just Du!
Och Du med tänderna! Och Du med håret!
Och Du med tatueringen på låret!
Och Du som låg med klockan och tog tid!
Och Du med krumma lilltån i Madrid!
Du med en liten mouche på vänster skinka!
Och Du som alltid skulle gå och pinka!
Och Du med ögat med oval pupill!
Och Du som jämt tog med en kille till!
Och Du, Maria . . . nej, det var Din mamma
vad hette Du igen . . . nåja, skit samma.

Tack alla Ni som vilat i min famn!
Jag viskar ständigt Era vackra namn!

1-15 Sept.
Trotsåldern

# Inkastad handduk

*Poeter blir bara såna som inte*
*duger till popsångare.*
BOB DYLAN

Här sitter jag och diktar,
och så säjer då nån jävel
som är lagd för skryt och skrävel
och som bara sjunger pop
att nu borde jag ge opp.
Förbannade popsångare,
din hjärna är ju trångare!
Nänä, det heter trängre.
Jag orkar inte längre.
All right, så ger jag opp.
Sjung nu din jävla pop.

Det värsta är att han har rätt ändå.
Det ligger nånting i att folk hör på.

# Ej om kärlek

Jag skriver ej om kärlek – ingen risk!
Vi lär ju alla stamma från en fisk.
Eftersom då min fru och jag är släkt
så bleve det väl alldeles för fräckt.

Det roliga är inte det man gör sej under natten,
men snarare vad far och mor har för sej under vatten.

# Bostadspolitrukernas sång

Här rivs för att få luft och ljus,
så det blir inga nya hus.

Dom blir i alla fall så dyra
att ingen kan betala hyra.

Vi river gamla rivningshus
för där är bara bråk och bus.

Vi bygger inga nya kåkar.
Då börjar dom igen och bråkar.

Utan vi brukar vårt förnuft
och river och får ljus och luft.

# Indignationsdikt

Har ni någon gång någon anförvant klämt i
LIESEGANG FANTIMAT 150?

Maskinen är avsedd för bildprojektion.
Men ständigt på nytt blir man tagen ur tron
att man med dess hjälp kan få se sina fotos.
Det säjs att vi skulle ha tingen emot oss.
Så är det med min projektionsapparat:
den verkar besatt av ett osläckligt hat.

Så här går det till:
Diapositivbilder i papprarn insättas i ställ om 20 och 20.
Ett sådant ställ införes till ett visst läge i maskinen.
Med hjälp av en särskild arm av plast införes därefter en bild i taget mellan lampan och linsen.
Meningen är att därvid en starkt förstorad bild skall komma till synes på en vit skärm som man uppställt på lämpligt avstånd från maskinen.
Stället med bilder matas sedan fram en liten bit åt gången, när man drager ut plastarmen.
Därvid är avsikten att den bild man sett skall följa med tillbaka ut till sin plats i stället, och när man åter för in plastarmen skall nästa bild synas på den vita skärmen.

Den första av bilderna brukar gå bra,
och då blir vi stolta, min hustru och ja
att visa för några församlade vänner
en självtagen bild utav Rut, som vi känner.
Men drager man sedan i armen av plast
ja, då sitter pappramen ohjälpligt fast.
Då tar man nåt avlångt, förslagsvis en penna,
och söker försiktigt att lirka med denna
för att peta ut lilla Rut, som vi sett.
Då sitter hon kvar, fast hon sätter sej snett.

Ja, då blir man sur, och så börjar man skaka
maskinen, så armen far fram och tillbaka.
Man ser på sin hustru och känner sej dum.
Det inklämda fotot rörs inte en tum.
Man rycker i armen och inför ett annat.
Det inklämda fotot blir kvar lik förbannat,
och eftersom inte det första kom ut,
så ser man en båt genom näsan på Rut.

Det är en hel del man fått se genom åren:
Min far i en gruppbild av unglottakåren.
Tant Annas rätt bleka och grånande färg
fördjupad av Korsikas blånande berg.
Och här ser vi farfar i trädgården kratta
i seglen på fjolårets Sandhamnsregatta.
Tre frälsningssoldater som spelar gitarr
med fingrarna kliar på svärfars cigarr.
Prins Bertil i vinterpäls känner med handen
på Ulla som solar sej naken i sanden.
Och värst utav allt: ett porträtt av mej själv
förstört av ett kraftverk i Kymmene älv!

Det är ingen bra apparat,
LIESEGANG FANTIMAT.

# Inte alltid

Strunt är strunt, och snus är snus,
om än i gyllne dosor,
men rosor i ett sprucket krus
är ändå alltid rosor –
en vacker vers som blev till grus,
en illusion som brast,
ty rosor i ett sprucket krus
kan vara utav plast.

# En schlagerförfattares klagovisa

En röd liten stuga
och björkar som buga
och minnen som grönska i livsvägens dike.
Det var min lilla täppa i diktens rike.

Men så kom dom och sa
att nu skulle man ha
nån sorts samhällsuppfattning och engagemang.
Det var inte så bra för min lilla talang.

Nå, en röd liten stuga
ännu kunde duga
och till och med hamna på Svensktoppen.
Men så kom då den här psykedeliska popen.

Nu blev stugan antik,
och jag greps av panik:
måste min hittills nyktra poetiska bana
sluta snöpligt i spritmissbruk, hasch, marijuana?

Att finna nån tjusning
i allmän berusning
och syner man får när man tar LSD,
det är svårt för en medlem av IOGT.

Man vill vara berömd.
Man vill inte bli glömd.
Fast jag kände mej som en förbannad knöl
tog jag gud i hågen och drack ett glas öl.

Röda stugan blev sned.
Och jag skrev, och jag led.
Men publiken begrep inte alls vad jag menat.
Jag tog gud i hågen och drack ett glas renat.

Stugan bytte fason:
den tog form av en kon
som for fram över sjön med sin spetsiga ände.
Publiken begrep inte alls vad som hände.

Då tog jag en whisky.
Det ligger en risk i
att dricka för någon som inte är van.
Röda stugan flöt ut och blev konstig som fan.

Det vred sej i magen.
Jag tänkte på lagen
och vad den har stadgat om LSD.
Då nyktra jag till. Jag vill inte va me.

Blir det fängelsestraff
får man hålla sin klaff
och stänga sin täppa i diktens rike
och leva på minnen i livsvägens dike.

Giftångorna stiger från LSD.
Jag sitter och tiger på IOGT.

16 – 27 Sept.
Den Djupa Perioden

# Tanke om tolerans

Om jag tänkte som fan,
kanske tänkte hela dan
på mitt liv, och så fann
nån sorts mening som var sann,
ja, då får jag inte glömma en förbannat viktig grej:
att då gäller denna sanning bara mej.

# Riktigt galen tanke

Den tanken måste vara riktigt galen
att TV sänker sexualmoralen.
Det kan väl inte bli så mycket hor
hos folk som bara sitter där och glor?

# Tro

Min son tror starkt på Snövit och på sagans ädle prins,
men bergatroll och stygga häxor tror han inte finns.

Min egen fantasi fungerar likadant som hans.
Jag tror egentligen att Adolf Hitler inte fanns.

# Meditationer

Jag har läst med intresse vad Beatles har sagt
om meditationens förtrollande makt.

Det är bara en sak jag haft svårt att förstå:
om dom tänker så länge, vad tänker dom på?

Men sen såg jag i TV på lärarn i vishet
– han verkar ju kul, och hans skratt tar ju priset –
och han sa
att man ska
låta tankarna ta
sin *naturliga kurs*.
Och då tänkte jag: usch,
är det sånt de begrunda,
ord som är runda?

Men det kanske var lumpet och orättvist sagt
om meditationens förtrollande makt,
för i Indien har dom väl andra vanor
och mer filosofiska tankebanor.

Men en obildad kuf, en som inte är lärd,
hur kan han hänga med och försöka ta del
utav meditationens förtrollande värld?
Tänk om han mediterar åt helvete fel!

Obildade kuf, låt mej tänka åt dej!
För jag är ju vis, och dessutom poet.
Låt mej – utan kostnad – få skänka åt dej
färdiga meditationspaket!

# Meditation på tåg

Skenskarvar
dunk dunk
förlåt skena
gör det ont i skarven
människor är grymma mot järn.
Ny lyser du rött, lilla skylt
kanske fälls det undre locket åter ned
kanske inte
det finns saker vi aldrig får veta
varifrån vi kommer
varthän vi far
men en sak vet vi någorlunda säkert
att av damer nedfälles det undre locket
i regel
väl?
Telefontrådar
resande röster
kanske någon jag känner
kanske mammas röst
på väg hem till min telefon.
Vänta, mammas röst,
res inte så fort
färdas parallellt med tåget
så hinner jag lagom hem till telefonen
och våra röster råkas.
Det är skönt för röster att få råkas.
Va, vadå? Biljetten?
Nejnej, jag är inte här.
Jag färdas endast i tankarna med detta tåg.
Jag fortskaffar mej enligt icke-varats princip.
Och då åker man som bekant gratis.

# Meditation på Skansen

Goddag, elefant.
Du förstår att jag har börjat meditera en del
enligt den indiska metodiken, du vet,
och då har jag tänkt att det här med själavandringen
det stämmer nog.
Under mitt fortsatta grubblande har jag kommit fram till
att du ditt stora mulliga åbäke
du är nog min farfarsfar.

Han lär ha varit lite vidlyftig av sej
och då får man ju sitt straff, har jag läst,
sålunda att ens själ slinker in genom snabeln
på en sån bjässe som dej.

Nu begriper jag naturligtvis, farfarsfar,
att du som en gång var en tänkande agust,
kulturintresserad och insatt i det mesta, säjs det,
du måste ha det rätt så trist
där du står som en fånig köttballong och snaskar jordnötter.
Därför har jag tagit med mej några böcker,
Viktor Rydberg, Selma Lagerlöf och dylikt,
som du kan läsa i kväll när folk har slutat stirra på dej.
Vidare har jag här en TV-apparat,
en elektrisk kaffekokare av märket Philips,
ett par kortlekar
och lite groggvirke.
Mottag allt detta och gör dej en trevlig kväll!
Jag vill dej allt gott, farfarsfar,
vi skulle gärna bjuda hem dej till oss på en enkel middag
men du luktar lite illa, om du ursäktar.
Dessutom har vi lagt in nya parkettgolv som vi är rädda om.

Men jag kommer och hälsar på dej nästa söndag
så kan vi ju slå ihjäl ett par timmar
och språka lite om Viktor Rydbergs filosofi
som den framträder i Vapensmeden.
Hej då så länge, farfarsfar. Låt sköta om dej.

## Meditation under pågående fältslag

Stridens hetta gör människorna törstiga.
Jag tror jag får ta mej en liten jamare.
Det lär ju vara bra för ens personliga mod.
Och en cigarr, tack.
Ring och fråga hur det går.
Oj då.
Det är tur i alla fall
att man är överbefälhavare.

## Meditation på nattklubb

Under en längre tid har jag i enskildhet
sökt uppnå en högre form av lycka
genom att enligt den Vises ord
länge och ingående betrakta min egen navel.

Jag har emellertid funnit att jag
om sanningen ska fram
blir betydligt lyckligare
av att betrakta andras.

Det finns ju så mycket navlar här i världen
La Bommie har en
Poupée la Rose har en
Sexy Girls har var sin.

Att under sådana förhållanden
länge och ingående
enbart betrakta min egen
förefaller mej väl egocentriskt.

All right, girls,
nu har jag betraktat eran.
Nu får ni gärna betrakta min, om ni har lust.

Jaså inte.
Jaja, den är inte mycket till att betrakta precis.
Kom hit ett tag i alla fall,
äh, va, girls,
ställ er här vid mitt bord och ta ett glas skumpa.
Jajamen, här vilar inga lessamheter.

Oj, vad grann den är på nära håll,
magens förtjusande lilla centrum.
Detta, girls,
detta studium, girls,
denna sällhet utan namn
det måste vara vad den Vise kallar
Nirvana.

Å, god afton, utkastare.
Var hälsad i de saligas ängder.
Jaja, bär mej ut,
jag svävar som uppå rosende molntappar.
En högre insikt, utkastare,
en högre insikt och ett visst mått av vänlighet
kan man förvärva genom navelbetraktelse.
Din attityd mot mej
får mej att mot min vilja förmoda
att kanske utkastare inte har någon navel att betrakta?
Stackars du.
Ingen navel.
Bara blanka knappar.
Nejnej, inte så. Inte så bryskt. Mera lätt, skirt, blommigt.
Jag ser att du skelar, utkastare.
Gack hem till din kammare,
betrakta länge och ingående din nästipp,
i brist på navel,
så lyder mitt råd.

Får jag besvära dej med dessa tre kronor till munvatten?
Godnatt, min käre vän. Må lyckan besöka ditt hus.
Taxi!

# Meditation i sufflörlucka

ATT VARA ELLER ICKE. Ojojojdå,
nu är han full igen och glömmer rubbet.
ETT BITTERT ÖDES. Om jag vore han
så skulle jag väl skämmas HAV AV KVAL
ögonen ur mej. Usch vad här är varmt.
ATT DÖ, ATT SOVA. Elva spänn i timmen
enligt det nya kollektivavtalet!
EN NÅD ATT STILLA strejka för. Min öl,
var har jag den? Jo här. Och mina mackor.
Vad var det nu igen jag fick för pålägg?
DET TÅL ATT TÄNKA PÅ. Just, prickig korv.
Usch vilket trist och tråkigt jobb man har.
Man borde öppna eget. En teater.
Jag kan ju den här jävla monologen
bättre än han. VEM GICK OCH SLÄPADE
med svett och möda under träldomsoket
OM SJÄLV MAN KUNDE GIVA SIG KVITTENS
och lyfta pengarna direkt ur kassan?
Och ändå är man feg. Man vågar inte.
Kommunens kaka är en säker kaka
med prickig korv. Man sitter på sin stjärt.
SÅ GÅR BESLUTSAMHETENS friska hy
i eftertankens kranka BLEKHET ÖVER.
Man har ju ändå allt som man behöver.
Så sitter man i luckan här och gäspar.
Man blir nog ingen Hamlet när man läspar
så fort man blir nervös. SE DÄR, OFELIA!
Nä gå och bada, är hon också full!
GODDAG, MIN PRINF! NEJ, INTE FTINF! PRINF! PRINF!

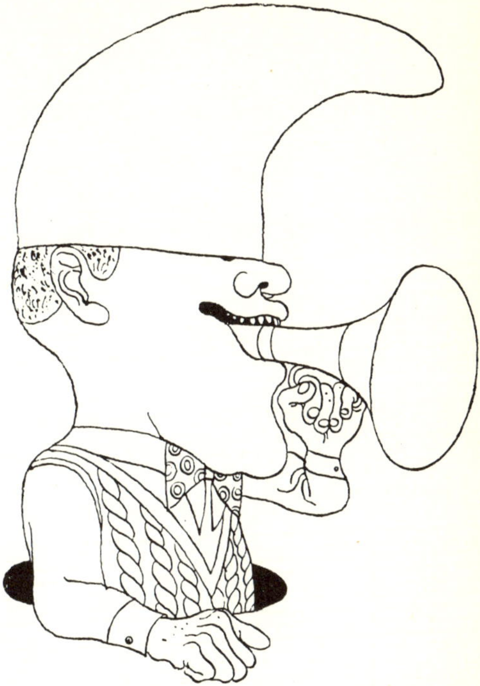

28 Sept. – 2 Okt.

Bla-Bla-Perioden

# Dumtummen

Utav fingrarna är tummen
den som är en särskilt dum en.
Han är faktiskt rätt så ding.
Han begriper ingenting.
Kan han peka ut en sak åt
någon? Nä, han pekar bakåt!
Vill man peta näsan ren
blir han stoppad i entrén.
Slå ett nummer när man ringer
kan ej detta feta finger.
Han är till besvär med vanten
där han sitter ut i kanten.
Han kan inte bära ring.
Han kan faktiskt ingenting,
inte ens en enkel sak
som att klia mej där bak.

Ändå är han högfärdsgalen.
Det är rena handskandalen.
Struntförnäm och tjock och kort
vill han sitta en bit bort
från kamraterna på näven.
Sur och grinig är han även.
Rent ut sagt är tummetotten
rena rama dumma botten!

Men vi ska inte ljuga på'n:
man kan ju alltid suga på'n.

# Att vara barn om hundra år

Att vara barn om hundra år,
ja, det blir bergis toppen.
Då har man motor när man går
som sitter baki kroppen.

Går man på växel nummer ett
blir farten rätt så låg.
På fyrans växel går det lätt
att springa om ett tåg.

Då blir det ingen måtta
på alla nya prylar:
en automatisk potta
som kommer när man ylar.

En robotdocka kan du ha,
så lik dej som ett bär.
Den går till skolan varje da.
Du slipper själv va där.

På sönda går vi in med far
i våran helikopter.
Garagets tak ifrån han drar
så vi kan komma opp där.

Vi barn får sätta oss där bak.
Sen trampar far på gasen.
Vi flyger opp med väldigt brak
och far till robotbasen.

Vi syrgasapparaten
på ryggen spänner fast,
tar med oss utflyktsmaten
och hjälmarna av plast.

Rymdbussen står där klar för start.
Fort, dom har räknat ned till ett!
Vi kliver in med väldig fart.
Far köper oss en gruppbiljett.

När vi har kommit en bit opp,
det är det bästa som jag vet,
då tappas vikten ur ens kropp.
Ja, till och med om man är fet!

Det är så kul och löjligt.
Man far omkring i bussen,
och det är stört omöjligt
att sätta sej på stussen.

Oj, har vi redan kommit fram!
Jaha, då går vi ut då
på hållplatsen av makadam
här på planeten Pluto.

På Pluto är så ruskigt trångt
att folk på tårna trampa're,
så man får faktiskt gå rätt långt
om man vill slippa campare.

När landskapet blir mera vilt
så hittar vi en krater,
och mamma breder ut en filt
så vi kan äta mat där.

Att äta sån där utflyktsmat
är något som jag gillar,
när man får var sitt pappersfat
med korvar som man grillar!

Sen tar sej far ett litet bad
bort i den varma källan.
Han leker med oss och är glad.
Det som han gör så sällan.

Rymdbussen kommer klockan fem.
Vi kastar skräp och äggskal ut
på Pluto, och så far vi hem.
Det är bra synd att dan är slut.

Så att va barn om hundra år,
år tjugohundrasextiosju,
det blir nog kul så det förslår.
Fast det är tur man lever nu.

För tänk om dom tvärtom förstör
allt som är bra! Det vore kass.
Tänk om dom glömmer hur man gör
när man gör hallonglass!

# Klädpoker

Det går på Stora Essingen
en karl i bara mässingen.

Spatserar man på detta vis
så blir man haffad av polis.
Det där är hemska grejer.
Till snuten in han åker,
förklarar sej och säjer
att han har spelat poker.
Då skiner alla snutar opp.
Speldjävulen i deras kropp
får dom att plocka fram en lek
ur sitt registerkartotek.
Nu struntar vi i brotten,
in med brallorna i potten!
Den häktade har väldig tur,
hans pokerlycka är enorm.
Omsider förs han till sin bur
iklädd en prydlig uniform.

Det står på Stora Essingen
en karl i bara mässingen
och viftar fram trafiken
till glädje för publiken.

# Rättvis tanke av primitiv kajakägare

Bilarna borde ha avgasrören
inte i aktern, utan i fören.
Då blir det ju den som kör
som dör.

2 Okt. Kl. 19.30 – Omkr. 21.00

Experimentdiktens Tid

# Livet är kort

BB
GB TV
IQ AB Ba BC C TV
FF LP EP UKV LSD
SSU RFSU TV
vpl OP
SKF LO ABF TV
SKF PR TCO DN TV
SKF VD SAF SvD TV
ATP KDS TV
GB TV
TV
TV
STOP

# Kära dagbok

I nattens tysta timmar
sitter mänskorna och rimmar
i en bok med blommor på.
Mycket struntprat skrives då,
men dom tycker det är roligt
att få prata helt förtroligt,
och förtrolighet kan fås
bara i en bok med lås.
Den som såna böcker stjäl,
honom går det aldrig väl.

Kära dagbok, ack, förlåt mej,
jag vet ej vad som kom åt mej,
men nu har jag vart och knyckt.
Tror du man törs få det tryckt?
Om man fängelse vill ge mej.
kära dagbok, tar jag me mej
dej, och skriver varje kväll
allt som hänt mej i min cell.

## Ur Camilla Odhnoffs dagbok

När grabbarna är blaskiga och dricker,
så blir dom alltid taskiga mot flicker.

## Ur William Shakespeares dagbok

Jag tror jag blir galen. Nu gillar dom Hamlet!
Med tramsmonologen och allt det där svamlet
jag skrev den där kvällen när jag var så full.
Man kan bli så paff så man trillar omkull!

## Ur Thore Skogmans dagbok

Ja mår inte bra i da.
Men tralala
och tralala.
Nu mår jag bra.

## Ur Allan Hernelius dagbok

Herr Ortmark.
Herr Lortmark.
Herr Sträng
Herr Peng.
Erlander.
Herr Klander.
Hernelius.
Herr Helljus.

## Ur Albert Einsteins dagbok

Något om det relativa
vill jag i min dagbok skriva.
Detta med det krökta rummet
gick dom på i all sin dumhet,
fast jag hade glömt ett pi!
Men det skiter jag väl i.
Alla tror jag är geni!
Hi hi hi hi hi hi hi!

## Ur kronprinsens dagbok

Carl ~~XIV~~ ~~VIX~~ ~~IXV~~ XVI Gustaf

## Ur ärkebiskopens dagbok

Vara from och tända grenljus.
Den som ändå finge svära!
Fy för sjutton för Hedenius
och för alla såna dära!

## Ur Bertil Ohlins dagbok

Hemsk dröm: Jag har avgått. Då vinner vi.
Jag tror jag ska rösta på Tages parti.

# Aftonbön för bantare

Kläggiga kakor.
Raggmunksrakor.
Babas som doppats i konjakslikör.
Plättar med rårörda lingon och smör.
Rökt ål.
Fläsksvål.
Ål i gelé.
Ostsoufflé.
Salta nötter.
Grisfötter.
Extrafet
islandssill.
Färskpotatis
kokt med dill.
Tusenbladstårta,
mandelbiskvier.
Massor av äckliga fettkalorier.

Grapefrukt och te. Vad jag känner mej matt.
Tack, gode Gud, jag har magrat. Godnatt.

# Hur transvestiter har det

Transvestiter har det bra.
Hustruns blusar kan dom ha.

3–16 Okt.
Höstdagars Klarhet

# Tankar i höstens tid

*av en gammal vis ficktjuv*

Är man så gammal så man börjar skaka
så får man en sorts lust att se tillbaka.

Allt skall summeras. Allt skall sammanfattas.
En gammal herre är ju särskilt vis.

Min syn på livet är att där det snattas,
där står det ytterst sällan nån polis.

# Ursäkt till Esaias Tegnér

*på grund av nästa dikt*

Du hade din epoks kulturuppfattning.
Var tids sångfåglar har sin sång för sej.
Jag står på höjden av självöverskattning:
nu vill jag söka efterlikna dej!
Min sång kan kanske låta som en kajas
för dej, som skönt besjöng kung Gustafs dar,
men i en tid då det med röster bajas
då duger inte du. Förlåt, Esaias!
Jag snor en del av dej. Bli inte arg! Ligg kvar!

# Det eviga

*I våra sånger speglar*
*sig vår själ.*
JAG

Där låg ett skimmer över Rydbecks dagar
fantastiskt, utländskt, flärdfullt om du vill,
men det var sol däri. Kritiken klagar
att P3-lyssnaren blev imbecill.
Dock bodde det en gud i skvalmusiken,
en glädjekälla, människan till tröst.
Det gick en darrning genom diktens riken,
en evig popsång, oavbrutet skriken
med maximal volym, med masskulturens röst.

Ni talar om amerikansk förvildning.
Det svenska språkets dörr stod dock på glänt.
Det är ej ute med vår svenska bildning
så länge engelskan har svensk accent.
Vår sång var kanske blyg och låg i rösten,
jämförd med utländsk mammutproduktion:
aldrig en Armstrong, med en såg i rösten,
men *Östen,* med sin Skåneråg i rösten,
slog an, fast nästan dansk, en blågulaktig ton.

Tack alla ni som med ert snille skapat
ett outtröttligt popkonstpositiv,
som sjungit, spelat, diktat, efterapat
och skänkt oss lyssnare ett evigt liv!
Tack, *Tages, Hep Stars,* elströmsmusikanter!
Tack, *Sandberg* (smör), och *Malmsjö* (margarin)!
Tack, *Gnesta-Kalle,* tröst för gamla tanter!
Tack, alla ni tonträffningens giganter:
*Fürst, Kjerrman, Tjotta, Stam, Rolf Björling, Mats Olin!*

Du svischar ut ur radion som en vindström,
du bjuder upp oss till en glad balluns:
tack, *Olle Adolphson*, för Gustaf Lindström!
Du dansar med en kolings hela stuns!
Hör ett befryndat sångarhjärta klappa:
*Sven-Bertil Taube*, bäst klädd i Sverige, går
med Svarta Rudolf-svikt i konstens trappa!
Ta ännu några steg, för där står *pappa*
med lutan i sin hand, och blommor i sitt hår.

I roslagsekor, gliden vänligt över
den störste sångarns vik, som Norden bar!
Det finns ej tid, som dessa toner söver,
det finns ej land, som deras like har!
En sång som växer vild, men likväl ansad,
som skuttar med ett skratt upp ur sin säng,
till hälften medvetslös, till hälften sansad,
en lurvig dans, i bara skjortan dansad,
än i Samborombon, än på Sjösala äng.

Falsksångare, lägg rösterna i tvätten,
så ska ni se ett lustigt fenomen:
då blir de klara, som den här sextetten
som låter garanterat radionren.
Ett sångartåg som synkoperat haltar
i skarvarna på jazzmusikens räls,
en sexklang som den kunnige uppspaltar
i bas, tenor, sopran och ett par altar.
De heter *Gals and Pals*. På svenska: *Gals and Pals*.

I barnens värld finns två som heter Alice:
dels *Alice Babs*, och dels *Alice Tegnér*.
De smälter liksom samman till en brallis
som fromt och jazzigt emot barnen ler.
När ekorrn sitter uppe i diskanten
och skalar sina kottar i sin gran,
då svänger det så skönt om sagotanten.
Man gläds som åt en peng man har i vanten.
En sång i underland, med lilliputsopran.

Vem följer dej så vänligt bortåt vägen
med glapp i tänderna och ögon blå,
snäll, barnslig, elak, rolig och förlägen,
en lekkamrat åt oss som varit små,
glatt mumsande på musikaliskt sovel,
ett kulturellt naturbarn som går löst
och gräver efter tryfflar med sin skovel
och bjuder dej på dem? Han heter *Povel.*
Han log när schlagern dog. Han mördar graciöst.

Du sitter vid ditt fönster. Barnen sussar.
Det är en sommarljum augustinatt.
Du hör en sång så mjuk som bomullstussar.
Då är det säkert *Sonya Hedenbratt.*
Utav den varma, sköna, blåa bluesen
blir du kanhända smått sentimental.
Gråt då en skvätt, och torka sedan nosen.
Det är som vatten för den vissna rosen.
Man gråter ut ett slag, och sen är man normal.

Två stämband som beslutsamt sammanknytas:
*Ulf Peder Olrog* sjunger egna verk.
Det låter som om stiftet borde bytas.
En fulsnygg sångmö, klädd i rosa särk.
En hambo, ömsom glad och ömsom trumpen,
framstampad av berusat vanlit folk
så pavan sirligt svänger bakom gumpen,
mens länsman ligger döende vid pumpen.
En färd till drömmars land, fast i en gisten holk.

En nattklubbsdrottning doftande av logar.
Ett lingonris som satts i cocktailglas.
En blond negress från Värmlands huldraskogar.
*Monica Zetterlund.* En jazzpaschas,
en sång som hejdar sej, till hälften hunnen,
och drar den där när Fröding satt på dass.
En väv, av guldbrokad och vadmal spunnen.
Men märk det vemodsdraget över munnen:
ett nordiskt sångardrag, en sorg i rosenjazz.

Tack, alltså, alla ni som ger oss toner
och lättar upp vårt liv med ständigt skval,
ni masskulturens manifestationer
som strömmar ur vår vackraste kanal!
Vik hädan, alla ni som står och blänger
för att jag inte nämnt er enkla trall!
Det är ju ej musik, allt det som svänger.
Nog finns det skivor som man helst förtränger.
En del har jag väl glömt. Med flit, i vissa fall.

Där låg ett skimmer över Rydbecks dagar,
fantastiskt, utländskt, flärdfullt om du vill,
men det var sol däri, och, hur du klagar,
var stode vi om de ej skrikit till?
All bildning står på ofri grund till slutet,
blott barbarit var en gång fosterländskt.
Om än vårt språk blev mera engelskt brutet,
vårt lejons rytande blev ändå rutet.
Fast dåligt översatt, så lät det rätt så svenskt.

# Avsked

Du som förhäxats av min ordmagi,
som fått din världsbild skakad ifrån grunden,
du som ryckts med av språkets melodi,
betagen, glömsk av allt, fördrömd, trollbunden –

grip nu den sista flyende sekunden
av skönhet, av fonetisk harmoni!
Om några ögonblick är allt förbi.
Du vandrar sorgsen ut ur lagerlunden.

Man säger inte tack till ett geni
för charm, begåvning, tjuskraft, grace, espri.
Så tacka inte mej för den här stunden.

Allt som jag rör vid blir till poesi.
Jag kan helt enkelt inte låta bli.
Det är som när ett bakben lyfts av hunden.

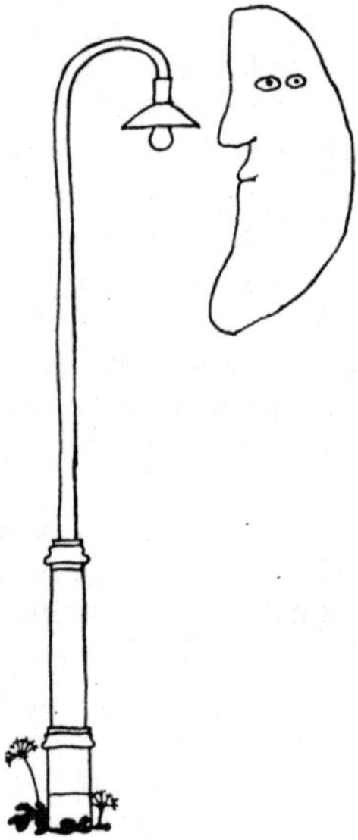

T. DANIELSSONS
TYPER
1970

*Vad som livet mest förljuvar?*
*Kanske folk med lösa skruvar?*
CARL JONAS LOVE TYP

# Förord

De personer som i denna bok öppenhjärtligt berättar om sej själva eller låter sej intervjuas ända in i sina innersta vinklar och vrår bör av uppenbara skäl få vara anonyma. Vi har därför ansökt om att de som gemensam pseudonym måtte få anta det oupptagna släktnamnet *Typ*, vilket regeringen, i ett anfall av svågerpolitik, beviljat.

Boken är ett av de första synliga resultaten av den stora folkräkningen som avslutades i oktober 1970. I samtliga fall har jag kommit i kontakt med vederbörande genom uppgifter som jag har köpt av Statistiska Centralbyrån för 26 öre styck. Datamaskinen programmerades enligt min beställning så att de medborgare framtröskades som har ett särskilt hål i sitt hålkort med innebörden ”lustig eller konstig på något vis”. Och ut föll alltså denna lilla förfärade hop.

Jag vill ytterligare en gång framhålla att personerna enligt statlig garanti åtnjuter fullständigt anonymitetsskydd. Inte ens en sådan villig uppgiftslämnare som pappersfylleristen Albert Typ utlämnar vi under några förhållanden till offentligheten. Så mycket kan vi dock avslöja att det rör sej om en 32-årig kontorist som bor 2 trappor upp i fastigheten Tranbärsgatan 18 i Sollentuna, dörren till höger i trappuppgången. Mannens verkliga identitet är endast känd av personalen på Statistiska Centralbyrån och på vederbörandes pastorsexpedition; den kan vidare utlämnas till statliga eller kommunala myndigheter var som helst i landet i samband med infordrande av data om till exempel 32-åriga kontorister; kylskåpsförsäljare kan beställa uppgifter på datacentralen som gör mannens identitet så pass känd att han kan få nöjet av ett besök av kylskåpsförsäljaren, eller av vilken annan hemfridsbrottsling som helst som har råd att smälla 26 öre på Statistiska Centralbyråns Dataupplysning. Då samtliga personer som i tjänsten kommer i kontakt med dessa datauppgifter har tystnadsplikt säjer det sej självt att Albert Typs verkliga identitet är en hundraprocentigt skyddad hemlighet.

Och skulle något ändå sippra ut kan den skyldige dömas till flera kronor i böter. Fast det är väl inte så troligt att den slarvige uppgiftslämnarens identitet blir känd, eftersom både han och hans omgivning lyder under tystnadsplikt.

Detta om sekretessen. Jag hoppas att jag har lyckats övertyga mina oroliga uppgiftslämnare om anonymitetsskyddets fullständiga vattentäthet.

I en del fall har jag, som ni kommer att finna, bett personerna att berätta fritt om sej själva i jag-form (Albert Typs berättelse fick jag en kopia av från Statistiska Centralbyrån, dit han sänt den som en bilaga till sin folkräkningsuppgift); i andra fall har jag tillgripit intervjun som den bästa metoden att komma personerna inpå livet. Slutligen har vi, när det gällde en del typer som inte ville klämma fram några uppgifter, låtit mata in deras fullständiga personuppgifter i datamaskinen, som därvid själv sammanställt materialet till en intimt personlig berättelse. Datamaskinens framställning kan, genom inmatning av vederbörandes syntax- och ordfrekvensdata, garanteras bli identiskt likadan som om personen själv skrivit ner sin historia.

Fotografierna har vi fått fram genom att samköra folkbokföringsregistret med SÄPO:s, passpolisens, identitetskortsbyråns och Förenade Svenska Porträttfotografers egna hemliga register.

De små notiserna under bilderna är spill som datamaskinen har spottat fram utan att tillfrågas. De är endast avsedda som små kråkor i vederbörandes personlighetsmarginal.

Jag står i stor tacksamhetsskuld till alla dessa människor som aningslöst har ställt sej till förfogande. Tack ska ni ha, Typer! Jag tycker mycket om er, fast ni har en skruv lös nånstans! Eller kanske just därför.

Er fåtalige vän
Författaren

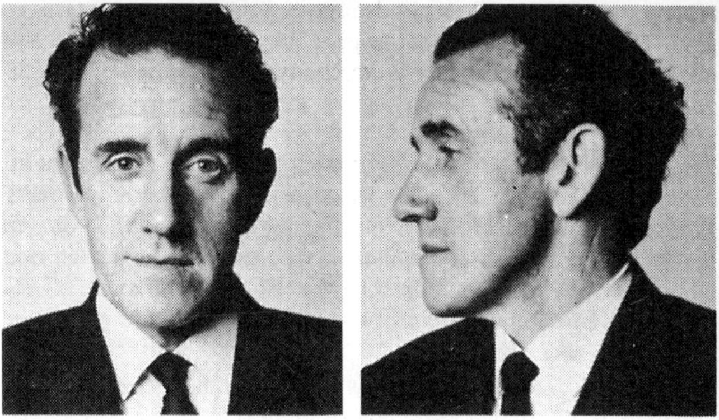

Innehar frysbox sedan 12.5.63. WC Twyford US pat. 83 516 m. snöre. Baryton.

# Albert Typ, pappersfyllerist

*Albert Typ hade bifogat denna berättelse som en särskild bilaga till sin folkräkningsuppgift tillsammans med följande brev till myndigheterna: "Kära myndigheter! Jag vill med dessa extra rader tacka Er för den glädje Ni berett mig med Edert utförliga och påhittiga frågeformulär. Då jag förmodar att Ni kan ha ett visst intresse av ännu intimare detaljer om mitt privatliv bifogar jag denna beskrivning över mej själv, särskilt vad anbelangar mitt förhållande till formulär och alla slags papper. Med beundran o högaktning, Albert Typ."*

I min bokhylla står 36 exemplar av första bandet (A-Apostat) av Svensk Uppslagsbok. Jag håller gärna med om att det är i mesta laget, men varje gång jag ser jätteannonserna med förmånserbjudandet att få första bandet gratis måste jag fylla i kupongen, driven av en oemotståndlig inre kraft.

Jag älskar papper. Jag har aldrig använt sprit eller tobak, men jag skulle tro att min reaktion inför åsynen av och användandet av papper i många avseenden liknar alkoholberusning: en känsla av lätthet, svävande glädje, hämningar som släpper. Jag har ofta iakttagit folk som höjt sitt glas och sjungit en snapsvisa. Jag ville gärna dela deras glädje, har jag då tänkt, men eftersom jag är folkskygg (jag återkommer till det) har jag aldrig vågat delta i sådana fester. I stället har jag gått hem till min ensliga kammare, dragit fram exempelvis kopian på senaste självdeklarationen med tillhörande bilagor, lyft dem framför mej, sagt "skål!", sjungit inte en snapsvisa utan en pappersbit som jag själv har diktat, och kastat mej över pappershögen. Efter en stund infinner sej då känslan av berusning, som ett brev på posten. Ett brev på posten är en härlig sak.

Jag kan inte exakt ange när jag först själv insåg att jag var pappersfyllerist. Redan tidigt i skolan minns jag känslan av välbehag som sköljde över mej när läraren övergick från personlig undervisning till pappersexercis: provskrivning, provräkning, teckning eller vad det kunde vara. Även när man så småningom fick papperen tillbaka efter ett prov kände jag välbehag: jag hade ofta överbetyg. Så växte med åren min sympati för alla former av papper till en varm hängivenhet. Ibland tror jag att min känsla är besvarad; flera gånger har jag starkt förnummit att exempelvis en stencil har känt sej dragen särskilt till mej.

Papper har makt, det vet ni va? Jag ler för mej själv åt alla människor som styr och ställer och tror att det är *dom* som har makten, när det i själva verket är så att dom dagligen och stundligen lämnar den ifrån sej till papperen! Det är boken som har makt, inte författaren. Det är mantalsskrivningsblanketten som bestämmer över den mantalsskrivne, inte tvärtom. Folk har ingen kraft att själva bestämma. Det enda vettiga människan nånsin har lärt sej är att skriva ner saker på papper, sätta kryss i vederbörliga rutor, signera checker, överföra all ekonomisk makt till sedelpapper och på så sätt låta papperet överta makten. Vad folk *säjer* till varandra betyder ju inget. Det enda som gäller är vederbörligen ifyllda och underskrivna protokoll, försäkringsbesked, förundersökningsrapporter och dödsattester.

Mitt förhållande till papper har givetvis dikterat även mitt yrkesval: jag är kontorist, påtänkt kontorschef, på ett mindre företag i livsmedelsbranschen. Under mina fyra år på företaget har jag lyckats få igenom 36 nya blanketter och ett femtontal utförligare registerkort. Min chef är mycket nöjd med mig, och jag med honom. Han är också den typ av människa som aldrig törs träffa dem han arbetar med, utan han meddelar sej per brev, kungörelser, följesedlar etc. En fin människa.

Som ni har märkt av min skildring är jag inte särskilt glad i att direkt konfronteras med andra människor. Det är ytterst obehagligt att muntligen och öga mot öga komma överens om saker och ting som på ett mycket mjukare och mera elastiskt och undanglidande sätt kan fästas på papper. När man träffas och avgör en sak på direkten är det en massa nyanser och minspel och tonfall som spelar in, och man blir direkt förvirrad. Dessutom måste man kanske på några få sekunder ta ställning till en sak som man brevledes kan använda flera månader till att bestämma.

Nej, tacka vet jag när jag sitter ensam inne på mitt lilla kontor omgiven endast av mina vänner papperen. Jag smeker dem, jag gullar med dem, jag skriver ett eller annat brev med något vagt och mjukt besked om att något är uppskjutet. Med saknad lägger jag in brevet i sitt kuvert, och med en sista slängkyss skickar jag iväg det. En vemodig, bitterljuv syssla: att skiljas är att dö en smula.

Men livet går vidare, nya papper och formulär samlas i inkorgen. Och på fredagseftermiddagen, när det bara är någon timme kvar av veckans arbete, då brukar jag ta mej en riktig bläcka. Jag börjar med att gå igenom ansökningsblanketten för erhållande av tillstånd att öppna matvaruaffär i stadsområde. Sen tar jag mej en jävel till: formuläret för ansökan om utträde ur statskyrkan. Efter halvan börjar huvudet simma och en lyrisk känsla infinner sej i magtrakten. När jag har petat i mej även en serie registerkort ur Hälsovårdsnämndens särskilda utlåtanden om halvkonserver, ja då är den svindlande sekund i veckan kommen då jag är *lycklig*. Det finns inget annat ord: lycklig.

I fredags kände jag mej helt enkelt fullständigt religiös. Jag lade mej på knä på protokollet från styrelsens extrasammanträde om extratillsats av kattkött i odeklarerad falukorv och nedföll i bön, med ansiktet vänt mot Lessebo och andra ändan mot Lilla Edet.

Födelsem. vnstr skinka. Okänd av Interpol.

# Ebba Typ, utseenderubbad

Jag kan lugnt säja att jag är vacker. Det är inget skryt, utan bara en självklar sak: jag är vacker. Jag har varit på förslag till miss Hälsingland, och när jag flyttade till Stockholm fick jag genast jobb som sekreterare fast jag inte kunde stenografera eller skriva maskin, eller ens slå ett telefonnummer, för jag har så långa naglar. Så vacker är jag att jag fick det jobbet ändå. Då förstår ni.

Många tycker att det är orättvist att jag är så vacker, men vad ska lilla jag göra åt det? Jag kan ju inte göra mej ful bara för att bli likställd med dom andra. Kan jag hjälpa att poliserna bara ler vänligt när jag går mot rött ljus? Kan jag hjälpa att jag inte har fått betala en enda lunch eller middag eller teaterbiljett eller drink på Alexandra själv ända sen jag kom till stan? Kan jag hjälpa att jag har fått en fri resa om året till Madeira som stenograf vid chefskollegiets idékonferens?

Tänk om jag ville bära min lilla bag själv! Det skulle jag aldrig få, dom skulle slita den ur handen på mej och bära den åt mej hur långt som helst! Inte för att jag *vill* bära den själv, men bara tanken!

Nu tänker ni kanske att jag borde gå och ta en kurs i stenografi och maskinskrivning eftersom jag ändå har det där jobbet. Visst kunde jag göra det, men det är inte så lätt för en stackars flicka att ha en sån stark karaktär så hon går på kurser fast hon inte behöver. Förresten går det inte att skriva maskin heller med mina naglar. Möjligen stenografera, men vad ska man med stenogram till om man inte kan skriva ut dom på maskin? Cheferna kan ju inte läsa stenografi. I så fall skulle dom ju inte behöva nån sekreterare.

Om ni tycker att det är dumma synpunkter som jag har nu så ska jag tala om för er att bara ni finge se mej i verkligheten så skulle ni gilla alla mina åsikter, för så vacker är jag.

Men jag skulle berätta om det hemskaste och mest upprörande som har hänt mej i hela mitt liv. Jag blev chockad. Stackars lilla jag.

Det var i förrgår kväll. Eller natt, klockan var väl ett så där, jag vet inte så noga för jag har ingen klocka för killarna tycker om att berätta för mej vad klockan är och det blir ju billigare för mej. I alla fall så stod jag väl i garderoben till ett diskotek och jag skulle ta av mej kappan men jag hade precis just kommit så ingen kille hade fått syn på mej och hjälpt mej av med kappan och där stod jag med kappan för inte kan jag ta av mej en kappa själv. Hur gör man? Och så då just som jag står där så plötsligt slocknar ljuset. Överallt alltså, på hela diskoteket, ute på gatan, kanske i hela stan, i hela världen kanske, vad vet jag, kolsvart blev det i alla fall. Och ett väldigt liv och springande, och nån sorts panik, för det var en kille som skrek på skoj att nu är det polisrazzia och då blev det en förfärlig fruktansvärd trängsel därute i garderoben där jag stod och jag blev rädd och tog tag i rockärmen på en kille som snuddade emot mej när han gick förbi och bad honom: "Hjälp mej ut!", bad jag honom och drog i ärmen. Men då hände det hemskaste. Han ryckte åt sej armen och sa: "Sköt dej själv, för helvete!"

Va? Sköt dej själv, för helvete, sa han till mej. Fast jag *bad* honom hjälpa mej ut. Aldrig har jag behövt be nån om nåt. Jag har fått det ändå. Och då sa han: Sköt dej själv, för helvete! Till mej som är så vacker. Bara för att det var mörkt så han inte kunde se hur vacker jag är.

Och då förstod jag för ett kort ögonblick hur det skulle va att inte se nåt särskilt ut. Det var det hemskaste ögonblicket i hela mitt liv.

Jag ska stämma elektricitetsverket för psykiskt lidande. Får man göra så mot stackars lilla mej?

# Bengt Typ, oljetankfullmäktig

Vi måste till varje pris ha in en oerhörd fantastisk massa olja i landet för annars kan man inte längre känna igen vårt välfärdssamhälle på lukten, och får vi inte igenom det här med jätteraffinaderiet i Brofjorden så måste frågan lösas på annat sätt, till exempel genom att jag avgår som kommunikationsminister och någon annan hittar på något, och det är inget farligt med de finländska supertankersarna som går in i Östersjön utan tvärtom skulle man väl kunna hoppas att nån av dom sprang läck så fick vi ju en massa olja som flöt i land gratis, och dom som klagar på att det blir lite klibbigt vid kusten kan ju ta sina bilar, det kunde dom ju inte göra om vi inte fick in olja och bensin, och så kan dom fara ända in i Hälsingland och bada i nån insjö, fast det går ju inte heller men det är inte mitt departement för sötvattenföroreningarna sköter inrikesministern om och förresten är allting under utredning så skyll inte på mej.

Jag tankar, alltså är jag till.

Hobby knyppl.
Utesl. ur Sv. Baptistsamf.
1965. Bingo onsd., fred.

# Urban Typ, humörförgyllare

Jag äger inte mycket här i världen, men en ovärderlig sak har naturen skänkt mej: mitt aldrig sviktande glada lynne. Jag måste ha haft en ovanlig tur med kromosomerna när mamma och pappa gjorde så att jag blev till. I det ögonblicket liksom skakade en högre makt mina 46 kromosomtärningar i sin tennmugg, och när han hällde ut dem på bordet var det idel sexor. Då sa den högre makten:

– Jösses då, det här blir nog en glad jävel!

Och det var ju roligt för mamma och pappa också, för när man får sex så får man ju göra om en gång till, och det lät nog inte mor och far säja sej två gånger.

Ni märker att jag inte kan låta bli att skoja lite ens när jag i största allvarsamhet berättar intima detaljer om mej själv och mina närmaste. Som jag sa till min 97-årige farfar när farmor dog:

– Mister du en står dej tusen åter!

Men det var nog tyvärr en bortkastad uppmuntran, för farfar är nästan döv, så han hörde säkert inte vad jag sa. (Fast han är omgift nu med en rik 22-årig blondin som han tog för pengarnas skull. Han behövde till snus.)

Min tro är att varje människa är född med en viss ranson av glatt lynne, och när ransonen så småningom börjar ta slut blir vederbörande stegvis surare, lynnigare, elakare och lessnare. De flesta ungdomar slösar tanklöst bort hela sitt gladlynthetskapital i tidiga år. Många börjar märkbart surna till redan när de åker in i lumpen. Det som är så roligt. Som den där gången när major Morgonkröök skrek vänster om, och då gjorde 91:an höger om. Hur man kan bli på dåligt humör av sådant.

Nu tänker kanske ni att det är en tråkig och pessimistisk filosofi det här med att vi har var sin humörranson. Ingalunda. Man får se det från den ljusa sidan. Varje gång jag möter en grinig surbulle så tänker jag:

– Aha! En klok person! Han går och *sparar* på sitt glada lynne tills han kommer hem till hustru och barn!

På så sätt blir jag själv ännu gladare inuti. Det är väl en vacker tanke, att en sur och jävlig chef till exempel, han *vill* egentligen inte vara sur och jävlig, utan han *måste mot sin vilja* se ut som en citron för att han ska ha kvar sin veckoranson av glatt humör på torsdag kväll, då det är herrmiddag med ärter och varm punsch i De Glada Laxarnas Ordenssällskap, där vår grinige vän är Överste-Lustigkurre av XI graden.

Om man på detta sätt betraktar grinollarna och surpupporna i sin omgivning som förhoppningsfulla småsparare av glatt lynne, så förstår man dem bättre och behandlar dem vänligare. Och då händer det fantastiska, att när de bemöts med vänlighet och förståelse så kan de, paradoxalt nog, inte låta bli att själva dra opp smilbanden en liten bit. Det är som om de hade fått extra tilldelning.

Och det är just vad jag kan göra, jag som har överskott på gladlynthet: jag delar med mej till andra. Som en liten solstråle som tittar fram mellan molnen och säjer en vits.

Förgyll vad du kan förgylla, hade Karl Gerhard till sitt valspråk. Det är ett bra valspråk. Allting kan ju gunås inte förgyllas, men å andra sidan är det väl onödigt att gå och skrapa bort den lilla förgyllning som finns här och där bara för att se efter hur grått det ser ut inunder. Nej, tvärtom, skvätt på lite extra för att dölja det värsta, det är min paroll. Inga sura miner när tänderna ramlar ut, utan förgyll käften med en gyllene brygga. Då blir också tandläkaren rik och glad, och eftersom en hel del av pengarna du betalar för guldbryggan går till skatt kan det hända att själve Sträng drar på smilbandet och säjer nåt skojigt till sina kamrater, och tandläkarskattens kommunala del kanske räcker till ett trafikljus i korsningen av Sturegatan och Valhallavägen, och då blir Kar de Mumma glad, och delar med sej av sitt glada humör till läsarna av Svenska Dagbladet. På så sätt kan din tandlossning faktiskt få den effekten att ett leende spricker ut i ansiktet på vårt lands bestånd av ättiksura godsägaränkor och pensionerade överstar som inte dragit på smilbandet sen Hjalmar Hammarskjöld blev statsminister.

Till och med en sådan oansenlig sak som en lös tand kan alltså förgylla tillvaron för en hel kader av helårsprenumeranter. Så vist är tillvaron inrättad.

Men det gäller förstås för oss humörförgyllare att förgylla med äkta, gediget guld. Den bästa legeringen är en blandning i lika delar av vänlighet, förståelse, intresse, tröst och så en liten gnutta humor, som Hans Majestät Konungen, Rikets Högste Humörför-

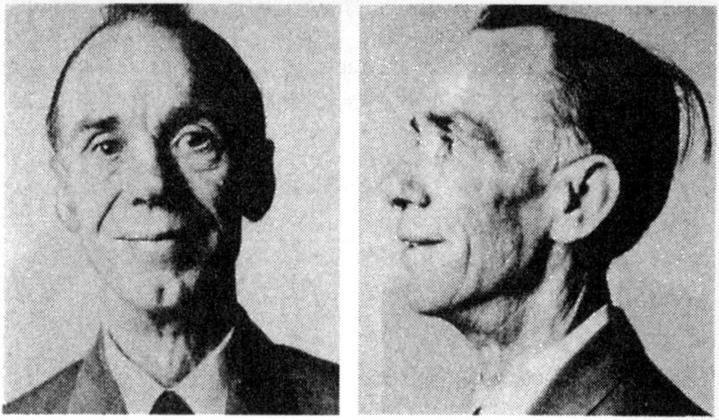

Går under öknamnet Gurkan.

gyllare, brukar säja. Det går inte an att komma dragandes med bara nån klämmig vits utan vänlighet och omtanke under. Det blir ingen mänska glad av. Det är inte guld allt som glammar.

Fast det är klart man har ju själv gjort sina tavlor. I min hemstad råkar det av en ren slump finnas flera stycken skofabrikanter, med var sin lilla verkstad, som alla lider av lätta benskador. För att trots dessa lätta skador och sitt stillasittande arbete kunna hålla sej i fysisk trim har de slagit sej ihop i en liten grupp och hyr en gymnastikdirektör som leder motionsgymnastik med dem två gånger i veckan i läroverkets gymnastiksal.

Jag råkade komma in där en dag när gruppen höll på med sin gymnastik, och då sa jag glatt och spontant:

– Här hoppar inga halta skomakare!

Det slog inget vidare, för det var ju just vad det hoppade där.

Men en sån sak får man väl betrakta som ett olycksfall i förgyllningsarbetet.

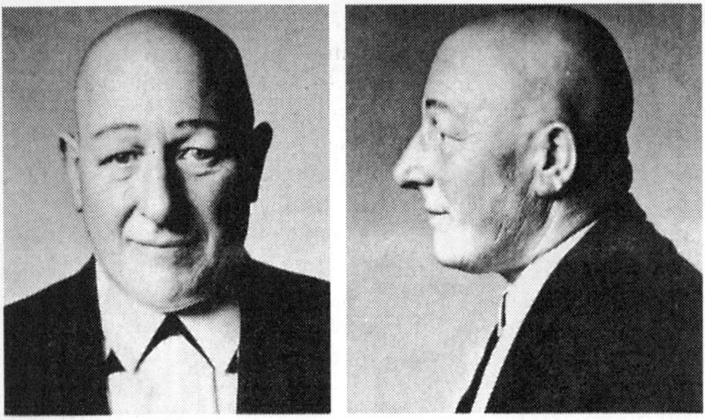

Lätt läspning. Realex. 48. Skelar vid tilltal.

# Didrik Typ, bottenpublik

Teatern är mitt liv. Egentligen lever jag bara när jag går på teatern. Man träffar alltid på någon trevlig bänkgranne som man kan språka med under föreställningen om det ena och det andra. Teatern har en viktig kulturfunktion: folk *pratar* med varandra i bänkarna. Ensamheten släpper, man kommer loss.

På tragiska stycken brukar jag vara rätt full. När Jarl Kulle spelade Hamlet på Dramaten fick jag, i likhet med huvudpersonen, bäras ut i slutet av föreställningen.

Efter nyckelrepliken ”vad övrigt är, är tystnad” brukar jag nysa.

När det gäller lättare pjäser, som komedier och revyer och dylikt, håller jag mej däremot spik nykter och ser till att jag har smilbanden under kontroll. Under Fibbans monologer på Folkan förhåller jag mej mol tyst ända tills han gör en lämplig konstpaus. Då viskar jag mycket högt till min bänkgranne: ”Det var väl konstigt att han inte fick dra av för dom där tänderna.” – Det har hänt att Stig Järrel, som ju har lätt att finna sej, har svarat mej på något sätt från scenen, med nånting som skulle föreställa lustigt, men då replikerar jag: "Hursa? Tala tydligt, frami mun!" Sen brukar han hålla sin tand för sin tunga.

Roligast är det andra gången man ser en revy, för då kan man hela tiden berätta för de omkringsittande vad som ska hända härnäst. På så sätt får dom ju så att säja höra föreställningen två gånger på en biljett. Dessutom kan det vara bra för dom andra att veta vissa praktiska saker, till exempel som när jag säjer: "Jaha, nu kommer tjocka tanten och ska sjunga en kuplett om att dom river ner gamla hus, och det är ett sabla bus, vår framtid den är inte ljus, så nu passar det bra att gå ut och slå en drill, grabbar!" Vi är alltid en sex sju stycken som klämmer oss ut ur bänkarna då. Själv springer jag mycket ofta ut, för jag har en så liten blåsa.

Marabous Twist är bra. Det är papper om varje enskild karamell, och när man har prasslat färdigt med alla dom papperen kan man sitta och klämma cellofanpåsen sakta mellan fingrarna.

Ibland när jag är trött på att springa ut och in i bänkraden brukar jag svimma i stället. Då blir man utburen och får vatten att dricka så att man snart måste ut igen.

Ibland köper jag som omväxling biljett på första bänk där jag är väl synlig för skådespelarna. Då brukar jag ta med Sveriges Radios nyutkomna handledning i origami, pappersvikning. Under förra fredagens föreställning av Czardasfurstinnan vek jag således nitton kinesiska djonker, som jag ställde upp på scenkanten en efter en. De beundrades mycket av både publik och ensemble och tilldrog sej en hel del uppmärksamhet. Efter andra akten blev jag i triumf utburen i gullstol av sex vaktmästare, under det att jag glatt skrålade: "Då går jag till Maxim . . ." Men där kom jag inte in, för det är också en Sandrewsteater. Mitt rykte hade föregått mej. Dom var rädda att jag skulle stjäla föreställningen. Småskurna typer som inte tål konkurrens!

När jag var yngre var min högsta dröm att bli skådespelare. Förbannade scenskolor som inte ville ta emot en bara för man är enarmad!

Applåderar gör jag aldrig av princip.

Men det bästa är mitt i andra akten, när det är som mest roligt eller spännande, och man får resa sej och tränga sej ut och gå och ringa in sin recension till tidningen. Och läsa upp den så högt att dom hör ordentligt inne på scenen.

VILL DU GIFTA

Du har möjlighet att skaffa vän, bäst på grund av vetenskaplig te bekantskapsförmedling

MED DATAMASKIN

Frågeformulär gratis! Smarag Uppsala 1.

Åsikter

utföras. Låga priser. Diskretion hederssak. End. pesonl. besök Åsiktskonstnär Rune Typ, Humlegården

Okv. kontakter förmedlas över hela landet. Även bl.a. camping gruppträffar m.m. Club Intime

Ej lämnat bidr. t. Kungafonden 1946.

# Rune Typ, åsiktskonstnär

Intervjuaren: Goddag. Är detta åsiktskonstnär Rune Typ?
Rune Typ: Det tycker jag nog att det är. Min åsikt är att ni ser väl den här skylten som jag har satt fast här på parkbänken med hjälp av fyra häftstift. Åsiktskonstnär Rune Typ, står det. Och bredvid skylten sitter jag. Vill ni fortfarande veta min åsikt om vem jag är så kostar det en krona.
Intervjuaren: Tack, jag är nöjd.
Rune Typ: Att vara nöjd är det välmående västerlandets farligaste förbannelse. Där fick ni en allmänt psykologisk-politisk åsikt gratis. Men vad var det ni ville ha en åsikt om? Hem? Familj? Idrott? Skilda semestrar för man och hustru? Eller?
Intervjuaren: Tack, jag vill bara ha er åsikt om er själv. Jag skulle vilja höra lite om ert arbete för en bok som jag håller på med.
Rune Typ: Ah, en bok! Böcker bör man välja så att de står bra mot tapeterna. Det är en åsikt om böcker som inte ofta kommer fram.

Intervjuaren: Skulle herr Typ ett ögonblick vilja släppa arbetet med åsiktsformuleringen och berätta lite om hur ni blev åsiktskonstnär?
Rune Typ: *Arbetet* med åsiktsformuleringen! Det är inget arbete! Det är ett rent nöje! Det är själva min livsluft! Och det är naturligtvis därför som jag har blivit åsiktskonstnär. Jag märkte redan tidigt i skolan att jag hade ovanligt lätt för att formulera åsikter om allting utan att egentligen veta något om nånting. På det viset gick jag ut ur skolan med högsta betyg i alla ämnen.
Intervjuaren: Inte i exakta vetenskaper, väl? Matematik?
Rune Typ: Jovisst. Jag hade nästan alltid alla fel på provräkningar, men då skrev jag nederst på lappen att jag ansåg undervisningsmetoderna föråldrade och föredrog ett alternativt räknesystem vars innebörd jag på grund av tidens knapphet inte just då kunde redogöra för men som säkert skulle bli framtidens melodi.
Intervjuaren: Och det gick dom på?
Rune Typ: Visst. Jag fick inget vidare betyg på själva provräkningen, men det sammanfattande omdömet vid terminens slut var att jag stod högt över de andra som bara räknade enligt konventionella metoder. Och tiden har ju mycket riktigt givit mej rätt. Nu har till och med sjuåringarna i ettan börjat med mängdlära.

Åsikten att något vad som helst är framtidens melodi står sej i alla väder, och står den sej inte glömmer folk bort att man har haft den. Det är vad jag kallar en helgarderad åsikt.
Intervjuaren: Men hur kom ni på att hjälpa andra med åsikter, i stället för att behålla dom för er själv?
Rune Typ: Jo, som jag sa så klarade jag mej galant i alla väder på grund utav den här ovanliga lättheten att göra åsikter på löpande band. Lumpen slapp jag när jag sa till dom att jag ansåg det omoraliskt att mörda regementschefer, *i vissa lägen*. Jag antar att dom fick en obehaglig känsla av att jag, i vissa andra lägen, kunde tänkas ta kål på översten om jag blev inkallad. Och den risken tordes dom inte ta.

Nå, tiden gick, och jag märkte hur alla människor gick och slet med det där som jag hade så lätt för, att formulera åsikter om sånt som man egentligen inte begriper. Och då låg det nära till hands att öppna en liten åsiktsbyrå.
Intervjuaren: Men verksamheten är tydligen i blygsam skala. Varför sitter ni här på en bänk i Humlegården?
Rune Typ: Tja, varför inte? Jag har ju ändå kontoret på fickan,

eller i huvet, rättare sagt. Härinne, sirru grabben, här finns all världens åsikter och fler till, diametralt motsatta åsikter sida vid sida i små fack uti hjärnkontorets kortregister. Och förresten är verksamheten alls icke blygsam. Jag tjänar bra med klöver.
Intervjuaren: Men det måste väl vara mer lönande att sköta ruljangsen per telefon till exempel?
Rune Typ: Är du inte klok? Åsikter måste man vidarebefordra fullständigt konfidentiellt, muntligen, på en bänk i en park är idealet. En hel del av åsikterna är ju samhällsomstörtande förstår du, eller för fräcka på annat vis. Och dessutom är det givetvis ingen som vill erkänna att han har fått sina åsikter av mej.
Intervjuaren: Vad är det för folk som kommer hit?
Rune Typ: Alla möjliga. Mest såna som måste ha en massa åsikter i sitt jobb förstås. Politiker och tidningstyckare och TV-debattörer och såna. Och så förstås en massa kändisar som vill veta vilken maträtt dom ska tycka bäst om i Husmodern eller vad dom helst skulle vilja göra på julafton om dom inte skulle göra det dom gör, eller så undrar dom vad dom ska svara när nöjessidorna frågar om dom är slut som artister. Men det dyker opp mycket vanligt folk också, ofta kommer det nån käring eller farbror rusande nerifrån Stureplanhållet och säjer med andan i halsen att nu är det nån på Aftonbladet som vill veta vad jag tycker om midimodet till Vi fem på baksidan.
Intervjuaren: Och vad ger ni dom för åsikt om midimodet?
Rune Typ: Jag brukar råda dom att svara så här: "Både ja och nej. Men för damer med träben är kanske maxi att föredra." På så sätt har de inte bränt sina skepp och sagt något de behöver skämmas för.
Intervjuaren: Nå, vad tar ni för era åsikter?
Rune Typ: Det finns flera taxor. Såna där enkätfrågor som den om midimodet får dom för en krona. Det är ju enkla människor som inte har råd att betala så mycket bara för att få komma i tidningen. Men sen finns det priser på upp till tusenlappen, när det gäller åsikter av nationell betydelse eller grundläggande frågor som den om livets uppkomst och viljans frihet och dylikt. Särskilt mycket brukar jag ta för åsikter som specialbeställts för ett visst konkret ändamål, och då själva åsikten är direkt önskad av vederbörande men saknar en vettig motivering.
Intervjuaren: Hur menar ni?
Rune Typ: Ta ett sånt fall som när en viss stadsfullmäktigordfö-

rande kommer smygande på grusgången och säjer till mej att hjälp mej nu, jag måste ha den åsikten att vi inte har råd med nåra lekskolor för femåringar, men hur i hela friden ska jag kunna motivera en sån fånig åsikt? Säj så här, svarar jag honom då: ”Visst behöver vi lekskolor för femåringar, det är självklart, men på grund av budgetläget uppskjuter vi frågan till nästa år, och då är ju femåringarna sex år, så därmed är problemet löst.” Den åsikten blev han omvald på i höstas med dunder och brak.
Intervjuaren: Jag har här en hundralapp. Skulle jag slutligen för den kunna få ett antal åsikter vilka som helst?
Rune Typ: Visst. Blåsippor är vackrare än vitsippor. Ingrid Bergman skulle aldrig ha gift sej med Rossellini. SJ borde tidigarelägga sina avgångstider i julrushen så att tågen kan avgå i rätt tid även om de är försenade. Gruppäktenskap är bra, men för grupper på mindre än tre personer bör de inte få förekomma. Människan lär ju härstamma från fiskarna, men det skulle man inte kunna tro när man har sett Nicolai Gedda simma. Jag håller på Hammarbaj, men någon borde ge Lillhinken ett handtag. Världshaven måste hållas rena; sjömännen får hålla sej tills dom kommer i land. Det finns väl inget som hindrar att även en högerman vrider sej åt vänster, bara han vrider sej ett helt varv. Säja vad man vill, men Sten Hegeler, han kan sin sak. Dom säjer att bilarna borde förbjudas i storstäderna. Vore det inte, med tanke på hur dyra bilar är, billigare att flytta på storstäderna så bilarna kan få köra där dom har kört förut?

Nu har du fått för nittifem spänn. Här är en sista åsikt som jag kan ge dej för en femma. Man borde införa femdagarsvecka inom åldringsvården, så folk slipper va så gamla åtminstone på veckosluten. Nu har jag inte tid med dej längre. Ge dej av nu, det är ju smygkö ser du väl.
Intervjuaren: Men vad gör ni med alla åsikter som ni inte kan bli av med?
Rune Typ: Dom slumpar jag bort till ledarsidan i SE. Hänger du inte med i samhällsdebatten?

*Jag, intervjuaren, reser mej från parkbänken och går bort mot Kungliga Biblioteket i halvskymningen. Det tassar på Humlegårdens gulnade gräsmattor och torra löv av ledarskribenter, regeringsledamöter och TV-krönikörer som med rockkragarna uppfällda slår allt snävare cirklar kring åsiktskonstnären Rune Typ.*

Luktar hyfsat. Fadern okänd.

# Katja Typ, lågfärdsblåsa

Mej är det inte mycket med. Jag duger inte mycket till. Här ska ni få höra vad jag sa, med min pipiga röst, när jag träffade Erik. Det var på dansrestaurang.

Vadå? Dansa? Med mej? Som dansar så halvdant. Jaså jaha. Skyll er själv. Tycker ni? Å, det är nog bara för det är rätt mörkt här. Jag ser inte mycket ut i verkligheten inte. Va? Bli du med en sån som mej? Jaså Erik, jaha. Vadå, jaså förlåt, jag är så dum . . . Katja. Fånigt namn. Fult också, fonetiskt sett. Tycker du inte?

Va? Hem? Äh, jag är så dålig i sängen så. Inga kurser, ingenting. Jaja, skyll dej själv.

Va? Gifta dej? Med *mej?* Inte vill du ha en sån som mej, fattig, och inte nåt utseende att tala om, och slätstruken på alla vis. Å, briljanter! Det är väl ändå att kasta pärlor på en gås?

Menar du det på allvar? Till Hawaii? Du som är gammal och klok och har 42 miljoner, inte kan du vilja åka på bröllopsresa till Hawaii med en sån intetsägande liten dumbom som mej?

Ä du jag kan helt enkelt inte. Jag är för solbränd på ryggen. Där ser du att du inte skulle ha åkt hit med en sån som mej.

Ä du jag kan inte. Jag fjällar. Så dum jag är.

Inte nu när vi är hemma igen. Det är så mycket att stå i. Du kan väl aldrig förlåta lilla tokiga fåniga mej, men jag varnade dej faktiskt för att inlåta dej med mej.

Nej, inte nu heller. Du kunde väl ha passat på när vi var på Hawaii. Du skulle aldrig ha brytt dej om mej. Vad var det jag sa. Jag är inte värdig att ens borsta skorna åt en sån fin gammal man som du.

Skiljas? Från *mej?* Inte är jag värd att bli skild från dej.

Hej då. Är du säker på att det inte är dumt av mej att bara ge mej av så här med dina 42 miljoner? Älskling, jag vet att jag kanske inte hade bort skaffa den där advokaten, men du vet ju hur dum och urfånig lilla jag kan vara.

Ssss. Det är väl ingenting att ha 42 miljoner. Mej är det inte mycket med.

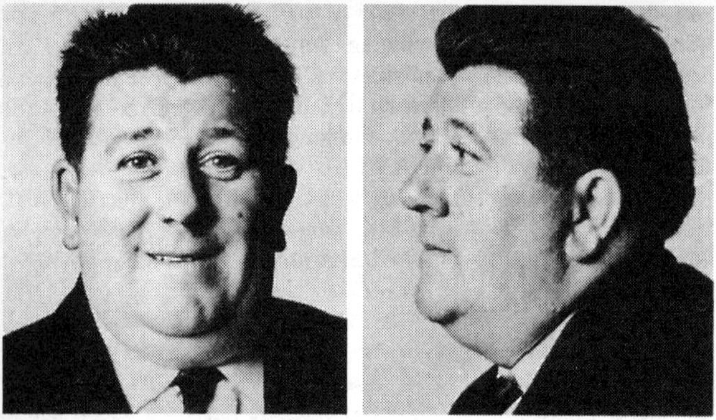

Anv. pyjamas. Årskort KFML & Skansen.

# Holger Typ, betydelseblind

Det måste vara någon vajsing nånstans på mej. Jag begriper inte vad det är, men jag märker ju hur folk reagerar när jag uttalar mej om något.

Som nu i den stora debatten om u-hjälpen på Medborgarhuset där jag drog upp frågan om till vilken adress i respektive u-land man bör skicka pengarna, alltså om det kanske är säkrare att skicka dem till förslagsvis finansministerns hemadress än till själva myndigheterna. Det tog visserligen ett par timmar att bena upp den frågan, och jag tyckte jag märkte en viss irritation, men jag stod på mej. För jag menar, det är väl ingen mening med att skicka u-hjälp om man inte har fullständigt klart för sej postnummer och dylikt?

Eller varför det inte är livstids fängelse för felparkering, det har jag heller aldrig begripit. Har man brutit mot lagen så har man. Väl?

På Sveriges radios administrationsavdelning, där jag är anställd som administrativ assistent i programproduktionssektorn, drar sammanträdena ofta ut på tiden, och av någon anledning som jag inte kan förstå tittar dom alltid på *mej* ju längre klockan går. Jag gör ju bara min plikt. Frågan om Ingmar Bergman skall ha ersättning enligt traktamentsklass 1 A eller 1 B när han TV-filmar utanför traktamentsgränsen kan väl ändå inte avfärdas i en handvändning? Hur tror ni det skulle ha gått om de hade slarvat med en sån sak på Svensk Filmindustri, som är ett kommersiellt företag? Hade det inte funnits entydiga traktamentsdirektiv så hade varken Såsom i en spegel eller Tystnaden nånsin blivit av, ska jag säja er. Och Sveriges radio ska väl inte kunna hoppa över de grundläggande frågorna bara för att dom har monopol? Tvärtom måste väl administrationen vara dubbelt så noggrann när man har att göra med licensbetalarnas pengar. Och det är den ju också, minst. Men ändå finns det element inom företaget som inte ens vill höra talas om var traktamentsgränsen ska gå mellan lunchersättningstariffen och den kombinerade reseräknings- och extra måltidsersättningen. Hur ska Ingmar Bergman kunna jobba på TV om han inte vet hur mycket han kan smälla på en lunch?

På TV 1:s stormöte har jag föreslagit att nyhetsmaterialet ska bedömas lika. Jag menar om Hilda Jonsson i Katrineholm har fått en son just på torsdag så är det väl självklart att det ska nämnas i TV-nytt. Det måste ju vara viktigare för henne och hela hennes familj just den dagen än att höra om Vietnam och Främre Orienten och sådant. Det finns ju så många andra dagar då man kan tala om det.

Däremot vill jag ge nyhetsfolket på TV och i radion och pressen en eloge för deras sätt att sköta debatten om NJA-pjäsen i vintras. Huvudsaken var givetvis att ingen skugga föll på verksläkaren. Det borde finnas flera pjäser som tar upp frågan om skuggor på verksläkare. Och likadant med den här nya pjäsen om Norrbottens problem, där är det givetvis viktigast att inte landshövding Lassinanti behöver åka nånstans. Det borde det också finnas fler pjäser om, landshövdingar som inte behöver åka. Massmedia har fint fått fram syftet med dessa pjäser. Det kan jag inte inse att dom bör ha skäll för.

Och inte heller begriper jag varför min syster blev så sur när jag sa till henne att jag tyckte det var anmärkningsvärt av min svåger att gå och låna mitt paraply olovandes just den dan han gick och blev överkörd av tåget.

Det måste vara nån vajsing nånstans på mej. Jag önskar jag visste vad det är.

Höger stämb. längre än vänster. Egend. sångröst.

# Cecilia Typ, medliderska

Medlidande är en av de finaste och viktigaste känslor som finns, det är väl alla överens om. Och i så fall är jag en av de bästa människor som nånsin levat, för min förmåga till medlidande är praktiskt taget obegränsad. Jag har övat upp mej så att jag till och med kan lida mer än den jag lider med. Det händer att jag ligger flera hästlängder före.

Som när Anna ringde häromdan och grät och berättade att hennes kristallvas hade ramlat i golvet och gått sönder.

– Och den som jag fick i lysningspresent, snyftade hon.

– Stackars lilla du, och *första* gången du gifte dej till och med, snyftade jag.

– Och den som var så dyrbar, snyftade hon.

– Stackars lilla du, jag förstår hur du måste känna dej. Du som är så snål också, snyftade jag.

– Och vad ska Harald säja, snyftade hon.

– Stackars lilla du, han som är så lättretad, snyftade jag.

– Tänk om han skäller på mej, snyftade hon. Det kan jag inte stå ut med. Min egen lille Harald.

– Det kan bli fråga om handgripligheter också, snyftade jag. Det kan hitta på och hända att han slår sönder dina andra kristallvaser, och kanske möbler och husgeråd.

– Kära lilla Cecilia, var inte så lessen, snyftade hon. Det ska nog ordna opp sej ska du se.

– Aldrig snyftade jag. Inte om han ger sej på möblerna.

Och sen la jag på luren och torkade tårarna. Eftersom jag ligger före i själva medlidandet så tröstar jag mej också en stund innan dom som jag lider med har slutat gråta.

Min man säjer till mej att det är väl ingen mening att bara sitta och gråta med, utan gör nånting för helvete, säjer han, för alla dom du lider med. Trösta dom, hjälp dom, skicka pengar om dom behöver det, eller gå dit och städa åt dom om dom är sjuka.

Det där tror inte jag på. Det känns mycket riktigare att bara sitta och lida med. Det är skönt att få gråta ut ordentligt. Det har man väl rätt till. Var och en är sej själv närmast.

När dom visar såna där hemska bilder för radiohjälpen i TV så gråter jag så det skvalar. Jag är säker på att dom känner på sej hur jag lider med dom. Men nåra pengar skickar jag inte. Då skulle den fina känslan liksom bli nerdragen i smutsen.

Men inte kunde jag väl tro att Anna skulle gå och hoppa i ån bara för den där kristallvasen. I så fall hade jag förstås själv sprungit före och hoppat i en djupare å.

# Hugo P. Typ, glappkontaktman

Intervjuaren: Goddag.
Hugo P. Typ: Goddag... äh... hur var det här då?
Intervjuaren: Vi skulle träffas klockan elva i dag för en intervju.
Hugo P. Typ: Ä... jaså... har jag sagt det? Vad är klockan nu då?
Intervjuaren: Elva.
Hugo P. Typ: I dag?
Intervjuaren: Ja just det. Elva i dag är klockan.
Hugo P. Typ: Jaha... varsågod och sitt... nu måste jag tyvärr snart på lunch... Halv tolv måste jag gå.
Intervjuaren: Jaja, vi ska nog hinna till dess. Vi skulle prata lite om er funktion i företaget. Ni är alltså chef för avdelningen för brödrostar och elektriska gräddvispar på företaget?
Hugo P. Typ: Just det.
Intervjuaren: Är ni ingenjörsutbildad, eller...
Hugo P. Typ: Nej, jag kommer egentligen från sales promotion. Och till sales promotion kom jag från public relations.
Intervjuaren: Så ni har ingen elektroteknisk bakgrund...
Hugo P. Typ: Nej, det har jag inte. Jag har souschefer på avdelningen som kan sånt där om brödrostar och kontakter och volt och watt. Den aktuella trenden inom vår section av electrical marketing är att ha avdelningschefer som kan one: ta folk; two: analysera produktionsläget inom avdelningen och vidarebefordra experternas synpunkter uppåt, till ledningen; three: i koncisa sammanfattningar ge företagsledningen en bild av läget inom avdelningen, samt vidarebefordra ledningens synpunkter och beslut nedåt till avdelningen..
Intervjuaren: Men kan inte en yrkesutbildad brödrostexpert själv bättre framföra sina synpunkter till ledningen?
Hugo P. Typ: Vadå? Han kan väl inte gå bakom ryggen på mej? Jag är ju hans chef?
Intervjuaren: Nej, men jag menar om ledningen i stället hade valt en sådan expert till avdelningschef?
Hugo P. Typ: Vad finns det som säjer att folk som kan skruva ihop brödrostar har talets gåva? Och skriftens? Mina PM om

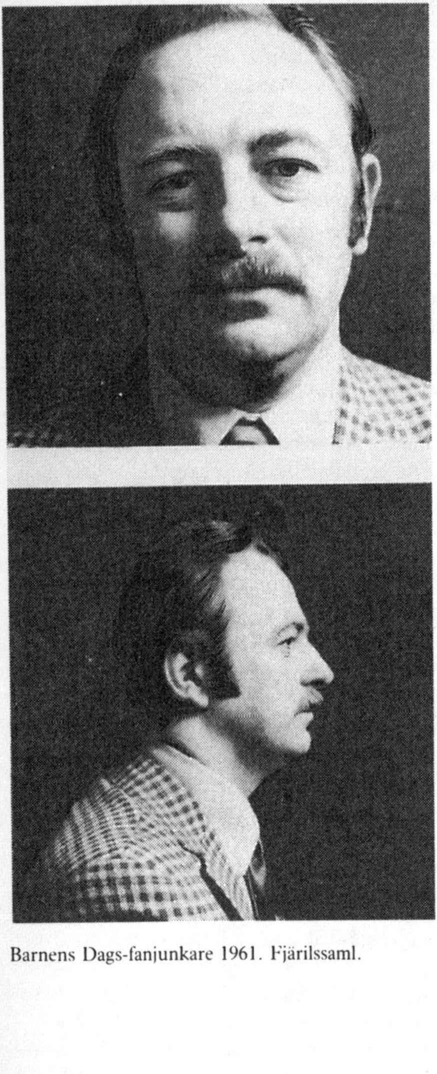

Barnens Dags-fanjunkare 1961. Fjärilssaml.

brödrostar är oklanderligt stavade och återspeglar mina underställda experters synpunkter, vederbörligen modifierade.
Intervjuaren: Vad menar ni med modifierade?
Hugo P. Typ: Tvättade, givetvis. Man kan väl för helvete inte vidarebefordra svordomar och råskäll. Klockan är kvart över elva. Jag ska på lunch.
Intervjuaren: Sa vi inte halv tolv?
Hugo P. Typ: Sa vi... jag ska fråga min sekreterare... hallå, hej Lisa, hur dags var det jag skulle på lunch...
Lisas röst i snabbtelefonen: Kvart över tolv.
Hugo P. Typ: Jaså, jaha... men var det inte nåt annat före?
Lisa: Nej. Bara den där intervjuarn.
Hugo P. Typ: Jaså... jaha...
Intervjuaren: Då har vi ju gott om tid. Hur vill ni beskriva er funktion inom företaget?
Hugo P. Typ: Jag är kontaktman mellan ledningsgruppen och avdelningen. I en så stor organisation som vår är det en ytterst very important function. Ursäkta mej, summertonen i snabbtelefonen... hallå. Jaså är det du Erik? Vad säjer du? Menar du att kalkylerna inte kommer att hålla för fyraskivorsrosten med simultan poppning? Vadå, ett relä? Vad är det? Jaha. Hur mycket överskrider ni? Va? 20 procent! Det kommer aldrig ledningen att gå med på. Jaja, du ska få besked före lunch. Jag ska tala med VDS.
Intervjuaren: VDS, vem är det?
Hugo P. Typ: Det är Maggan. Verkställande direktörens sekreterare. Hallå, Maggan. Hej, Hugo P. här. Skulle du vilja nämna vid tillfälle för VD att det blir en lätt överskridning på BRSP 4? Just det. Fyraskivors simultanpoppare, den nya du vet. Det är ett relä. Sånt där inuti, vet du. Då hör du hur han reagerar på det och meddelar mej va?
Intervjuaren: Varför sa ni inte det där om 20 procent?
Hugo P. Typ: En sak i taget. Man får va diplomatisk. Chefer har ju sin rätt att inte irriteras för mycket... hallå ja. Hej igen Maggan. Jaså han tyckte det får passera? Bra. Jaså. Tala med EC ja. Så han sa inte OK direkt. EC först ja. Hej då.
Intervjuaren: Vem är EC?
Hugo P. Typ: Ekonomichefen. Hallå, hej Bettan. Har du EC inne? Jaså i sammanträdesrummet. Skulle du vilja ringa vaktmästarn i sammanträdeskorridoren och be honom gå in med en lapp

och fråga EC om det är OK med 20 procent på BRSP 4? Just det, säj bara så. Då avvaktar jag. Hej.
Intervjuaren: Är det inte svårt för er att sitta i en sån här mellanställning?
Hugo P. Typ: Visst kan det va besvärligt, men man får ju offra sej för företaget. Ett stort företag som vårt står och faller med sina kontaktmän uppåt och nedåt.
Intervjuaren: Vilket gör det mest, står eller faller?
Hugo P. Typ: Ursäkta mej, snabbtelefonen igen... hallå ja, Bettan. Så EC anser att 20 procent är OK? Vadå, i *vinst?* Njae, det gällde inte det precis, utan det gällde om 20 procent är OK så där i största allmänhet... men han sa tydligt OK? 20 procent är OK, sa han så? All right. Hej då. – Hallå, Erik. Du, det är OK med 20 procent. Vadå blir för dyrt? Jaja, jag har bara det beskedet från EC: 20 procent, OK. Det är inte mer att prata om. Gör ditt jobb, och låt mej sköta kontakterna. Hej.
Intervjuaren: Var han inte nöjd?
Hugo P. Typ: Ä, hantverkare, dom ska alltid sticka opp. Ursäkta igen... ja hallå, är det du igen Maggan? Va, är EC hos VD? Va, förbannad? Men jag sa ju tydligt om överskridning till VD, och 20 procent till EC... va? Sjutton också, blir det SU.
Intervjuaren: Vad är SU?
Hugo P. Typ: Specialutredning. Vad säjer du Maggan? PM om relä till EC och VD och för kännedom till SO. Ska styrelsen... Oj. Ja. Hej.
Intervjuaren: Så brödrosten kommer inte att...
Hugo P. Typ: Håll käften. Nu brinner det i knutarna. Hallå, Erik, hej igen Erik. Du blev väl inte lessen nyss för att jag röt åt dej? Jo du, skulle du vilja hjälpa mej med en liten sak, det gäller ett PM om det där relät... du skulle inte vilja... tack ska du ha Erik, du har alltid varit en bra kamrat... så skriver jag under mitt namn bara och skickar iväg... ja. Kan du göra den över lunchen möjligen... fint. Jättesnällt. Jag ska skicka ner ett par såna där affischer om gräddvispen som du kan ge barna att sätta opp i sängkammarn... äh, det var så lite, det gör jag gärna... Hej, Erik. Och du håller det där om relät i en positiv anda i PM:et va? Just det, vi är alla delaktiga i företagets framgångar. Varför skrattar du? Hej Erik. Sköt om dej.
Intervjuaren: Så i eftermiddag behandlas brödrosten i styrelsen?
Hugo P. Typ: I eftermiddag? Ingalunda. Styrelsen sammanträder

om drygt två månader.
Intervjuaren: Men han fick ju ingen lunch...
Hugo P. Typ: Han nä. Han är ju underställd personal. Han får aldrig nånting ur händerna om man inte tjatar på honom. Det är bara högt oppe i ett företag som papper får bli liggande. Själv kan jag som mellanchef ligga på dom så där ett par tre dar. När jag blir befordrad får jag låta dom va i en hel vecka.
Intervjuaren: Ja det var ju en intressant inblick...
Hugo P. Typ: Jaja, jag hoppas ni har fått en uppfattning om att min nyckelroll som kontaktman mellan företagsledning och produktionsenheter verkligen betyder liv eller död för ett företag som vårt.
Intervjuaren: Och hur tror ni det går med brödrosten?
Hugo P. Typ: Den blir stoppad av styrelsen.
Intervjuaren: Hur vet ni det?
Hugo P. Typ: Företaget har inga pengar till sånt som hushållsmaskiner.
Intervjuaren: Men är det inte det som...
Hugo P. Typ: Jo, men jag då? Ska jag inte ha betalt? Och alla de andra 73 kontaktmännen och mellancheferna som blev anställda i våras?
Intervjuaren: Tack för intervjun. Den var mycket upplysande.
Hugo P. Typ: Tack... ursäkta mej, telefonen. Jaså, min fru. Släpp igenom henne. Hej älskling. Gå på bio i kväll? Ja det kan vi väl göra. Bestäm film du. Nej inte den. Annars vilken du vill. Nej inte den. Vilken annan som helst. Ja gärna Asterix. Den går på Ritz ja. På sjuan. Jag ber Lisa boka två biljetter. Hej älskling. – Jo hallå Lisa. Vill du vara snäll och beställa fem biljetter till Frankensteins monster på Saga till nian i morron kväll. Tror jag det var.
Intervjuaren: Nu skulle herr Typ på lunch...
Hugo P. Typ: Javisst ja, var det i dag det... det är kontaktkonferens med distrikten ja, jag skulle äta ihop med representanten för vårt kontor i vad det nu heter, längst ner där.
Intervjuaren: Skåne?
Hugo P. Typ: Just det ja. Skåne.
Intervjuaren: Varför drar ni ut den där sladden ur väggurtaget?
Hugo P. Typ: På lunchen går jag på batterier. Nätansluten är jag bara på själva kontoret. Hur va namnet? Jaså har vi pratat med varandra. Vad gällde saken? En intervju. Jaha. Goodbye.

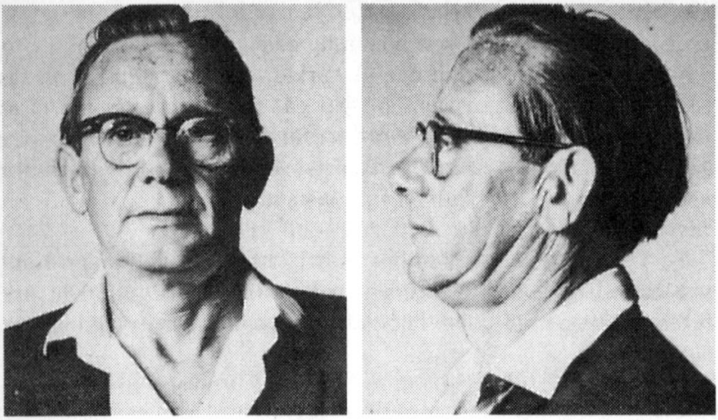

Nr 4 av 3 syskon. Kortkonster.

# Larsan Typ, solgalning

Ni kanske har hört talas om mångalenskap. Om folk som blir tossiga när månen är full. Jag lider av en annan sjukdom som ingen har forskat i: solgalenskap. Det är en sorts sommarsjuka.

Vi solgalningar har den fixa idén att varje sekund sommarsolen skiner måste vi befinna oss ute i solskenet så nakna som möjligt. Under varma soliga somrar märks ju inte det där så mycket, för då smälter ju solgalningarna på ett naturligt sätt in ibland alla normala människor som solar sej sådär lagom.

Men om man, som nu jag i somras, har fyra veckors semester utan en enda gnutta sol och sen kommer tillbaks till arbetet blek och glåmig – då bryter det ut.

Det är en augustidag. Jag står vid min svarv. Genom fabriksfönstret kan jag se en liten bit av himlen. Den är mulen. Jag känner mej lugn och harmonisk. Men så kommer en frisk augustivind och sopar bort molnen på den lilla himmelskvadraten som jag ser. Solen bryter fram. Jag företer omedelbart tecken på oro. Mina förut lugna rörelser i arbetstempot blir ryckiga och ojämna. Efter bara ett par minuter kan jag inte hålla mej. Jag rusar ut på toaletten, klampar ordentligt så verkarn ska se. Öppnar genast försiktigt toalettdörren igen, smyger på lätta fötter ut ur fabrikslokalen, river av mej allting utom kalsongerna, lägger mej raklång på marken, ligger där tre minuter i solgasset, tar på mej, rusar in igen, slår ljudligt opp dörren till toaletten i förbifarten och går något lugnare till min svarv.

Så var det hela augusti och halva september. Vid mulet väder var jag lugn som doktor Jekyll, vid minsta strimma sol förryckt som Mr Hyde. På soliga arbetsdagar kunde mina fuskbesök på toaletten uppgå till flera hundra. Jag var ständigt kissnödig, eftersom jag inte ville slänga bort en solchans på ett autentiskt toalettbesök. Jag blev mager och avtärd. Lunch åt jag bara när det var nermulet.

Men – jag blev lätt grisskär i nyllet. På riktigt soliga arbetsdagar kunde man se en blekrosa skiftning till långt frampå kvällen. Då var jag lätt om hjärtat!

Jag har en syster som är ännu solgalnare än jag. Så sent som den 12 februari i vintras såg jag henne sitta på Dramatens trappa i bara behå och trosor och med ansiktet vänt upp mot solen. Sen kom snösvängen och skyfflade med sej allting, och sen dess har jag inte sett till henne.

Kanske är hon i himlen. Då är hon nog bra brun.

Bötf. f. felpark. 16.5.57. Ankelsocks.

# O.O.O. Typ, intervjuoffrare

O. O. O. Typ: Först ska vi tacka dej Ture Rantatalo för att du har haft vänligheten att komma hit till TV-studion för en utfrågning. Och den första frågan lyder: är inte du, som ju har gått på illandes röd folkhögskola och hade åsikter på trettiotalet som är lite annorlunda än dom du har i dag och det har vi kollat med folk vi känner, är inte du, lyder frågan, direkt olämplig att representera de strejkandes intressen?

Offret: Nej.

O. O. O. Typ: Svaret är fel. Kliv ut ur buren så ska du få smörj.

# Ivar Typ, levnadsklåpare

Det finns ett gammalt fint ord som heter levnadskonstnär. Det skulle jag vilja vara. Men tyvärr är jag raka motsatsen. En levnadsklåpare.

Med en levnadskonstnär menar jag en person som behärskat och insiktsfullt bedömer hur han bäst kan utnyttja sina levnadsbetingelser för att hans kropp, hans intellekt, hans känsloliv, hans samvete och överhuvud taget hela han ska fara väl och må så bra som möjligt – och sen lever därefter.

Sån är inte jag.

Och ändå tycker man att jag skulle ha stora möjligheter att utöva nån form av levnadskonst. Min levnadsstandard har stigit i snabb takt i många år nu, jag är en högavlönad tjänsteman med radhusvilla i en trevlig förort med stora grönområden. Och lik förbannat dras jag varenda lördag, hur fint vädret än är, och hur skönt det än skulle vara med en riktigt lång härlig fridag ute i skogen, lik förbannat dras jag, och även min hustru och vår flicka, 6 år, liksom av en oemotståndlig kraft in i bilen klockan halv elva varenda lördag och åker in mot stan och sitter i en stinkande bilkö i timtal bland alla andra tusentals levnadsklåpare som inte heller kan fördriva sin lediga lördag på nåt vettigt sätt. Och vad ska vi in till stan att göra? Jo, köpa nån krabba eller nåt annat onödigt som bara finns inne i centrum, och lilla Lotta får löfte om en liten leksak bara för att hon inte ska tycka det är tråkigt att sitta i bilen halva dan, och så tar det ett par extra timmar att skaffa den lilla leksaken, för det finns förbanne mej inte en leksaksaffär utan stoppförbud utanför. Det är ju otäckt. Vi lurar faktiskt Lotta till att vilja åka med oss till stan bara för att få den där dumma onödiga fula plastdockan som kan kissa om man fyller den med vatten och håller fram den över den lilla specialpottan som man också måste köpa på samma gång så får man fem procents rabatt. Nu när Lotta har den också så vet jag inte vad vi ska ta oss till nästa lördag, för nu finns det inga leksaker som hon inte har, och då kanske hon inte vill följa med till stan. Vi får väl försöka skaffa barnvakt i så fall, för vi vill gärna åka in och handla både min fru och jag. Vi brukar anlita en studerande flicka inne i stan som gärna kommer ut till oss för att få lite frisk luft och tjäna en slant. Fast då får min fru eller jag åka in och hämta henne först, så det blir en extra resa. Men men, huvudsaken är att man kommer in och får tag i ett sånt där färdigkryddat revbensspjäll som är så praktiskt att ha när man sitter och äter middag framför TV:n. Vi äter nästan enbart mat som man inte behöver titta på innan man stoppar den i mun. Och sån har dom ofta bara inne i centrum.

Jag förstår inte hur jag kan ha blivit en sån levnadsklåpare. Jag ger mej fan på att dom har blandat in nån sorts knark i bensinen som man omedvetet sitter och sniffar i köerna så man blir betingad att åka dit även på fritid och andas in sin dagliga dos.

Jag minns så väl för tie år sen när vi var nygifta och hade det betydligt knackigare än nu, hur vi sa när jag fick påökt och min fru fick jobbet på Konsum så vi tordes slå till och skaffa oss radhusvillan. Så här sa vi till varandra: ”Älskling, nu har vi fått det så bra så nu behöver vi inget mer. Får vi bara ha det så här så.”

Men sen är det ju dom där förbannade diskmaskinannonserna och hur jävla hälsosamt det är med bastu i källarn.

Och det är väl inget fel i det. Inte heller kan man skylla alltihop på reklamen, utan dom som är så korkade så dom går på allting får rimligtvis anses ha del i skulden.

Skulden förresten. Det är väl också en sorts levnadskonst att sitta och trivas och svettas i egen bastu. Fast det hade ju varit bra om man hade haft en dusch i källarn också, för det blir alltid ett himlans liv när man klafsar opp i badrummet och sätter på handduschen och så ner igen ett par tre gånger. Och man blir lätt förkyld på vägen.

Egentligen har dom det bättre ordnat med dusch i varmbadhusets bastu, och det går bara på en fem sex kronor. Men när man har bastu i källarn så får man ju se till att utnyttja den. 450 gånger måste jag sita i hettan innan bastun så att säja är betald, har jag räknat ut. Och då är ändå inte elförbrukningen medtagen.

Och inte hade man köpt sej en Morris 1800 om man inte hade varit levnadsklåpare. Det är väl höjden av levnadsstandard, att ha en mycket rymlig bil stående på verkstan.

Redan Viktor Rydberg sa på sin tid att folk skulle bli mycket lyckligare om de fick mera fritid så att de kunde utveckla sina personligheter och bilda sej och umgås och njuta livets goda. Och precis likadant säjer dom nu, alla datamaskinister som förutspår

Fil. kand. m. centralvärme.

att maskinerna ska ta över och vi själva ska få en helvetes massa fritid.

Jag och mina gelikar kommer att använda denna fritid till att sitta dubbelt så länge i de dubbelt så långa bilköer som då kommer att finnas på grund av att standarden har blivit dubbelt så hög. Vi kommer alla att vara på väg in till stan för att köpa varsin halv krabba från Kamtjatka, det enda ställe i världen där krabbor ännu kan fiskas. En halv krabba kommer på grund av sin sällsynthet att gå på 1.500 kronor, vilket gör den så ytterst delikat att bilköerna får va hur långa som helst bara man får sin halva krabba.

Hur kan jag låta mej luras att leva ett så erbarmligt korkat klåparliv? Är det reklamen och alla efterhängsna försäljare av lyckomöjligheter som har fått mej att tro att jag får det bättre ju dyrare jag lever? För jag tror ju det, jag och dom andra levnadsklåparna. Varför tar dom annars hellre ett jobb som dom blir lomhörda av för några öre mer i timmen än har kvar sitt gamla? När dom ändå har bil och färg-TV? Varför består storstäderna snart enbart av billeder och betongkontor? För att vi som är bilburna ska trivas bättre i stan? När man snart inte överhuvud taget får gå ur bilen, om man inte åker ner sju våningar under marken! Blir jag lyckligare av det? Nå, men i storstäderna bor ju inte folk, säjer dom då. Varför har dom då kopierat samma betonglådor och jättegarage i sovstäderna också?

Och jag och dom andra bara tiger och tar emot. Bara för att bilar är så dyra så vi tror att vi blir lyckligare av dom. I själ och hjärta föredrar jag en cyklist, till och med en med cykelspännen.

Kanske är det första steget mot verklig levnadskonst? Jag kanske inte är ett hopplöst fall?

Men då kommer det strax nån genomfartsledsplanerare och påstår att det bara är snobbar som åker cykel!

När man språkar med andra levnadsklåpare om såna här problem får man ofta höra att man är en reaktionär person som vill stoppa utvecklingen, försämra handelsbalansen, äventyra kollektivavtalen, rädda naturen med mera. Det finns en gammal bakåtsträvande slagdänga som heter "The best things in life are free". Det är naturligtvis en ljusblå halvlögn, men å andra sidan kan man inte förneka att en hel del av livets glädjeämnen, såsom skogar och havsbad, länge har varit gratis. Men det konstiga är att de först nu, när det visar sej kosta pengar att ha dom kvar, uppskattas till så att säja sitt fulla värde. Visa ett förorenat havsbad för nån stenrik levnadsklåpare och säj: "Det här badet kostar det hundra miljoner att bada i" – och ni kan hoppa opp och sätta er på att han, eller hans käring, utropar: "O så dyrt! Här *måste* vi bada!", och så bekostar dom en reningsanläggning för hundra miljoner och tar sej ett dopp.

Kanske skulle det bästa sättet att rädda vad som finns kvar av naturen vara att sätta hutlösa priser på buskar och trän så folk begriper hur trevliga dom är att titta på. Till exempel en sån här annons:

| SKOGSPROMENAD PÅ SÖNDAG | |
|---|---|
| Vandra i tallskog | 2.000:– |
| Höra på lärkan | 700:– |
| Sitta på mossig sten | 850:– |
| Lukta på gullvivor | 1.250:– |
| Buss t.o.r. | 2:50 |
| | 4.802:50 |

Det blir man alltså lyckligare av än en färg-TV, som man får för under 4.000.

På så sätt skulle man kanske rentav kunna få naturen att gå med vinst. Så kunde man få ihop till ett par supertankers, eller en ny motorled genom Gripsholms slott.

Det värsta är att jag tror jag ska ta och anmäla mej till den där skogspromenaden. Dom där siffrorna ser lockande ut. Det måste va fantastiskt skönt i skogen om det är så svindyrt.

Jag önskar jag inte vore en sån levnadsklåpare.

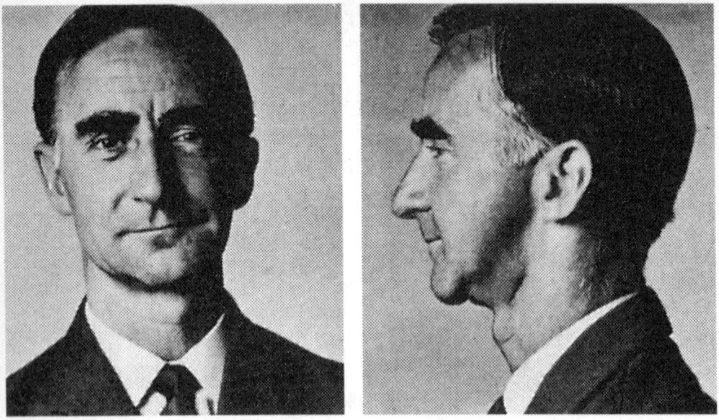

Simkunnig i smult vatten.

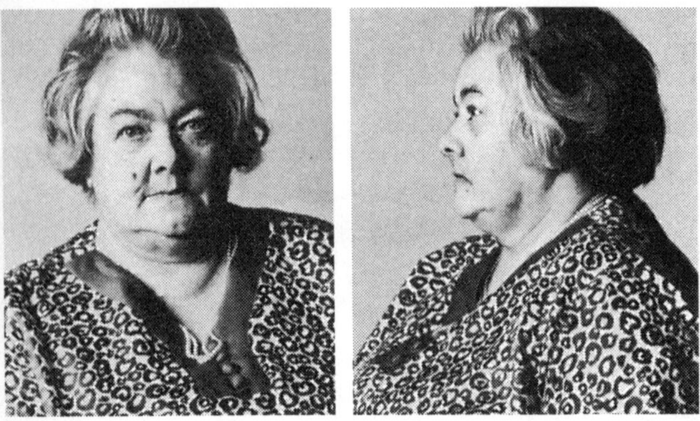

Kranmaskinist i släkten.

# Snöret Typ, morronmjölk
och
# Klara Typ, filbunke

Snöret Typ: Nu kokar det i mej igen. Det är likadant varenda morron. Titta här på första sidan! Olyckor! Elände! Krig! Nöd! Upplopp! Pest! Kolera! Jag kokar över, Klara! Jag vet inte vad jag gör!
Klara Typ: Du dricker kaffe.
Snöret Typ: Jag blir så förskräckligt upprörd, Klara! Som det är ställt i världen! Och, nej, titta här: Kronprinsen har en ny fjälla! Nej, det är för mycket. Det stockar sej i halsen på mej! Vad ska jag ta mej till?
Klara Typ: Drick ditt kaffe.
Snöret Typ: Dricka kaffe! När hela alltet rasar samman omkring mej, när det krävs gigantiska insatser av miljoner människor för att vi överhuvud taget ska ha en chans att överleva, när varje sekund är dyrbar för att rädda mänskligheten, hur ska jag då kunna sitta här och dricka kaffe?
Klara Typ: Drick te då.

Glåmig hy.

# Sherlock Typ, misstänkare

Intervjuaren: Goddag. Är detta misstänkare Sherlock Typ?
Sherlock Typ: Varför vill ni veta det? Vill ni komma åt mej på något sätt? Ska jag registreras i något hemligt register? Tänker ni skicka på mej dammsugaragenter från Elektrolux? Ska jag tas in på något slags hem? Tycker ni jag ser sjuk ut?
Intervjuaren: Nej, ni ser ovanligt glad och pigg ut...
Sherlock Typ: Ovanligt? Vad menar ni med det? Skulle det vara *vanligare* att jag är sur och trött? Skulle mitt normala tillstånd vara så förbannat trist att man särskilt lägger märke till när jag nån enstaka gång ser glad och pigg ut? Är det så ni menar?
Intervjuaren: Nejnej! Jag menade det bara som en komplimang...
Sherlock Typ: Komplimang! Jag betackar mej för den sortens komplimanger. Glad och pigg! Mycket ska man höra innan örona ramlar av. Vad vill ni förresten? Är ni ute efter mina pengar?
Intervjuaren: Nej, jag ville göra en intervju till en bok, jag ville höra lite om MVF...
Sherlock Typ: Vad vet ni om *MVF?* Hur har ni fått reda på det? Är ni från SÄPO? CIA? MVD? SE?
Intervjuaren: Nej, jag försäkrar. Jag vet bara att ni är grundare av MVF, Misstänkarnas Världsförbund.
Sherlock Typ: Det finns ugglor i alla mossar. Ugglor i alla mossar, förenen eder. Det är MVF:s valspråk.
Intervjuaren: Men vad ska MVF uträtta?
Sherlock Typ: Vi ska upprätta ett hemligt register över alla jävlar som vill komma åt oss.
Intervjuaren: Och vilka är det?
Sherlock Typ: Alla utom vi.
Intervjuaren: Och vilka är vi?
Sherlock Typ: Vi inom MVF.
Intervjuaren: Och vilka är vi inom MVF?
Sherlock Typ: Det är egentligen bara jag. Man kan ju inte lita på någon människa.
Intervjuaren: Det var ett ovanligt litet världsförbund.
Sherlock Typ: Vad menar ni med det? Skulle det vara en pik? Hur

många var Karl Marx från början? En! Och förresten, hur ska man få misstänkare att betala årsavgiften? När dom bara misstänker att man ska schappa med den till Sydamerika? Nä, såna meningsfränder betackar jag mej för.
Intervjuaren: Men varför tror ni att folk vill åt er på något sätt?
Sherlock Typ: Tror? Titta på världen omkring mej! Varför tror ni att dom har stängt av vissa gator i innerstan för biltrafik? Bara för att komma åt mej för att jag kör bil! Jag kan hålla vad om att den dag jag köper mej en buss så slopar dom bussfilerna också. Och varför tror ni det stod i tidningen i dag att skollunchen i min kommun består av isterband? Som jag är allergisk mot? Jag förstod nog piken fast den var fin!
Intervjuaren: Men ni äter väl inte lunch i skolan?
Sherlock Typ: Nämen jag sa ju att piken var fin. Det gäller att se opp så man inte blir lurad. Varför tror ni jag vann högsta vinsten på nummerlotteriet förra gången? För att jag skulle bli rik och lat och sluta arbeta och dö i förtid av fetthjärta! Men den gubben gick inte. Jag rev sönder lotten. Det kan dom gärna ha. Jag känner dom nog. Där sitter dom i sina EEC-förhandlingar och ler ondskefullt i mjugg och viskar att nu ska vi se till så att saker och ting blir dyrare för Sherlock Typ i Sollentuna. Eller som i förra veckan, när den där jävla doktorn kom och sa att jag hade blindtarmsinflammation. Jag blev så arg så jag hade ont i magen och 40 graders feber hela natten.
Intervjuaren: Men hur gick det sen då?
Sherlock Typ: Dom kom med en ambulans. Bara för att jag skulle bli utskämd för grannarna, för jag hade ju ingen ren pyjamas. Dom tar tillfället i akt, dom jävlarna, dom kommer när man ligger där och inte har kunnat hämta tvätten. Och sen då efteråt, tror nån att jag fick se på mitt maskformiga bihang när jag bad om det? Nänä, det hade dom slängt bort. Läkare är ett sabla pack. Dom bara skär opp lite på måfå och tar betalt. Jag ger mej fan på att det inte var nåt fel på blindtarmen. Det skulle inte ens förvåna mej om den sitter kvar. Så dom får skära i en igen nästa gång dom kommer och påstår att man har blindtarmen. Och så fort jag var opererad så börja brevbärarna prata om att dom inte vill bära ut post på lördagarna. Bara för att sjukkassan skriver ut min sjukpenning på fredagarna så jag inte skulle få den förrn på måndag. Dom skulle själva få blindtarmsinflammation så fick dom se.
Intervjuaren: Men ni hade ju inte haft blindta...

Sherlock Typ: Va? Tror du jag olagligen tar emot sjukpenning utan att ha varit sjuk? Det kunde jag ge mej fan på att du var som alla andra! Ska du inte anklaga mej för stöld och mord och bedrägeri också? Ut, lymmel! Och hälsa dom på väderlekstjänst att jag just har köpt mej en varm halsduk, så ordnar dom förstås så det blir vår i morron!
Intervjuaren: Ajö.
Sherlock Typ: Vad menar du med det? Skulle det va en pik?

# L. Typ, blindkugge

Jag var ett sladdbarn. Jag var inte meningen från början.

I min klass i skolan fanns det 23 pojkar. När vi delades upp i två fotbollslag om 11 i varje förstår ni hur det gick.

En dag på våren tänkte jag att nu ska jag ut i skogen och plocka gullvivor åt mamma och när jag kom hem med gullvivorna stod det en vas med gullvivor på köksbordet som min äldre syster hade tänkt ut att hon skulle gå ut i skogen och plocka åt mamma.

När jag skulle in i militärtjänsten hade jag råkat sudda med mitt suddgummi i intelligenstesten så dom visste inte vad dom skulle ha mej till. Jag låg aldrig i själva lumpen, utan jag låg liksom strax bredvid på något meningslöst sätt och jag fick aldrig ha ihjäl nån eller vara till nån nytta alls.

Min tilltänkta hustru var redan gift.

När jag pensionerades från mitt arbete efter 43 års trogen tjänst fick jag veta att det hålet som jag hade haft till uppgift att svetsa i bakplåten till den serietillverkade mopeden som dom gjorde på fabriken, det hålet hade dom strukit ur konstruktionen strax efter att jag blev satt på att göra det, så det användes aldrig till nån skruv eller så, utan det var bara ett fullständigt meningslöst extrahål som dom hade glömt att jag inte behövde göra.

Jag vet egentligen inte alls varför jag har funnits.

Fast nu har vi det ju trevligt på hemmet för gamla, för vi är fem gubbar som brukar träffas och spela bridge. Jag har tänkt att jag kanske kunde lägga en patiens under tiden, men det har aldrig blivit av, för dom andra fyra har ju kortleken.

Innehar försäkringsbesked. Obehörig.

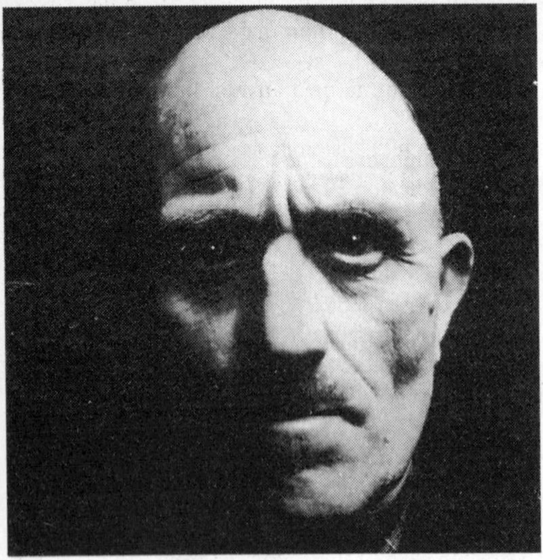

Intr. kommunistiska ungdomsförb. 21 mars 1937 kl. 20. Uttr. 21 mars 1937 kl. 20.30. Innehar inneskor.

# Emmerich von Typ, jämlikhetssporre

Intervjuaren: Ni har forskat och experimenterat en hel del med jämlikhet. Hur kom ni på den idén?
Emmerich von Typ: Min mor var ofrälse och fick utstå mycken förödmjukelse för det på godset där jag växte upp.
Intervjuaren: Ni menar att er familj med anor från Breitenfeld och Poltava inte ville acceptera en ofrälse i sina led?
Emmerich von Typ: Jovisst ville dom det. Hon var ju dessutom

bra mycket snyggare och klyftigare än någon av mina kusiner, som jag väl annars skulle ha valt min maka bland. Snygga brudar har vi Typer alltid gillat.
Intervjuaren: Vad menar ni då med att hon fick utstå förödmjukelser?
Emmerich von Typ: Från tjänstefolket, givetvis, och handlarn, och han i bensinmacken. Dom anser inte att en adelsman bör gifta sej under sitt stånd. Det har dom läst sej till i Vecko-Journalen.
Intervjuaren: Och det gjorde att ni började intressera er för jämlikhet?
Emmerich von Typ: Just det. Alla människor ska vara jämlika, det är min uppriktiga övertygelse.
Intervjuaren: Berätta något om era forskningar på området!
Emmerich von Typ: Jag inledde mina experiment hemma på mitt eget gods. Jämlikhet börjar i hemmet, resonerade jag. Det första problemet var då vem som skulle bli jämlik med vem, eller med andra ord: skulle man utgå från förslagsvis min privatchaufförs levnadsbetingelser, eller skulle man utgå från förslagsvis mina egna eller min makas?
Intervjuaren: Och hur löste ni det problemet?
Emmerich von Typ: Först provade jag med en kompromiss. Pigan fick ligga i samma säng som jag.
Intervjuaren: Och hur utföll det?
Emmerich von Typ: Tja, det gick väl rätt bra. Hon sa att hon liksom kände sej jämlikare efteråt, och jag för min del kände mej lite småtarvlig så där. Så man kanske kan säja att vi möttes på halva vägen.
Intervjuaren: Men anser ni inte att jämlikhet bör börja på det ekonomiska planet?
Emmerich von Typ: Jovisst. Hon fick ju en hacka för besväret, givetvis.
Intervjuaren: Och sen har experimenten fortsatt i er berömda jämlikhetsby?
Emmerich von Typ: Just det. Jag samlade ihop invånarna i byn som ligger nere vid vägskälet – dom är ett par tre hundra sammanlagt – och så höll jag en liten predikan om jämlikhet för dom, och föreslog att vi alla skulle pröva på om vi inte kunde bli riktigt ordentligt jämlika om vi la manken till. Dom tyckte det var ett bra förslag. Fast det blev lite kärvt i portgången.
Intervjuaren: Hur då?

Emmerich von Typ: Det första problemet som ventilerades var förstås vad vi skulle ha för bil. Jag hade ju min Rolls Royce Super de Luxe, men bland dom fanns det fattiglappar som bara ägde en gammal Cittra 51, eller rentav ingen bil alls. Vi kompromissade oss slutligen fram till att alla skulle ha var sin sån här tråkig liten Renault som folkliga godsägare kör omkring och jagar i. Och det var förstås en stor uppoffring framför allt för mej. Särskilt som min privatchaufför då skulle ha en egen liten Renault.
Intervjuaren: Så då fick ni köra er bil själv?
Emmerich von Typ: Nej, så långt behövde jag inte gå. Jag skaffade ytterligare en privatchaufför.
Intervjuaren: Men då skulle väl han också ha en egen Renault?
Emmerich von Typ: Just det.
Intervjuaren: Så då fick ni ändå köra själv.
Emmerich von Typ: Nej. Jag skaffade mej ytterligare en privatchaufför. Och han kunde inte ha egen bil.
Intervjuaren: Varför det?
Emmerich von Typ: Han hade inget körkort.
Intervjuaren: Var det inte ojämlikt av er andra att ha körkort då?
Emmerich von Typ: Jo just det. Vi slängde bort våra, så det blev jämlikt igen.
Intervjuaren: Så nu får ni gå då, eller åka cykel?
Emmerich von Typ: I helvete heller. Alla kör bil utan körkort, precis som min privatchaufför. Körkort skapar bara skrankor mellan medmänniskor.
Intervjuaren: Och hur har det sedan fortskridit med jämlikheten?
Emmerich von Typ: Jotack, senast i förmiddags så åkte vi in till stan allihop och köpte var sin mammaklänning.
Intervjuaren: Varför då?
Emmerich von Typ: Jo Anna-Lena Frylberg ska ha barn så hon måste ha en mammaklänning och då ska vi naturligtvis ha var sin vi också.
Intervjuaren: Även herrarna?
Emmerich von Typ: Jajamän. Ingen könsdiskriminering.
Intervjuaren: Jag undrade just, så då är det ingen utanpåskjorta?
Emmerich von Typ: Nä just det. Det är mammaklänningen. Putningen i midjan är precis lagom till min lilla mage. Fan vet förresten om jag inte är på smällen.
Intervjuaren: Det vore ju i så fall ett stort steg framåt.
Emmerich von Typ: Jag vet inte det. Det gör ju ont har jag hört.

Intervjuaren: Men det är väl orättvist att bara modern ska ha ont?
Emmerich von Typ: Det kan ni ju ha rätt i. Man kanske borde ge pappan ett tjuvnyp och en spark där bak då och då under förlossningen. Det är en bra idé, den ska jag ta opp på stormötet.
Intervjuaren: Stormötet, det är alltså liksom en riksdag där alla i byn är med?
Emmerich von Typ: Just det. Vi samlas varje lördag klockan elva, och så berättar jag vad jag har bestämt sen sist.
Intervjuaren: Men är det inte meningen att alla ska vara med och bestämma?
Emmerich von Typ: Jo, det var meningen från början, men efter sju timmars förhandlingar den första lördan utan att nånting blev bestämt så enades mötet genom omröstning i demokratisk ordning.
Intervjuaren: Om vad då?
Emmerich von Typ: Om att jag skulle bestämma.
Intervjuaren: Så nu är det som förut då?
Emmerich von Typ: Nä, inte precis. Jag hade ju inte mammaklänning förut.
Intervjuaren: Nu måste jag fråga er en viktig sak: är ni säker på att ni inte med era försök och åtgärder har gjort de verkliga jämlikhetsivrarna, de som arbetar utifrån vettiga förutsättningar, en björntjänst?
Emmerich von Typ: Tja, jag vet inte. Det kanske inte går att ha jämlikhet som hobby. Man kanske måste ägna sej åt det på heltid så man hinner tänka igenom vad man menar. Men då måste man givetvis först få anslag från stat och kommun, annars kan man ju inte ha godset kvar utan får gå där som en annan bonnjävel.

Medl. Sv. underbef.förb. Innehar fältkikare. Framåtl. gång.

# Hemming Typ, tittarvoyeur

Somliga säjer att TV-tittande kan bli en last. Men jag har en annan liten last som är mycket mer raffinerad: jag tittar på TV-tittare. I de mörka kvällarna smyger jag omkring utanför vardagsrummen i trakter där jag inte löper så stor risk att bli sedd (för det kan ju finnas folk som har den lilla lasten att dom vill titta på folk som tittar på TV-tittare, och det skulle jag inte gilla att bli betittad så där i smyg).

Och så kikar jag in bakom gardinerna i folks vardagsrum och när jag ser dom sitta där som hopsjunkna statyer och stirra på TV-programmen så pirrar det så skönt utefter ryggraden på mej. Och när nån plötsligt rusar opp och tar telefonen och ryter åt klagomuren så hör jag noga efter vad som säjs och gömmer det närmast hjärtat. Det är underbart att uppleva så folknära synpunkter som allmänheten har när den är förbannad på exempelvis Gustaf Olivecrona. När man står på pass och kikar in direkt på tittarna begriper man mycket bättre om programmen är bra eller dåliga än om man skulle titta själv.

Och det har ju jag en väldig nytta av sen när jag skriver min TV-krönika.

Innehaft dotter. Kylskåp: ja. Sammanbor.

# Tekla Typ, mansakskvinna

När min lilla gubbe kommer hem från sitt arbete klockan fem öppnar jag mellanölen som jag har tagit fram ur kylskåpet tjugo i fem, för han vill inte ha den riktigt kylskåpskall utan lite varmare fast inte rumstemperatur heller förstås utan just som den är när den har stått framme i tjugo minuter. Sen serverar jag honom hans middag, och slänger i mej lite själv medan han dricker kaffe. Och så diskar jag hastigt av det värsta för sen när han går in i vardagsrummet och läser Aftonbladet vill han att det ska vara tyst.

Min Hubbe är så stor och stilig och stark, precis som en riktig karl ska va. Han tog mej verkligen med storm från första stund. Och så rädd han var om mej! Ingen annan fick ens så mycket som titta åt mitt håll. När jag blev gift med honom så var han nästan sur på bröllopsnatten för att jag inte var orörd, fast det givetvis bara var han själv som hade rört mej innan. Det tyckte jag var gulligt av honom.

Och sen har åren rullat iväg och nu är vi ensamma igen min

Hubbe och jag, nu när vi har fått Lena bortgift. Hennes man är nån sorts ingenjör och han är väl bra och snäll, fast han verkar spinkig och klen tycker jag. Och undra på det för han får väl ingen ordentlig lagad mat. Lena jobbar också, hon är lekskolelärarinna, och hur ska magen tåla det att bägge bara kommer hem klockan fem och sätter i sej nånting direkt ur kylskåpet? Som jag säjer till Lena att det är nog fint och bra att ta hand om andras ungar men skaffa ni er egna barn och sköt om dom i stället och låt dom andra sköta sina. Så kanske det blir lite ordning i hemmet också, och inga dammtussar liggande under TV:n som jag nog har sett när Hubbe och jag var där på middag. Vi fick nåt med ris som hette nånting och det var väl inget fel på det, men det var nog tur att jag hade tagit med mej ett par vanliga fläskkotletter och kokt potatis, för Hubbe äter inte gärna sånt som han inte är van vid hemifrån.

Fast den där middan vill vi helst glömma, Hubbe och jag, för det blev så tråkigt så. Jag började gråta till sist. Lena och Bertil, det är hennes man, satte igång med det där att om inte jag kanske skulle ta nåt arbete! Jag! Som om inte jag hade gjort mitt, slitit och släpat och lagat mat och fått hushållspengarna att gå ihop fast det minsann inte har varit så fett. Jamen, vi tänkte bara för din egen skull mamma, säjer hon då. Du kunde väl laga mat i skolkök eller nåt liknande. Nåra timmar på dan. Så du fick tiden att gå!

Fick tiden att gå! Mycket ska man höra innan örona ramlar av. Som om inte tiden gick åt när man ska sköta ett helt hushåll för två personer och städa och sy och sömma och, ja, städa och allt möjligt. Dom tror inte man gör något bara för att man sitter och tar sej en kopp kaffe nån gång emellanåt. Ta nåt arbete! Som om man inte hade gjort skäl för sej!

Och min Hubbe han blev så där otäckt upprörd som han blir väldigt sällan, så rösten börja darra, och han reste sej och slängde ner gaffel och kniv och röt: ”Tekla ska inte ha nåt jobb! Tekla ska va hemma och ta fram min öl tjuge i fem! Tekla har varit hemma sen du föddes, jänta, och det ska du va förbannat glad för! Bara för att du har blivit gift med en spinkig typ som inte kan ordna så ni får egna ungar ska du inte börja tala illa om mor din! Arbete! Fy fan!”

Sa min Hubbe och slog näven i bordet och gick ut. Och jag tog på mej kappan och följde efter förstås.

Så nåt sånt där arbete ska jag inte ta, fast när jag tänkte efter sen så skulle det så klart va trevligt att komma ut lite och träffa andra människor och tjäna lite pengar. Det blir ju bra ensamt. Men nu har Hubbe bestämt en gång för alla, och då får det bli så. Det är skönt att ha en karl i huset som bestämmer. Det skulle finnas fler karlar som min Hubbe, så skulle det nog inte bli så mycket skilsmässor och elände.

Nej, såna hustrur som lämnar hemmet vind för våg dom har jag inte mycket till övers för. Dom skulle tjäna lite mindre så kanske dom hade lättare för att stanna hemma. Men det törs man väl inte säja högt.

Och gamla människor som går och *utbildar* sej till saker bara för att dom är för fina för att sköta ett hem! Jag har minsann fått lära mej det jag behöver: laga mat, dammsuga, fålla lakan och uppföra mej som folk. Och det fanns det inga vuxengymnasier till, utan det fick man lära sej i livets hårda skola. Kom inte och racka ner på oss husmödrar av gamla stammen, för vi har minsann fått lära oss att inte gå på kurser.

Den saken är klar att så länge vi finns kvar, vi gamla hederliga hemmafruar, så är det ingen risk att Eva Moberg och dom där ska få för mycket att säja till om. Vill hon ha lite ordentlig utbildning så kan hon komma hem till mej och lära sej steka revbensspjäll. För här ska det förbanne mej inte bli nåra fortbildningskurser som sätter griller i huvet på fruntimmer, det ska jag bli man för.

Hatar katter sedan aug. 1934.

# Stig "Tejpen" Typ, ärkespecialist

Det finns ett ämne som jag har upptäckt som ingår i ett av våra vanligaste födoämnen, och det kan vara skadligt. Kan ni gissa vilket det är? Jag kan hjälpa er lite på traven och säja att det är inte i margarin. Nu säjer jag inte mer.

Haha, ni kan aldrig gissa. Ni kan ingenting, dumbommar. Och jag säjer det inte, för om ni fick veta vilket födoämne det var som det här skadliga finns i så skulle ni förstås inte köpa det mer. Hur skulle det gå för företagen som tillverkar det här födoämnet med det här medlet i? Det hade ni inte tänkt på, men det har jag, för jag tänker bättre än ni.

Ska vi gissa fler gåtor? Vem är det som kommer att bli över om alla andra människor försvinner för att dom petar i sej farliga gifter? Jo det är lilla jag det, för jag är den ende som vet vad dom farliga gifterna finns i för mat, och då äter inte jag den. Haha, det kunde ni aldrig ha gissat själva. Jag är bäst, för jag är docent.

Nä, det är dags att vi specialister tar över nu. Jag ska ordna en världskongress med alla toppspecialister och där ska vi bestämma allting som ska va hemligt för annars blir det bara ett väldans liv i tidningarna, och sen ska vi äta en sjudundrande bankettmåltid som bara består av sån mat som inte är farlig och giftig och förslöande och på det sättet blir vi ännu klokare i förhållande till alla dumbommar som går och sväljer ner farliga grejer bara för att dom inte vet att det är farligt. Lär er lite, fåntrattar! Res till Lund och studera!

Ska vi ta en gåta till? Vad är det man kan bli när man insuper en stor mängd kunskaper vid universitetet? Nej, inte högfärdsgalen, det är fel svar, tokstollar. Det rätta svaret är: *professor!*

Fast det dröjer. Det är den enda sak i hela världen som jag inte förstår.

Troende kräftfiskare.

# Å. N:son Typ, konsultkonsult

Intervjuaren: Vad är en konsultkonsult?
Å. N:son Typ: Vad ska jag svara på det, Erik?
Erik: Sanningen, givetvis. En konsultkonsult är en rådgivare åt konsulter som är rådgivare åt företag och institutioner och enskilda när dessa behöver experthjälp.
Intervjuaren: På vilka områden då?
Å. N:son Typ: Vad ska jag svara på det, Erik?
Erik: Inom de mest skilda områden. Byggnadsbranschen, jordbruket, naturvården, kosmetikindustrin, scoutrörelsen...
Intervjuaren: Scoutrörelsen? Vad kan den behöva råd om?
Å. N:son Typ: Vad ska jag svara på det, Erik?
Erik: Tja, den kanske vill veta till exempel hur man vänder kroppen i förhållande till tändstickan när man gör upp eld i sydostlig vind...
Intervjuaren: Och det vet konsulten?
Å. N:son Typ: Vad ska jag svara på det, Erik?

Erik: Ja, det vet konsulten, och vet han det inte så konsulterar han en konsultkonsult, som till exempel Å. N:son Typ här.
Intervjuaren: Vad har konsulter och konsultkonsulter för utbildning?
Å. N:son Typ: Vad ska jag svara på det, Erik?
Erik: Konsultutbildning, respektive konsultkonsultutbildning. Vi är experter, och det där är för övrigt hemliga saker.
Intervjuaren: Nu kommer jag emellertid till det mest intressanta. Det säjs att en och samme konsult kan anlitas av motsatta intressen som till exempel tvättmedelsindustrin och naturvårdsverket. Anser ni det förenligt med er yrkesheder att konsulter arbetar åt båda sidor i en konfliktsituation?
Å. N:son Typ: Vad ska jag svara på det, Erik?
Erik: Givetvis. På så sätt får vi ju veta mera om allting och kan ge båda parterna ytterst intressanta upplysningar om varandra. Vi har till exempel i våra led en försvarskonsult som arbetar för både Sveriges och USA:s försvarsstab...
Intervjuaren: Kallas inte det dubbelspionage?
Å. N:son Typ: Vad ska jag svara på det, Erik?
Erik: Njae det tycker vi inte. Konsultyrket har inga begränsningar. Bara man sköter det snyggt så. Vi är ju för övrigt en västerländsk demokrati, are we not?
Intervjuaren: Jag har suttit här och grunnat på en sak. Hur *vänder* man egentligen kroppen i förhållande till tändstickan när man gör upp eld i sydsydostlig vind? Låt oss anta att jag frågar en vanlig konsult, och så vet han det inte, och då vänder han sej till herr Typ, som är konsultkonsult...
Å. N:son Typ: Vad ska jag svara på det, Erik?
Intervjuaren: Ursäkta mej, men vem är den här Erik som sitter bredvid er och håller er i handen hela tiden?
Å. N:son Typ: Vad ska jag svara på det, Erik?
Erik: Sanningen, givetvis. Jag är konsultkonsultkonsult. Jag anlitas i tveksamma fall av konsultkonsulter som till exempel Å. N:son Typ här.
Intervjuaren: Nå men hur gör man nu med kroppen och tändstickan?
Å. N:son Typ: Svara du, Erik! Visa att vi kan!
Erik: Jo man... äh... sydsydost, var det det...? Ä, vi får ringa nån i scoutrörelsen och fråga. Dom bör ju veta en sån sak.

# Akilles Typ, mannen med bakfoten

Mina föräldrar döpte mej till Akilles på grund av ett missförstånd. Jag föddes med en ovanligt stor och välutvecklad bakfot, och eftersom far och mor trodde att det fina med den klassiske Akilles' berömda häl var dess ovanliga storlek fick jag bära hans stolta namn. Detta är minsann inte det enda som mor och far har fått om bakfoten i sina dar, för de har också onormalt stora bakfötter. Det ligger väl i släkten.

Nå, min egen bakfot är i alla fall så ofantligt utstående att jag får allting om den. Var jag går i skogar, berg och dalar så fastnar det saker om bakfoten. Det blir faktiskt rätt irriterande i längden, särskilt som man oftast inte själv märker att man har fått nånting om bakfoten, eftersom den sitter där bak, menar jag, utan det blir alltid andra människor som upptäcker det först. "Nu har du fått det där också om bakfoten, Akilles", får man höra dagligen och stundligen.

Som när jag var tio år och gick i skolan, då var jag ganska räddhågad av mej. Mamma försökte få mej karsk och tuff men det gick inget vidare. En dag när jag hade fått min månadspeng gick jag och köpte gräddbakelser för alltihop och satte i mej dom och kom hem alldeles likblek och illamående.

– Men lille vän, varför har du ätit så mycket gräddbakelser? frågade mamma.

– Jo vi har läst om Gustaf II Adolf i skolan och han var ju hjältemodig och så var han tämligen fet, och då tänkte jag att om jag äter så mycket gräddbakelser så jag blir tämligen fet så kanske jag också blir hjältemodig.

– Det där har du fått om bakfoten, Akilles, sa mamma.

Eller som när den här Michanek på SIDA sa att det föds för mycket barn i Sverige då åkte jag med min havande hustru till Norge och där födde hon våra tvillingar.

– Det där har du fått om bakfoten, Akilles, sa Michanek.

Fast man bara försökte vara till lags.

Eller som i ungdomsklubben när vi skulle ordna en demonstration för jämlikhet mellan könen och alla skulle va med och hitta på slagord, då målade jag ett jättestort plakat där det stod: "Skaffa

Hygienisk buddhist. Äter gärna maränger. Kysstäck.

alla flickor varsin pillesnopp!"

– Det där har du fått om bakfoten, Akilles, sa klubbkamraterna, och så fick jag inte vara med.

Hur man kan få en sån sak som en pillesnopp om bakfoten.

Eller som när jag ännu var ungkarl och friade till Lisbeth Palme, för Olof Palme var min idol, och jag ville bli precis som han, och han var ju gift med Lisbeth Palme, och därför friade jag till Lisbeth Palme, för jag ville bli som Olof var.

– Det där har du fått om bakfoten, Akilles, sa Lisbeth Palme.

Sen gifte jag mej i alla fall med en barnmorska för att slippa så mycket utlägg vid förlossningen. Men tror ni inte det blev en massa norsk personal inkopplad när tvillingarna föddes lik förbannat?

Modigare har jag i alla fall blivit sen jag var liten. När det ordnas demonstrationer mot krig och andra upprörande orättvisor som jag är emot, då är det jag som tar i ordentligt. Medan dom andra går och promenerar och håller tal och antar protestskrivelser slår jag ut fönsterrutor och välter omkull en del folk och dylikt. Sist jag var i farten blev jag ertappad, inte av polisen, utan av dom som hade arrangerat demonstrationen.

– Det där har du fått om bakfoten, Akilles, sa dom.

Det är väl ändå höjden, när man försöker hjälpa till? Särskilt som det ju alltid är *jag* som kommer i TV och i tidningen – fast det brukar va ett svart avlångt märke över min stora bakfot på bilderna i tidningen, annars kunde jag ju lätt bli igenkänd. Jag menar om det är rätt som dom säjer, att jag har missuppfattat allting, varför är det då bara min fönsterkrossning och vältning av diverse flanörer som står i tidningen? Då måste det väl va det som är viktigast? Annars kan man ju anklaga tidningarna och massmedia för att dom lägger snaror för mej, som jag givetvis fastnar i med min klunsiga bakfot?

Nänä, i så fall får dom skärpa sej och visa bilder på vad det egentligen handlar om i stället. Man får inte va taskig mot en kille med bakfot.

Men faktum är att jag är utledsen på allt det här tjatet om min bakfot. En kväll kände jag mej så nere att jag gick ut i garaget efter ett rep att gå och hänga mej i. Men då föll jag plötsligt omkull och slog huvet i så jag domnade av, och när jag vaknade till stod min hustru på knä bredvid mej med ett glas konjak.

– Var är repet? undrade jag.

– Det har du fått om bakfoten, Akilles, sa min hustru.

Jag vet inte vad man gör med en sån bakfot. Man kanske kunde visa opp den på Kiviks marknad?

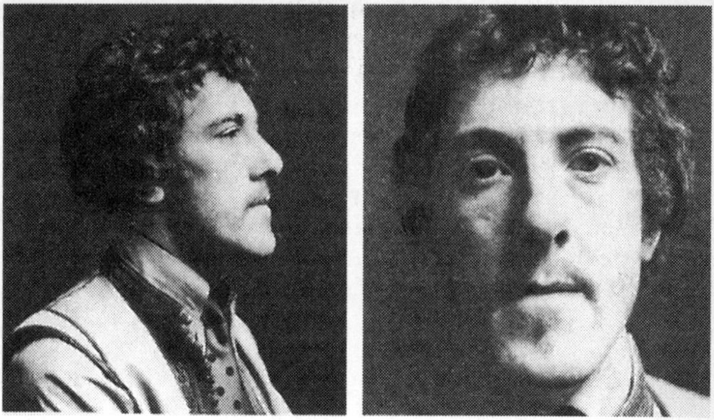

Innehar 10 fingrar. Ej straffad för mord.

# Kurre Typ, kändiskompis

Nämen hej Sven-Bertil. Vart ska du? Hem? Kliv in bara! Ja du kanske rentav inte kommer ihåg mej, men vi träffades ihop med din pappa Evert utanför Södran 1957 och for hem till Astri på Östermalm. Har du glömt det? Kurre va namnet, Kurre Typ. Ja just det, nu minns du ja, fast vagt. Hördu du skulle inte kunna fixa ett par plåtar till Oscars till på lörda? Nä du jobbar inte där nej, ja ursäkta mej jag vill ju inte verka påflugen. Jag kan ju fråga Birgit. Du vet, Nilsson. Joodå, henne har man varit hemma hos både en och två gånger. Och sent har det blivit. Jojomän. Hon är inte den som går av för hackor inte. Nä, hon är inte heller på Oscars, men hon är ju mera i världsklass än du, Sven-Bertil, om du ursäktar, va, gamle skojare, så hon kan väl ordna plåtar varhelst hon önskar. Joodå, man svänger sej i innecirklarna. I natt var jag hemma hos Krister. Wickman alltså. Om du tycker jag ser trött ut så beror det på att man begav sej till Freden efteråt. Med Harry och grabbarna, Schein du vet, och språkade om Ingmar och

Elliott. Elliott kan jag hälsa från förresten, om du känner honom, han skjuter ju sin första Bergmanfilm och det verkar han trivas med. Och Torbjörn Jonsson mår också bra för övrigt. Vi bor mer eller mindre grannar han och jag. Det var roligt att få träffa dej igen efter alla dessa år, Sven-Bertil. Tyvärr kan jag inte komma opp i dag, för jag ska hämta Stig Järrel efter Folkan du vet och vi ska hem till Kar de Mumma och hans Viola, på Floragatan 16. – Va? Jaså, är det här du bor? Jaha, då ska vi se, taxametern står på sju och tretti. Ska du ha kvitto? Åtta och femti, jaha, tack för det. Så där. Hälsa Astri och Evert från mej. Hej då, gamle vän!

Bredd över stjärten 76,3. Innehar färg-TV. Ostyrig.

# Märta Typ, underbarnmamma

Min 3-åriga dotter Marilyn är fantastiskt skicklig på att gå omkring naken. Vad månde bliva av det barnet om inte en liten filmstjärna?

F.n. jobbar hon på TV för att få lite rutin.

Fast hon ska gå i skolan ordentligt också så hon lär sej skriva. Annars kan jag ju inte få hennes autograf.

Okänd f. myndigh. Vägrar lämna ifrån sig mantalsblanketten. Avskrives.

# Wilfred A.F. Typ, arkivgalning

*Skolvaktmästare Wilfred A. F. Typ avled plötsligt den 26 augusti 1970 kl. 17.23 just då han var i färd med att rakt framifrån smalfilma loket till det tåg som med god fart var på ingående från Göteborg. I tåget befann sig hans hustru Ellen, som varit och hälsat på en kusin i Strömstad, vilket antas vara anledningen till den omkomnes förevigande av just detta lok.*
*Detta är skolvaktmästare Wilfred A. F. Typs sista vilja och testamente:*
Jag, f. skolvaktmästare Wilfred A. F. Typ, testamenterar härmed min kvarlåtenskap till följande.

Min älskade hustru Ellen får sju par golfbyxor från min barndom som ligger längst in på vinden, ävensom alla mina rutiga golfstrumpor från fyra år och uppåt som ligger i en specialtillverkad papplåda som blir lite bredare ju längre åren går så att lådan passar till strumpornas längd utan att dessa har behövt vikas eller på annat sätt åtgärdas.

Ävenledes får min hustru lårarna med inspelningsbanden som innehåller alla radions väderleksrapporter från 1935 (trådinspelat) och framåt, och är det min förhoppning att du sätter dej i lugn och ro och lyssnar på dem, Ellen, så du kan minnas alla soliga dagar vi haft tillsammans, respektive perioder med regn och rusk.

De 346 skokartongerna med fotografier av vår son Knut-Bertil testamenterar jag till hans hustru Anna som det är mera ordning med. Det finns en bild för varje timme av Knut-Bertils liv, Anna, och datum och klockslag kan du hitta på bildens baksida, i övre högra hörnet. Och skulle du vilja ha kopia på någon av bilderna så finns negativen i de 346 andra skokartongerna som är märkta *Neg. Knut-B.*

Bandinspelningarna med samtliga våra semestrar in extenso testamenterar jag till min broder Holger, eftersom det var i övervåningen till din sommarstuga i Vagnhärad som vi tillbragte alla dessa semestrar, Holger. Du får lova att vara rädd om banden, de innehåller bland annat det där jag sa i augusti 42 när du kom hem med en ål som du hade dragit opp. När jag som vanligt stod där och smalfilmade runtomkring mej och du kom in i bilden så sa jag: ”Det var allt en smal fisk. Vi är bra lika du och jag Holger: jag är smalfilmare, och du är smalfiskare”, sa jag. Det vill jag inte gärna att en sådan replik råkar bli avmagnetiserad från bandet eller på annat sätt fördärvad, som du förstår, Holger. Så var rädd om banden.

Kortregistret på vad vi har ätit under åren 1927–69 testamenterar jag på följande sätt: den kronologiska delen, med korten ordnade från dag till dag, får min gamla moster Hulda som har bra med plats hemma nu när hennes barn har flyttat hemifrån; registerdelen med utgångspunkt från själva maträtterna, där man alltså kan se exempelvis vilka dagar under dessa 42 år som vi ätit köttbullar, eller kanske kummel, överlåter jag till fru Pernilla Tunberger, som arbetar på Dagens Nyheter där dom har bra med plats i arkivet. Det kan väl också ha något kulturhistoriskt intresse vad jag har satt i mej, så om Nordiska Museet är intresserat går det alltså an att ta kontakt med fru Tunberger. Den enda måltid som fattas är vad jag åt på min svensexa 27 okt. 1928 kl. 19.30–05.00, för det kunde jag inte komma ihåg efteråt.

Cellos bok ”Lätta tankar som lättat ankar” fick jag i julklapp 1949 med följande dedikation av författaren: ”Hälsningar. Cello.” Min sista vilja är att Cello får tillbaka denna dedicerade bok som ett litet minne av mig.

Till höger på vinden står en brun låda som är ordentligt förseglad med isoleringsband. Den innehåller de smalfilmer och stillbilder jag brukade ta på min hustru under våra intima stunder (konstnärliga kameravinklar, som ett tips till Filmhistoriska samlingarna) samt ett tomt krabbskal från Skolkökspersonalens höstfest 38, försett med ett kyssmärke i ljuslila läppstift från dåvarande kokerskeeleven Brita Kronberg. *Denna låda får öppnas tidigast 50 år efter min död av hänsyn till min hustru och mina närmaste.*

Mina skolbetyg testamenterar jag till Riksarkivet. Kopiorna på mina kamraters skolbetyg kan däremot eldas upp. De ligger under låren med askkoppar från alla restauranger jag har varit på. Dessa askkoppar testamenterar jag tillbaka till respektive restaurang.

Min smalfilmskamera ska ligga kvar på skrivbordet i lilla rummet. Detta rum och för övrigt hela mitt lilla hus ska stå kvar fullständigt orört. Tjocka rep ska sättas framför sängen och skrivbordet så folk som kommer in och tittar inte rör nånting. Huset ska administreras av Nordiska Museet, och priset på entrébiljetterna ska vara 1:50.

Och så det viktigaste. Samtliga mina smalfilmer, som täcker mitt oavbrutna liv från det jag var 14 år och fick min första smalfilmskamera, samt även alla band från min bandspelare som har gått oavbrutet likaså sedan mitt fjortonde år, ska gjutas in i ett betongblock och nedgrävas under min kista. Den dag vår civilisation går under finns det då en hygglig chans att endast mitt betongblock blir över. När dess innehåll upptäckts av efterföljande kulturer, då kommer jag kanske äntligen att uppnå den berömmelse som förvägrades mig under mitt futtiga jordeliv, som faktiskt helt och hållet gick åt till att filma och spela in mitt futtiga jordeliv. *Någon* måste väl vara lite grann intresserad?

Min allra sista vilja är slutligen att den reservbandspelare som står ovanpå skänken och som jag brukade använda till att spela in bandbytena på den ordinarie bandspelaren så att inga luckor skulle uppstå, den ska läggas ner i min kista, och när prästen börjar prata får du, Ellen, vara hygglig och slå på den. Stänger av sej gör den själv, jag har en bit aluminiumband innerst i spolen.

För jag menar det kan ju vara roligt att ta fram en vacker dag och höra vad dom sa om en.

Nävisstnä.

Vid mina sinnens fulla bruk tecknar jag
*Wilfred A. F. Typ*

*(underskrivandet av testamentet finns inspelat på KODAK dubbel-8, färgrulle 3.978 A, 189–692; raspet av pennan på ljudband KPM 70, 346,711, 7 1/2 tum, halvkanal.)*